पर्यावरण और गांधी

एक पुनरावलोकन

डॉ. शीतल मीना

प्रभाकर प्रकाशन

Hardbound: 978-93-56821-37-8
ISBN: 978-93-56821-36-1
eISBN: 978-93-56821-38-5

© लेखकाधीन

प्रकाशकः प्रभाकर प्रकाशन
प्लॉट नं.–55, मेन मदर डेयरी रोड
पांडव नगर, ईस्ट दिल्ली–110092
फोनः 011-40395855
व्हाट्स ऐपः +91 8368220032

ई-मेलः sales@pharosbooks.in
वेबसाइटः www.prabhakarprakashan.com

संस्करणः 2022

पर्यावरण और गाँधीः एक पुनरावलोकन
डॉ. शीतल मीना

अनुक्रमणिका

भूमिका

प्रदूषण को लेकर अभी तमाम तरह की चर्चाएँ चल रही हैं मगर इन सभी बहसों में जिस एक पहलू को नज़रअंदाज़ किया जा रहा है, वह है हमारा विकास मॉडल। प्रदूषण बढ़ाने में इसका बड़ा योगदान है। यह भौतिक विकास को मानव विकास का पैमाना मानता है। करीब 150-200 साल पुराना यह मॉडल अधिक-से-अधिक उत्पादन पर ज़ोर देता है ताकि लोगों की आमदनी बढ़े और वे अपने लिए अधिकाधिक भौतिक सुविधाएँ जुटा सकें। इसमें 'मोर इज बैटर' (जितना ज्यादा, उतना अच्छा) की अवधारणा संलग्न है। चूँकि अर्थशास्त्र के सिद्धान्तों के अनुसार हमारी समझदारी इसी में है कि हम खुद की बेहतरी करते रहें। इस कारण हर इनसान अधिक खपत की जुगत में रहता है, और खपत बढ़ने का अर्थ है, प्रदूषण का अधिक बढ़ना। आखिर इसका समाधान क्या हो? यहाँ महात्मा गाँधी को हमें याद करना चाहिए। देश के राष्ट्रपिता महात्मा गाँधी ने 1909 में हिंद स्वराज पुस्तक के माध्यम से इस महानगरीय सभ्यता के प्रति न केवल देश को, बल्कि समूची दुनिया को सावधान किया था। नार्वे और डेनमार्क जैसे स्कैंडिनेवियाई देशों ने अपने आरम्भ से ही बापू के मार्ग को स्वीकारा व अमल में लाये परिणामस्वरूप आज वह शहरी सभ्यता के प्रदूषण से काफ़ी हद तक मुक्त हैं। परंतु बापू के अपने देश की सरकारों ने केवल विदेशी मॉडल की नकल की। गाँधी ने ग्राम को हर प्रकार से आर्थिक राजनैतिक स्वतंत्र इकाई बनाकर ग्रामीण सभ्यता का मार्ग बताया था। परंतु आज सरकारों ने ग्रामों को मिटाकर महानगर खड़े किये हैं और आगे बढ़ रहे हैं। यही प्रदूषण का सबसे बड़ा कारण है। प्रदूषण से बचना है तो देश को गाँधी की ओर लौटना ही होगा।

संयुक्त राष्ट्र महासचिव की विशेष प्रतिनिधि (आपदा जोखिम न्यूनीकरण) मामी मिजूतोरी भी इस बात को मानती हैं, कि देश बिगड़ते पर्यावरण से पनपा और सूखा, अब अगली ऐसी महामारी बनने जा रहा है, जिसके लिए न कोई टीका होगा न दवाई यानी बिगड़ते पर्यावरण से निपटने की तैयारी और कारगर व्यवस्थाएँ ही कुछ कर पाएँगी, जिस पर गंभीरता से किसी का ध्यान नहीं है। मनुष्य के द्वारा प्राकृतिक संसाधनों के अंधाधुंध दोहन से, जहाँ प्रकृति की नेमत में लगातार कमी आ रही है, वहीं लगता

है उसका अभिशाप भी खूब रंग दिखा रहा है। नतीजा सामने है गर्मियों में बरसात, बरसात में गर्मी और ठंड में पसीने के अहसास के बावूजूद, एक बड़ी लापरवाही को खुद न्यौता देने जैसा है। संयुक्त राष्ट्र की रिपोर्ट के अनुसार तापमान में वृद्धि के कारण विश्व स्तर पर पानी की कमी और सूखे का प्रकोप तेज़ी से बढ़ रहा है। यह दोनों ही मानवता को बड़े स्तर पर नुकसान पहुँचाने के लिए मुँह बाये तैयार खड़े हैं। फिर आँकड़े बताते हैं कि 1998 से 2017 के बीच खराब मानसून से 124 अरब डॉलर का आर्थिक नुकसान हो चुका है और करीब डेढ़ अरब लोग भी प्रभावित हुए हैं। संयुक्त राष्ट्र का ही पूर्वानुमान है कि ज्यादातर अफ्रीका फिर मध्य और दक्षिण अमेरिका, मध्य एशिया, दक्षिणी ऑस्ट्रेलिया, दक्षिणी यूरोप, मैक्सिको और शेष अमेरिका में लगातार और गंभीर सूखा पड़ेगा 70 विशेषज्ञों की अंतरराष्ट्रीय टीम के द्वारा किया गया शोध, जो नेचर पत्रिका में प्रकाशित हुआ, के अनुसार गर्मी की वजह से होने वाली सभी मौतों का औसतन 37 प्रतिशत कहीं-न-कहीं सीधे तौर पर इनसानी गतिविधियों से हुई। जिसके लिए जलवायु परिवर्तन जिम्मेदार है। इस शोध अध्ययन के लिए 43 देशों में 732 स्थानों से आँकड़े जुटाए गये, जो पहली बार गर्मी से मृत्यु के बढ़ते खतरे में इनसानी करतूतों से जलवायु परिवर्तन वास्तविक योगदान को दिखाता है। मेडिकल जर्नल लैंसेट के एक अध्ययन के अनुसार भारत में ही हर साल असामान्य गर्मी या ठंड से करीब 7.40 लाख लोगों के मरने की चर्चा है। अलग-अलग देखने पर पता चलता है कि भारत में जहाँ असामान्य ठंड से हर वर्ष 6,55,400 लोगों की मौत होती तो असामान्य गर्मी से 83,700 लोग जान गवाँ बैठते हैं। वहीं मोनाशा यूनिवर्सिटी ऑस्ट्रेलिया के एक रिसर्चर की टीम ने असामान्य तापमान की वजह से दुनियाभर में 50 लाख से अधिक लोगों की मौत बताकर चौका दिया है। यह मौत हाल के कोरोना वायरस से हुई मौतों से काफ़ी अधिक है। यह शोध 2000 से 2019 के दौरान का है। जिसमें 0.26 बढ़ा तापमान और मृत्युदर का अध्ययन है।

पर्यावरण संरक्षण कि दिशा में 1995 में हर वर्ष संयुक्त राष्ट्र जलवायु परिवर्तन सम्मेलन होता आ रहा है। सबसे पहला सम्मेलन बर्लिन में हुआ फिर 2002 में आठवाँ सम्मेलन नई दिल्ली में हुआ था। कॉन्फ्रेंस ऑफ पार्टीज़ या 'कॉप' इस सम्मेलन का सर्वोच्च निर्णय लेने वाला निकाय है, जिसमें दुनिया के सभी देशों के प्रतिनिधि भाग लेते हैं। वर्ष 2021 में 'कॉप-21' में महत्त्वपूर्ण पेरिस समझौते पर पर्यावरण पर बचाव के लिए खास कदमों के लिए कई देशों ने सहमति जाहिर की थी। विश्व स्वास्थ्य संगठन (डब्ल्यू.एच.ओ) ने जलवायु परिवर्तन एवं स्वास्थ्य के बारे में एक विशेष रिपोर्ट जारी की थी। यह रिपोर्ट कहती है कि जीवाश्म ईंधन (जैसे कोयला) का इस्तेमाल न केवल पर्यावरण को नुकसान पहुँचा रहा है, बल्कि कई लोगों की मृत्यु का कारण भी

बन रहा है। वायु प्रदूषण जिसके लिए अधिकतर जीवाश्म ईंधन जिम्मेदार है, की वजह से दुनिया में हर मिनट अनुमानत: 13 मृत्यु होती है अगर हवा की गुणवत्ता को विश्व स्वास्थ्य संगठन के मानकों पर ला दिया जाए तो इनमें से 80 प्रतिशत तक की मृत्यु रोकी जा सकती है। फिर जलवायु परिवर्तन का सबसे अधिक कुप्रभाव सबसे गरीब और कमज़ोर तबके पर पड़ता है और सामाजिक असमानताएँ बढ़ती हैं। रिपोर्ट में शहरी वातावरण और परिवहन तथा लोगों के लिए पैदल चलने, साइकिल चलाने, घूमने और सार्वजनिक परिवहन को बढ़ाने की बात भी की गई है।

पर्यावरण प्रदूषण पूर्णकालिक एवं मानव द्वारा प्रकृति के विरोध में किए जा रहे अपने सुख के लिए प्रयोगों से एवं रोज़मर्रा की वस्तुओं के इस्तेमाल से फैलाया जा रहा है, जो संपूर्ण मानव जाति के लिए दीर्घकालिक खतरनाक एवं जानलेवा भी है, पर पर्यावरण प्रदूषण के भयानक परिणामों को दृष्टिगत रखते हुए मनुष्य अभी भी इसके प्रति गंभीर नहीं है। भारत में संयुक्त राष्ट्र संघ के कार्यकर्ता अतुल बागड़े का कहना है कि भारत सहित दुनिया के अन्य देशों ने दशकों से छोटी अवधि के आर्थिक हितों का रास्ता अपनाया है और इसने मनुष्य तथा अन्य जीवों को सहयोग मुहैया कराने की पारिस्थितिकी की क्षमता को कम कर दिया है। उन्होंने कहा कि कोविड-19 महामारी प्राकृतिक इलाकों के क्षरण, प्रजातियों के लुप्त होने और शोषण का नतीजा है, इसमें बदलाव की आवश्यकता है।

भारत को पहले मसालों, कपड़ों, मूल्यवान धातुओं, वस्त्रों के फलते-फूलते व्यापारिक केन्द्र के रूप में जाना जाता था। स्वतंत्रता के बाद भारत को ऐसी अर्थ व्यवस्था विरासत में मिली, जो दुनिया में सबसे गरीब थी, उसका कोई औद्योगिक आधार नहीं था। अंग्रेजों ने पहले से अपनी गुणवत्ता व हुनरमंदी के लिए विकसित और दुनियाभर में प्रशंसित दस्तकारियों को कमज़ोर कर दिया था। महात्मा गाँधी के विचार से ब्रिटिश शासन द्वारा थोपी गई औद्योगिक सभ्यता ने भारत को सामाजिक, पर्यावरणीय व आर्थिक संकटों में धकेल दिया था। उनका विश्वास था कि भारत की मुक्ति उसकी प्राचीन सभ्यता की बहाली से ही संभव है, जहाँ आर्थिक प्राप्ति व नैतिक प्रप्ति एक-दूसरे से जुड़ी थी। गाँधी जी जानते थे कि 'भारत अपने सात लाख गाँवों' में जीवित है, अत: भारत के पुनर्निर्माण के लिए इन गाँवों की आर्थिक व सामाजिक प्रगति एक पूर्वशर्त थी। वे चाहते थे कि सभी गाँव आत्मनिर्भर बनें तथा ग्रामीण अर्थ व्यवस्था केवल कृषि व सम्बन्धित गतिविधियों पर निर्भर न रह कर मजबूत ग्रामीण उद्योगों का विकास भी होना चाहिए ताकि ग्रामीणों को रोज़गार मिल सके। गाँधी जी ने एक बार कहा था–'यदि गाँव नष्ट होंगे तो भारत भी नष्ट हो जाएगा।' उन्होंने कल्पना की थी कि आदर्श गाँव में घर, स्थानीय संसाधनों वाली सामग्री से बने होंगे,

उनमें समुचित प्रकाश आएगा, हवा आएगी, तथा समुचित सफ़ाई होगी। वे आदर्श गाँव अपना अनाज, फल, सब्जियाँ तथा खादी पैदा करेंगे। इन गाँवों में कुँए, पूजा-स्थल, बैठकों के साझा स्थान, साझा चरागाह, सहकारी डेरी, प्राथमिक व सेकेण्ड्री स्कूल, पेशा-प्रशिक्षण केन्द्र होंगे तथा पंचायतें विवादों का निपटारा करेंगी। गाँधी जी सत्ता के केंद्रीकरण और ऐसी व्यवस्था के ख़िलाफ़ थे, जो लोगों को मशीन और वस्तु समझती हो। वे समन्वयवादी, गरीबी से मुक्त करने वाली, अहिंसक तथा सहकारिता व नैतिकता पर आधारित विकास प्रक्रिया चाहते थे। उन्होंने ऐसे पर्यावरणीय मॉडल की पैरवी की थी, जहाँ इच्छाएँ सीमित हों, जबकि भौतिक समृद्धि की पैरवी करने वाली आधुनिक सभ्यता हिंसा, दुःख तथा उत्पीड़न, शोषण व प्रभुत्व की संस्कृति पैदा करती है। गाँधी जी की टिकाऊ विकास की अवधारणा व्यक्ति व समाज के समग्र विकास पर केन्द्रित थी, जो प्रकृति से जुड़ी हो। 'सादा जीवन' की पैरवी कर गाँधी जी मनुष्यों के लालच तथा प्राकृतिक संसाधनों के विचारहीन दोहन पर लगाम लगाना चाहते थे। उन्होंने कहा था कि हमें 'आवश्यकता' और 'लालच' के बीच अंतर समझना चाहिए तथा अपनी आवश्यकताओं की पूर्ति से अधिक नहीं लेना चाहिए। एक प्रकार से ऐसा करना अन्य प्रजातियों, मनुष्यों तथा भविष्य से लूट है। गाँधी जी अकसर कहते थे 'ज़मीन के पास सभी मनुष्यों की आवश्यकताएँ पूरी करने के लिए सब कुछ है, पर किसी का लालच पूरा करने के लिए कुछ नहीं।' उन्होंने पश्चिम के अत्यधिक औद्योगीकरण तथा गैर-टिकाऊ उपभोग के तरीकों के ख़िलाफ़ चेतावनी दी थी। उन्होंने शहरीकरण की प्रक्रिया को 'दोहरा नुकसान' कहा था, जो गाँवों और ग्रामीणों को नुकसान पहुँचाती है तथा दोनों के लिए घातक है। अत: आर्थिक संतुलन सुनिश्चित करने के लिए यह सुनिश्चित करना जरूरी है कि शहरी क्षेत्र ग्रामीण क्षेत्र को नष्ट न करे तथा केन्द्रीकरण के बजाय विकेन्द्रीकरण को केन्द्र में रखा जाए। उनका तर्क था कि तकनीकी रूप से संवेदनशील अर्थ व्यवस्था के दो परिणाम होंगे। यह जनता की आर्थिक स्वायत्तता छीन लेगी तथा वह पर्यावरणीय ढाँचा नष्ट कर देगी जिस पर लाखों लोग निर्भर हैं। इसलिए उत्पादकता बढ़ाने के लिए हमें आयातित तकनीक के अंधाधुंध प्रयोग से बचना होगा। उन्होंने अनुमान लगाया था कि कुटीर उद्योग तकनीक के विकास से ग्रामीण उत्पादन की क्षमता बढ़ेगी तथा ग्रामीण श्रम का विस्थापन नहीं होगा। उन्होंने उपयुक्त प्रौद्योगिकी की पैरवी की थी, जहाँ विज्ञान एवं प्रौद्योगिकी के सामाजिक लाभ अधिकतम करने के लिए उत्पादन पर नियंत्रण होगा तथा मनुष्य व पर्यावरण के बीच समुचित संतुलन बनाए रखा जाएगा। उन्होंने ग्रामीण व कुटीर उद्योगों के विकास पर जोर दिया था, जहाँ दस्तकारी, बुनाई, कताई आदि आय व राजस्व पैदा करने के साधन बनेंगे। इससे ग्रामीण कौशल सुरक्षित रहेंगे तथा कामगारों को सत्ता की भूखी मशीनों की प्रतियोगिता से बचाया जाएगा। इससे ग्रामीणों का रोज़गार सुनिश्चित होगा। आज गाँधी जी के विचार अधिक

प्रासांगिक हैं क्योंकि भारत वैश्विक महामारी की स्थितियों में रोज़गार विहीन प्रगति तथा भयंकर बेरोज़गारी संकट जैसी समस्याओं से निपट रहा है। स्पष्ट है कि विकास की वर्तमान अवधारणा गंभीर पर्यावरणीय समस्याओं को जन्म दे रही है, जिनका सामाजिक या पारिस्थितिकीय नियंत्रण संभव नहीं है। इनसे इस ग्रह में असमानता तथा गरीबों व अमीरों के बीच खाई बढ़ रही है। हम गरीबी में दबे लाखों लोगों की समस्याओं को संबोधित नहीं कर पा रहे हैं। गाँधी जी अच्छी तरह ऐसे परिवर्तनों तथा विभिन्न वर्गों के बीच संपदा के असमान वितरण के नकारात्मक नतीजे समझते थे। विश्व असमानता रिपोर्ट, सन् 2022 ने भारत को दुनिया का सर्वाधिक असमान देश माना है। यहाँ सबसे ऊपर के 10 प्रतिशत तथा सर्वोच्च एक प्रतिशत लोगों के पास कुल राष्ट्रीय आय का क्रमश: 57 प्रतिशत व 22 प्रतिशत जाता है, जबकि सबसे नीचे के आधे लोगों के हिस्से में 13 प्रतिशत की कमी आई है तथा उनके पास लगभग कुछ नहीं है। थामस पिकेटी ने अपनी प्रभावशाली पुस्तक 'कैपिटल इन द ट्वंटी फ़र्स्ट सेंचुरी' में लिखा है कि असमानता तेज़ी से बढ़ रही है तथा वैश्विक सहयोग की आवश्यकता है ताकि अमीरों को एक देश से दूसरे में संसाधन हस्तांतरित करने से रोका जा सके। उन्होंने उच्च आयकरदाताओं के लिए वैश्विक संपदा कर के साथ बहुत अधिक आयकर की पैरवी की है। नैतिकता से वंचित आर्थिक प्रगति, जनता के बीच विभाजनों को गहरा करेगी तथा असंतोष बढ़ाएगी। बढ़ती जनसंख्या और खाद्यान्नों की बढ़ती माँग से भूमि प्रयोग में व्यापक परिवर्तन हुआ है। जंगलों और चरागाहों की कीमत पर गहन खेती ने रसायनों व उर्वरकों के प्रयोग से प्रदूषण बढ़ाया है। मृदा व भूमिगत जल, प्रदूषित हुए जैव-विविधता का विनाश हुआ है तथा उर्वरता बढ़ाने वाले लाभदायक जीव नष्ट हुए हैं। गाँधी जी का टिकाऊ खेती में विश्वास था और उन्होंने मृदा की उर्वरता बढ़ाने के लिए जैविक खाद्यों व जैविक कीटनाशकों की पैरवी की थी। आज स्वास्थ्य रक्षा विशेषज्ञ रसायन-मुक्त फसलों की पैरवी कर रहे हैं क्योंकि पौधों में मौजूद अत्यधिक रसायन मनुष्यों में स्वास्थ्य संबंधी समस्याएँ पैदा कर रहे हैं। इनसे वृक्ष व फेफड़े प्रभावित होते हैं जैसे—कैंसर हो सकता है तथा बच्चों में कुपोषण के साथ ही गर्भ में विकृतियों का खतरा होता है। पर्यावरण संकट के बारे में गाँधी जी की समझदारी उनके युग से बहुत आगे थी। उन्होंने वर्तमान समय की अनेक सबसे बड़ी चुनौतियों का पूर्वानुमान कर लिया था। वे जानते थे कि भावी जल संकट का मुकाबला करने के लिए वनीकरण जरूरी होगा और उन्होंने लोगों से पेड़ लगाने की अपील की थी। उन्होंने सूखे और अकाल से बचने हेतु सिंचाई के लिए वाटर हार्वेस्टिंग से पैरोकारी की थी। जलवायु परिवर्तन एक बार फिर गाँधी जी की आत्मनिर्भरता व टिकाऊ विकास की सोच का महत्त्व प्रकट करता है। दुनिया ऐसी जीवन-शैली का महत्त्व समझ रही है, जिससे न्यूनतम पर्यावरणीय प्रभाव हो। ये सिद्धान्त जलवायु समझौतों, पर्यावरणीय संरक्षण समझौतों

तथा टिकाऊ विकास लक्ष्यों का आधार है। इनमें से अनेक विचार टिकाऊ विकास के 'एजेंडा 2030: ट्रांसफॉर्मिंड्. अवर वर्ल्ड' का आधार हैं। इसका केन्द्रीय विचार 'किसी को पीछे न छोड़ो' है। इस योजना का लक्ष्य सभी लोगों की और ग्रह की समृद्धि है। इसमें 'परिवर्तनकारी' बदलावों का आह्वाहन किया गया है, जिनमें हमारे जीने, उत्पादन करने तथा उपभोग करने के तरीके बदलना शामिल है। इस प्रकार वर्तमान जलवायु संकट टिकाऊ विकास के तरीके तलाशने को मजबूर करता है, जिनको लंबे समय तक दबाया गया था। गालब्रेथ का यह सवाल आज भी जवाब की प्रतीक्षा कर रहा है कि–'किसी देश को कितना उपयोग करना चहिए?' इसके साथ ही गाँधीवादी सवाल है–'किसी व्यक्ति को कितना उपभोग करना चाहिए? ये इक्कीसवीं शताब्दी के मूल सवाल बन गए हैं तथा हमारी बौद्धिक व राजनीतिक बहसों पर छाए रहेंगे।'

पर्यावरण विज्ञानियों के सामने इस वक़्त एक बड़ी चिंता आर्द्रभूमि (वेटलैंड) के संरक्षण को लेकर उभरी है। धरती के पर्यावरण में नम या आर्द्रभूमि की अहमियत वैसे ही है, जैसे शरीर में गुर्दे की। नम भूमि ही धरती के भीतर मीठे पानी के पारिस्थितिक तंत्र को बनाए रखने में महत्त्वपूर्ण भूमिका निभाती है। आर्द्रभूमि, और जैव-विविधता से लेकर मीठे पानी के जलाशयों, कार्बन अवशोषण और आजीविका का भी बड़ा स्रोत मानी जाती है। ऐसे में यदि आर्द्रभूमि खतम होती जाएगी तो धरती पर नए तरह का संकट खड़ा हो जाएगा। भारत में आर्द्रभूमि देश के कुल भौगोलिक क्षेत्र का 4.7 फ़ीसदी है। जाहिर है, यह काफ़ी कम है और इसलिए इसका संरक्षण कहीं ज्यादा जरूरी हो गया है। वैसे दुनियाभर में आर्द्रभूमि पर संकट गहराता जा रहा है। इसलिए इसे बचाने के लिए पहली बार 2 फरवरी 1971 को ईरान के रामसर शहर में वैश्विक सम्मेलन बुलाया गया था और दुनियाभर में फैली आर्द्रभूमि को अंतरराष्ट्रीय स्तर पर मान्यता दी गई थी। अंतरराष्ट्रीय महत्त्व की लगभग दो हज़ार चार सौ आर्द्रभूमियों में से सैंतालीस भारत में हैं और उन्हें रामसर स्थल कहा जाता है। ये विश्व स्तर पर प्रमुख संरक्षित स्थलों में से हैं। ईस्ट कोलकाता आर्द्रभूमि, पश्चिम बंगाल के कोलकाता शहर के पूर्व में स्थित प्राकृतिक और मानव निर्मित आर्द्रभूमि का एक बड़ा परिसर है, जो एक सौ पच्चीस वर्ग किलोमीटर में फैला है। यहाँ कृषि क्षेत्र, सीवेज फार्म और कई तालाब हैं। इस आर्द्रभूमि का उपयोग कोलकाता के सीवेज शोधन के लिए भी किया जाता है, और अपशिष्ट जल में निहित पोषक तत्त्व मछलियों की आबादी और कृषि को बनाए रखता है। इसी तरह नौ रामसर स्थलों के साथ उत्तर प्रदेश देश में ऐसी आर्द्रभूमि वाला दूसरा बड़ा राज्य है। उत्तर प्रदेश में गंगा नदी क्षेत्र का एक अद्वितीय और विशाल पारिस्थितिक तंत्र है, जो पौधों और जानवरों की समृद्ध विविधता को बरकरार रखता है। इसमें तालाबों, झीलों और आर्द्रभूमि का एक बड़ा क्षेत्र है। मछलियों की जैव-विविधता

में उत्तर प्रदेश का योगदान 14.11 फ़ीसदी का है, और इनमें से बहुत से इन आर्द्रभूमि से आते हैं। उत्तर प्रदेश में गंगा के बाढ़ के मैदान का लगभग पाँच फ़ीसदी हिस्सा आर्द्रभूमि से ढका है। बृजघाट से नरोरा तक ऊपरी गंगा नदी भी एक रामसर स्थल है। हैदरपुर आर्द्रभूमि क्षेत्र भारत में सबसे नया रामसर स्थल है, जिसे दिसंबर 2021 में ही इस शृंखला में जोड़ा गया था। यह भूमि क्षेत्र मध्य गंगा बैराज के साथ गंगा नदी के बाढ़ के मैदानों पर बिजनौर जिले में 6,908 हेक्टेयर क्षेत्र में फैला है। इस वर्ष विश्व आर्द्रभूमि दिवस की विषयवस्तु 'लोगों और प्रकृति के लिए आर्द्रभूमि' है। यह वैश्विक आह्वाहन दुनियाभर में आर्द्रभूमि को बचाने के लिए किया गया है। इसरो ने उपग्रह से प्राप्त चित्रों से इसका एक राष्ट्रीय सर्वेक्षण भी किया है। इसके अनुसार उत्तर प्रदेश में लगभग 27,181 आर्द्रभूमि क्षेत्र हैं, जो लगभग 63,525 हेक्टेयर क्षेत्र बनाते हैं। इनमें से लगभग चालीस फ़ीसदी आर्द्रभूमि क्षेत्र सौ हेक्टेयर से अधिक आकार के हैं। अकेले हरदोई जिले में दो हज़ार से अधिक आर्द्रभूमि क्षेत्र हैं। तटीय इलाकों में नमी क्षेत्र और बैकवाटर मैंग्रोव के जंगलों का महत्त्वपूर्ण क्षेत्र है जहाँ लोग भोजन, ईंधन, चारा और आवास के लिए इन पर निर्भर हैं। पारंपरिक मछुआरे आज भी अपनी स्थायी आजीविका के लिए पूरी तरह से मछली और शंख जैसे प्राकृतिक संसाधनों पर निर्भर हैं। शहरीकरण, प्रदूषण, अतिक्रमण और गहन कृषि के कारण भू-उपयोग में बदलाव के कारण भारत में आई ज़मीन का अस्तित्व खतरे में है। ऐसे कई भू-क्षेत्र अपनी पुरानी पहचान खो चुके हैं और उन्हें बदलते परिवेश के अनुसार विकास का दंश झेलना पड़ा है लेकिन पारिस्थितिकी तंत्र के कार्य में उनकी मुख्य भूमिका को बदला नहीं जा सकता है। इसलिए मौजूदा जल निकायों की रक्षा करने और आर्द्रभूमि क्षेत्रों को बचाने के लिए उचित संरक्षण रणनीति और सशक्त प्रबंधन योजना बनाने की ज़रूरत है। तेज़ी से हो रहे शहरीकरण और भूमि उपयोग में बदलाव के कारण आर्द्रभूमि का लगातार क्षरण हो रहा है। सिर्फ़ पिछले एक दशक में हम लगभग तीस फ़ीसदी भूमि खो चुके हैं। उत्तर प्रदेश में ही रायबरेली, हरदोई, लखनऊ, बाराबंकी, सीतापुर और बहराइच जिलों में हज़ारों एकड़ आर्द्रभूमि है। अकेले रायबरेली ने सन् 1972 से लगभग नवासी फ़ीसदी आर्द्रभूमि खो दी है। लखनऊ ने पिछले पाँच दशकों में लगभग सत्तर फ़ीसदी आर्द्रभूमि खो दी है। गहन सिंचाई के लिए भू-जल का अत्यधिक दोहन आर्द्रभूमि के खतम होने का कारण बन रहा है। इसके अलावा गन्ना, धान और गेहूँ जैसी जल-गहन फसलों के साथ आर्द्रभूमि को कृषि क्षेत्रों में परिवर्तित करना भी है। नहरों और सड़कों के अवैज्ञानिक निर्माण के कारण कई आर्द्रभूमि खंड मानचित्र से गायब हो चुके हैं।

आज यह ध्यान देने योग्य तथ्य है कि रामसर समझौते के ग्लोबल वेटलैंड आउटलुक के अनुसार, आर्थिक रूप से दुनिया के सबसे महत्त्वपूर्ण इकोसिस्टम और

वैश्विक जलवायु के नियामकों में शामिल आर्द्रभूमि, जंगलों की तुलना में तीन गुना तेज़ी से गायब हो रही है। वनों के महत्त्व के बारे में जहाँ काफ़ी जानकारियाँ उपलब्ध हैं, वहीं आर्द्रभूमि 2 की उपयोगिता को हमेशा पूरी तरह से नहीं समझा गया है। पेटलैंड जो कि वे दुनिया के भू-सतह का सिर्फ़ तीन प्रतिशत हिस्सा है, वनों की तुलना में दोगुना कार्बन संचित करते हैं और इस प्रकार वे जलवायु परिवर्तन, सतत विकास और जैव-विविधता से सम्बन्धित वैश्विक प्रतिबद्धताओं को पूरा करने में महत्त्वपूर्ण भूमिका निभाते हैं। निश्चित रूप से, आर्द्रभूमि समुद्र तटों की रक्षा करके बाढ़ जैसी आपदाओं के जोखिम को कम करने में भी मदद करती है। तटीय और समुद्री इकोसिस्टम में प्रजातियों की समृद्धि के बारे में किए गए एक हालिया संकलन ने समुद्री घास की कम-से-कम 14 प्रजातियों, मैनग्रोव की 69 प्रजातियों (सहयोगियों सहित), डाक्टम की 200 से अधिक प्रजातियों, पेरिफ़ोर की 512 प्रजातियों, सीनिखारिया की 1,042 प्रजातियों, मोलस्क की 55,525 प्रजातियों, क्रस्टेशिका की 2,394 प्रजातियों, मत्स्य वर्ग (पाइसिज़) की 2,629 प्रजातियों सरीसृप वर्ग की 37 प्रजातियों, पक्षियों की 243 प्रजातियों और स्तनधारी की 24 प्रजातियों की उपस्थिति का संकेत दिया है। भारतीय मैंग्रोव में पाई जाने वाली वनस्पतियों की 925 प्रजातियाँ और जीव-जन्तुओं की 4,107 प्रजातियों के बारे में जानकारियाँ उपलब्ध हैं। देश के महत्त्वपूर्ण रीफ़ क्षेत्रों में फलते-फूलते कम-से-कम 478 प्रजातियों के साथ भारत के स्क्लेरेक्टिनिया कोरल में अन्य उष्णकटिबंधीय रीफ़ क्षेत्रों की तुलना में अधिक समृद्ध विविधता है। हर साल, लाखों प्रवासी पक्षी भारत आते हैं और आर्द्रभूमि इस वार्षिक परिघटना में अहम भूमिका निभाती है। इकोलॉजी की दृष्टि से आर्द्रभूमि पर निर्भर रहने वाले ये प्रवासी जलपक्षी अपनी मौसमी आवाजाही के जरिए विभिन्न महाद्वीपों, गोलार्ध, संस्कृतियों और समाजों को आपस में जोड़ते हैं। यह प्रवासन एक बेहद ही नाजुक दौर होता है, एक ऐसा समय जब पक्षियों को उच्चतम मृत्यु दर का सामना करना पड़ता है। स्टॉपओवर साइट या ठहराव स्थल प्रवासी पक्षियों को आराम और शिकारियों एवं उनकी यात्रा के अगले चरण पर निकलने से पहले खराब मौसम से सुरक्षा प्रदान करती है। विविध प्रकार की आर्द्रभूमि पक्षियों को जरूरी ठहराव की सुविधा प्रदान करती है। बदले में, ये प्रवासी जलपक्षी संसाधनों के प्रवाह, जैव-ईंधन (बायोमास) के हस्तांतरण, पोषक तत्त्वों के निर्यात, खाद्य-संजाल संरचना और यहाँ तक कि सांस्कृतिक संबंधों को आकार देने में योगदान देकर उन आर्द्रभूमि में एक अहम भूमिका निभाते हैं, जहाँ वे अपने जीवनकाल के विभिन्न चरणों में रहते हैं। मध्य एशियाई लाईवे (सी.ए.एफ.) जलपक्षियों के उन नौ वैश्विक लाईवे में से एक है, जिसमें साइबेरिया के सबसे उत्तर में स्थित प्रजनन भूमि से लेकर पश्चिम एवं दक्षिण एशिया के सबसे दक्षिण में स्थित गैर प्रजनन भूमि तक, मालदीव और ब्रिटिश हिंद महासागर क्षेत्र के प्रवासन मार्ग शामिल हैं (सी.एम.

एस. 2005)। मध्य एशियाई "लाईव" (सी.ए.एफ.) के लगभग 71 प्रतिशत प्रवासी जलपक्षी भारत को एक ठहराव स्थल के रूप में उपयोग करते हैं। इसलिए, इस "लाईव के भीतर जलपक्षियों की आबादी को बनाए रखने के लिए भारतीय आर्द्रभूमि के स्वास्थ्य को सही बनाए रखना महत्त्वपूर्ण है। आर्द्रभूमि का भारतीय संस्कृति और परंपराओं के साथ भी एक गहरा संबंध है। मणिपुर में जहाँ लोकटक झील स्थानीय लोगों द्वारा 'इमा' (अर्थात् माता) के रूप में पूजनीय है, वहीं सिक्किम की खेचोपलरी झील 'मनोकामना पूरी करने वाली झील' के रूप में लोकप्रिय है। उत्तर भारत का छठ पर्व लोग, संस्कृति, पानी और आर्द्रभूमि के जुड़ाव की सबसे अनोखी अभिव्यक्तियों में से एक है। कश्मीर में डल झील, हिमाचल प्रदेश में खज्जियार झील, उत्तराखंड में नैनीताल झील और तमिलनाडु में कोडाईकनाल देश के लोकप्रिय पर्यटन-स्थल हैं, जो स्थानीय अर्थ व्यवस्था में महत्त्वपूर्ण योगदान देते हैं।

पर्यावरण में संदूषकों, अपशिष्ट पदार्थों का असंतुलित अनुपात में मिलना प्रदूषण होने का बड़ा कारण है। वैश्विक स्तर पर प्रदूषण कई तरीके से व्याप्त है। जैसे जल प्रदूषण, वायु प्रदूषण, भूमि प्रदूषण, ध्वनि प्रदूषण ये सभी जीवन में घुल-मिलकर जीवन को गंभीर चुनौती दे रहे हैं। पृथ्वी में विभिन्न प्रकार के जीव-जंतुओं और पौधों से परिपूर्ण सौर-मण्डल और पृथ्वी के वातावरण में 78 प्रतिशत नाइट्रोजन, 21 प्रतिशत ऑक्सीजन, 1 प्रतिशत ऑर्गन तथा 0.3 प्रतिशत कार्बन-डाईऑक्साइड मौजूद रहती है, जो जीवन के लिए अत्यंत अनिवार्य होती है। किंतु जब इन गैसों का अनुपात असंतुलित होता है, तो पर्यावरण में प्रदूषण उत्पन्न होने की स्थिति हो जाती है। पूरे विश्व में हाई औद्योगिक क्रान्ति के साथ प्राकृतिक दोहन की शुरुआत हो गई थी, और इसके साथ प्राकृतिक संपदाओं का निर्माण से दोहन शुरू करने के परिणाम स्वरूप पूरे विश्व में पर्यावरण प्रदूषण बहुत तेज़ी से फैला है। विश्व स्वास्थ्य संगठन की एक रिपोर्ट के अनुसार अंतरराष्ट्रीय स्तर पर हर वर्ष लगभग 13 लाख लोग शहरी आउटडोर प्रदूषण के कारण तथा लगभग 20,0000 लोग घरेलू प्रदूषण के कारण अपनी जान गँवा देते हैं। वर्ष 2020 के आँकड़ों के अनुसार केवल वायु प्रदूषण के कारण भारत सहित अमेरिका, ब्राजील, चीन, यूरोपियन संघ मेक्सिको में दो से तीन लाख लोग अपनी जान गँवा देते हैं। आज की स्थिति में मानव गतिविधियों से प्रत्येक वर्ष लगभग 30 अरब टन कार्बन-डाईऑक्साइड गैस हवा में उत्सर्जित होती है, जिससे लाखों की जान प्रतिवर्ष जाती है। वायु प्रदूषण शहरों में चलने वाले वाहनों, कल कारखानों द्वारा वायु में उत्सर्जित विषैली गैसों, जंगलों की तेज़ी से कटाई, पॉलिथिन का वैश्विक उपयोग एवं इसको नष्ट करने के लिए जलाने से निकलने वाली मृत्युदायक विषैली गैस वातावरण को दूषित करने में सफल हो जाती है। लिटल रेल एवं घरेलू उपयोग में आने वाली

वस्तुएँ भी वायु प्रदूषण का एक बड़ा कारण हैं। पृथ्वी में प्रदूषण फैलाने के लिए किसानों द्वारा उपयोग में आने वाले रासायनिक खादों तथा कीटनाशकों का उपयोग भी मनुष्य के लिए अत्यंत घातक होता है। मनुष्य स्वाभाविक रूप से प्रकृति पर निर्भर है। अत: मनुष्य को ज्यादा-से-ज्यादा प्राकृतिक चीज़ों का इस्तेमाल किया जाना और प्रदूषण को पर्यावरण में प्रवेश करने को रोका जाना चाहिए।

वायु प्रदूषण जीव-जगत् के स्वास्थ्य के लिए एक गंभीर समस्या है। वायु प्रदूषण दुनियाभर में प्रत्येक वर्ष अनुमानित कई लाख लोगों की जान ले लेता है। डब्ल्यू.एच.ओ. के आँकड़ों से पता चलता है कि 10 में से 9 लोग ऐसी हवा में साँस लेते हैं, जो डब्ल्यू.एच.ओ. कि दिशा-निर्देश सीमा से अधिक है। इनमें निम्न और मध्यम आय वाले देश सबसे अधिक जोखिम से पीड़ित हैं। आई.यू.सी.एन. ने एक सर्वेक्षण में कहा है कि इस पृथ्वी पर लगभग 8,000 ऐसी जीव प्रजातियाँ हैं, जो विलुप्त हो गयी हैं या विलुप्त होने के कगार पर हैं। विश्व बैंक की रिपोर्ट के अनुसार भारत में सर्वाधिक बीमारियों का कारण अशुद्ध पानी है। दुनिया की 80 प्रतिशत आबादी (लगभग 5 अरब लोग) आज भी ताजे पानी के लिए गंगा, ब्रह्मपुत्र, यलो, मीकांग, नील, आइवर, राइन, डेन्यूब और अमेज़न जैसी प्रमुख नदियों पर निर्भर हैं। लेकिन पिछले कुछ वर्षो से इन नदियों पर लगातार पड़ रहे दबाव एवं नदीतंत्र के अत्यधिक दोहन के परिणामस्वरूप इन नदियों की जल संधारण क्षमता एवं गुणवत्ता प्रभावित हो रही है। समुद्र पारिस्थितिकी तंत्र का महत्त्वपूर्ण भाग है। एक अध्ययन के अनुसार वर्ष 2050 तक समुद्र में मौजूद प्लास्टिक कचरे का वजन उसमें उपस्थित मछलियों के कुल वजन से अधिक हो जाएगा। वायुमण्डल में कार्बन डाईऑक्साइड की मात्रा बढ़ने के कारण समुद्र का जल अम्लीय होता जा रहा है, जो समुद्र में उपस्थित जीव-जंतुओं के लिए बहुत हानिकारक है। शिपिंग और सैन्य गतिविधियों के चलते समुद्र में ध्वनि प्रदूषण भी फैलता है, जिसे जैलीफिश और अनीमोन्स जैसे अकशेरुकी प्राणी की कोशिकाओं को क्षति पहुँचती है। भूमि प्रदूषण भी महत्त्वपूर्ण पर्यावरणीय समस्या है इसका प्रमुख कारण मृदा अपरदन औद्योगिक अपशिष्ट रासायनिक उर्वरकों एवं कीटनाशकों का अत्यधिक उपयोग है। खतरनाक रसायन मिट्टी से खाद्य शृंखला में प्रवेश करके नर्वस डिसऑर्डर गेस्ट्रोइंटेस्टाइनल डिसऑर्डर, जोड़ों में दर्द, साँस में समस्या की बीमारी उत्पन्न करते हैं।

पर्यावरण एक वैश्विक चिंता का विषय है और इसका संरक्षण, एक सबसे बड़ी चुनौती के रूप में आज मानव जाति के समक्ष है। पृथ्वी के पर्यावरण संबंधी समस्याओं का जन्म पृथ्वी के जन्म के साथ ही लगभग 4.6 अरब साल पहले प्रारम्भ हुआ। पर्यावरण का क्षरण सबसे अधिक मानव के क्रिया-कलापों के कारण हुआ।

उपभोक्तावाद और आधुनिक परिष्कृत जीवन-शैली के साथ उच्च औद्योगिक राज्य के लोग दुनिया के 80 प्रतिशत संसाधनों का प्रयोग करते हैं, जबकि विश्व जनसंख्या का केवल 20 प्रतिशत ही है। वहीं दुनिया के 80 प्रतिशत लोग मात्र 20 प्रतिशत संसाधनों पर ही अपना जीवन निर्वाह कर रहे हैं। अपने कल-कारखानों, तापीय विद्युत गृहों, औद्योगिक इकाइयों ने उत्पादन हेतु प्राकृतिक स्रोतों से स्वच्छ जल का उपयोग करके अति प्रदूषित एवं अनउपचारित गंदे पानी को नहरों, झीलों, तालाबों, समुद्र आदि में छोड़कर जल प्रदूषित किया है। और कर रहे हैं। मानव ने जीव-जन्तुओं तथा वनस्पतियों के लिए जीवन दायिनी गैस ऑक्सीजन को, मिलों-कारखानों, वाहनों से उत्सर्जित होने वाले धुएँ से एवं खाना पकाने के लिए ईंधन के रूप में प्रयुक्त लकड़ी और गोबर के उपलों को जलाकर प्रदूषित किया है। धुएँ से निकलने वाली ग्रीन हाउस गैसों, कार्बन तथा अन्य पदार्थ कणों से बनी, भूरे बादलों की परत ने पृथ्वी पर पड़ने वाले सूर्य के प्रकाश को पहुँचने से रोका है। वाहनों, कल-कारखानों के चलने से उत्पन्न आवाजों ने वातावरण की शान्ति को भंग करके ध्वनि प्रदूषण को बढ़ाया है। औद्योगिक कचरे को वैज्ञानिक तरीके से निस्तारित न करके उसे बेतरतीब इधर-उधर फेंके जाने से मिट्टी प्रदूषित हुई है। मानवीय संवेदनाएँ कमज़ोर हुई हैं स्वार्थ और धनलोलुपता बढ़ी है। जिसके परिणामस्वरूप आज जल प्रदूषित है, पी नहीं सकते। वायु प्रदूषित है, साँस नहीं ले सकते। मिट्टी प्रदूषित है, कुछ उगा नहीं सकते। प्रकाश दूषित है, देख नहीं सकते। उच्चतर आर्थिक विकास और पर्यावरण सुरक्षा के बीच निकट का जो संबंध होना चाहिए था, उसे किसी भी स्तर पर कायम नहीं रखा जा सका। जंगलों का क्रमश: द्रुतगति से विनाश और रासायनिक खेती तथा जहरीले कीटनाशक दवाओं का इसी गति से प्रयोग चलता रहा तो इसी शताब्दी तक पृथ्वी की एक तिहाई ज़मीन अनुर्वर एवं बाँझ बन जाएगी और जलवायु में भी असीमित विधवंसकारी परिवर्तन हो जाएँगे। मानव तथा प्रकृति के बीच जो संघर्ष हो रहा है वह मानव अस्तित्व के लिए घातक है। प्रकृति विजय का हमारी गर्वोन्नत दुर्भावना हमारे महानाश का निमंत्रण है। यही वजह है कि आज पर्यावरण प्रदूषण के खतरों को कम करने के लिए पोषणीय विकास पर जोर दिया जा रहा है। पोषणीय विकास ऐसा विकास है, जिसमें उत्पादन की गतिविधि में खपत की गई प्राकृतिक संपदा का इस ढंग से पुनर्निर्माण हो कि निरंतर आने वाली भावी पीढ़ियों को भी वह वस्तु उपलब्ध होती रहे। और वह वस्तु कभी समाप्त न हो। इसे अक्षय विकास भी कहते हैं। इस हेतु राष्ट्रीय तथा अंतरराष्ट्रीय दोनों स्तरों पर अनेक आंदोलनों का प्रचार-प्रसार किया जा रहा है।

हमारी प्राचीन भारतीय संस्कृति में प्रकृति के प्रति सम्मान भाव था। वेदों में कहा गया है–"माता भूमि: पुत्रो अहं"। अर्थात यह भूमि हमारी माता है और हम इसके पुत्र

हैं। इसी प्रकार भारतीय संस्कृति में सर्प पूजा, पशु-पक्षी पूजा, में प्राकृतिक जीवन-शैली की झाँकी मिलती है। प्राकृतिक शक्तियों जैसे–सूर्य, चन्द्र, वरुण, मरुत आदि में देवत्व का आरोप भी उसी वैश्विक अध्यात्म से नि:सृत होता है। प्रकृति पूजा बहुदेववाद नहीं है यह पर्यावरण सुरक्षा का रक्षा कवच है। जिसमें हमें पृथ्वी के सभी तत्त्वों के साथ अभियोजन एवं समन्वय की शिक्षा दी जाती है। "ईशावास्यमिद" या "सर्व खलु इदं ब्रह्म" या "सीया राम मय सब जग जानि" "तुम में हम में सब में व्याप्त राम" आदि उक्तियों का प्रकृति के साथ आत्मीय संबंध समाहित है।

भारत में वनों के संरक्षण की अनूठी परंपरा एवं अवधारणा है। लोग पेड़ों की पूजा करते हैं कुछ औषधीय गुण वाले पेड़-पौधे, भगवान् या देवियों के नाम के साथ जुड़े हुए हैं इसी प्रकार भारत में 3000 साल पहले अद्वितीय सिंचाई प्रणाली विकसित करने का गौरव है, जो संरक्षित और भूमिगत जल को पुन: जल प्रदान कर भूमि की सिंचाई और लोगों को समुचित अन्न प्रदान करने में मददगार साबित होती थी। नई सहस्त्राब्दि में पर्यावरण संबंधी चुनौतियों से निपटने के लिए अतीत के ज्ञान और संपूर्ण पारदर्शिता के साथ पूर्व के अनुभवों को संहिताकरण की आवश्यकता है। जैसे-जैसे समय गुजरता जा रहा है गाँधी द्वारा बताये गये प्रारूप की महत्ता बढ़ती जा रही है। गाँधी पारंपरिक मूल्यों व समकालीन सच्चाइयों के बीच समन्वय की मिसाल हमारे सामने रखते हैं। उन्होंने सत्य, अहिंसा, सादगी भरे चरित्र को व्यक्तिगत जीवन में लाने की वकालत की है। वे अपने परिसर को स्वच्छ रखना, पशु-पक्षियों की रक्षा करना, किसी प्रकार के अपव्यय का प्रतिकार करना और यथासंभव अधिकतम मात्रा में स्थानीय रूप में उपलब्ध पुन: प्रयोग की जा सकने वाली सामग्री का प्रयोग करना आदि भावों पर बल देते हैं। उन्होंने लिखा है–"एक सीमा तक भौतिक सुख आवश्यक हैं किंतु उसके बाद वह एक बाधा बन जाते हैं अत: असीमित इच्छाओं को जन्म देना और उन्हें पूर्ण करना एक मिथ्या विश्वास और एक फंदा है। मनुष्य सादा जीवन और उच्च विचार के आदर्श से उसी क्षण गिर पड़ता है, जब वह अपनी दैनिक आवश्यकताओं को बढ़ाना शुरू कर देता है उसकी खुशी वस्तुत: संतुष्टि में है। मैं दावे के साथ कह सकता हूँ कि यूरोपीय लोगों को अपना नज़रिया बदलना होगा यदि वे उन सुविधाओं के बोझ से विनष्ट होने से बचना चाहते हैं, जिनके वे दास बनते जा रहे हैं।

भारत के सांस्कृतिक धारातल पर पर्यावरण का अत्यधिक महत्त्वपूर्ण स्थान रहा है। पर्यावरण के संरक्षण में प्राचीन भारतीय परंपराओं का विशेष योगदान है। हमारे मनीषियों ने प्रकृति की समग्र शक्तियों को जीवन दायिनी स्वीकार करते हुए उन्हें देवत्व का स्थान प्रदान किया है। हिंदू शास्त्रों के अनुसार जो फल मनुष्य को भू-दान और गौ-दान से प्राप्त होता है, वही फल एक पौधा लगाने से भी प्राप्त होता है। वेदों का

संदेश है–मानव शुद्ध वायु में श्वास ले, शुद्ध जलपान ले, शुद्ध अन्न-फल ग्रहण करे, शुद्ध मिट्टी में खेले-कूदे और खेती करे। वेद-प्रतिपादित उसकी आयु "जीवेम शरद: शतम्" हो सकती है। हमारी संस्कृति में अनेक वृक्ष व पौधे देवता के रूप में माने व पूजे जाते हैं। शास्त्रों में तुलसी को विष्णुप्रिया माना गया है। विष्णुपुराण में सौ पुत्रों की प्राप्ति से बढ़कर एक वृक्ष लगाना माना गया है। शास्त्रों में पीपल, बरगद और अशोक के वृक्ष को काफ़ी महत्त्वपूर्ण माना गया है। अशोक का वृक्ष घर में नकारात्मक ऊर्जा समाप्त करता है, जिससे घर में सुख-समृद्धि बनी रहती है। अशोक शब्द से स्पष्ट होता है कि किसी प्रकार का शोक न होना कहा जाता है, जिस घर में अशोक का पेड़ होता है वहाँ किसी प्रकार का शोक नहीं होता है। अशोक के पेड़ की छाल से लेकर पत्ते, जड़ और फूल-फल सब औषधीय गुणों से भरपूर हैं।

पर्यावरण संरक्षण संतुलन को लेकर राष्ट्रीय स्तर पर कई संस्थाओं का गठन किया गया है, जो इस दिशा में प्रयासरत हैं। इसमें ग्लोबल एलायन्स ऑन हैल्थ एण्ड पॉल्यूशन (जी.ए.एच.पी.) इंटरनेशनल पैनल ऑन क्लाइमेट चेंज (आई.पी.सी.पी.) इण्टरनेशनल यूनियन फॉर कंजरवेशन ऑफ नेचर (आई.यू.सी.एन.) यूनाइटेड नेशनल इनवायरमेण्टल प्रोग्राम (यू.एन.ई.पी) इत्यादि हैं। लगभग सभी देशों में कई संस्थाएँ पर्यावरण-संरक्षण की दिशा में प्रयास कर रही हैं। कई स्वयंसेवी संस्थाएँ भी इस दिशा में प्रयासरत हैं। भारत में वन एवं पर्यावरण मंत्रालय, जल-शक्ति मंत्रालय, पृथ्वी मंत्रालय आदि भी पर्यावरण संरक्षण की दिशा में कार्य कर रहे हैं। पर्यावरण संरक्षण हेतु भारतीय संसद द्वारा पर्यावरण संरक्षण अधिनियम 1986, पारित किया गया है। पर्यावरण संरक्षण हेतु पर्यावरणविदों तथा भारतीय महिलाएँ–मेधा पाटकर, वंदना शिवा, सुनीता नारायणन, अनुमिता राय चौधरी, सुमायरा, अब्दुल अली, कृति कारंथ आदि ने भी महत्त्वपूर्ण योगदान दिया है।

प्रकृति और आदिवासी तो एक-दूसरे के पर्याय हैं। बहुत से आदिवासियों में यह प्रथा है कि विवाह के समय वधू महुए के पेड़ पर सिंदूर लगाकर, उससे सुहागिन होने का वरदान माँगती है। वर आम के पेड़ को नमन कर अपने वैवाहिक जीवन की सफलता की कामना करता है। कुछ प्रान्तों में हलषष्ठी के दिन महिलाएँ झरबेरी और बाँस के पेड़ों की पूजा करके अपने पुत्रों के दीर्घजीवन की कामना करती हैं। दशहरे पर शमी वृक्ष की पूजा का विधान आज भी देश के अनेक भागों में प्रचलित है। शिवरात्रि के अवसर पर बेलपत्रों से शिव की उपासना फलदाई मानी जाती है। तुलसी को शुद्धि की दृष्टि से बहुत महत्त्वपूर्ण माना जाता है, अत: कोई भी भोग तुलसी के बिना पूरा नहीं माना जाता। आम, जामुन, असन, लोध्र, शाल, कटहल, अंकोल, सुंदर, तिनिश, बेल, तेंदू, बाँस, काशमरी, वरण, महुआ, तिलक बेर, आँवला, कदंब, बेंत, अनार आदि

फूलों-फलों और छायादार वृक्षों की महत्ता को दर्शाने वाली अनेक परंपराएँ अपने देश के विभिन्न भागों में प्रचलित हैं।

एक सभ्य समाज में स्वच्छता ही जीवन का मूल्य होना चाहिए। इसलिए हमारे देश में साफ-सफ़ाई को लेकर चलने वाले कार्यक्रम और जारी होने वाले संदेशों को उस मूल्य तक पहुँचने की एक प्रक्रिया कहा जा सकता है। आम लोग अपने स्तर पर स्वच्छता अभियानों का मूल संदेश समझ सके, तो सांस्कृतिक स्तर पर भी स्वच्छता के मूल्यों का विस्तार हो सकेगा वरना इसकी अहमियत विज्ञापन तक सीमित होगी। इंदौर में एक शादी में 'शून्य कचरा' सिद्धान्त के आधार पर स्वच्छता और पर्यावरण के प्रति हुई पहल ने पर्यावरण के प्रति संवेदनशील सभी लोगों का ध्यान आकर्षित किया है। इस विवाह के युगल आई.आई.टी. से पढ़ाई कर चुके हैं, उन्होंने तय किया कि वे अपनी शादी के स्तर पर किसी भी तरह का कचरा जमा होने की गुंजाइश नहीं छोड़ेंगे। इसके लिए विवाह समारोह के दौरान ई-कार्ड बाँटने, खाने-पीने के लिए बरतन आदि से लेकर तमाम ऐसी व्यवस्थाएँ की गईं, जिसमें किसी वस्तु को कचरा के रूप में जमा नहीं करना पड़ा। दो दिन चले इस समारोह में चालीस किलो गीला कचरा निकाला गया और इसका निपटान करके खाद में तब्दील करने की व्यवस्था भी विवाह स्थल पर ही की गई थी जबकि आमतौर पर ऐसे एक समारोह में कई किलो कचरा निकलता है। यानी साधारण से दिखने वाले एक विचार ने महत्त्वपूर्ण प्रयोग का रूप ले लिया और खाने के सामान की बर्बादी को रोकने के साथ-साथ बाकी कचरे से भी बचने का बेहतर विकल्प उपलब्ध कराया गया। विडंबना है कि हमारे यहाँ विवाह समारोह से लेकर ज्यादातर आयोजनों में शायद ही कभी इस पहलू पर विचार किया जाता है। खाने-पीने की चीज़ें उसमें इस्तेमाल होने वाली वस्तुएँ कैसे कचरे में तब्दील होकर हमें और हमारे आस-पास के माहौल या आबोहवा को प्रदूषित करती हैं। इसका असर केवल गंदगी फैलने या फिर पर्यावरण को नुकसान पहुँचने के तौर पर सामने नहीं आता, बल्कि इस समस्या की अनदेखी या इसे लेकर सहज होने की प्रवृत्ति ने हमारी रोजमर्रा की आदतों तक को दूषित कर दिया है, जिसमें हर स्तर पर कचरा फैलाने वाले सामान सहित बचे हुए खाद्य-पदार्थ को जहाँ-तहाँ फेंक देने को एक आम गतिविधि के तौर पर देखते हैं। इस तरह की लापरवाही अगर हमारी आदतों में घुल जाती है तो इसका दीर्घकालिक नुकसान हमारे समाज को उठाना पड़ता है। इस तरह अब आम नागरिक के स्तर पर होने वाली ताज़ा पहलकदमी अगर एक चलन के रूप में विकसित होती है, तो निश्चित तौर पर यह एक नई स्वच्छता संस्कृति की वाहक बनेगी।

कोरोना पश्चात की परिस्थितियों ने यह बता दिया है कि हम प्रकृति के लिए अपनी अराजक गतिविधियों से परेशानी खड़ी करेंगे तो हम स्वयं भी अछुते नहीं रह

सकते। इसलिए प्रकृति और मानव संबंधों को पुनर्परिभाषित करने के साथ उसी अनुरूप वातावरण तैयार करने की आवश्यकता है। हम वायु और जल प्रदूषण की चर्चा तो करते हैं, लेकिन धरती के बाह्य आवरण के विषैले होने की उतनी चर्चा नहीं करते। हरित क्रांति के दौरान कृषि यंत्रों और रासायनिक उर्वरकों के प्रयोग से उत्पादन तो बढ़ा, लेकिन इसने धरती की कृषि योग्य उपजाऊ परत को विषैला कर दिया। इस विष ने न केवल खेतों से मित्र कीटों और जीवाणुओं को नष्ट किया, बल्कि वर्षा ऋतु में यह विष बारिश के पानी के साथ बहकर बरसाती नालों और सहायक नदियों को दूषित करता है, जहाँ से गंगा-यमुना जैसी बड़ी नदियाँ प्रदूषित होती हैं, यानी यह जल प्रदूषण या नदी प्रदूषण का बड़ा कारण बनता है। कृषि यंत्रों के प्रयोग से गोवंश की उपयोगिता पर चोट पहुँची है। लोग केवल दूध-भर के लिए गौपालन करने लगे, जबकि उसकी अन्य उपयोगिताओं का दोहन (उपयोग) नहीं हो सका या जो होता था उस पर विराम लग गया। रासायनिक उर्वरकों के प्रयोग से उत्पादित वस्तुएँ विषैली होने से अछूती नहीं रहीं। बीज, खाद, पानी की लागत बढ़ने और बाज़ार की उपेक्षा से किसान ऋण के जाल में फँसकर आत्महत्या तक कर रहे हैं। शून्य लागत प्राकृतिक खेती इन कई सारी समस्याओं के समाधान की ओर ले जाती है। इस पद्धति से खेती में प्रयोग होने वाली सभी आवश्यकताओं की पूर्ति प्रकृति करती है और बाज़ार से एक भी चीज़ नहीं खरीदनी पड़ती। यहाँ तक कि बीज भी। प्राकृतिक खेती की अवधारणा इस मान्यता और प्रयोग पर आधारित है कि फसल के लिए कार्बन डाईआक्साइड, नाइट्रोजन, पानी और सौर ऊर्जा की आवश्यकता होती है और ये सब प्रकृति के भण्डार से सहज उपलब्ध हैं। आवश्यकता खेत में, केवल उस वातावरण के निर्माण की है, जिससे इन चारों प्राकृतिक अवयवों का संयोजन किया जा सके। शून्य लागत आधारित प्राकृतिक खेती छोटे किसानों के लिए एक बहु समस्या उन्मूलक तकनीक है। यह तकनीक जटिल नहीं है, आसान है। सभी किसानों की पहुँच में है, विशेष बात है कि यह किसानों की आय दोगुनी करने के लिए कृषि उत्पादों के दाम बढ़ाने के बजाय खेती की लागत शून्य करने वाली है। उत्पादन भी बेहतर और मात्र गुणवत्ता का होता है। महाराष्ट्र के कृषि विज्ञानी और संत पद्मश्री सुभाष पालेकर ने इस तकनीक पर काफ़ी काम किया है। उन्हें भारत में इस तकनीक का प्रणेता और प्रशिक्षक माना जाता है। पिछले कई वर्षों से वह यह प्रयोग कर रहे हैं। उन्होंने इसके लिए मूलत: देसी गाय के गोमूत्र, देसी गाय के ही ताज़ा गोबर, गुड़, गन्ने के रस या फलों के सड़े हुए गूदे और पानी के मिश्रण सहित कुछ सहज उपलब्ध अवयवों को वैज्ञानिक पद्धति से मिलाकर एक घोल तैयार किया, जिसे जीवामृत नाम दिया गया है। इसी तरह बीजामृत का भी फॉर्मूला तैयार किया गया है। अलग-अलग पारिस्थितिकी तंत्र के अनुकूल फसलों के लिए कुछ इसी प्रकार के सहायक फॉर्मूले भी तैयार किये गये हैं। खेती ही नहीं बागवानी में भी यह

सहायक है। सुभाष पालेकर ने शून्य लागत आधारित प्राकृतिक खेती को आध्यात्मिक खेती की भी संज्ञा दी है। कारण इस खेती की इस पद्धति में प्राकृतिक परिस्थितियों में खेती की जाती है। बाहर से कुछ खरीदने या डालने की ज़रूरत नहीं। जीवामृत के द्वारा केवल फसल चक्र के लिए हितैषी जीवाणुओं के अनुकूल वातावरण तैयार किया जाता है, जो वर्षों से रासायनिक उर्वरकों के प्रयोग से नष्ट होते जा रहे हैं। पालेकर का मानना है कि ये जीवाणु ही सूर्य की ऊष्मा और ज़मीन की नमी से फसल के लिए आवश्यक पोषक तत्त्व मृदा से निकालकर उन्हें जड़ों और तने तक पहुँचाते हैं यह खेती थोड़े बदलावों के साथ पूरे देश की जलवायु के लिए लाभकारी है। शुरुआत में यह आशंका व्यक्त की गई थी कि प्राकृतिक खेती से उत्पादन कम मिलता है। यह कुछ हद तक सही है लेकिन पूर्ण रूप से नहीं। उदाहरण के लिए सीतापुर की बिस्वा तहसील के किसान अशोक गुप्ता बताते हैं कि पिछले पाँच वर्षों में आठ एकड़ भूमि पर प्राकृतिक खेती कर अश्वगंधा, शतावरी, ग्रीन-टी जैसे औषधीय पौधों के अलावा प्याज-लहसुन, चना, धनिया उगाते हैं। इस पद्धति से उगाई गई फसल के रसायनमुक्त, स्वाद और स्वास्थ्यवर्द्धक होने के कारण दोगुने से अधिक दाम मिलते हैं, जबकि लागत के नाम पर केवल श्रम और कुछ भी नहीं। इस प्रकार यह खेती पर्यावरण हितैषी और कम खर्चीली है।

वैश्विक जलवायु परिवर्तन एवं पर्यावरण संकट अवधारणात्मक परिप्रेक्ष्य

आज मानव अस्तित्व को ग्लोबल वार्मिंग और जलवायु परिवर्तन से खतरा हो रहा है और इसमें इतनी क्षमता है कि दुनिया के विभिन्न हिस्सों के अरबों लोगों के जीवन और निवास स्थान को नुकसान पहुँचा सकता है। पारिस्थितिकी संरक्षण की चुनौतियों की भयावहता और जलवायु परिवर्तन दहला देने वाला है और अब इस बात की आवश्यकता है कि हमारी सोच और व्यवहार में बदलाव लाया जाए। इस मुद्दे का केन्द्र बिन्दु यह है कि हम हमारी सभ्यता की प्रक्रिया के संरक्षण के लिए किस प्रकार नए और संवेदनशील निर्माण की ओर बढ़ सकते हैं। इस संदर्भ में हाल की पाँच घटनाओं का उल्लेख किया जा सकता है–(1) वर्ष 2019 में ब्राजील और ऑस्ट्रेलिया के जंगलों में लगी आग (2) विलुप्त होती प्रजातियाँ (3) वर्ष 2002–03 में हांगकांग में सार्स (सीवियर, क्यूट रेस्पीरेटरी सिंड्रोम) महामारी (4) कैलिफ़ोर्निया के जगलों में लगी आग (5) वर्ष 2020 में कोविड-19 महामारी। ऑस्ट्रेलिया के जंगलों में लगी व्यापक आग को बुझाना काफ़ी कठिन था। इस आग से 6.3 मिलियन हेक्टेयर से भी ज्यादा क्षेत्र प्रभावित हुआ था। वर्ष 2019 में अमेज़न के वर्षा जंगलों ने आग की भीषणता को देखा था। यह वर्णित किया जा सकता है कि बड़ी संख्या में प्रजातियाँ विलुप्त हो चुकी हैं। पुनर्गणना के लिए सिर्फ़ वर्ष 2019 में ही हमने पक्षियों की तीन प्रजातियाँ, दो मेंढकों की, एक शार्क की, एक घोंघा और एक प्रसिद्ध स्वच्छ जल मछली को विलुप्त घोषित किया गया था। वर्ष 2002–03 में हाँगकाग में साँर्स के प्रकोप के कारण लगभग 800 लोगों की मृत्यु हो गई थी, और इसे विश्व स्तर पर महामारी घोषित किया गया था। हम कोरोना वायरस की महामारी कोविड-19 का सामना कर रहे हैं, जिसने पूरे विश्व को अपनी चपेट में ले रखा है, और इसने व्यापार और व्यापार पर प्रतिकूल रूप से असर डाला है, जिसका परिणाम यह हुआ कि विश्व स्तर पर मंदी आ गई। यहाँ तक कि अर्थ व्यवस्था में भी मंदी आ गई। अगर पारिस्थितिकी संबंधी समस्याओं को शीघ्रता से नहीं सुलझाया गया तो विश्व को स्वयं को बर्बाद करने के लिए विश्व युद्ध की आवश्यकता नहीं होगी।

संयुक्त राष्ट्र की मौसम एजेन्सी ने आगाह किया है कि वर्ष 2030 तक अंतरराष्ट्रीय मानवीय सहायता के ज़रूरतमद लोगों की संख्या में 50 प्रतिशत तक की बढ़ोतरी हो सकती है। वर्ष 2018 में दुनिया में ऐसे लोगों कि संख्या 10.8 करोड़ थी। विश्व मौसम विज्ञान एजेंसी ने अपनी रिपोर्ट में कहा कि मौसम की वजह से हर साल अधिक संख्या में आपदाएँ आ रही हैं इसमें कहा गया है कि पिछले 50 वर्षों में 11,000 से अधिक आपदाएँ आयी हैं। जो मौसम, सुनामी और जलवायु जैसी घटनाओं से सम्बन्धित हैं। इन आपदाओं के कारण 20 लाख लोगों की मौत हुई है। और 3.6 खरब डॉलर का आर्थिक नुकसान हुआ है। स्टेट ऑफ क्लाइमेंट सर्विसेज रिपोर्ट 2020, सोलह अंतरराष्ट्रीय एजेंसियों और वित्तीय संस्थानों द्वारा तैयार की गई है।

मानव के विकासवाद की दौड़ में हम सब इस वास्तविक प्रकृति को भूल गए हैं, जैसे शेर की दहाड़, हाथी की मस्ती भरी चाल, हिरनों के कुलाचे, खरगोश की धावल काया और फुर्ती, पक्षियों का कलरव और कोयल की मधुर कुक, मैना की बाते, पपीहे की चाल हमें एक अलग दुनिया का आभास कराती है, जिसकी तुलना वर्तमान की प्रकृति से कोसों दूर हो चुकी है। इस दौर में, क्योंकि मानव जाति ने इन सब आवाज को छीन लिया है, सिर्फ़ अपनी लालसा के कारण और यही लालसा प्राकृतिक आपदा का कारण बनती जा रही है। इसके सैकड़ों उदाहरण हैं कि प्राकृतिक आपदा के आने के पीछे प्राकृतिक आवास विखण्डन करना, एक कारण है, जिससे जीव-जंतु विलुप्त हो जाते हैं। हम सभी जानते हैं इस पृथ्वी पर हर एक जीव की बड़ी कीमत है और उस कीमत की भरपाई हम किसी और जीव से नहीं कर सकते यह एक खाद्य शृंखला की तरह कार्य करती है, जिसके टूटने पर सब कुछ अव्यवस्थित हो जाता है। हमें इस शृंखला को बचाए रखना है, ताकि इसका अन्य जीव-जंतु पर प्रभाव न पड़े। और धीरे-धीरे आपदा में परिवर्तित न हो। हम सबको विकास भी करना है लेकिन विकास सतत पोषणीय होना चाहिए, न कि असतत पोषणीय, यह हमारे लिए कड़ी चुनौती है कि किस तरीके से विकास और पर्यावरण में तालमेल बैठाया जाए ताकि आपदा का सामना हमें न करना पड़े अब हमें मानवीय गतिविधि पर रोक लगाना होगा ताकि प्रकृति, प्रकृति ही रहे, न कि प्रकृति को अप्राकृतिक बना दिया जाए जिसके परिणाम चींटी से लेकर मनुष्य को भोगने पड़ें। क्योंकि प्राकृतिक संसाधन एक ईश्वरीय देन हैं, जिसका रूप हमेशा से शाश्वत रहा है और यह रूप हमारे लिए अतुलनीय है, जिसकी हमें आदर और सत्कार करते रहना चाहिए।

जलवायु परिवर्तन का तात्पर्य हमारी जलवायु में सभी दीर्घकालिक परिवर्तनों से है, जिसमें पृथ्वी की सतह का बढ़ता तापमान, समुद्र के स्तर में वृद्धि, चरम मौसम और समुद्र का अम्लीकरण शामिल है। जलवायु परिवर्तन का कारण काफ़ी हद तक मानव

गतिविधि है। जैसे–जीवाश्म ईंधन, प्राकृतिक गैस, तेल और कोयला जलाना इन सामग्रियों को जलाने से पृथ्वी के वायुमण्डल में ग्रीन हाउस गैसें निकलती हैं। ग्लोबल वार्मिंग एवं जलवायु परिवर्तन दो शब्द हैं, जो बोलचाल की भाषा में परस्पर उपयोग किए जाते हैं, लेकिन ग्लोबल वार्मिंग जो पृथ्वी के बढ़ते सतह तापमान को संदर्भित करता है। जलवायु परिवर्तन की अभिव्यक्तियों में से एक है। जलवायु परिवर्तन मानव स्वास्थ्य के लिए एक गंभीर खतरा पैदा कर रहा है और हमारे जीवन को खतरे में डाल रहा है। जलवायु परिवर्तन के प्रभाव, कम पूर्वानुमानित मौसम पैटर्न का कारण बनते हैं और दुनिया–भर में होने वाली प्राकृतिक आपदाओं की संख्या में वृद्धि करता है, जैसे कि तूफान और जंगल की आग। और यह उससे भी आगे जाते हैं, जहाँ प्रजातियाँ रहती हैं, वे कैसे बातचीत करती हैं, और जैविक घटनाओं के समय को बदलकर, जो मौजूदा पारिस्थितिकी तंत्र को मौलिक रूप से बदल सकती है। जलवायु परिवर्तन के प्रभावों के संदर्भ में एक अपसाइक्लिंग उद्यमी स्टैफ़ानों फुनारी के अनुसार जलवायु परिवर्तन का दीर्घकालिक जोखिम कोविड–19 द्वारा उत्पन्न जोखिम से बड़ा है, लेकिन निवेश के लिए संसाधन समान स्तर पर नहीं हैं। वित्तीय हित अभी भी पूरी तरह से एजेण्डा तय कर रहे हैं।"

ऑस्ट्रेलिया की राष्ट्रीय विज्ञान एजेंसी सी.एस.आई.आर.ओ. के नए शोध में खुलासा हुआ है कि पिछले 30 वर्षों में जलवायु परिवर्तन ने देश में जंगल की आग में उल्लेखनीय वृद्धि की है। नेचर कम्युनिकेशंस में प्रकाशित अध्ययन के अनुसार, सी.एस.आई.आर.ओं. ने पिछले 32 वर्षों में 324,000 वर्ग किलोमीटर जंगल में आग की गतिविधि का विश्लेषण प्रकाशित किया। रिपोर्ट के अनुसार, 2002–2019 के बीच और 1988–2001 की तुलना में सालाना जलाए जाने वाले जंगल का औसत क्षेत्र 800 प्रतिशत अधिक था। सन् 1988 के बाद से औसत जला हुआ क्षेत्र सर्दियों में पाँच गुना और गर्मियों में दस गुना बढ़ गया है। शोध में यह पाया गया है कि आग के मौसम लंबे होते जा रहे थे और न केवल तस्मानिया के दक्षिणी द्वीप में अल्पाइन जंगलों में, बल्कि देश के उत्तर पूर्व में क्वीसलैंड के उष्णकटिबंधीय वर्षा वनों में भी आग लगना आम हो गया था। सी.एस.आई.आर.ओ. के वैज्ञानिक पेप कैनाडेल ने कहा कि जलवायु परिवर्तन के चलते आग लगने के तीन प्रमुख कारकों, ईंधन, ऑक्सीजन और आग लगने के स्रोतों को मदद मिल रही है, जिससे इनकी घटनाओं में इजाफा हो रहा है। एक तरफ जहाँ जलवायु में आ रहे बदलावों के कारण बारिश के पैटर्न में लगातार बदलाव आ रहा है।

- 2019–20 में ऑस्ट्रेलिया के करीब 1,86,000 वर्ग किलोमीटर में फैले जंगल जलकर राख हो गए।

- 2019–20 में ब्राजील में अमेज़न में भी बड़े इलाके को आग ने अपनी चपेट में ले लिया था।

- 2018-20 में पश्चिमी अमेरिका और ब्रिटीश कोलंबिया के जंगलों में लगी भीषण आग।

- 2021 में तंजानिया के जंगलों में लगी भीषण आग।

आग लगने की 67 प्रतिशत घटनाएँ उन इलाकों में हुई, जहाँ पेड़ों की कटाई की गई थी। 2030 तक अमेजन के 27 प्रतिशत जंगल खतम हो जाएँगे। दुनिया को ऑक्सीजन की ज़रूरत का 15 प्रतिशत से अधिक जंगलों को आग लगने की घटनाओं के चलते वायु प्रदूषण में भी वृद्धि हुई है।

पर्यावरण : अर्थ और परिभाषा

"पर्यावरण" का शाब्दिक अर्थ है, जो चारों ओर से घेरता है यह अंग्रेजी भाषा के Environment शब्द का समानार्थक शब्द है। चारों ओर से घेरने वाले 'पर्यावरण' के साथ ही, जिसे पर्यावरण घेरे रहता है, उसका भी महत्त्व अपेक्षित है। वस्तुत: किसी भी जीव के चारों ओर विद्यमान वह समस्त सजीव परिवेश ही पर्यावरण है, जिसमें जीव निवास करता है। व्यापक दृष्टि से, इस पृथ्वी पर विद्यमान सभी तत्त्वों और संपूर्ण ब्रह्माण्ड से जीव घिरा रहता है। स्वच्छ पर्यावरण जीवन के अस्तित्व के लिए ही नहीं अपितु शारीरिक, मानसिक एवं अन्य प्रकार के स्वरूप-विकास के लिए नितांत आवश्यक है। पर्यावरण को वातावरण भी कहते हैं, जो दो शब्दों वात–आवरण के योग से बना है। वात का अर्थ है वायु तथा आवरण का अर्थ है, ढँकने वाला। कहने का आशय यह है कि वायु का प्रभाव जहाँ तक है, वहाँ तक जनजीवन प्रभावित होता रहता है। मानव के चतुर्दिक फैले हुए वातावरण को पर्यावरण की परिधि में माना जाता है। मानव जन्म से मृत्यु पर्यन्त पर्यावरण में ही रहता है। इसके द्वारा वह वैयक्तिक एवं सामाजिक क्षेत्रों में विकास करता है। यदि उसे अच्छा वातावरण नहीं दिया जाय तो वह स्वस्थ नागरिक नहीं बन सकता। व्यक्ति को चारों ओर से ढँकने वाला आवरण ही 'पर्यावरण' कहलाता है। इसके अभाव में सुखद जीवन असंभव है।

पर्यावरण की परिभाषाएँ

सुप्रसिद्ध प्रकृतिविद् ई. फ़ेडरोव ने प्रकृति को 'समस्त ज्ञात ब्रह्माण्ड' के रूप में परिभाषित किया है। अत: सूक्ष्मातिसूक्ष्म जीवाणु हो या वनस्पति, पशु-पक्षी हों या मानव, प्रत्येक जीव के पर्यावरण में वायु-आकाश, भूमि-मिट्टी, सरिता-सागर, वन-कान्तार, वृक्ष-पादप, जीव-जन्तु, मानवादि से लेकर सूर्य-चंद्रादि नक्षत्र तक समस्त प्रकृति का समावेश किया जा सकता है। आधुनिक वैज्ञानिक अवधारणा के अनुसार किसी जीव के चारों ओर विद्यमान भौतिक, रासायनिक एवं जैविक परिस्थितियाँ उसका पर्यावरण है।

डेविस के अनुसार, मनुष्य के संबंध में भौगोलिक वातावरण से अभिप्राय भूमि या मानव के चारों ओर फैले उन सभी भौतिक स्वरूपों से है, जिसमें वह रहता है, जिसका उसकी आदतों और क्रियाओं पर प्रभाव पड़ता है।

बोरोन के अनुसार, एक व्यक्ति के पर्यावरण में वह सब कुछ सम्मिलित किया जाता है, जो उसको जन्म से मृत्यु तक प्रभावित करता है।

इन परिभाषाओं का अध्ययन करने से स्पष्ट हो जाता है कि "पर्यावरण किसी जीव, उसकी प्रजाति या संपूर्ण जाति के विकास-वृद्धि और जीवन-मरण को प्रभावित करने वाली समस्त दशाओं, कारणों एवं प्रभावों के समग्र योग के लिए प्रयुक्त जीवशास्त्रीय शब्द है।" जो कुछ भी हमारे चारों ओर विद्यमान है, और हमारी रहन-सहन दशाओं तथा मानसिक क्षमताओं को प्रभावित करता है, पर्यावरण कहलाता है। पृथ्वी के जिस भाग में जीवधारी रहते हैं, उसे जीवमण्डल कहते हैं। जीवमण्डल का माप लगभग स्थिर है। यह क्षेत्र धरती से लगभग 16 कि.मी. ऊँचाई तक फैला है और इसका क्षेत्रफल 45 करोड़ वर्ग कि.मी. है। जीवमण्डल में पृथ्वी, वायु, जल, पेड़-पौधे और सभी जीव-जन्तु रहते हैं। जीवमण्डल धरती, वायु, ताप और जल से समृद्ध है और ये चारों ही स्थितियाँ जीव के अस्तित्व के लिए आवश्यक अंग हैं। इसके बिना कोई जीवधारी जीवित नहीं रह सकता। जनसामान्य के शब्दों में हमारी सम्पूर्ण पृथ्वी और उस पर उपस्थित प्रत्येक वस्तु हमारा पर्यावरण है। पर्यावरण में वे सभी परिस्थितियाँ भी आती हैं, जो हमारे जीवन पर प्रभाव डालती हैं। हमारा घर, मोहल्ला, गाँव, शहर या नगर सभी हमारे पर्यावरण के अंग हैं क्योंकि वे हमारे जीवन पर प्रभाव डालते हैं। 'पर्यावरण' मानव जीवन के प्रत्येक क्षेत्र में समाविष्ट है।

पर्यावरण के अनिवार्य तत्त्व

पर्यावरण के अनिवार्य तत्त्वों को नीचे स्पष्ट किया जा रहा है–

जैविक अवयव–हरेक पारिस्थितिकी तन्त्र में उपस्थित सजीव जैविक घटक के अन्तर्गत सम्मिलित किए जाते हैं, जैसे-पेड़-पौधे, जन्तु तथा मानव आदि। प्रकृति के प्रत्येक जीव किसी-न-किसी रूप में एक-दूसरे को प्रभावित करते हैं। कोई भी पूर्णतः आत्मनिर्भर नहीं होता है। इस प्रकार पारिस्थितिकी तन्त्र के सभी जैविक घटक परस्पर एक वर्ग के सदस्य के रूप में व्यवहार करते हैं। इन्हें ही जैविक घटक के रूप में जाना जाता है।

अजैविक अवयव–सभी अजैविक तत्त्व यथा-जल, भूमि, हवा आदि पर्यावरण के अजैविक अवयव में सम्मिलित किए जाते हैं। अजैविक

घटक को दो भागों में वर्गीकृत किया जाता है–भौतिक घटक व रासायनिक घटक।

(1)   **भौतिक तत्त्व**–इसमें ताप, प्रकाश, जल, आर्द्रता, मिट्टी, प्रवाह तथा दाब आदि आते हैं। ये सभी घटक जीवधारियों को जीवन-भर प्रभावित करते हैं तथा उनकी वृद्धि, विकास, स्वास्थ्य आदि क्रियाओं को नियंत्रित करते हैं। प्रमुख भौतिक घटकों का वर्णन निम्नवत है–

(i)   ताप–वातावरण में गर्मी मापने का यह एक पैमाना है। इसे हम फॉरेनहाइट, सेल्सियस या कल्विन डिग्री में प्रदर्शित करते हैं। वातावरण के अलग-अलग क्षेत्रों में ताप में अंतर आता है। जैसे ठंडे समुद्रों में $3°C$, स्वच्छ जल में $0°C$ तथा साइबेरिया भू-भागों में $-7°C$ से भी नीचे ताप मिलता है, जबकि सहारा मरुस्थल में कुछ स्थानों पर यह तापमान $60°C$ तक पाया जाता है। धरातल से प्रत्येक 150 मी. की ऊँचाई पर लगभग $1°C$ तापक्रम कम होता जाता है। इसलिए पहाड़ों पर मैदानों की ठंड अधिक होती है। इसका उदाहरण दिल्ली और मंसूरी के तापमान का अंतर है। धरातल पर तापांतर का मुख्य कारण-समुद्र से दूरी, समुद्रतल से ऊँचाई तथा विषुवत वृत्त से दूरी है।

(ii)   प्रकाश-सूर्य प्रकाश का मुख्य स्रोत है। उसके विकिरण द्वारा ऊर्जा प्राप्त करके पौधे भोजन बनाते हैं। वास्तव में प्रकाश द्वारा संश्लेषित ऊर्जा ही सभी जीवधारियों के जीवन का मूलभूत आधार है। यह अत्यन्त महत्त्वपूर्ण घटक है। इसके अतिरिक्त जन्तुओं और वनस्पतियों की अनेक जैविक-क्रियाएँ भी प्रकाश से प्रभावित होती हैं।

(iii) मृदा–सामान्य रूप से पृथ्वी की ऊपरी सतह को मृदा कहते हैं। इसका निर्माण मिट्टी से ठीक नीचे वाली चट्टानों का विघटन और उन पर कार्बनिक पदार्थों और सूक्ष्म जीवधारियों के निरंतर अनुक्रिया के फलस्वरूप होता है। इसमें अधिकांश वनस्पतियों और जन्तु स्थायी रूप से निवास करते हैं।

(iv)   जल-पृथ्वी का लगभग दो-तिहाई भाग जल से ढँका हुआ है। इसका सभी जैव-भूमण्डल के जीवधारियों के लिए प्रत्यक्ष या परोक्ष रूप से असीमित महत्त्व है। जल के अभाव में जीवन की कल्पना ही कठिन है। धरातल पर जल का वितरण असमान है। कहीं-कहीं जल स्रोतों की गहराई 1 मीटर भी नहीं है जबकि विश्व के कुछ सागर जैसे प्रशांत महासागर 10,924 मी. तक गहरे नापे जा चुके हैं।

(v) **आर्द्रता**–यह पर्यावरण का एक महत्त्वपूर्ण अजैविक घटक है। आर्द्रता का तात्पर्य वायु में उपस्थित जल-वाष्प की मात्रा से है। इसे संपूर्ण आर्द्रता और सापेक्ष आर्द्रता दो रूपों में प्रदर्शित किया जाता है।

(2) **रासायनिक तत्त्व**–पर्यावरण के मुख्य रसायनिक तत्त्वों को आगे वर्णित किया जा रहा है–

(i) **pH या हाइड्रोजन आयन की सान्द्रता**–पृथ्वी पर विद्यमान वस्तुओं की प्रकृति अम्लीय क्षारीय या उदासीन होती है। क्षारीयता या अम्लीयता का गुण वस्तु विशेष में उपस्थित हाइड्रोजन आयन की सान्द्रता पर निर्भर करता है। वस्तु की इस प्रकृति को pH में दर्शाते हैं। हम यह कह सकते हैं कि pH अम्लीयता प्रदर्शित करने का पैमाना होता है। pH उदासीन बिन्दु है तथा 7 से नीचे अम्लीयता व 7 से ऊपर क्षारीयता होती है।

(ii) **पोषक तत्त्व**–ये जीवधारियों के विकास, वृद्धि और वितरण पर प्रभाव डालते हैं। पोषक तत्त्वों को उनकी उपयोग की मात्रा के आधार पर दो उप-समूहों में बाँटा गया है-(क) सूक्ष्म पोषक तत्त्व (ख) वृहत पोषक तत्त्व।

(iii) **वायुमण्डल एवं वायुमण्डलीय गैसें**-रासायनिक तत्त्वों में वायु के प्रमुख तत्त्व ऑक्सीजन, नाइट्रोजन, कार्बन-डाईऑक्साइड व निष्क्रिय गैसें हीलियम, नियॉन, ऑर्गन, क्रीप्टन, जेनॉन और रेडॉन आदि आते हैं। वायु में ऑक्सीजन का प्रतिशत लगभग 21, नाइट्रोजन का 78 तथा कार्बन-डाईऑक्साइड का 0.3 है। इसके अतिरिक्त मौसम के अनुरूप वायु में जलवाष्प की मात्रा भी रहती है। अक्रिय गैसों को छोड़कर सभी गैसें महत्त्वपूर्ण उपापचय के रूप में उपयोगी हैं तथा वायु के रूप में समस्त भूमण्डल के चारों ओर सदैव चक्कर काटती रहती हैं।

जीव की अनुक्रियाओं को पर्यावरणीय परिस्थितियाँ प्रत्यक्ष रूपेण प्रभावित करती हैं और जीव भी उन्हें प्रभावित करता है। अत: जीव और पर्यावरण में परस्पर अन्त:क्रिया बनी रहती है। पर्यावरण में समाविष्ट विभिन्न अजैविक (भौतिक-रासायनिक) एवं जैविक दशाएँ परस्पर अंत: क्रिया करते हुए समग्र रूप में जीव पर प्रभाव डालती हैं। इस प्रकार पर्यावरण अंत: संबंधों के जटिल समुच्चय के रूप में क्रियाशील रहता है। पर्यावरण के अन्तर्गत अन्य सजातीय-विजातीय जीवों का प्रभाव भी जीव पर पड़ता है, यही जैविक परिस्थिति है। जीव का जन्म, अस्तित्व, विकास, वृद्धि, विनाश सभी कुछ

अनिवार्यत: पर्यावरण पर निर्भर करता है अत: पर्यावरण को जीवन की प्रथम शर्त कहा जा सकता है। जीव तथा पर्यावरण अविभाज्य रूप से अन्त:संबंध रहते हैं।

जब पर्यावरणीय घटकों अर्थात् हवा, पानी और मिट्टी जैसे संसाधनों की गुणवत्ता में गिरावट आती है, तो उसे पर्यावरणीय क्षरण कहते हैं। यह मनुष्य की आर्थिक और तकनीकी गतिविधियों के विकास की प्रक्रिया का परिणाम है। यह प्रदूषण के कई रूपों तथा प्राकृतिक संसाधनों की कमी के कारण होता है। आज मनुष्य की जीवनशैली ऐसी है कि ऊर्जा उपभोग और पारिस्थितिक रूप से हानिकारक प्रौद्योगिकियों पर उसकी निर्भरता बढ़ रही है, जिससे पर्यावरण का क्षरण हो रहा है। सभी जीव अपनी वृद्धि एवं विकास तथा अपने जीवन चक्र को चलाने के लिए संतुलित पर्यावरण पर निर्भर रहते हैं। संतुलित पर्यावरण से तात्पर्य एक ऐसे पर्यावरण से है, जिसमें प्रत्येक घटक एक निश्चित मात्रा एवं अनुपात में उपस्थित होता है। परंतु जब कभी मानवीय या अन्य कारणों से पर्यावरण में एक अथवा अनेक घटकों की मात्रा या तो आवश्यकता से अधिक बढ़ जाती है या पर्यावरण में हानिकारक घटकों का प्रवेश हो जाता है, तो पानी और मिट्टी जैसे संसाधनों में क्षय होने लगता है, जिससे जीवों का जीवन चक्र प्रभावित होने लगता है, तब इसे 'पर्यावरण क्षरण' की संज्ञा दी जाती है। इसका दुष्परिणाम पारिस्थितिकी तंत्र का विनाश, आवास क्षेत्र का विनाश, जंगली जीव-जंतु के विनाश के रूप में सामने आता है। संतुलित पर्यावरण की गुणवत्ता में किसी भी प्रकार की अनचाही कमी ही पर्यावरण क्षरण कहलाती है।

भारतीय संस्कृति में जैव-विविधता का संरक्षण तह तक समाया हुआ है। इस देश का एक चौथाई वन प्रदेश सुरक्षित क्षेत्र के रूप में व्यवस्थित है। फसलों की विविधता के मामले में भी भारत अग्रणी है। फिर चाहे चावल, दाल, ज्वार-बाजरा हो या फल व शाक-सब्जियाँ सबकी जितनी क़िस्में भारत में उपलब्ध हैं, उतनी बिरले ही मिलती हैं। पशुओं के मामले में भी क़मोबेश यही स्थिति है। लगभग 140 प्रकार के घरेलू जानवर यहाँ पाए जाते हैं। भारत दुनिया का दूसरा सबसे बड़ा देश है और इस दृष्टि से सबसे बड़े आर्थिक जगत् के रूप में भी इसे प्रतिष्ठा हासिल है और दिन-प्रतिदिन यह प्रगति पथ पर भी आगे बढ़ रहा है। विविध संस्कृति सभ्यता और पारंपरिक ज्ञान के मामले में बेमिसाल इस देश की जैव-विविधता पूरे ब्रह्मांड में सबसे ज्यादा विविध है। अगर पूरे विश्व के भू-भाग की बात करें, तो भारत का हिस्सा महज 2.4 फ़ीसदी है, विश्व जनसंख्या का 18 फ़ीसदी और विश्व की प्रजातियों का 8 फ़ीसदी हिस्सा भारत का है। भारत में 45,000 पौधों की और 89.000 जीवों की प्रजातियाँ हैं, जो कि पूरे विश्व के जीव जगत् का 6.5 यह हिस्सा है। भारत विश्व के दो सबसे बड़े 'हॉट स्पॉट' का भी स्थल है–पूर्वी हिमालय व पश्चिमी घाट। जिन जीवों के जीवन पर अभी खतरा मँडरा

रहा है, उनकी सूची में भारत की 10 फ़ीसदी वनस्पति और इससे भी ज्यादा यहाँ के जीव-जंतु शामिल हैं। वन्य जीवों में 80 स्तनधारी प्रजातियाँ, जिनमें से 47 पक्षी की प्रजातियाँ, तीन उभयचर और बड़ी संख्या में कीट-पतंग, तितलियाँ व भौरे शामिल हैं। नर वानर की 19 में से 12 प्रजातियों का अस्तित्व खतरे में है। भारत की जैव-विविधता को अक्षुण्ण रखने में सबसे बड़ी चुनौती यहाँ की विशाल जनसंख्या है। ऐसा अनुमान लगाया जा रहा है कि 2030 तक देश में डेढ़ से दो अरब की जनसंख्या हो जाएगी। चूँकि मानव द्वारा कुल फ़ोटोसिंथेसिस उत्पादन का 40 फ़ीसदी इस्तेमाल किया जाता है, इसलिए यह सहजता से अनुमान लगाया जा सकता है कि इतनी विशाल जनसंख्या हो जाने के बाद जैव-विविधता पर किस प्रकार का बुरा असर पड़ सकता है। पिछले 50 सालों में शहरों पर केन्द्रित औद्योगीकरण का विकास एवं नये-नये उद्योगों को स्थापित करने में बड़े पैमाने पर प्राकृतिक, संसाधनों का दोहन किया गया। और इसके साथ ही जल, थल व वायु प्रदूषण में भी वृद्धि हुई। साथ ही, पारंपरिक तरीके से होने वाली खेती की जगह औद्योगिक तरीके की खेती का प्रचलन बढ़ गया। इसी के चलते हानिकारक कीटनाशक व खाद आदि के प्रयोग धड़ल्ले से होने लगे और जैव-विविध ता संकट में आ गई।

जैव-विविधता को संरक्षित रखने के लिए भारत में जैव-आर्थिकी रणनीति अपनाने की आवश्यकता है। राष्ट्रीय जैव-विविधता मिशन को आगे बढ़ाते हुए इस बात का ख़याल रखना होगा कि गरीबों की जिंदगी खुशहाल बन सके न कि चंद अमीरों की झोली भरती जाए। आर्थिक समानता के बाद जैव की अस्मिता को कायम रखना आसान हो जाएगा। महात्मा गाँधी ने अंत्योदय के माध्यम से सर्वोदय की बात कही थी। यानी कि समाज के हाशिए पर मौजूद जन सामान्य के विकास के माध्यम से ही असली सर्वोदय संभव है। हालाँकि गाँधी जी के आर्थिक उदय के इस फॉर्मूले को आधुनिकतावादी दृष्टिकोण ने नहीं स्वीकारा और देश में औद्योगिक क्रांति नयी राह बनाने में लगी है। हमें यह नहीं भूलना चाहिए कि इस प्राकृतिक परिवेश में एक भी जीव अगर अस्तित्व से गायब होता है, तो इसका विपरीत असर पूरे परितंत्र पर पड़ता है। अब सवाल उठता है कि आधुनिक जीवन शैली में क्या यह संकल्प लेना और उसे निभाना संभव है कि किसी भी जीव को हानि नहीं पहुँचे? इसका उत्तर ढूँढ़ने से पहले हमें यह तय कर लेना पड़ेगा कि एक आदर्श जीवन शैली है क्या? अगर हम एक आदर्श जीवनशैली की बात करें, तो वह है–सह-रचनात्मकता व सह-जीविता, जो कि भारतीय सामासिक संस्कृति की तह तक समाई हुई है। पारिस्थितिकी का अध्ययन करने वाले यह मानते हैं कि हर एक प्रजाति की सृष्टि में खास भूमिका होती है। यही वजह है कि एक भी प्रजाति के लुप्त हो जाने पर संसार में एक बड़ी कमी आ

जाती है और इसका असर पूरी मानवता पर पड़ता है। जिस तरह से प्राकृतिक आपदाएँ विनाशलीला मचाती हैं, अब यह महसूस किया जाने लगा है कि प्रकृति में असंतुलन का नतीजा क्या हो सकता है।

लेकिन सबसे बड़ा सवाल यह है कि आखिर इतना जानते-समझते भी प्राकृतिक नियमों का उल्लंघन क्यों किया जाता है? क्यों पारिस्थितिकी से जुड़ी अहम बातों को भी हाशिये पर रखा जाता है? इसका एक सीधा उत्तर यह है कि हम अपनी जीवनशैली में बदलाव नहीं लाना चाहते। हम एक ऐसी जीवनशैली के अधीन हो चुके हैं, जो हमें विनाशकारी विकास के रास्ते ले जा रही है। भोगवादी दृष्टिकोण पर है आधारित आधुनिक जीवनशैली एक नशे की तरह काम कर रही है।

बाज़ारवाद व मॉल संस्कृति ने नई सभ्यता में एक खास जगह बना ली है। उपभोग करने का स्तर अब किसी व्यक्ति की प्रभुता को स्थापित करने लगा है। जो जितना ज्यादा भोग-उपभोग करने के लायक है, उसे उतनी ही ज्यादा प्रतिष्ठा मिलने लगी है। लेकिन ऐसी स्थिति तक मानवता पहुँची कैसे? इस पर विश्लेषण करने वाला एक तबका यह बताता है कि वैज्ञानिक क्रांति की आँधी इन सबके लिए जिम्मेदार है। प्रगति और विकास के नाम पर पूरी दुनिया में जिस प्रकार की होड़ मची, वह कहीं से भी मानव जाति के लिए कल्याणकारी नहीं है। भोगवादी संस्कृति का बोलबाला धीरे-धीरे बढ़ता जा रहा है, जिसकी छत्रछाया में इस बात को नज़रअंदाज किया गया कि कौन-सी वस्तुएँ मानवता के लिए हितकारी होंगी। आरामदायक वस्तुएँ व तकनीक धड़ल्ले से पूरी दुनिया में छाने लगीं। सुविधापरक नई वस्तुओं की खोज में इस बात का जरा-सा भी ख़याल नहीं रखा गया कि इसका पर्यावरण व पारिस्थितिकी पर क्या असर पड़ेगा।

आज भारत के लगभग हर छोटे-बड़े शहर की जलवायु इतनी जहरीली हो चुकी है कि उससे हर साल करीब 17 लाख लोगों की मौत होने लगी है। यह आँकड़ा 'द लैंसेट' पत्रिका का है। वहीं हार्वर्ड के एक शोध के अनुसार भारत में हर तीसरी मौत वायु प्रदूषण से हो रही है। वायु प्रदूषण में कोयला बिजलीघरों, विमानों, पेट्रोल-डीजल वाहनों, भवन निर्माण की धूल और खेतों में जलने वाली पराली, सबका हाथ है।

वायु प्रदूषण का सीधा संबंध उससे है, जो हम जलाते हैं। साल 2019-20 में ऊर्जा की ज़रूरत के लिए देश में 183 करोड़ टन जीवाश्म एवं बायोमास ईंधन जलाए गए। करीब 10 करोड़ टन पराली इत्यादि। कृषि संबंधी अपशिष्ट पदार्थ जलाए गए इसके अलावा एक से डेढ़ करोड़ टन नगरपालिकाओं के द्वारा एकत्र कचरा भी जलाया गया। इस तरह वायु प्रदूषण में कोयला और बायोमास का योगदान करीब 85 प्रतिशत है, जबकि पैट्रोल और डीजल का योगदान केवल 10 प्रतिशत तक है। लेकिन पूरा

फोकस कोयला बायोमास के बजाय पैट्रोलियम उत्पादों पर ही ज्यादा होता है। वायु प्रदूषण में बड़ा हिस्सा पार्टिक्यूलेट मीटर (पी.एम.) का है। पार्टिक्यूलेट मीटर यानी वह जो सूक्ष्म कणों के तौर पर वायु मण्डल में घूमते रहते हैं। इन दिनों पी.एम. 2.5 की बड़ी चर्चा है। पी.एम. 2.5 ऐसे कण होते हैं, जिनका व्यास 2.5 माइक्रोमीटर से कम हो। ये खतरनाक इसलिए माने जाते हैं क्योंकि ये फेफड़ों में काफ़ी गहराई तक धँसकर नुकसान पहुँचाते हैं। धूल अब पी.एम. 2.5 का बड़ा स्रोत बन गई है। दिल्ली में 20-30 प्रतिशत पी.एम. 2.5 धूल की वजह से होती है। इसकी मुख्य वजह यही है कि हमारे यहाँ तेज़ी से मरुस्थलीकरण हो रहा है। निर्माण कार्यों से भी धूल बढ़ रही है। भारत में वायु गुणवत्ता की निगरानी के लिए देशभर में करीब 100 मॉनिटरिंग स्टेशन बनाए गए हैं। इनमें अधिकांशत: शहरी क्षेत्रों में ही स्थित हैं। ग्रामीण क्षेत्रों में करीब 20 से 30 स्टेशन हैं। और उनमें भी अधिकांशत: पंजाब में। मॉनिटरिंग स्टेशनों की कमी के कारण ग्रामीण क्षेत्रों में हवा की गुणवत्ता का मुद्दा दबा ही रह जाता है। जबकि कई रिपोर्ट्स जो सैटेलाइट के माध्यम से तैयार की गई हैं, वे बता रही हैं कि ग्रामीण क्षेत्रों में वायु प्रदूषण की समस्या शहरों की तरह ही गंभीर होती जा रही है।

स्विट्जरलैण्ड की 'आइक्यू एयर' संस्था द्वारा पिछले दिनों जारी वायु गुणवत्ता सूचकांक 2020 के अनुसार दुनिया के 30 सबसे प्रदूषित शहरों में 22 शहर भारत के हैं। इस सूचकांक में चीन का खोतान शहर शीर्ष पर है, जबकि भारत में उत्तर प्रदेश का गाजियाबाद दुनिया का दूसरा सर्वाधिक प्रदूषित शहर पाया गया। दिल्ली का स्थान दसवाँ है, लेकिन यह दुनिया की सबसे प्रदूषित राजधानी बनकर उभरी है। शीर्ष 30 प्रदूषित शहरों की फेहरिस्त में उत्तर प्रदेश के दस और हरियाणा के नौ शहर शामिल हैं। वहीं एक सौ दस देशों के इस सूचकांक में बांग्लादेश और पाकिस्तान के बाद भारत दुनिया का तीसरा सबसे प्रदूषित देश है। इसके विपरीत पूर्तोरिको, न्यू कैलोड़ोनिया, स्विडन, फिनलैण्ड, नार्वे और आइसलैण्ड की गिनती दुनिया के सबसे स्वच्छ देशों में हुई है। अब यह स्थापित तथ्य है कि विकसित और अमीर देश प्रदूषण फैलाने में अपेक्षाकृत आगे हैं और इसका दंश निम्न और मध्यम आय वाले देशों को ही अधिक भुगतना पड़ रहा है। कहने को अमीर देशों के गुट पर्यावरण और जलवायु संकट से निपटने के लिए बड़ी-बड़ी बात करते थकते नहीं, लेकिन ऐसी कोई पहल भी नहीं करते, जिससे समस्या का समाधान निकालने का रास्ता निकले, बल्कि प्रदूषण का आरोप और इसे रोकने के उपायों को लेकर गरीब और विकासशील देशों पर ही दबाव बनाया जाता है। दुनिया का एक चौथाई वायु प्रदूषण भारतीय उपमहाद्वीप चार देशों—बांग्लादेश, भारत, नेपाल और पाकिस्तान में देखने को मिलता है। वायु प्रदूषण की गहराती समस्या वर्तमान और भावी दोनों पीढ़ियों के लिए मुसीबतें खड़ी करती है।

विश्व बैंक ने कृषि उत्पादन, जल संसाधन, तटीय पारिस्थितिकी तंत्र और शहरों पर बढ़ते तापमान के संभावित प्रभाव पर एक रिपोर्ट 'टर्न डाउन द हीट' जारी की है रिपोर्ट में भविष्य के परिदृश्यों को 2 डिग्री और 4 डिग्री सेल्सियस द्वारा विश्व में अनुमानित किया। भारत के लिए उनके निष्कर्षों के अनुसार अत्यधिक गर्मी की घटनाएँ अधिक बार होंगी। और पहले की तुलना में बड़े क्षेत्रों को कवर करेंगी। पश्चिमी और दक्षिणी भारत के 'शहरी गर्मी द्वीप' प्रभाव से प्रभावित शहरों के साथ उच्च जलवायु व्यवस्था में स्थानान्तरित होने की संभावना है। पिछले कुछ वर्षों से वैश्विक जलवायु जोखिम सूचकांकों ने भारत को हीटवेव के कारण सबसे अधिक प्रभावित देश के रूप में स्थान दिया है।

दूसरे शुष्क वर्ष, और शुष्क हो जाएँगे और गीले वर्ष और अधिक आर्द्र हो जाएँगे, जिससे ग्रीष्म मानसून अत्यंत अप्रत्याशित हो जाएगा। इससे कृषि उत्पादन में भारी नुकसान होगा। पर्यावरणीय चरम और मौसम संबंधी घटनाएँ जैसे ऊष्णकटीबंधीय तूफान, चक्रवात, बवंडर, नदी में बाढ़, भूस्खलन, जंगल की आग और सूखा आम होता जा रहा है। हाल ही में चक्रवात तौकता (पश्चिमी तट) और यास (पूर्वी तट) से नुकसान के कारण अनुमानित नुकसान 5 अरब डॉलर का है, जिसमें बुनियादी ढाँचे, बिजली ग्रिड, कृषि भूमि, घर और कीमती मानव जीवन का नुकसान शामिल है। पिछले वर्षों में अम्फान, तितली और गीजा जैसे अन्य विनाशकारी चक्रवात आए हैं। सूखे के वर्षों में कृषि उत्पादन में भारी गिरावट आई है। अनुमान है कि 2040 के दशक तक कृषि पैदावार में गिरावट शुरू हो जाएगी।

हिमालय पर्वतमाला के ग्लेशियर पीछे हट रहे हैं। हिमनदों की टोपी में परिवर्तन सिंधु, गंगा और ब्रह्मपुत्र के मैदानों की निचली आबादी को प्रभावित करेगा। ग्लोबल वार्मिंग से प्रेरित मौसम विज्ञान और हाइड्रोलॉजिकल परिवर्तनों के इन प्रत्यक्ष प्रभावों का असर भारत के समाज और आर्थिक विकास पर पड़ेगा जलवायु परिवर्तन और गरीबी एक दुष्चक्र का हिस्सा है। क्योंकि प्रत्येक इकाई दूसरे के प्रभावों को पुष्ट करती है। जलवायु परिवर्तन से प्राकृतिक संसाधन प्रणालियों को बाधित होने का खतरा है, जिनसे इन पारिस्थितिकी तंत्रों पर निर्भर आबादी (किसानों, मछुआरों और आदिवासी समुदायों) पर प्रतिकूल प्रभाव पड़ रहा है। कमज़ोर वर्गों की जलवायु परिवर्तन प्रेरित प्रभावों को प्रभावी ढंग से कम करने में असमर्थता उन्हें बदतर बना देती है।

मुख्य प्रभाव कृषि उत्पादन और खाद्य सुरक्षा पर है। भारत में गेहूँ की पैदावार पहले ही, चरम पर पहुँच चुकी है। पानी की बढ़ती कमी, समुद्र के पानी की घुसपैठ और बढ़ते तापमान से फसल को खतरा पैदा होगा। और भारत को खाद्य आयात पर निर्भर करेगा। फसल खराब होना और कीड़ों और कीटों का बढ़ना आम बात है। किसानों की खुदकुशी को जलवायु परिवर्तन से जोड़ना कोई एक्सट्रैपलेशन नहीं होगा। बढ़ते

तापमान से मलेरिया और डायरिया संक्रमण जैसे वेक्टरजनित रोगों में वृद्धि होगी। वर्षा के पैटर्न में बदलाव और हिमनदों के पिघलने से जल सुरक्षा प्रभावित होगी। फसल उत्पादन के लिए सिंचाई सुविधाओं के साथ-साथ जनसंख्या वृद्धि से बढ़ती माँग से पानी की कमी हो जाएगी। चेन्नई जैसे शहर पहले से ही असुरक्षा के इस रूप को देख चुके हैं, 2015 में अत्यधिक बाढ़ का सामना करना पड़ा, जबकि शहर में पानी की भारी कमी का सामना करना पड़ा था। नदियाँ कम प्रवाह के कारण जल-विद्युत संयंत्रों को बिजली उत्पादन की अनियमित आपूर्ति से गुजरना पड़ सकता है। भारत के थर्मल प्लांट, जो मीठे पानी की आपूर्ति को रोकते हैं, उन्हें भी बिजली उत्पादन के मुद्दों का सामना करना पड़ सकता है। दक्षिण एशियाई राजनीति में जल बँटवारा एक विवादास्पद मुद्दा है। पानी की किल्लत से दबाव और बढ़ सकता है। कृषि उत्पादकता में गिरावट और कृषि आय में कमी के परिणामस्वरूप भारी पलायन हो सकता है, या तो ग्रामीण-शहरी या यहाँ तक कि सीमा पार जलवायु शरणार्थियों के रूप में संदर्भित लोगों के इस तरह के बड़े पैमाने पर प्रवासन संघर्ष उत्पन्न कर सकता है। मैग्रोव और प्रवाल भित्तियों जैसे वनों और पारिस्थितिकी तंत्रों के नुकसान के साथ कई पारिस्थितिकी तंत्र उत्पाद प्रावधान में गिरावट आएगी। इनमें औषधीय पौधे और जड़ी-बूटियाँ शामिल हैं। ग्लोबल वार्मिंग से प्रेरित जलवायु परिवर्तन के कारण वनों एवं मैग्रोव द्वारा प्रदान की जाने वाली पारिस्थितिकी तंत्र जैसे कि जलवायु संयम, जल निस्पंदन और स्वच्छ हवा कम हो सकती है।

भारत और दक्षिण एशियाई देशों में लोगों की भेद्यता, कम मुकाबला करने की क्षमता के कारण है, कम प्रति व्यक्ति आय, सामाजिक असमानता और गरीबी के कारण और अधिक उभरकर सामने आती है। अंतरराष्ट्रीय श्रम संगठन (आई.एल.ओ.) के एक अध्ययन में बताया गया है कि 2030 तक दक्षिण एशिया में गर्मी के तनाव के कारण अपने काम के घंटे का पाँच प्रतिशत खोने की उम्मीद है, जो 43 मिलियन पूर्णकालिक नौकरियों के अनुरूप है।

गैर-आर्थिक नुकसान उन नुकसानों को संदर्भित करता है, जो आमतौर पर बाज़ारों में कारोबार नहीं करते हैं लेकिन प्रभावित लोगों के लिए उच्च प्रासंगिकता रखते हैं। इनमें जीवन की हानि और समुद्र के स्तर में वृद्धि के कारण जैव-विविधता और सांस्कृतिक विरासत में नुकसान शमिल है। इस प्रकार इन गैर-आर्थिक नुकसानों को निर्णय लेने की प्रक्रियाओं में एकीकृत करने की आवश्यकता है ताकि पूर्व में होने वाले नुकसान को कम किया जा सके। इसके लिए ऐतिहासिक एनलॉग, स्मरण और मान्यता और मौखिक इतिहास यू.एन.एफसीसीसी के विज्ञान नीति इंटरफेस के लिए मूल्यावान अन्तर्दृष्टि प्रदान करता है।

पर्यावरण और जीवन एक-दूसरे के पूरक हैं। एक में भी हानि पहुँचाने का असर दूसरे पर भी पड़ता है। अब तक की आई महामारियों ने इस बात को और भी साफ कर दिया है। पर्यावरण और महामारियों के बीच पुराना संबंध रहा है। वह चाहे साल 1347 में यूरोप में फैली ब्लैक डेथ की बात हो, अमेरिका में 1610 में आया चेचक हो या फिर 1918 का स्पैनिश लू। हर दफा पर्यावरणीय संतुलन के साथ खिलवाड़ होने पर किसी-न-किसी महामारी ने हमें आईना दिखाया है। पिछले दो दशकों को ही ले लीजिए दुनिया ने कई वायरस जनित बीमारियों का सामना किया है। इतना ही नहीं अब तक फैलने वाली चार में से तीन महामारियाँ जानवरों से इनसानों में आई हैं। वहीं पर्यावरणविदों की मानें तो वनों की अंधाधुंध कटाई, कुदरत द्वारा प्रदत्त संसाधनों का अतिदोहन और जानवरों के असामान्य भक्षण ने जैव-विविधता की डोर को ही नहीं तोड़ा है, अपितु इसका खामियाजा हमें भी भुगतना पड़ रहा है। भले ही कोरोना जानवरों से आदमी में आया यह थ्योरी अभी सत्यता के तराजू पर न मापी गई हो, लेकिन कोरोना काल ने जैव-विविधता के संरक्षण और वन संरक्षण की अहमियत को बता दिया है। कोरोना की दूसरी लहर में लोगों को ऑक्सीजन की कमी से मरते हुए शायद ही कोई हो, जिसने न देखा हो। महामारी के इस दौर में ऑक्सीजन की किल्लत से यह बात साफ हो गई कि एक प्रकृति ही है, जो बिना किसी मोल के हमारी ज़रूरतों को पूरा करती है। कोरोना की दूसरी लहर में मौत का भयावह मंजर मध्यप्रदेश ने भी देखा है, लेकिन इसी बीच मध्यप्रदेश का बकस्वाहा जंगल सुखियों में बना हुआ है। हर साल पृथ्वी पर जंगल का दायरा सिमटता जा रहा है यानी हरित क्षेत्र खतम हो रहे हैं, जहाँ तक भारत का सवाल है, तो हर साल 200 वर्ग किलोमीटर जंगल कम हो रहे हैं। दूसरी ओर हीरे के लिए बकस्वाहा जंगल के ढाई लाख पेड़ों पर कुल्हाड़ी लटकी हुई है। जंगल का खोना या बर्बाद होना एक गंभीर सवाल है चाहे हीरे का सवाल हो या विकास का या फिर आग लगने की घटनाओं का, हरित पट्टी कम हो रही है। जिसकी वजह, यहाँ के जंगलों में हीरे की खान होने की बात कही जा रही है। कहा जा रहा है कि यहाँ पन्ना से भी 15 गुना अधिक हीरा मौजूद हो सकता है, जिसे निकालने के लिए इस वन क्षेत्र को नष्ट करने की बात हो रही है। अब सवाल यह उठता है कि वन ज्यादा जरूरी है या फिर हीरे? इसको लेकर सरकार से लेकर आमजन के अपने-अपने तर्क हो सकते हैं। लेकिन बड़ी बात यही है कि कोरोना काल से हमने क्या सीख ली है? क्या कोई और तरीका नहीं हो सकता, जिससे हीरे भी निकाले जा सकें और इस वन क्षेत्र को भी सुरक्षित बचाया जा सके। इस क्षेत्र में करीब 2.5 लाख पेड़ हैं, जो कि 382.131 हेक्टेयर जंगल में हैं, जिन्हें काटने की बात कही जा रही है। इसकी शुरुआत 20 साल पहले प्रोजेक्ट डायमंड बंदर के सर्वे के रूप में ही की जा चुकी

थी। तो वहीं 2 साल पहले ही मध्य प्रदेश सरकार ने इस जंगल की नीलामी तक कर दी थी, जिसे आदित्य बिड़ला समूह की एससेल्स माइनिंग एंड इंडस्ट्रीज ने 50 साल की लीज पर लिया है। 62.64 हेक्टेयर व ज़मीन को मध्यप्रदेश सरकार ने लीज पर दे रखा है, वहीं कंपनी 382.131 हेक्टेयर जंगल की माँग कर रही है। उनका कहना है कि इस जंगल से निकले मलवे को डंप करने के लिए उन्हें यह ज़मीन चाहिए। अगर ऐसा होता है तो यह तय मानिए की इससे बक्सवाहा का पूरा जंगल ही स्वाहा हो जाएगा। कोरोना काल में जिस तरह ऑक्सीजन की किल्लत से जनता त्राहिमाम कर रही थी, उसे कौन भूल सकता है। अब यहाँ लाख टके का सवाल यही उठता है कि हीरा जरूरी है या फिर जंगल? हीरा निकालने के लिए जंगल की कटाई कितनी सही है? यह सरकार को सोचना होगा, क्योंकि कीमत सिर्फ़ हीरे की नहीं उस पेड़ की भी है, जिस पर तलवार लटकी हुई है। बुंदेलखंड का क्षेत्र पहले से ही सूखा ग्रस्त की श्रेणी में आता है। इन पेड़ों की कटाई के बाद यह क्षेत्र और वीरान हो जाएगा। इन जंगलों के दुर्लभ वृक्ष के साथ ही इन जंगलों में निवास करने वाले जीव-जंतुओं का भी विनाश तय है। एक तरह से देखा जाए तो पूरी प्राकृतिक संरचना ही नष्ट होती दिखाई पड़ रही है। पर हमारे राजनेताओं को इस बात से कहाँ फर्क पड़ना है। उन्हें तो सिर्फ़ इस वन में चमचमाते हीरों की चमक ही दिखाई दे रही है। ऑक्सीजन की किल्लत से मरते लोग महज एक आँकड़ा थे, हैं और रहेंगे। जो हीरे से प्राप्त आँकड़े के सामने शायद कुछ भी नहीं। देखा जाए तो सदियों से मानव ने जंगलों का विनाश ही किया है। अपनी भोग-विलास की लालसा को पूरा करने के लिए मनुष्य ने जंगलों को बर्बरता से उजाड़ा है। यही सिलसिला अभी भी जारी रहा तो वह दिन दूर नहीं जब हमारी सभ्यता ही खतरे में पड़ जाएगी। एक अनुमान के अनुसार जंगलों का दसवाँ भाग तो पिछले 20 सालों में ही खतम हो गया है। बात सिर्फ़ मध्यप्रदेश की करें तो यहाँ भी बीते दो-चार वर्षों में जंगल घटे ही हैं। इन जंगलों की कटाई कभी नए नगर बसाने के नाम पर, तो कभी खनन के नाम पर की जा रही है। अगर इसी तरह वनों का विनाश जारी रहा तो वह दिन दूर नहीं जब इस धरती से पूरी तरह से वनों का सफाया हो जाएगा। तब न ही अमेजन के जंगलों का रहस्य बच पाएगा और न हिमालय के जंगलों की संपदा बच पाएगी। ग्लोबल वॉर्मिंग की ओर बढ़ती दुनिया में हम जिन वनों से कुछ उम्मीद लगा सकते हैं, वे तो पूरी तरह खतम हो जाएँगे। कोरोना काल में ऑक्सीजन की किल्लत के बीच मध्यप्रदेश के सीहोर में एक नज़ीर पेश की गई थी। यहाँ सागौन का पेड़ काटने पर एक किसान पर 1 करोड़ 21 लाख रुपए का भारी भरकम जुर्माना लगाया गया था। अब सवाल यही उठता है कि जब वन विभाग बक्सवाहा में खुद पेड़ों को काटने के लिए गिनती कर रहा है, तो फिर दोषी किसे माना जाएगा?

प्रारम्भ से ही मानव जाति स्थानीय से वैश्विक स्तर तक प्रकृति के साथ सम्यक् संतुलन स्थापित करने का प्रयास कर रही है। प्राकृतिक संसाधनों के दोहन को लेकर मनुष्य के बढ़ते लालच का परिणाम संपूर्ण ब्रह्मांड के लिए विनाशकारी साबित हुआ है। पर्यावरण प्रदूषण और जलवायु परिवर्तन के खतरे बेहद चिंताजनक स्तर तक पहुँच गये हैं और मनुष्य इस बात के लिए विवश हुआ है कि वह तथ्य को अधिक व्यापक परिप्रेक्ष्य में देखना सीखे ताकि हम भविष्योन्मुखी और समग्र दृष्टिकोण को अपना सकें और भावी पीढ़ियों के लिए बेहतर पर्यावरण को छोड़ सकें। पृथ्वी पर सभी जीवधारियों का जीवन एक-दूसरे से जुड़ा हुआ है। सहिष्णुता सीखने और मनुष्य के साथ सौहार्द्रपूर्ण संबंध बनाने का प्रकृति का अपना विशिष्ट तरीका है। और इस संबंध को फिर से आत्मसात करने का यह उपयुक्त अवसर है।

पर्यावरण संरक्षण : राष्ट्रीय व अंतरराष्ट्रीय परिप्रेक्ष्य

हम सभी ने लॉकडाउन में पर्यावरण के महत्त्व को अच्छे से जाना-समझा है। किसी भी व्यक्ति या प्राणी के जीवन में स्वच्छ हवा, प्रदूषण मुक्त शुद्ध वातावरण बहुत जरूरी है। पर्यावरण जो हमें प्रभावित करता है। दूसरे शब्दों में कह सकते हैं वनस्पति, प्राणी, भौतिक परिवेश, वायु, जल, भूमि, पेड़-पौधे, जीव-जंतु सभी का समावेश होता है। आज प्रदूषण के कारण सारी धरती दूषित हो रही है। निकट भविष्य में पर्यावरण के अत्यधिक प्रदूषण से मानव सभ्यता का अंत दिखाई दे रहा है। एक सवाल उभरता है हरी-भरी धरती आज क्यों जल रही है। जंगल, बगीचे सब काट दिए गए। पहाड़ खोद लिए। एक पेड़ काटने पर न केवल एक पेड़ काटा जाता है, बल्कि न जाने कितने पशु-पक्षियों का बसेरा उजड़ जाता है। मानव कब तक अपने दुष्कर्मों से अनजान बना रहेगा। हरी-भरी धरती को वीरान करता रहेगा। हम अपना घरेलू और औद्योगिक कचरा तक नदी में बहा डालते हैं। समझने की ज़रूरत है कि पर्यावरण के संरक्षण से ही धरती पर जीवन संरक्षण हो सकता है, अगर हम अब भी नहीं समझे, चेते तो डर है कि कहीं धरती का जीवन चक्र ही समाप्त न हो जाए। हमने देखा सुना है कि कोविड-19 महामारी लॉकडाउन के दौरान पर्यावरण को थोड़ा फायदा पहुँचा है। आसमान साफ हो गया, हवा शुद्ध हो गई है। स्वस्थ जीवन के लिए पर्यावरण एक महत्त्वपूर्ण भूमिका निभाता है। हम साँस को रोक नहीं सकते लेकिन जिस हवा में साँसें लेते हैं, उसकी गुणवत्ता में सुधार के लिए कुछ कर सकते हैं।

पर्यावरण संरक्षण से तात्पर्य पर्यावरण की सुरक्षा से है। पर्यावरण की प्रत्येक इकाई, जैसे-वृक्ष या वनस्पति आदि का मानव जीवन में अत्यधिक महत्त्व है। ये मनुष्य के लिए अत्यंत उपयोगी है और मानव जीवन के आधार हैं। परंतु मनुष्य अपने आर्थिक विकास की प्रक्रिया में पर्यावरण तथा प्राकृतिक संसाधनों के अंधाधुंध दोहन

तथा प्रदूषण से संबंधित गतिविधियों में लिप्त है। पर्यावरण प्रदूषण तथा प्राकृतिक संसाधनों का अतिदोहन पृथ्वी पर रहने वाले सभी जीवधारियों के अस्तित्व के लिये खतरा है। आज मानव इसके इस महत्त्व व उपयोगिता को न समझते हुए इसकी उपेक्षा कर रहा है। गौण लाभों को महत्त्व देते हुए इनका लगातार दोहन करता चला जा रहा है। जितने वृक्ष कटते हैं उतने लगने भी चाहिए, परंतु ऐसा नहीं हो रहा है, परिणामस्वरूप अनेक पर्यावरणीय समस्याएँ मनुष्य के सामने उपस्थित हो रही हैं। इन समस्याओं को तथा इनसे होने वाले खतरे को मनुष्य ने काफ़ी हद तक महसूस भी किया है, परिणामस्वरूप राष्ट्रीय एवं अंतरराष्ट्रीय स्तर पर पर्यावरण एवं प्राकृतिक संसाधनों के संरक्षण तथा संवर्द्धन के अनेक प्रयास किये जा रहे हैं।

भारतीय संस्कृति में पर्यावरण संरक्षण

पर्यावरण संरक्षण कोई व्यक्तिगत समस्या नहीं है, बल्कि यह एक वैश्विक समस्या है। विश्व के कई वैज्ञानिकों और पर्यावरणविदों ने आगाह किया है कि यदि पर्यावरण संरक्षण के लिए कोई महत्त्वपूर्ण कदम नहीं उठाया गया तो आने वाले दिनों में तस्वीर भयानक होगी। विश्व के लगभग सभी धार्मिक ग्रन्थों में प्रकृति एवं पर्यावरण के महत्त्व का प्रतिपादन किया गया है। भारतीय वांग्मय में तो पृथ्वी को माँ एवं स्वयं को उसका पुत्र (माता: भूमि: पुत्रेहं पृथ्वीया: 'अथर्ववेद') निरूपित किया गया है पृथ्वी, जल, वायु, अग्नि आदि में देवत्व का अंश माना गया है। कल्याणकारी संकल्पना शुद्ध आचरण, निर्मल वाणी एवं सुनिश्चित गति क्रमश: ऋग्वेद, यजुर्वेद, सामवेद और अथर्ववेद कि विशेषता है तथा पर्यावरण एवं पारिस्थितिकी संरक्षण एवं संतुलन प्रमुख रूप से इन्हीं अवयवों पर आधारित है। ऋग्वेद (1/23/48) में जल की महत्ता का वर्णन करते हुए कहा गया है कि 'अप्सु, अन्त:, अमृत, अप्सु भेषज' अर्थात जल में अमृत है, जल में औषधीय गुण विद्यमान है। अत: जल की स्वच्छता एवं शुद्धता बनाए रखने की आवश्यकता है। पारिस्थितिकी तंत्र के महत्त्व का यजुर्वेद में भी उल्लेख किया गया है–'मित्रस्याँ भक्षुसां सर्वाणि भूतानि समीक्षे (यजुर्वेद, 36/18)' अर्थात सभी प्रणियों के प्रति सहृदयता का परिचय देना ही जीवन का सही लक्षण है। गरुड़ पुराण (2/12) के अनुसार कुँआ, तालाब, बावड़ी आदि के निर्माण करने से इक्कीस कुँओं का उद्धार होता है। लिंग पुराण में वायु प्रदूषण को दूर करने के लिए यज्ञ-हवन अत्यंत सुगम तथा श्रेष्ठ समाधान बताया गया है। यज्ञ आकाश एवं पृथ्वी दोनों को पवित्र करता है। निश्चित रूप से प्राचीन भारतीय परंपरा में पर्यावरण को प्रमुखता दी गयी थी। प्रत्येक सामाजिक, धार्मिक एवं आर्थिक कार्यों में प्रकृति का महत्त्व था। आम, पीपल, तुलसी, नाम आदि हमारी दिनचर्या के अटूट अंग थे। किंतु अनियोजित विकास तथा पाश्चात्य मॉडल को अपनाने के कारण

प्राकृतिक संसाधनों का अंधाधुंध दोहन किया गया, परिणामस्वरूप पारिस्थितिकी तंत्र एवं पर्यावरण असंतुलित प्रदूषित हुआ है।

सागरों की अतल गहराइयों में अरबों वर्ष पूर्व, जीवन का जो आदि रूप पनपा था उसमें सूर्य की किरणों से ही जीवन संचालित हुआ था। यह प्रक्रिया आज भी निरंतर जारी है वनस्पतियाँ सूर्य की किरणों से ही ऊर्जा प्राप्त कर भोज्य पदार्थों का निर्माण, आहार का सृजन होता है तथा उन्हीं से अन्य पराश्रयी जीव-जन्तु अपना पोषण प्राप्त करते हैं। यदि जीवनदाता के रूप में सूर्य की कल्पना की गई थी, तो उसका औचित्य था। आज भी इन शाश्वत मूल्यों को बिसराया नहीं गया है और घर का द्वार पूर्व दिशा की ओर रखा जाता है, ताकि सूर्य का प्रकाश घर में चारों ओर फैल सके। महात्मा गाँधी के अनुसार यदि भावी पीढ़ियों के हित की सोचे बिना, धरती को विनाश के कगार पर ला खड़ा करना, केवल हिंसा ही होगी।

'सुजलाम् सुफलाम्.........शस्यश्यामलाम्' की सुखद कल्पनाएँ भावी पीढ़ियों के लिए अवश्य ही एक कहानी मात्र बन कर रह जाएँगी।

माँ धरती हमारी सभी आवश्यकताओं की पूर्ति करती है किंतु हमारी सभी इच्छाओं और अभिलाषाओं की नहीं। अत: हमें अपने अस्तित्व की रक्षा के लिए, अपनी इस जननी की हर प्रकार से रक्षा करनी होगी। इतिहास साक्षी है कि मानव के क्रूर हाथों से सम्पन्न हुई विनाशलीला में कितनी ही जीव प्रजातियाँ नष्ट हो गई हैं तथा अन्य कई विनाश के कगार पर खड़ी हैं। 19वीं तथा 20वीं शताब्दी में हुए सभ्यता एवं औद्योगीकरण के तेज़ प्रसार के कारण पक्षी-जगत् अधिक प्रभावित हुआ। यूरोप, अमेरिका, अफ्रीका तथा एशिया के महाद्वीपों में लाखों हेक्टेयर भूमि पर से वनों का अविवेकपूर्ण कटाव हुआ। नए वन कम लगाए गए या लगाए ही नहीं गए। इसका परिणाम यह निकला कि वे वन, जो पक्षियों व अन्य वन्य जीवों के आवास-स्थल थे, जहाँ वे अपने घोंसले बनाते थे और अण्डे देते थे, मानव के निर्मम हाथों द्वारा छीन लिए गए। अत: वन्य जीवों की कई जातियाँ विलुप्त हो गई। पूरा वनस्पतिशास्त्र के अध्ययन से अनेक पौधों का पता चलता है, जो कालान्तर में पाए जाते थे, किंतु वे अब विलुप्त हो चुके हैं।

1972 में स्वीडन की राजधानी स्टाकहोम में सम्पन्न हुए पर्यावरणीय सम्मेलन में यह बात उभर कर सामने आयी कि पर्यावरण संरक्षण आवश्यक हो गया है और तभी विश्व स्तर पर संरक्षण हेतु नित्य नये-नये साधनों, प्रयासों एवं खोजों को बल मिलता जा रहा है। संयुक्त राष्ट्र संघ द्वारा 'ओनली वन अर्थ' (केवल एक ही धरती), वर्तमान में संपूर्ण दुनिया के लोगों की आवाज बन गई है। इसी संदर्भ में शुक्रदेवप्रसाद संयोजक अखिल भारतीय पर्यावरण गोष्ठी की यह पंक्तियाँ अत्यन्त सारगर्भित हैं–

'धरती माता को प्रणाम।
वन्दनीय तरुओं को नमन्॥
सूर्यदेव को नमस्कार।
जलदेवता को प्रणाम॥'

भारतीय संस्कृति में यह अवधारणा है कि मनुष्य प्रकृति की श्रेष्ठतम् कृति है। अत: यदि प्रकृति का पोषण होता रहा तो उसके माध्यम से विकसित व्यक्तित्व संस्कृति का रक्षण करने में सक्षम हो सकेंगे तथा संस्कृति के प्रमुख उत्पादन जिनमें कला, साहित्य, संगीत एवं नैतिक मूल्य अक्षुण्ण रह सकते हैं। अत: यह कहा जा सकता है कि पर्यावरण के संरक्षण में संस्कृति का अद्वितीय योगदान है। जब भी महाकाव्यों में विभिन्न प्रसंगों में विभाजन का प्रश्न आया तो हमने वनों की शरण ली। रामायण में काण्ड है, महाभारत में पर्व और श्रीमद्भागवत में काण्ड, पर्व एवं स्कन्धा–इन तीनों का क्रमश: अर्थ है–तना, पौर और प्रधान शाखा।

गीता में उद्घोषित विधि, पत्र, पुष्प, फल, सोम से, पूजा भारत के प्रत्येक घर में होती आई है, चाहे किसी धर्म या संप्रदाय को मानने वाला क्यों न हो। आर्य वृक्षों को भी पूजते थे और नदियों को भी। ये पेड़ हमारे उपदेशक रहे–देना ही जीवन है। जब पेड़ बढ़ता है तो फलों के भार से झुके पेड़ विनम्र होने का उपदेश देते हैं। तुलसी, वट, पीपल और बेल आदि वृक्ष पवित्र माने जाते हैं। ऐसे तो पेड़-पौधों की महत्ता आदिकाल में भी रही है, उनसे भावात्मक संबंध केवल सांसारिक मनुष्य का ही नहीं अपितु देवी-देवता उन्हें स्नेह करते थे। संसार में कोई भी ऐसी वनस्पति नहीं जो कि मानव कल्याण के काम न आती हो। मत्स्यपुराण में कहा गया है 10 कुँओं के बराबर एक बावड़ी और 10 बावड़ियों के बराबर एक तालाब, 10 तालाबों के बराबर एक पुत्र और 10 पुत्रों के बराबर है एक वृक्ष को पालना। 'वन्दे मातरम्' के गगनभेदी स्वर के साथ हमारे मानस में जो चित्र उभरता है–शस्य-श्यामला, सुजलाम और सुफलता का। फसल की श्यामलता, घनघोर वन, उपवन, उद्यान और शाखाओं को हाथ फैलाकर बुलाती-सघन वनराशि। वनों और उपवनों का, पेड़-पौधों और लताओं का महत्त्व केवल सौन्दर्य की दृष्टि से नहीं है, ये हमारे संगी-साथी हैं, सहोदर हैं, हमारे प्राण हैं। जन्म के समय वन्दनवार के रूप में हमारे साथ हैं, सभी संस्कारों एवं त्योहारों में कहीं शमी के रूप में तो कहीं पीपल, बड़ के रूप में विराजते हैं। आम्र पल्लव, कमल कुन्द, पाटल, पारिजात, अशोक, नीलोत्पल, विल्वपत्र, तुलसीदल-आदि ये सभी हमारे जीवन से प्रतिपल जुड़े हैं। 'अश्वत्थ: सर्व वृक्षाणाम्' कहकर भगवान ने गीता के विभूति योग में वृक्षों की महिमा का गान किया है। 'पत्रं पुष्पं फलं तोयम' में मानो वृक्षों की गरिमा साकार हो उठी है। भारतीय संस्कृति वनों, तपोवनों में फली-फूली है। जब भी वृक्ष

इन्द्र को पुकारते हैं, तो श्यामल मेघमाला उमड़ती-घुमड़ती आ जाती है। शायद भगवान इन्द्र मनुष्यों की भाषा क्रम समझते हैं और पेड़ों की मन्त्र-ध्वनि की पुकार उन्हें आर्द्र कर देती है।

लेकिन बुद्धिवाद के घमण्ड में हम यह सत्य पूरी तरह भुला बैठे कि हमारे जीवन का सुप्रभात पर्यावरण के अनुग्रह पर निर्भर है। आज 'डीप इकोलॉजी' पर किए जा रहे अनुसंधान हमें पुनः वैदिक पौराणिक अवधारणाओं की ओर मुड़ चलने के लिए विवश कर रहे हैं। बारबीक फाल्स ने अपनी पुस्तक में उल्लेख किया है कि पर्यावरण संरक्षण की अवधारणा व्यावहारिक तथ्यों के साथ संपूर्ण मन एवं भावना से करनी चाहिए। फाल्स ने अपने इस सूत्र की व्याख्या 'ट्रांसपर्सनल इकोलॉजी' के अन्तर्गत की है। डीप इकोलॉजी की यह आधुनिक मान्यता हमारे प्राचीन ग्रन्थों में बिखरी पड़ी है।

सच तो यह है कि समय, समाज एवं सभ्यता के परिवर्तन के बावूजूद पर्यावरण एवं मानव जीवन के संबंध शाश्वत हैं। इन संबंधों की महत्ता भी अक्षुण्ण है। रामकथा के सबसे अधिक लोकप्रिय ग्रन्थ 'रामचरितमानस' में तुलसीदास ने इसे इन शब्दों से उकेरा है–क्षिति, जल, पावक, गगन समीरा, यही पंच तत्त्व हैं। प्रकारान्तर में इसे ही इकोलॉजी के रूप में जाना गया है। डच मूल के भारतीय विद्वान फादर कामिल बुल्के के शोध ग्रन्थ 'रामकथा उद्भव और विकास' में भी उजागर किया गया है। वाल्मीकि रामायण तो जैसे पर्यावरण की महागाथा है।

वैदिक काल तो जैसे अरण्य संस्कृति का स्वर्णकाल था। उन दिनों वनदेवी आरण्यानी की आराधाना अनिवार्य थी। यह वनदेवी प्रकृति माता का पर्याय ही थीं। यही जीवों-वनस्पतियों के जीवन, पोषण, संरक्षण व विकास का आधार थीं। जंगल को देवता तुल्य माना जाता था। सभ्यता का शुभारम्भ यहीं से हुआ। भारतीय आर्य परंपरा में अरण्य, तपोवन और कुंज, ज्ञानस्थली, तपस्थली और कर्मस्थली रहे हैं। वृक्षों की पूजा उन दिनों गौरव की बात थी। स्कन्दपुराण और कठोपनिषद् के अनुसार पीपल के पेड़ की जड़ ब्रह्म, तने में विष्णु एवं टहनियों में शिव का वास माना गया है। ऋग्वेद में सोमवृक्ष और अथर्ववेद में पलाश वृक्ष की पूजा का वर्णन मिलता है। माँ शीतला को पलाश वृक्ष की देवी माना जाता है। हमारे ऋषियों ने पेड़ों की पूजा का विधान बनाकर पर्यावरण संरक्षण एवं संवर्द्धन का पथ प्रशस्त किया था। अनेक संस्कृत ग्रन्थों में कई स्थानों पर प्रकृति एवं पर्यावरण के साथ मानवीय जीवन के भावभरे संबंधों का उल्लेख मिलता है।

प्राचीन काल की ये भावनाएँ अपने देश के विभिन्न भागों में अभी भी अलग-अलग परंपराओं का रूप लेकर प्रचलित हैं। कहीं मनोकामना पूर्ति के लिए तो कहीं देवता का स्वरूप मानकर इनकी पूजा-अर्चना की जाती है। बिहार प्रान्त के कई इलाकों में

आज भी जब वर-वधू गृहस्थ जीवन में प्रवेश करते हैं तो वे एक पेड़ लगाते हैं। उनकी मान्यता है कि यह पेड़ जितना हरा-भरा रहता है, उनका दाम्पत्य जीवन उतना ही सुखी, स्वस्थ एवं संपन्न होता है। वटवृक्ष की पूजा सुहाग प्रदान करने एवं उसकी रक्षा करने का प्रचलन है। देश के अनेक अंचलों में ज्येष्ठ मास की अमावस्या को उपवास रखकर वटवृक्ष की पूजा की जाती है। कुछ क्षेत्रों में पुत्र प्राप्ति के लिए पीपल की उपासना करने का विधान है।

अपने देश एवं समाज में इन परंपराओं का प्रचलन यह सिद्ध करता है कि हमारे पूर्वज पर्यावरण के प्रति कितने जागरूक थे। उनकी यह जागरूकता प्राचीन ग्रन्थों में भी विविध रूपों में प्राप्त होती है। उदाहरण के लिए, धर्मशास्त्रों में इस बात का स्पष्ट उल्लेख है कि, जो वृक्ष को काटता है, वह सन्तान से वंचित हो जाता है। यही नहीं, पेड़ को पुत्र के समान बताया गया है। शास्त्रों में केवल सूखे पेड़ काटे जाने को उचित माना गया है। हरे पेड़ों को काटने से प्राकृतिक संतुलन बिगड़ता है, इसलिए इस पर निषेध लागू किया गया था। यज्ञ-हवन आदि धार्मिक कृत्यों के लिए सूखे पेड़ तलाशने की परंपरा थी। प्राचीन समय में पर्यावरण संरक्षण को हर जन अपना पुण्य कर्तव्य मानकर चलता था।

पर्यावरण संरक्षण की वकालत भगवान बुद्ध सहित कई महान व्यक्तित्व वालों ने भी सदियों पूर्व की थी। बात आधुनिक भारत की करें, तो वर्ष 1947 में जवाहरलाल नेहरू, डॉ. राजेन्द्र प्रसाद एवं मौलाना अब्दुल कलाम आजाद के संयुक्त प्रयासों से देश की राजधानी दिल्ली में जुलाई के प्रथम सप्ताह को 'वन महोत्सव' के रूप में मनाया गया, लेकिन यह कार्य पूरी तरह से ज़मीनी स्वरूप नहीं ले पाया। सन् 1950 में इस योजना ने कन्हैया माणिक लाल मुंशी के प्रयास से ज़मीनी स्वरूप पाया और जो दौर शुरू हुआ था वह आज भी प्रतिवर्ष 'वन महोत्सव' के रूप में हमारे सामने है। सवाल यह भी है कि आखिर वन महोत्सव की आवश्यकता क्यों है? संभवत: पर्यावरण के आवरण को क्षति पहुँचाना, बढ़ती जनसंख्या और विकासात्मक आवश्यकता पूर्ति के लिए कटते जंगल प्रकृति के प्रति उदासीनता ने ही प्राकृतिक संतुलन को बिगाड़ दिया हमने विलासिता और विकास की आड़ में पर्यावरण के आवरण का इतना दोहन किया कि उसका खामियाजा भुगतना पड़ रहा है। उजड़ते पेड़ों ने सिर्फ मानव जीवन को ही प्रभावित नहीं किया, बल्कि वृक्षों पर बसेरा करने वाले पक्षियों को भी बेआसरा कर दिया है। यही नहीं पेड़ों पर जीवन जीने वाले कीट पतंगों और परजीवियों को भी इकोसिस्टम से दूर कर दिया। बेतहाशा वनों के उजड़ने से कई वन्य जीव-जंतु विलुप्त हो गए या विलुप्ति के कगार पर पहुँच गए हैं पृथ्वी को बचाने में पेड़ों की अहम् भूमिका है। खासकर ये भूमि के कटाव को रोकते हैं। वननीति 1988, के अनुसार भूमि के कुल क्षेत्रफल का 33 प्रतिशत भाग वन आच्छादित होना चाहिए, तभी प्राकृतिक संतुलन रह सकेगा।

ग्लोबल वार्मिंग के हालात से जहाँ इस सीजन में एक दो सड़कों पर पानी के फव्वारे लगवा दिए, अगर हम नहीं चेते तो आगे आने वाले दिनों में हर देश की सड़कों पर पानी के फव्वारे लगाने पड़ेंगे। आवश्यकता वनों के महत्त्व को समझकर उनका संरक्षण करने और अधिकाधिक वृक्षारोपण करने की है।

कवयित्री महादेवी वर्मा के शब्दों में आज के वैज्ञानिक युग में जब मानव पृथ्वी से सब कुछ लेकर भी उसे नष्ट करने के साधन खोजता रहता है, तब यह भावना पर्यावरण की विशुद्धता के प्रति हम में चेतना उत्पन्न करती है। हमारे वेद, पुराण, उपनिषद तथा अन्य शास्त्रों में धरती को माता कहकर संबोधित किया है और प्राकृतिक शक्तियों को वन्दनीय माना गया है। यह भाव केवल इसके लिए अभिव्यक्ति किया गया है कि धरती माता हमारी व संपूर्ण प्राकृतिक शक्तियों की जननी व पोषक हैं। पृथ्वी तथा प्राकृतिक शक्तियों के बीच संतुलन पर ही मानव का अस्तित्व निर्भर है। यदि प्रकृति का संतुलन बिगड़ जाए तो उसका अस्तित्व ही काल ग्रसित हो जाएगा। सम्भवत: यही कारण है कि ऋषियों ने धरती तथा उसके प्राकृतिक संसाधनों के संरक्षण का संदेश दिया है। प्रकृति का मानव के साथ जो गहरा संबंध भारतीय ग्रन्थों में दर्शाया गया है, वैसा अन्य स्थानों पर मिलना दुर्लभ है। मानव ब्रह्माण्ड का एक अंशमात्र लघु प्राणी है। यह ब्रह्माण्ड जो अपार शून्य के रूप में दृष्टिगत है, ज्ञान की हमारी सीमा-रेखा, सौर परिवार तक ही है, जिसमें हमारी धरती के अतिरिक्त बुध, शुक्र, मंगल, बृहस्पति, शनि, अरुण, वरुण व यम वर्णनीय हैं। भारतीय ऋषियों, मुनियों ने सभी प्राकृतिक शक्तियों को पूजनीय माना है। ऊर्जा के अपरिमित स्रोत सूर्य को देवता के रूप में मान्यता दी है। वस्तुस्थिति यह है कि सूर्य हमारा अर्थात इस पृथ्वी ग्रह का जीवनदाता है। बिना इसके धरती पर वनस्पतियों तथा अन्य जीवों का अस्तित्व संभव नहीं है। वैदिक काल में ऋषि-मुनियों ने तभी तो यह कामना अभिव्यक्ति की है कि सूर्य कभी हमसे जुदा न हों। सूर्य को प्राण की संज्ञा दी गई है। कहना होगा कि सूर्य मानव-मात्र में, सभी प्राणियों में, वनस्पतियों में जीवन का संचार करते हैं।

भारत में पर्यावरण संरक्षण–वैधानिक संदर्भ

भारतीय पर्यावरण में संतुलन बनाए रखने हेतु केन्द्र एवं प्रांतीय सरकारों ने विभिन्न प्रकार की न्याय व्यवस्था को स्थापित किया है। सामान्यत: इसे दो भागों में वर्गीकरण कर सकते हैं–

(1) सामान्य कानून,

(2) विशिष्ट कानून एवं पर्यावरण को सुरक्षित रखते हेतु 1986 का अधिनियम।

सामान्य कानून के अन्तर्गत भारतीय दण्ड संहिता के अन्तर्गत विभिन्न अधिनियम पर्यावरण को सुरक्षित रखने हेतु प्रभाव में लाए गए हैं, जैसे–(1) किसी प्रकार की छूत

की बीमारी, जो जीवन की सुरक्षा के लिए घातक हो, (2) सामान्यत: काम में आने वाले पानी के जल-प्रवाह, स्रोत, झरनों एवं पानी के सुरक्षित भण्डार की मलिनता से खराब करते हैं, उनके लिए दण्ड व्यवस्था का प्रावधान, (3) वायुमण्डल को बिगाड़ते हों, जिससे स्वास्थ्य पर अहितकर एवं प्रतिकूल प्रभाव पड़ता है, उन्हें भी दण्ड व्यवस्था में रखा गया है, (4) सार्वजनिक उत्पात करने वाले लोगों को कानून की दृष्टि में अपराधी माना गया है, (5) पर्यावरण को हानि पहुँचाने वाले नागरिक को भी दण्ड देने की परिधि में माना गया है। अपराधी दण्ड सहिंता 1973 के अन्तर्गत जिले के जिला मजिस्ट्रेट एवं सम्बन्धित उपखण्ड अधिकारी को प्रदूषण रोकने एवं समाप्त करने हेतु अधिकृत अधिकारी के रूप में बनाया गया है।

पर्यावरण को सुरक्षित रखने हेतु भारत में केन्द्रीय सरकार एवं राज्य सरकारें 1976 के संशोधन के पूर्व में भी पर्यावरण विधायन कर चुकी हैं, इसके संबंध में विशिष्ट कानूनों का निर्माण किया गया है, जिसमें प्रमुख विधायन इस प्रकार है–भारतीय वन अधिनियम (1927), मोटर व्हिकिल आघात (1936) फैक्टी एक्ट 1948, प्रिवेन्टेसन ऑफ फूड एडल्ट्रेशन एक्ट (1954), ऐन्सीएन्ट एण्ड आर्कोलोजिकलिस्ट एण्ड रिमेंस एक्ट, एटमिक-एनर्जी एक्ट (1962), रेडिअटेन पोल्यूशन रूल्स (1971), राजस्थान नोईज कन्ट्रोल एक्ट (1963)। वाइल्ड लाइफ (प्रोटेक्सन)1970, प्रिवेन्टसन क्यूलेरी टी एनीमल एक्ट (1960), वाटर (प्रिवेन्टसन ऑफ कन्ट्रोल आफ फेल्यूशन) एक्ट, 1974, ऐयर (प्रिवेन्शन आफ कन्ट्रोल आफ एयर) एक्ट, 1981, फोरेस्ट (प्रिवेन्शन) एक्ट (1980) एवं वन जीव (संरक्षण) संशोधित अधिनियम 1986 एवं पर्यावरण (संरक्षण) अधिनियम 1996, इन सब अधिनियमों के अतिरिक्त प्राय: सभी राज्य सरकारों ने पर्यावरण को सुरक्षित रखने एवं उनका विकास करने हेतु विभिन्न प्रकार के कानूनों का निर्माण किया है। इन सभी विधानों का उद्देश्य प्रत्यक्ष एवं अप्रत्यक्ष रूप से पर्यावरण सुधार एवं नियंत्रण हो रहा है। इन अधिनियमों की संवैधानिकता का प्रश्न कई बार न्यायालयों के समक्ष उठाया गया है परंतु न्यायालयों ने सदैव इन राष्ट्रीय नीति को ध्यान में रखते हुए, कि ऐसे अधिनियम सार्वजनिक स्वास्थ्य के सुधार और सुरक्षा एवं पौष्टिक स्तर को ऊपर उठाने के उद्देश्य से बनाए जाते हैं, उन्हें संवैधानिक घोषित करते हैं।

आज शुद्ध जल की प्राप्ति मनुष्य एवं पशु दोनों के लिए विकट समस्या बनी हुई है। प्रदूषित जल-सेवन से भिन्न-भिन्न प्रकार की बीमारियों के शिकार होकर जीवन-लीला समाप्त कर देते हैं। अत: जल प्रदूषण को रोकने हेतु वाटर प्रिवेंट एण्ड कण्ट्रोल ऑफ पोल्यूशन एक्ट 1974 का निर्माण किया गया है। इससे भूमिगत धारा के प्रदूषण पर भी रोक लगी है। इसी प्रकार वायु प्रदूषण को रोकने के लिए 1981 में ऐयर पोल्यूशन एण्ड कण्ट्रोल ऑफ पोल्यूशन एक्ट बनाया गया है। 1974 एवं 1981

में बने इन अधिनियमों के तहत केन्द्र एवं राज्य में जल एवं वायु प्रदूषण को रोकने के लिए बोर्डों की स्थापना भी की गई है। बोर्ड पर्यावरण प्रदूषण को रोकने हेतु दण्ड दिलवाने की व्यवस्था भी कर सकता है।

पर्यावरण (संरक्षण) विधेयक 1986 को भारतीय संसद ने पारित करने का निर्णय स्टाकहोम में सम्पन्न हुए सम्मेलन 1972 के आधार पर किया, जिसके अन्तर्गत पर्यावरण में उन्नयन एवं सुरक्षा करते हुए मानव मात्र, जीव-जन्तुओं एवं पेड़-पौधों को सम्मानित होने वाले संकट से टालने हेतु प्रभावशाली कदम उठाया है। यद्यपि अंतरिक्ष को पर्यावरण में नहीं किया गया है परंतु आशा है कि न्यायालय अंतरिक्ष को भी पर्यावरण का ही भाग समझेंगे।

उक्त अधिनियम में विस्तृत रूप से ऐसे विषयों का समावेश किया है, जिसके तहत केन्द्रीय सरकार को पूर्ण रूप से अधिकृत किया गया है, जो पर्यावरण सुरक्षा करने, निचले स्तर पर उन्नयन करते हुए, बिगड़ते हुए प्रदूषण को रोकते हुए कम करने का सफल प्रयास इस दिशा में किया जा सके। प्रदूषण बिगड़ने की संभावित घटनाओं को कम करने व पर्यावरण को शुद्ध बनाए रखने हेतु सरकार अधिकृत सरकारी कार्यालय इस प्रसंग में स्थापित कर सकते हैं। केन्द्रीय सरकार विभिन्न क्षेत्र व उद्देश्यों को दृष्टि में रखते हुए वायु, जल एवं भूमि के स्तर को बनाए रखने हेतु कानून का निर्माण कर सकती है। विभिन्न प्रकार के प्रदूषण, जिनमें शोरगुल भी सम्मिलित है उनसे बनाए रखने की सीमा निर्धारित कर सकती है। कल-कारखानों की पद्धति अवशेषों से संभावित भयंकर प्रदूषण संबंधी खतरे जिससे पर्यावरण पर प्रतिकूल प्रभाव पड़ता हो इसके हेतु उसे सुरक्षित रखने हेतु कानून बनाये जा सकते हैं।

राष्ट्रीय पर्यावरण नीति–2006

मानव पर्यावरण पर 1972 में हुए अंतरराष्ट्रीय सम्मेलन के निर्णयों के परिप्रेक्ष्य में सभी राष्ट्रों को अपनी-अपनी राष्ट्रीय पर्यावरण नीति बनानी थी। इसी के अनुरूप भारतवर्ष में भी एक 'नेशनल कमेटी ऑन एनवायरमेंटल प्लानिंग एण्ड कोर्डिनेशन' का गठन किया गया था किंतु इस समिति की अनुशंसाओं के अनुरूप केन्द्र व राज्यों में प्रदूषण नियंत्रण मण्डलों का गठन मात्र ही हो पाया। इसके पश्चात् 1980 में केन्द्र सरकार द्वारा गठित तिवारी कमेटी की अनुशंसाओं के बाद केन्द्र व प्रदेशों में पर्यावरण विभागों का गठन हुआ। इसके पश्चात् समय-समय पर भारतीय पर्यावरण नीति के अनेक प्रारूप तैयार किए गए। वर्ष 1981 में पर्यावरण विभाग ने एक महत्त्वपूर्ण प्रारूप तैयार किया, जिसमें उन बिन्दुओं को समेकित किया गया था, जिन्हें राष्ट्रीय पर्यावरण नीति में सम्मिलित किए जाने की आवश्यकता है किंतु वर्ष 2004 तक हमारे देश में कोई स्पष्ट पर्यावरण नीति सृजित नहीं हो पाई। पर्यावरण की दिशा में केन्द्र व राज्य

सरकारों द्वारा बनाए गए कानून तथा समय-समय पर सरकारों द्वारा दिए गए मार्गदर्शन ही नीति समान समझे जाते रहे।

हमारे देश में एक समग्र पर्यावरण नीति के स्थान पर पर्यावरण के विभिन्न घटकों से सम्बन्धित पृथक-पृथक नीतियाँ प्रवर्तित रही हैं। इनमें राष्ट्रीय वन नीति 1988, राष्ट्रीय संरक्षण कार्य नीति तथा पर्यावरण एवं विकास पर वक्तव्य 1992 तथा प्रदूषण उपशमन संबंधी नीति वक्तव्य 1992 प्रमुख है। अब तक पर्यावरण प्रबन्धन संबंधी राष्ट्रीय पर्यावरण नीतियाँ इन्हीं में निहित रही हैं। इसके अलावा कतिपय सेक्टर नीतियाँ जैसे राष्ट्रीय कृषि नीति 2000, राष्ट्रीय जनसंख्या नीति 2000 और राष्ट्रीय जल नीति 2002 ने भी पर्यावरण प्रबंधन के क्षेत्र में योगदान किया है। वर्ष 2004 में हमारे देश में पर्यावरण प्रबंध की एक समग्र नीति का प्रारूप तैयार किया गया। इस पर सभी राज्य सरकारों, सम्बन्धित अधिकारियों, शैक्षणिक एवं अनुसंधान संस्थानों, प्रमुख उद्योग संघों, स्वैच्छिक संगठनों के प्रतिनिधियों और इस क्षेत्र के जाने माने व्यक्तियों से परामर्श कर व उनके सुझावों के अनुरूप हमारी राष्ट्रीय पर्यावरण नीति 2006 तैयार की गई है।

नवीन राष्ट्रीय पर्यावरण नीति की मौजूदा जानकारी व संचित पर्यावरणीय अनुभवों के आधार पर पर्यावरणीय कार्य क्षेत्र में वृद्धि करना तथा नीतियों में अभी भी जो कमियाँ विद्यमान हैं, उन्हें दूर करना है। यहाँ यह उल्लेख करना प्रासंगिक है कि यह नीति पुरानी नीतियों को प्रतिस्थापित नहीं करती अपितु उन्हें और मजबूत करने की दिशा में एक प्रयास है। इसके अतिरिक्त भारत सरकार ने राष्ट्रीय पर्यावरण नीति के माध्यम से पर्यावरण संरक्षण के अंतरराष्ट्रीय प्रयासों में सकारात्मक योगदान देने के प्रति भारत की वचनबद्धता भी प्रमाणित की है।

इस नीति में वर्तमान में देश के समक्ष मौजूद तथा भविष्य में आने वाली पर्यावरणीय चुनौतियों, पर्यावरण नीति के उद्देश्यों, नीतिगत कार्यवाही को रेखांकित करते हुए मानक सिद्धान्तों, कार्य नीतिक विषयों को पूर्ण करने हेतु आवश्यक वैधानिक व संस्थागत विकास के सामान्य संकेतों तथा कार्यान्वयन व समीक्षा संबंधी तंत्रों का उल्लेख किया गया है। नीति की प्रमुख थीम पर गई है कि पर्यावरण संरक्षण का सबसे सुरक्षित आधार यह सुनिश्चित करना है कि लोग उन संसाधनों के अवक्रमण की अपेक्षा उनके संरक्षण द्वारा बेहतर आजीविका प्राप्त कर सकें। राष्ट्रीय पर्यावरण नीति में पर्यावरणीय संसाधनों के संबंध में निम्न तथ्यों का समावेश किया गया है–

– प्रत्येक घटक की उपादेयता व वर्तमान स्थिति।

– प्रत्येक घटक के अवक्रमण के कारण

– प्रत्येक घटक के संबंध में जोखिम (Risk) क्या-क्या हैं?

- वर्तमान में इन घटकों के प्रबन्ध में क्या-क्या कमियाँ हैं?

- प्रत्येक घटक के प्रबन्ध में भविष्य में क्या रणनीति अपनाई जाएगी।

- शो एवं स्थानीय परंपरागत ज्ञान।

- प्रत्येक घटना के प्रबन्ध में जन सहभागिता का स्वरूप।

- प्रत्येक घटक के संबंध में वैज्ञानिक तथ्यों तथा संसाधनों का सूचीकरण।

- नियमों एवं अधिनियमों को और कठोर बनाना।

- प्रत्येक परियोजना में पर्यावरण लागत, सामाजिक लागत अनुपात का अध्ययन एवं पर्यावरण लेखांकन करना।

- नियोजन एवं प्रबंध की वैकल्पिक व्यवस्था।

- प्रत्येक घटक को पर्यटन व आजीविका का आधार बनाना।

- "प्रदूषणकर्ता चुकाएँ" का सिद्धान्त व तीसरे पक्ष की पर्याप्त सुरक्षा तथा

- नीति की स्वत: समीक्षा व पुनरीक्षण की व्यवस्था।

राष्ट्रीय पर्यावरणीय एजेंसियाँ

पर्यावरण एवं वन मंत्रालय (Ministry of Environment and Forest)

पर्यावरण एवं वन मंत्रालय की स्थापना 1985 में की गई पर्यावरण एवं वन मंत्रालय देश में पर्यावरण एवं वन संबंधी कार्यक्रमों के क्रियान्वयन की योजना बनाने, उसका प्रचार करने, समन्वय करने के लिए केन्द्रीय सरकार के प्रशासनिक तंत्र में एक नोडल एजेंसी है।

केंद्रीय प्रदूषण नियंत्रण बोर्ड (Central Pollution Control Board)

केंद्रीय प्रदूषण नियंत्रण बोर्ड एक वैधानिक संगठन है, जिसका गठन सितंबर 1974 में, जल कानून (प्रदूषण का नियंत्रण एवं निवारण) के तहत हुआ था।

पर्यावरणीय शासन एवं राज्य प्रदूषण नियंत्रण बोर्ड अंब्रेला एक्ट (Umbrella Act) EPA (पर्यावरणीय संरक्षण एजेंसी, Environmental Protection Agency Act), 1986 ने पहले के सभी प्रयोजनों को और मजबूती प्रदान की। देश में औद्योगिक, वाहन सम्बन्धित तथा ध्वनि प्रदूषण नियंत्रण के लिए विशेष प्रावधान किए गए।

वन्य जीवों के लिये भारतीय बोर्ड (Indian Board for Wildlife)

देश में IBWL वन्य जीव संरक्षण के क्षेत्र में, एक अहम सलाहकार संस्था है एवं इसके अध्यक्ष भारत के माननीय प्रधानमंत्री होते हैं। IBWL का पुनर्गठन 7 दिसम्बर, 2001 से प्रभावकारी हुआ।

अंतरराष्ट्रीय स्तर पर पर्यावरण संरक्षण के प्रयास

अंतरराष्ट्रीय स्तर पर पर्यावरण संरक्षण की दिशा में सर्वप्रथम 1972 में स्टॉकहोम सम्मेलन आयोजित किया गया। इस सम्मेलन में यूनाइटेड नेशन इंवारमेन्ट प्रोग्राम (UNEP) का गठन किया गया। जिसका उद्देश्य विकासशील देशों को पर्यावरण संरक्षण के लिए आवश्यक सुविधा और सलाह देना था। 5 जून को पर्यावरण दिवस मनाने की घोषणा इसी सम्मेलन में की गई।

- 1987 में मॉन्ट्रियल समझौता 48 देशों के मध्य हुआ।

- वर्ष 1988 में संयुक्त राष्ट्र पर्यावरण कार्यक्रम और विश्व मौसम संगठन द्वारा जलवायु परिवर्तन पर अंतर सरकारी पैनल (IPCC) की स्थापना की गई थी। यह जलवायु परिवर्तन पर नियमित वैज्ञानिक आकलन, इसके निहितार्थ और भविष्य के सीमित जोखिमों के साथ-साथ अनुकूलन तथा शमन के विकल्प भी उपलब्ध कराता है। इसका मुख्यालय जिनेवा में स्थित है।

- 1992 में रियो-डि-जेनेरियो सम्मेलन आयोजित हुआ। इस सम्मेलन में एजेण्डा-21 नामक कार्यक्रम निर्धारित किया गया।

- 1996 प्रदूषण कम करने पर अमेरिका में पहली बार सहमति।

- 1997 में क्योटो संधि, औद्योगिक देशों का 2012 तक ग्रीन हाउस में 5.4 प्रतिशत की कमी का वचन।

- 1998 में क्योटो संधि का पुनरावलोकन (ब्यूनर्स आयर्स में)।

- 2002 में जोहान्सबर्ग सम्मेलन, इसे पृथ्वी-10 सम्मेलन कहा जाता है। क्योंकि रियो के एजेण्डा-21 के कार्यान्वयन की यह 10 वर्षीय (1992-2002) समीक्षा थी।

- 2005 में क्योटो संधि लागू।

- 2012 में हैदराबाद में कोप-11 (Conference on Parties) में जैव-विविधता अक्षुण्ण रखने के लिए आर्थिक विकास, जनसांख्यिकी और प्राकृतिक संरक्षण में एक संतुलन कायम रखने का सुझाव दिया। इस सम्मेलन में एक नारा दिया गया जो कि संस्कृत साहित्य से उदधृत है 'प्रकृति रक्षति रक्षिता' अर्थात अगर हम प्रकृति की रक्षा करेंगे तो प्रकृति हमारी रक्षा करेगी।

- 2013 में वारसा में कोप-19 में ग्रीन क्लाइमेट फंड बनाने पर सहमति।

- 2015 में पेरिस के 'ले बुरगे' में कोप-20 जलवायु परिवर्तन पर सम्मेलन जो 30 नवम्बर 12 दिसम्बर 2015 तक चला।

- 2021 में ग्लासगो में कोप-26 जलवायु परिवर्तन पर सम्मेलन में भारत के प्रध
  नमंत्री ने दुनिया को रास्ता दिखाने की कोशिश की है। उन्होंने ग्लासगो जलवायु
  सम्मेलन में पंचामृत के जरिए भारतीय भावनाओं को विश्व के सामने रखते हुए
  कहा कि भारत विश्व को पंचामृत की सौगात दे रहा है। पंचामृत में प्रथम है कि
  भारत 2030 तक 500 मेगावॉट ऊर्जा जीवाश्म स्रोतों से पूरा करेगा। भारत की
  दूसरी सौगात यह होगी कि 2030 तक भारत की कुल ऊर्जा ज़रूरतों का आधा
  गैर-जीवाश्म खोजों से ही पूरा किया जाएगा। प्रधानमंत्री ने तीसरे पंचामृत के बारे
  में कहा कि भारत अभी से 2030 तक 100 करोड़ टन कार्बन उत्सर्जन करेगा
  तथा 2030 तक ही भारत अपनी कार्बन तीव्रता को 45 प्रतिशत तक कम करेगा
  पंचामृत का अंतिम अमृत सत्य यह है कि भारत 2070 तक पूरी तरह कार्बन
  उत्सर्जन से मुक्त देश होगा। कार्बन उत्सर्जन मुक्त होने का प्रधानमंत्री मोदी का
  लक्ष्य कितना बड़ा है, इसका अनुमान कुछ आँकड़ों से लगाया जा सकता है।
  अमेरिका के एक व्यक्ति का कार्बन उत्सर्जन चीन के दो व्यक्तियों के कार्बन
  उत्सर्जन के बराबर है। ब्राजील के सात व्यक्तियों का कुल कार्बन उत्सर्जन एक
  अमेरिकी के बराबर होता है और भारतीय कुल उतना कार्बन उत्सर्जन नहीं करते,
  जितना एक अमेरिकी करता है। इसी कारण प्रधानमंत्री मोदी ने यह कहा कि
  क्लाइमेट फाइनेंस से जुड़े अब तक के सभी वादे खोखले साबित हुए हैं। उन्होंने
  कहा कि उनकी बातें सिर्फ़ शब्द नहीं हैं, बल्कि भावी पीढ़ी के भविष्य का
  जयघोष हैं। उन्होंने पर्यावरण संतुलन के लिए वित्तीय सहयोग पर विकसित देशों
  से आगे आने के लिए भी कहा। ग्लोबल वार्मिंग व कार्बन उत्सर्जन जैसे शब्दों
  का प्रयोग कर विकसित देश विकासशील देशों पर जो दबाव बनाते हैं, दरअसल
  उसके मूल में विकसित देशों द्वारा संसाधनों का अनाप-शनाप दोहन ही है। असल
  में, विश्व पर्यावरण संतुलन के लिए आवश्यक है कि कार्बन डाईऑक्साइड के
  साथ मीथेन और नाइट्रेट- ऑक्साइड जैसी हानिकारक गैसों का कम-से-कम
  उत्सर्जन हो।

विश्व पर्यावरण दिवस को संस्थागत रूप देने वाले संयुक्त राष्ट्र संघ ने पर्यावरण
दिवस के लिए दस वर्षीय निर्णायक लड़ाई की घोषणा कर इसकी सार्थकता को और
बढ़ा दिया है। जलवायु में हो रहे नकारात्मक परिवर्तनों को कम करने के लिए यू.एन.
ने अपनी कार्ययोजना पारिस्थितिकी पुनर्स्थापना (इकोसिस्टम रिस्टोरेशन) का दशक
(2021-2030) नाम दिया है। संयुक्त राष्ट्र संघ के आह्वान के साथ ही सच्चे अर्थों
में यह समय 'चिपको आंदोलन' के प्रणेता सुंदरलाल बहुगुणा की बताई सीख को
अपनाने का है। आखिरकार परितंत्र की पुनर्स्थापना उन्हीं तौर-तरीकों का समुच्चय है,

जिसके लिए सुंदरलाल बहुगुणा ने जीवनभर संघर्ष किया। संयुक्त राष्ट्र संघ के द्वारा घोषित पर्यावरणीय पुनर्स्थापना के लक्ष्य जितने आकर्षक हैं, उतने ही व्यावहारिक भी। यू.एन. हर वर्ष विश्व पर्यावरण दिवस पर एक नए विषय के साथ दुनिया को संदेश देता है। प्रकृति को बचाने के लिए विश्व पर्यावरण दिवस पर लिये जाने वाले नीतिगत निर्णयों व व्यावहारिक समाधान में इन संदेशों की गहरी छाप दिखती है। इस बार विश्व के सबसे बड़े अंतरराष्ट्रीय मंच ने पारिस्थितिकी तंत्र की पुनर्स्थापना का आह्वान कर पर्यावरणीय संकट के समाधान हेतु समेकित मार्ग सुझाया है। यू.एन. के मिशन इकोसिस्टम रिस्टोरेशन में कहा गया है कि अब पर्यावरण के उन सभी घटकों को समानातंर रूप से बहाल करना होगा, जिन्हें मानवीय गतिविधियों से नष्ट कर दिया गया है। इससे जुड़े लक्ष्यों को समयबद्ध तरीके से अगले दस साल में हासिल करना होगा। संयोग से 2030 यू.एन. के समावेशी विकास के लक्ष्य तक पहुँचने का भी निर्णायक वर्ष है। अब तक विश्व के 70 देशों ने यू.एन. के पर्यावरणीय पुनर्स्थापना कार्यक्रम को मंजूरी दी है। संयुक्त राष्ट्र संघ पर्यावरण कार्यक्रम संयुक्त राष्ट्र संघ का खाद्य एवं कृषि संगठन इस लक्ष्य को साधने में सहभागी होंगे। एक नई सदी के प्रवेश द्वार पर खड़ी दुनिया को पर्यावरणीय संजीवनी देने के दस कार्यक्रम में युवाओं की अहम भागीदारी होगी। दुनियाभर की 22 बड़ी भाषाओं के जरिए संयुक्त राष्ट्र संघ ने युवाओं को इस अभियान से जोड़ने का प्रयास किया है। पिछले साल कोलंबिया तो इस साल पाकिस्तान को विश्व पर्यावरण दिवस के मुख्य कार्यक्रम की मेजबानी सौंपी गई है। यह संदेश देने का प्रयास किया गया है कि जलवायु परिवर्तन पर वैश्विक सहमति के क्रम में छोटे देशों को भी दरकिनार नहीं किया जाएगा।

यू.एन. के पर्यावरणीय कार्यक्रम के माध्यम से पारिस्थितिकी पिरामिड में नया जीवन फूँकने का यह प्रयास आठ क्षेत्रों में सिमटा है। यह कृषि, भूमि, वन, नदियाँ-नहर, पहाड़, महासागर, आर्द्रभूमि, घास के मैदान सब शहर के रूप में हमारे आस-पास के परितंत्र का निर्माण करते हैं। दुनियाभर के हरित नायकों के लिए कृषि भूमि की घटती उर्वरता चिंता का सबब है। पर्यावरण से जुड़ी बिरादरी इस बात पर एक राय है कि रासायनिक उर्वरकों के बेतहाशा इस्तेमाल से मनुष्य धरती को बाँझ बनाने पर आमादा है। फसल चक्रीकरण के अभाव और घटती जोत के आकार ने ज़मीन की कार्बन संग्रहण क्षमता को कम किया है। यू.एन. के पर्यावरण पुनर्स्थापना अभियान में गैर-ऊपजाऊ ज़मीन को पेड़ों की चादर से ढँकने का सुझाव दिया गया है। वन-स्थिति रिपोर्ट 2019 के अनुसार देश के वनों में 7,124.6 मिलियन टन कार्बन संग्रह है। यह 2017 की तुलना में 42.6 मिलियन टन अधिक है। वनों में कार्बन संग्रहण बढ़ाने के लिए सरकार का लक्ष्य 2030 तक ढाई से तीन अरब टन तक के

स्तर तक ले जाने का है। इसके लिए भारत सरकार कार्बन सिंक बनाने की रणनीति पर पहले से ही काम कर रही है। इस परियोजना में वनीकरण के लिए राज्यों को प्रोत्साहित किया जाना है। वन स्थिति रिपोर्ट के अनुसार देश के कुल भौगोलिक क्षेत्र का 24.56 प्रतिशत हिस्सा वनाच्छित है। इस दशक के अंत में भारत वन भूमि को 33 प्रतिशत के स्तर पर ले जाने में सफल हुआ तो यकीकन जलवायु परिवर्तन के मुद्दे पर भारत की स्थिति और मजबूत होगी। इसके लिए वनीकरण को सरकारी योजनाओं से निकलकर जनभागीदारी में बदलना होगा। सिकुड़ते वनों को दोबारा हरा-भरा करने में वन भू-परिदृश्य की पुनर्स्थापना में (एफ.एल.आर.) एक दीर्घकालिक प्रक्रिया है। भारतीय अंतरिक्ष अनुसंधान संगठन (इसरो) के मरुस्थलीकरण एवं भू-क्षरण एटलस के अनुसार–भाग क्षरण से प्रभावित है। देश के कुल भौगोलिक क्षेत्र का 30 प्रतिशत भाग भू-क्षरण से प्रभावित है। सिकुड़ते वनों की एक बड़ी वजह घास के मैदानों का विलुप्त होना भी है। इनमें दुनिया के कुल कार्बन उत्सर्जन का लगभग एक तिहाई हिस्सा अवशोषित करने की क्षमता है।

संयुक्त राष्ट्र संघ पर्यावरण कार्यक्रम में एक अन्य क्षेत्र जिसकी पुन: स्थापना पर बल दिया गया है, वह आर्द्रभूमि है। परितंत्र कार्ययोजना की पुनर्स्थापना के अनुसार 180 देशों में आर्द्रभूमि की वहाँ के पारिस्थितिकी तंत्र के प्रमुख कारक हैं पूरी धरती का 3 प्रतिशत हिस्सा आर्द्रभूमि से आच्छादित है। इनमें लगभग 27 प्रतिशत मृदा कार्बन संग्रहित होता है। धरती का यह हिस्सा भू-जल स्तर को बढ़ाने के साथ बाढ़ और सूखे को रोकने में सहायक है। ऐसी कई सरीसृप और पादप प्रजातियाँ हैं, जिनके लिए सिर्फ़ नमीयुक्त भूमि ही समुचित पर्यावास होता है। भारत में अंतरराष्ट्रीय महत्त्व 42 आर्द्रभूमि है। भू-गर्भ विज्ञान के विशेषज्ञों के अनुसार आर्द्रभूमि को बचाने के लिए झीलों के आस-पास के क्षेत्रों में औद्योगिक गतिविधियों के विस्तार और नान बायोडिग्रेडेबल ठोस कचरे पर तत्काल प्रतिबंध लगाने की आवश्यकता है। पारिस्थितिकी तंत्र की बहाली के यू.एन. एजेंडे में जल स्रोतों की स्वच्छता को भी शामिल किया गया है। जल स्रोतों के बढ़ते प्रदूषण ने साफ पानी को विलासिता का प्रतीक बना दिया है। इकोसिस्टम की सेहत सुधारने का यह कार्यक्रम हमारे गाँव के साथ शहरों को टिकाऊ बनाएगा। धरती के ऊपरी सतह के कुल एक प्रतिशत हिस्से में शहरी जीवन फैला हुआ है। लेकिन मानव समष्टि का आधा हिस्सा शहरों पर केन्द्रित हो चुका है।

पेरिस समझौते की आत्मा कहे जाने वाले राष्ट्रीय स्तर पर निर्धारित योगदान (एन.डी.सी) में भारत ने साहसिक निर्णय लिए हैं। इसके अन्तर्गत 2030 तक कार्बन उत्सर्जन 2005 के स्तर से सकल घरेलू उत्पाद का 30 से 35 प्रतिशत के बीच सीमित

करने का लक्ष्य है। वहीं कुल बिजली उत्पादन का 40 प्रतिशत गैर-जीवश्म ईंधन पर आधारित ऊर्जा स्रोतों पर केन्द्रित करना है। कोयला चालित ऊर्जा संयंत्रों की जगह नवीनीकृत ऊर्जा संसाधनों के विकास की भारत की रणनीति इसी दिशा में उठाया गया कदम है।

संयुक्त राष्ट्र संघ के पारिस्थितिकी बहाली कार्यक्रम की सफलता इससे जुड़ी चुनौतियों से समयबद्ध समाधान पर निर्भर करेगी। जलवायु मुद्दों को हल करने में वित्त पोषण सबसे बड़ा मुद्दा है। विकसित देश कार्बन उत्सर्जन में कटौती के लिए विकासशील देशों से बराबर की भागीदारी चाहते हैं। जबकि कार्बन उत्सर्जन में आर्थिक महाशक्तियों की हिस्सेदारी विकासशील देशों के मुकाबले कई गुना अधिक है। विकासशील देशों की अर्थ व्यवस्था में कृषि निर्भरता समेत अनेक मुद्दे हैं, जिससे उन्हें संसाधन जुटाने में लंबा सफर तय करना होगा। खुद रूस की रिपोर्ट कहती है कि विकासशील देशों को वार्षिक अनुकूलन कार्यक्रम के लिए 70 अरब डॉलर की ज़रूरत है अगले दस साल में यह 300 अरब डॉलर हो जाएगी। पिछले महीने ही यू.एन. महासचिव एंटीनियों गुंटेरेश ने पीट्सबर्ग जलवायु संवाद कार्यक्रम में विकसित देशों को निर्धन देशों से किए गए उस वायदे की याद दिलवाई, जिसमें उन्हें 100 अरब डॉलर की मदद सिर्फ़ जलवायु समाधान के लिए करने की बात कही गई थी। पेरिस समझौते के अनुच्छेद 6 की ही बात करें तो इसमें जिस कार्बन ट्रेडिंग का जिक्र है, उस पर भी विकसित और विकासशील देशों की सहमति नहीं बन पाई है। इस प्रावधान में कार्बन उत्सर्जन कम करने वाले देश को अपनी कार्बन क्रेडिट आर्थिक एवं तकनीकी सहयोग के बदले दूसरे देशों को सौंपने की सुविधा दी गई थी। लेकिन एक देश द्वारा अपने लक्ष्य से कम और दूसरे देश द्वारा अपने लक्ष्य से अधिक कार्बन उत्सर्जन की कटौती के बीच सकल उत्सर्जन में कमी न आना चिंताजनक है। जाहिर है जलवायु परिवर्तन के निर्णायक समाधान के लिए ग्रीन फाइनेंस और प्रौद्योगिकी के वैश्विक सहयोग के बीच लुभावनी बातों को धारातल पर सफल बनाना होगा। यह तभी संभव है जब जलवायु मुद्दे से जुड़ी वैश्विक पहल तात्कालिक आर्थिक हितों के बजाय धरती के हितों के अस्तित्व को बचाने के अपने साझा प्रयासों से आगे बढ़े।

अंतरराष्ट्रीय पर्यावरणीय एजेंसियाँ

(1) **वर्ल्ड हैल्थ ऑर्गनाइजेशन** (W.H.O.)—22 जुलाई 1946 को इस संस्था की स्थापना हुई। इसका मुख्यालय जेनेवा (स्विट्जरलैण्ड) में है। इसका मुख्य कार्य विश्व के लोगों के स्वास्थ्य की देखरेख करना है। भयंकर रोगों से बचाव, खाद्यान्न तथा आवश्यक पोषणाहार की पूर्ति इसका मूल उद्देश्य है।

(2.) **फूड एण्ड एग्रीकल्चर ऑर्गेनाइजेशन** (F.A.O.)—इस संस्था का गठन 16 अक्टूबर 1915 को हुआ था। इसका मुख्यालय रोम (इटली) में है। विश्व में खाद्यान्न की समस्या सुलझाने तथा ज़रूरत वाले देशों को खाद्यान्न की पूर्ति हेतु इस संस्था का गठन किया गया था।

(3) **यूनाइटेड नेशन्स फन्ड फॉर पोपुलेशन एक्टीविटीज** (UNEPA)— इस एजेन्सी द्वारा विकासशील एवं अविकसित देशों को परिवार कल्याण की समस्याओं के निवारण हेतु धनराशि उपलब्ध कराई जाती है। जनसंख्या वृद्धि को रोकने हेतु देशों में किए जा रहे अनेक प्रयोग, जिनमें जनसंख्या शिक्षा भी सम्मिलित है, इससे सहायता प्राप्त करते हैं।

(4) **यूनाइटेड नेशन्स एजूकेशनल, साइन्टिफिक एण्ड कल्चरल ऑर्गेनाइजेशन** (UNESCO)—1945 में संयुक्त राष्ट्र संघ द्वारा इस एजेन्सी को स्थापित किया गया था। इसका मुख्यालय पेरिस (फ्रांस) में है। इसका मुख्य कार्य विभिन्न देशों में शैक्षिक, वैज्ञानिक तथा सांस्कृतिक क्षेत्र में सहयोग करना है एवं उनके द्वारा राष्ट्रहित में बनाई गई योजनाओं में आर्थिक व तकनीकी पक्ष में सहायता देना है।

(5) **इन्टरनेशनल यूनियन फॉर कन्जरवेशन ऑफ नेचर एण्ड नेचुरल रिसोर्सेज** (IUCN)—यह एक स्वतंत्र अंतरराष्ट्रीय स्तर की संस्था है जिसका मुख्यालय मोर्गेस (स्विट्जरलैण्ड) में है। इसकी स्थापना 1948 ई. में हुई थी। इसका मूल उद्देश्य प्रकृति संतुलन तथा प्राकृतिक संसाधनों का संरक्षण करना है।

(6) **अंतरराष्ट्रीय पर्यावरण शैक्षिणिक कार्यक्रम** (IEEP)—वस्तुत: यह एक कार्यक्रम है, जो स्टॉकहोम में 1972 में आयोजित मानव पर्यावरण सम्मेलन की अभिशंसाओं के आधार पर यूनेस्को एवं यूनेप ने मिलकर तैयार किया है। इसकी शुरुआत 1975 से हुई तथा इसका केन्द्रीय मुख्यालय यूनेस्को सचिवालय पेरिस में है।

(7) **यूनाइटेड नेशन्स इन्वायरमेंट प्रोग्राम** (UNEP)—संयुक्त राष्ट्र संघ द्वारा 1972 ई. में इस संस्था की स्थापना की गई। इसका मुख्यालय नैरोबी (केन्या) में है। अंतरराष्ट्रीय स्तर क्षेत्र में विविध योजनाएँ अपनाने तथा देशों द्वारा पर्यावरण के क्षेत्र में किए जा रहे कार्यों को मार्गदर्शन देने हेतु यह संस्था स्थापित की गई।

प्रमुख पर्यावरण आंदोलन

चिपको आंदोलन-(Chipko Movement)

यह एक अहिंसक आंदोलन था, जो वर्ष 1973 में उत्तर प्रदेश के चमोली जिले (अब उत्तराखंड) में शुरू हुआ था। इस आंदोलन का नाम 'चिपको' 'वृक्षों के आलिंगन' के कारण पड़ा, क्योंकि आंदोलन के दौरान ग्रामीणों द्वारा पेड़ों को गले लगाया गया तथा वृक्षों को कटने से बचाने के लिए उनके चारों और मानवीय घेरा बनाया गया। जंगलों को संरक्षित करने हेतु महिलाओं के सामूहिक एकत्रीकरण के लिए इस आंदोलन को सबसे ज्यादा याद किया जाता है। इसके अलावा इससे समाज में अपनी स्थिति के बारे में उनके दृष्टिकोण में भी बदलाव आया। इसकी सबसे बड़ी जीत लोगों के वनों पर अधिकारों के बारे में जागरुक करना तथा यह समझाना था कि कैसे ज़मीनी स्तर पर सक्रियता पारिस्थितिकी और साझा प्राकृतिक संसाधनों के संबंध में नीति-निर्माण को प्रभावित कर सकती है। इसने वर्ष 1981 में 30 डिग्री ढलान से ऊपर और 1,000 डेस (माध्य समुद्र तल-डेस) से ऊपर के वृक्षों की व्यावसायिक कटाई पर प्रतिबंध को प्रोत्साहित किया।

जंगल बचाओ आंदोलन-(Save Forest Movement)

A Green Game Political Populism की संज्ञा से अभिहित 'जंगल बचाओ आंदोलन' 1980 में वर्तमान झारखण्ड अर्थात तब के बिहार एवं उड़ीसा में प्रारम्भ किया गया था। जब इस क्षेत्र में सरकार ने प्राकृतिक साल के वृक्ष को काटकर उसके स्थान पर कीमती सागौन वृक्षों के रोपण की योजना बनाई, तो सिंहभूम क्षेत्र के आदिवासी आन्दोलित हो उठे और जंगल बचाओ आंदोलन के रूप में अपना आक्रोश व्यक्त किया।

अप्पिको आंदोलन- (Appiko Movement)

अप्पिको आंदोलन भी चिपको आंदोलन के समान पेड़ व मनुष्य के जैविक, सांस्कृतिक और ऐतिहासिक रिश्तों के साथ आर्थिक रिश्तों पर भी जोर दिया है, अंतर केवल इतना है कि चिपको आंदोलन उत्तर भारत में और अप्पिको आंदोलन दक्षिणी भरत में केन्द्रित था। यह आंदोलन (पर्यावरण जागरूकता के लिए) अगस्त 1983 में कर्नाटक के उत्तर कन्नड़ क्षेत्र में शुरू हुआ था। इस आंदोलन के प्रणेता पाण्डुरंग हेगड़े हैं।

नर्मदा बचाओ आंदोलन-(Save Narmada Movement)

इस आंदोलन की शुरुआत मेघा पाटकर द्वारा 1989 में की गई थी। इसका उद्देश्य नर्मदा के ऊपर बनाई जा रही बहुउद्देशीय बाँध परियोजना को, पर्यावरण मानकों को

स्वीकृत कराना था। इस आंदोलन के अन्य नेतृत्वकर्ता में अरुन्धती रॉय, बाबा आम्टे एवं अनिल पटेल की महती भूमिका थी।

मैती आंदोलन-(Maiti Movement)

सन् 1994 में कल्याण सिंह रावत ने उत्तराखण्ड के निर्वनीकृत पहाड़ी को पुन: हरा-भरा करने के लिए 'मैती' आंदोलन चलाया। यह आंदोलन उत्तराखण्ड की महिलाओं पर आधारित है। उत्तराखण्ड की क्षेत्रीय भाषा में मैती का अर्थ मायका, माँ का घर है। इस आंदोलन में कुवाँरी कन्याएँ पौधों की बेरन (Sappling)तैयार करती हैं। तथा विवाह तिथि के दिन किसी निर्धारित वन-क्षेत्र में स्मृति रूप में इसका रोपण कर देती हैं। इस आंदोलन के प्रणेता कल्याण सिंह रावत ने ग्वालदम के एक गाँव में वहाँ की कुवाँरी कन्याओं को संगठित करके इस आंदोलन का शुभारम्भ किया।

पश्चिमी घाट बचाओ आंदोलन-(Save the Western Ghats Movement)

गोवा की पीपुल्स पार्टी द्वारा प्रायोजित पश्चिमी घाट बचाओ आंदोलन महाराष्ट्र सरकार के विकास निगम ने पेड़ लगाने के नाम पर यूकेलिप्टस और बबूल का रोपण किया, जिससे कोई भी वनोंपज नहीं मिलती है और पेड़ धरती से बहुत अधिक जल सोखते हैं के विरोध में प्रारम्भ किया गया। इस आंदोलन ने 'जंगल बचाओ मानव बचाओ' का नारा बुलन्द किया। इस आंदोलन का मुख्य केन्द्र पश्चिमी घाट जिसमें गुजरात, महाराष्ट्र, केरल पर वनों को संवर्धन व संरक्षण है।

विशनोई आंदोलन-(Vishnoe Movement)

15वीं शताब्दी में संत जाम्भोजी द्वारा राजस्थान में विशनोई आंदोलन शुरू किया गया था। संत जाम्भोजी से प्रभावित राजस्थान के खेजड़ी गाँव की अमृता विशनोई ने अपनी तीन बेटियों सहित वृक्षों को काटने से रोकने के लिए अपने प्राणों की आहुति दे दी थी। इसी क्रम में देखते-देखते खेजड़ी गाँव के 363 लोगों ने अपना बलिदान दिया। बाद में जोधपुर के महाराजा अजीत सिंह ने पेड़ों के काटने का आदेश वापस ले लिया, जिससे वनों की कटाई बंद कर दी गई।

पर्यावरण संरक्षण–नवीन वैज्ञानिक अनुसंधान

गहराते पर्यावरण संकट से मानव जाति की सुरक्षा के लिए वैज्ञानिकों द्वारा निरंतर अनुसंधान किए जा रहे हैं इनमें कुछ अध्ययन इस प्रकार हैं–

जंगल की आग रोकने का जरिया बन सकती हैं बकरियाँ

जंगल की आग पूरी दुनिया के लिए बड़ा संकट है। इससे निपटने के लिए कई वैज्ञानिक तरीके अपनाए और आजमाए जा रहे हैं। अमेरिका की लानी मामबर्ग इस

समस्या के समाधान का अनूठा तरीका अपना रही हैं। उन्होंने बकरियों की मदद से जंगल की आग को पूरी तरह ठंडा करने का तरीका ईजाद किया है। मामबर्ग का कहना है कि बकरियाँ छोटी घास से लेकर ऊँचाई वाली झाड़ियों को भी आसानी से खा सकती हैं। गाय, भैंस आदि के लिए यह संभव नहीं होता है। इसलिए बकरियों को जंगल में चरने के लिए छोड़ देने से झाड़ियों को खतम करना आसान होता है। इससे आग लगने पर कम फैलती है। दूसरा लाभ यह है कि बकरियों के अपशिष्ट से मिट्टी में कार्बनिक तत्त्व की मात्रा बढ़ती है। जिससे उसकी नमी सोखने की क्षमता ज्यादा हो जाती है। इससे भी भविष्य में आग लगने और फैलने की आशंका कम हो जाती है। मिट्टी में कार्बनिक तत्त्व की मौजूदगी एक प्रतिशत बढ़ने से उस ज़मीन में प्रति एकड़ 16500 गैलन अतिरिक्त पानी अवशोषित हो सकता है। मामबर्ग ने कोलेरेडो स्टेट यूनिवर्सिटी से वीड साइंस में मास्टर्स की डिग्री ली है। कोलेरेडो के ब्यूरो ऑफ लैण्ड मैनेजमेंट ने आग पर नियंत्रण की इस युक्ति के लिए मामबर्ग से संपर्क किया था।

भारत सरकार और यूरोपीय संघ में द्विपक्षीय करार के अन्तर्गत नई तकनीक से लकड़ी से बिजली बनाई जाएगी। परियोजना को पोटेंशियल एण्ड वेलिडेशन ऑफ सस्टेनेबल नेचुरल एण्ड एडवांस टैक्नोलॉजी फॉर वाटर एण्ड वेस्ट वाटर ट्रीटमेंट, मॉनिटरिंग एण्ड सेफ रियूज इन इंडिया (पवित्र) का नाम दिया गया है। अलीगढ़ मुस्लिम विश्वविद्यालय के सिविल इंजिनियरिंग विभाग के प्रो. नदीम खलील के अनुसार इस तकनीक में माइक्रो शैवाल की महत्त्वपूर्ण भूमिका होगी। जो एक बड़े टैंक में गंदे पानी में ऑक्सीजन छोड़कर गंदे पानी को साफ करने का काम करेंगे। इस पानी को फिर दूसरे टैंक में ले जाकर शैवाल को अलग किया जाएगा, जिससे खाद बनेगी। शुद्ध हुए पानी का इस्तेमाल सिंचाई में किया जा सकेगा। इससे रोजाना 75,000 लीटर गंदा पानी साफ होगा। इस तकनीक को उच्च शैवाल तालाब प्रौद्योगिकी कहते हैं। दूसरा संयंत्र वानिकी पर आधारित है। जिसमें बाँस, विलो (लचकदार पतली डाल वाला पेड़) इत्यादि के पौधे लगाए जाएँगे। इन पौधों की गन्दे पानी से सिंचाई की जाएगी। पेड़ बनने पर इनको ऊपर से छोटे-छोटे टुकड़ों में काटा जाएगा। लकड़ी के इन टुकड़ों को गैसीफायर में डालकर बिजली बनाई जाएगी। पर्यावरण संरक्षण के लिए यह परियोजना मील का पत्थर साबित होगी।

हेजग्रो जलवायु परिवर्तन कम करने में मदद

कांउसिल फॉर द प्रोटेक्शन ऑफ रूरल इंग्लैण्ड (सी.पी.आर.ई.) की एक हालिया रिपोर्ट के अनुसार हेजग्रो प्राकृतिक रूप से वातावरण से कार्बन डाईऑक्साइड को सोखकर जलवायु परिवर्तन कम करने में मदद करती है। पेड़-पौधे प्रकाश संश्लेषण की प्रक्रिया के दौरान प्राकृतिक रूप से कार्बन डाईऑक्साइड को ग्रहण कर लेते हैं। इसी तरह हेजग्रो प्रमुख ग्रीन हाउस गैसों को स्वाभाविक रूप से ग्रहण करे तो जलवायु

तबाही को रोकने में हमारी मदद कर सकती है। हालाँकि कार्बन को अलग करने की क्षमता पेड़ की प्रजातियों और विभिन्न प्रबंधन प्रथाओं में अलग-अलग होती है। यह अनुमान लगाया जाता है कि मिश्रित नागफनी/ब्लेकथार्न हेजेज (ब्रिटीश हेजग्रो में सबसे आम प्रजाति) प्रति हैक्टर 42 टन कार्बन जमा कर सकती है। इसके अलावा हेजग्रो के कई और फायदे भी हैं। जिसमें फसलों का बचाव, प्रदूषण में कमी, पक्षियों को आश्रय, ईंधन के लिए लकड़ी का उत्पादन, कीटों पर नियंत्रण आदि शामिल है। एक समय हेजग्रो को किसानों का मित्र कहा जाता था। लेकिन जब द्वितीय विश्वयुद्ध के दौरान हिटलर ने ब्रिटेन की खाद्य आपूर्ति पर रोक लगा दी तो इसका परिणाम यह हुआ कि विश्वयुद्ध के खतम होने के बाद सरकारों ने कृषि को आधुनिक बनाने पर जोर दिया इसमें परंपरागत तरीकों को छोड़कर नए तरीके अपनाए गए इस दौरान रासायनिक उर्वरकों, कीटनाशकों तथा बड़ी मशीनों का इस्तेमाल बढ़ा, साथ ही खेतों के आस-पास सैकड़ों वर्षों से मौजूद झाड़ियां (हेजेज) की कतारों को काटने का सिलसिला शुरू हो गया। इन्हें काटने के लिए किसानों को अनुदान मिलने लगा। कई किसानों ने इन्हें सिर्फ़ इसलिए काट दिया कि यह उनके लिए फायदे का सौदा साबित हो रहा था। लेकिन धीरे-धीरे इसका महत्त्व किसानों और सरकारों को समझ आने लगा, पर तब तक काफ़ी देर हो चुकी थी। ऐसे में जब ब्रिटेन में जलवायु और मौसम संबंधी घटनाओं में वृद्धि हो रही है, तब इन्हें फिर से उगाने की माँग जोर पकड़ने लगी है।

पर्यावरणीय दिवस, सप्ताह

विश्व जलमग्नता दिवस-02 फरवरी

राष्ट्रीय विज्ञान दिवस-28 फरवरी

विश्व घरेलू गौरैया दिवस-20 मार्च

विश्व वानिकी दिवस-21 मार्च

विश्व जल संरक्षण दिवस-22 मार्च

विश्व मौसम विज्ञान दिवस-23 मार्च

अर्थ ऑवर दिवस-मार्च का अंतिम शनिवार

विश्व स्वास्थ्य दिवस-07 अप्रैल

जन संसाधन दिवस-10 अप्रैल

पृथ्वी दिवस-22 अप्रैल

विश्व प्रवासी पक्षी दिवस-08 मई

अंतरराष्ट्रीय चाय दिवस-21 मई

विश्व जैव-विविधता दिवस-22 मई

तंबाकू मुक्ति दिवस-31 मई

विश्व दुग्ध दिवस-01 मई

स्वच्छ पार्क पखवाड़ा 1-15 सितम्बर

विश्व पर्यावरण दिवस-5 जून

विश्व खाद्य सुरक्षा दिवस-07 जून

विश्व महासागर दिवस-08 जून

विश्व भू-गर्भ जल दिवस-10 जून

मरुस्थलीय एवं अनावृष्टि की रोकथाम हेतु अंतरराष्ट्रीय दिवस-17 जून

विश्व जनसंख्या दिवस-11 जुलाई

विश्व बाघ दिवस-29 जुलाई

विश्व स्वच्छ वायु दिवस-7 सितम्बर

विश्व ओजोन दिवस-16 सितम्बर

विश्व गैंडा दिवस-22 सितम्बर

विश्व रोगी सुरक्षा दिवस-17 सितम्बर

विश्व वन्यजीव दिवस-03 मार्च

विश्व प्राकृतिक आवास दिवस-03 अक्टूबर

वन्यजीव सप्ताह-1 से 07 अक्टूबर

नेशनल डाल्फिन दिवस-(बिहार में) 05 अक्टूबर

विश्व शाकाहार दिवस-01 अक्टूबर

विश्व पर्यावास दिवस-अक्टूबर माह का प्रथम सोमवार

विश्व आपदा नियंत्रण दिवस-13 अक्टूबर

विश्व खाद्य दिवस-16 अक्टूबर

राष्ट्रीय पर्यावरण जागरुकता माह-19 अक्टूबर से 18 अक्टूबर

राष्ट्रीय पक्षी दिवस-12 नवम्बर

विश्व शौचालय-19 नवम्बर

विश्व पर्यावरण संरक्षण दिवस-25 नवम्बर

राष्ट्रीय प्रदूषण रोकथाम दिवस-02 दिसम्बर

राष्ट्रीय ऊर्जा संरक्षण दिवस-14 दिसम्बर

वन महोत्सव जुलाई व फरवरी का प्रथम सप्ताह।

जब वनस्पति एवं स्तनपायी जन्तु-वर्ग की असंख्य जातियाँ अस्तित्व में आईं, तब इस दीर्घकालिक विकास क्रम के उपरान्त पर्यावरण मानव-विकास योग्य बन सका और कई मिलियन वर्ष पूर्व मानव पृथ्वी के पर्यावरण का अंग बना। पर्यावरण-विकास का यह अतिसंक्षिप्त विवरण पृथ्वी पर मानव के विकसित होने की जटिल एवं सुदीर्घ पृष्ठभूमि प्रस्तुत करता है। मानव सम्भवतः पर्यावरण का सदस्य है। पर्यावरण में उसके इतने विलम्ब से सम्मिलित होने का कारण यही है कि मानव अपने अस्तित्व के लिए पूर्व विकसित सभी पर्यावरणीय परिस्थितियों पर प्रत्यक्ष रूप से सबसे परावलम्बी घटक है। मानव-सभ्यता का विकास अग्नि और कृषि जैसे आविष्कारों द्वारा प्रारम्भ हुआ। प्रकृति के प्रांगण में उसने अपने अस्तित्व एवं सुख-सुविधा के लिए सब कुछ पाया। प्रकृति के रहस्यों से परिचय प्राप्त करते हुए उसने इस ज्ञान के बल पर प्रकृति को अपने अनुरूप ढाला तथा वैज्ञानिक प्रगति के अनन्त क्षितिज का स्पर्श किया। प्रकृति से उपार्जित उपकरणों से वह सर्वनियन्ता-सर्वशक्ति सम्पन्न प्राणी बन बैठा है। अज्ञात प्राकृतिक कारणवश पृथ्वी पर इतिहास में एकाधिक जातीय विलोपन (Mass & Extinction) घटित हो चुके हैं, परंतु अब पर्यावरण-सन्तुलन में मानव द्वारा अविवेकपूर्ण हस्तक्षेप किए जाने से समुत्पन्न पर्यावरण संकट के परिणामस्वरूप आगामी जातीय-विलोपन की संभावना स्पष्ट रूप से दृष्टिगोचर हो रही है। मानव तो प्रकृति के विकास का चरमोत्कर्ष है, तब क्यों आज वही उत्कर्ष अपकर्ष का कारण बन गया है? क्यों प्रकृति की इस विलक्षण कृति के कृत्य प्रकृति को विकृति में परिणत करते जा रहे हैं? क्यों विकास विनाश का पर्याय बन गया है? क्यों प्राकृतिक संपदा का अकूत कोष रिक्त हो चला है? क्यों यांत्रिकी का वरदान अभिशाप सिद्ध हो रहा है? क्यों औद्योगिक क्रांति, श्वेत-क्रांति आदि क्रांतियाँ भ्रांतिमात्र बन कर रह गई हैं? क्यों आज पर्यावरण-संकट मानव-जाति के भविष्य पर प्रश्नचिह्न बन कर खड़ा है? मानव तथा पर्यावरण के अन्तःसंबंधों के समस्या-पूर्ण हो जाने के सभी परोक्ष कारणों को खोजना और उनका निवारण करना आज मानव-सभ्यता की प्राथमिक आवश्यकता एवं अनिवार्यता है।

पर्यावरण संरक्षण की दिशा में अपेक्षित परिणाम लक्ष्य से बहुत दूर हैं। समस्या की भयावहता को संज्ञान में लेकर संपूर्ण विश्व के देशों को पर्यावरण संरक्षण हेतु अथक प्रयास करने होंगे। लोगों की जवाबदेही भी तय करनी होगी। अमेज़न के जंगलों को बेतहाशा काटना भी दुर्भाग्यपूर्ण है। सभी देशों में जंगलों को काटने में तुरंत रोक लगानी होगी। अधिक-से-अधिक पेड़ लगाने होंगे। ग्लोबल तीव्र वार्मिंग यथाशीघ्र कम करना होगा। जीवाश्म ऊर्जा की तुलना में हरित ऊर्जा को तीव्रगति से अपनाना होगा। प्राकृतिक संसाधनों के अंधाधुंध दोहन को रोकने, कम करने हेतु निर्णायक कदम उठाने होंगे। ये सभी संसाधन मानव की आवश्यकताओं की पूर्ति के लिए ही हैं। मानव एवं जीव जगत् का अस्तित्व इन्हीं संसाधनों के कारण है। यदि इन संसाधनों का असितत्व खतम हुआ तो मानव एवं अन्य प्राणियों का अस्तित्व भी संकटग्रस्त हो जाएगा। जिसकी संपूर्ण जिम्मेदारी मानव जगत् की होगी। भारतीय सनातन संस्कृति की मूल भावना सर्वे भवन्तु सुखिनः और वसुधैव कुटुम्बकम् एवं प्राकृतिक संसाधनों के देवत्व रूप मानने पर ही पर्यावरण एवं पारिस्थितिकी तंत्र संतुलित रहेगा।

आदिवासी जनजातीय समाज एवं पर्यावरण संरक्षण

आदिवासियों को प्रकृति-पुत्र माना जाता है। वन्य तथा पर्वतीय अंचल उनके पारंपरिक आवास हैं, जिनमें वे उन्मुक्त आचरण करते हैं। वनों में निवास करने के कारण उन्हें वनवासी, गिरिजन, आदि नामों से भी संबोधित किया जाता है। आदिवासी विश्व के लगभग सभी भागों में पाए जाते हैं। भारत में जनजातियों की आबादी अफ्रीका के बाद सर्वाधिक है। देश की कुल आबादी में इनका हिस्सा साढ़े आठ फ़ीसदी है। ऐसा विश्वास है कि ये भारतीय प्रायद्वीप के मूल निवासी हैं। इसलिए इन्हें सामान्यतया 'आदिवासी' कहा जाता है। ये समूह पूर्ण अस्तित्व, प्रभुत्व विहीनता, सांस्कृतिक विविधता और अस्मिता के तत्त्वों को समाए हुए है। 'जनजाति' शब्द की उत्पत्ति तथा अर्थ के संबंध में विभिन्न विचार प्रचलित हैं। व्युत्पत्ति शास्त्र के अनुसार अंग्रेजी शब्द 'ट्राईब' (जनजाति) की उत्पत्ति 'त्रिभुज' शब्द से मानी जाती है, जिसका अर्थ 'तीन अंग' है। रोमवासियों के लिए ट्राईब 'एक राजनैतिक संस्था' के रूप में थी। हरबर्ट एच. रिजले ने भारतीय जनजातियों को इस प्रकार परिभाषित किया है–'आदिवासी वे लोग हैं, जो एक परिवार समूह के व्यक्ति की तरह अपने सामान्य नाम एवं नातेदारी में बँधे हुए रहते हैं, जिनका कोई एक खास व्यवसाय नहीं होता, जो भारत के विभिन्न भू-भागों में रहते हैं और इनकी अपनी अलग-अलग भाषाएँ होती हैं, साथ ही एक आदिम जाति के सदस्य दूसरी आदिम जातियों में विवाह नहीं कर सकते हैं। ये लोग अपने-अपने समूहों के साथ विभिन्न भू-भागों के ढलान अथवा विभिन्न अवतरणों पर निवास करते रहे हैं।'

देशीय लोगों (Indegenous Peoples) के अधिकारों पर संयुक्त राष्ट्र प्रारूप घोषणा के अनुसार देशीय लोगों को उनकी भूमियों, भू-भागों एवं संसाधनों के पर्यावरण एवं उत्पादक क्षमता के संरक्षण, प्रत्यावर्तन एवं सुरक्षा का अधिकार होगा। (अनुच्छेद-28)

भारत के संविधान में कुछ जनजातियों का अनुसूचित जनजातियों के रूप में उल्लेख किया गया है। केवल उन जनजातियों को संविधान के तहत विशेष बर्ताव

अथवा सुविधाएँ दी गई हैं, जिन्हें अनुसूचित जनजातियों की सूची में सम्मिलित किया गया है। कुछ जनजातियां, जैसे यायावर जनजातियों को अनुसूचित जनजातियों की सूची में सम्मिलित नहीं किया गया है। अनुसूचित जनजातियों को परिभाषित करने के लिए कोई भी मापदंड को न तो संविधान में परिभाषित किया गया है, न ही इसका उल्लेख किया गया है। संविधान के अनुच्छेद 366 (25) के अनुसार "अनुसूचित जनजाति का तात्पर्य इस प्रकार की जनजातियों अथवा जनजातीय समुदाय के अंशों अथवा समूहों से है, जो कि संविधान के अनुच्छेद 342 के अन्तर्गत अनुसूचित जनजातियों के रूप में माने गये हैं।' संविधान के अनुच्छेद 342 के तहत राष्ट्रपति के द्वारा आम सूचना के तहत अनुसूचित जनजाति को उल्लेखित किया जा सकता है। संसद किसी भी राज्य अथवा संघ शासित क्षेत्र के किसी भी जनजातीय समुदाय अथवा उसके अंश को कानूनन अनुसूचित जनजातियों की सूची से निकाल सकती है अथवा उसमें जोड़ सकती है। किसी भी व्यक्ति को अनुसूचित जनजाति का सदस्य घोषित करने के लिए धार्मिक प्रतिबंध नहीं है। हालाँकि, अनुसूचित जातियों के संदर्भ में स्थिति भिन्न है। हिंदू और सिक्ख धर्म को मानने वालों को छोड़ अन्य किसी भी व्यक्ति को अनुसूचित जनजाति का सदस्य नहीं माना जा सकता। किसी भी समुदाय को अनुसूचित जनजाति के रूप में विनिर्दिष्ट करने के लिए निम्नलिखित मापदण्डों को स्वीकारा गया है–

1. किसी निश्चित भौगोलिक क्षेत्र पर पारंपरिक अधिकार।

2. विशिष्ट संस्कृति, जिसमें जनजातीय जीवनयापन का संपूर्ण चित्रण यथा भाषा, प्रथाएँ, परंपराएँ, धार्मिक विश्वास, कला व दस्तकारी आदि सम्मिलित है।

3. व्यावसायिक ढाँचा, अर्थ व्यवस्था आदि को दर्शाने वाली आदिकालीन विशेषता।

4. शैक्षणिक व तकनीकी-आर्थिक विकास की कमी।

संविधान में प्रयुक्त अनुसूचित जनजाति शब्द की ऐतिहासिक पृष्ठभूमि की खोज में कहा जाता है कि संविधान सभा में वाद-विवाद के दौरान श्री यजपाल सिंह ने अनुसूचित जनजाति शब्द के बदले आदिवासी शब्द को प्रयुक्त करने के लिए अपना मत दिया था। लेकिन इसे स्वीकार नहीं किया गया था। भीमराव अम्बेडकर, द्वारा इसका कारण स्पष्ट करते हुए कहा गया कि आदिवासी शब्द वास्तव में एक सामान्य शब्द है, जिसमें कोई विशेष वैधानिक विधिक अर्थ बोध नहीं है, जबकि अनुसूचित जनजाति शब्द में एक निश्चित अर्थ है क्योंकि यह जनजातियों की परिगणित करता है। अत: यह निर्णय लिया गया कि आदिवासियों को अनुसूचित जनजाति कहलाए जाने वाले वर्ग के तहत परिगणित किया जाए। आज जनजाति शब्द का अर्थ प्राचीन युग की राजनीतिक इकाई से परिवर्तित होकर गरीबी व पिछड़ेपन से पीड़ित जनसमूह को अभिलक्षित करता है।

संयुक्त राष्ट्र के उप-आयोग ने 1982 में आदिवासियों के लिए एक कार्य संचालन दल का गठन किया। इस कार्य संचालन दल ने आदिवासियों के अधिकारों पर एक सार्वभौम घोषणा-पत्र का प्रारूप तैयार किया, इस पर संयुक्त राष्ट्र संघ ने 1993 में आमसभा सत्र में विचार विमर्श किया। संयुक्त राष्ट्र संघ ने इसे 1993 को 'अंतरराष्ट्रीय आदिवासी वर्ष' के रूप में घोषित किया।

भारत में आदिवासियों की जननांकीय प्रस्थिति

भारत एशिया के दक्षिण में $8^0\,4$ उत्तर की और $37^0\,6$ उत्तरी अक्षांश तथा $68^0\,7$ पूर्व की और $97^0\,25$ पूर्व देशान्तर रेखाओं के मध्य स्थित है। कर्क रेखा इसके मध्य से गुजरती है। भारत का क्षेत्रफल 32, 87, 782 वर्ग कि.मी., उत्तर-दक्षिण लम्बाई 3,214 कि.मी., पूर्व-पश्चिम चौड़ाई 2,933 कि.मी., भू-सीमा 15,200 कि.मी. है। दक्षिण-भारतीय प्रायद्वीप के पूर्व में बंगाल की खाड़ी और अंडमान सागर, पश्चिम में अरब सागर और लक्षद्वीप सागर तथा दक्षिण में हिंद महासागर स्थित है। भारत में जनसंख्या की दृष्टि से जहाँ संथाल, गोंड़, भील, औराव, मीणा, मुण्डा, आदि बाहुल्य जनसंख्या वाली जनजातियाँ हैं, वहीं शौम्पा औन्ज, टोड जैसी अल्पसंख्या वाली जनजातियाँ भी निवास करती हैं।

श्यामचरण दुबे ने जनजाति प्रधान क्षेत्रों को चार भागों में बाँटा है–

1. **उत्तर तथा उत्तर-पूर्वी क्षेत्र**–उत्तर में शिमला, लेह, लुशाई की पहाड़ियाँ तथा पिरमी का स्थान आता है। कश्मीर का पूर्वी भाग, पूर्वी पंजाब, उत्तर प्रदेश, असम तथा सिक्किम भी इसी भाग में है। इस प्रदेश में उल्लेखनीय जनजातियाँ लेपचा, डफला, पिरमी, गारों, खासी, नागा, कुकी, अबोर, चकमा, गुरूंग आदि हैं।

2. **पश्चिमी तथा उत्तरी पश्चिमी क्षेत्र**–इस क्षेत्र में पंजाब, राजस्थान, महाराष्ट्र तथा गुजरात की जनजातियाँ हैं। राजस्थान की जनजातियों में भील, गरासिया, मीणा तथा बंजारे प्रमुख हैं तथा गुजरात में महादेव कोली, कटकरी, वार्ली तथा डबला प्रमुख जनजातियाँ हैं।

3. **मध्यवर्ती प्रदेश**–इस प्रदेश में देश की सर्वाधिक जनसंख्या निवास करती है। इस प्रदेश में बिहार के संथाल, मुंडा, उराव, बिरहोर, उड़ीसा के बोंदो, खोंड, सोस तथा ज्वांग, मध्यप्रदेश के गोंड बैगा, कोल, कोरकू, कमार, भूमिया आदि शामिल हैं।

4. **दक्षिण क्षेत्र**–गुहा ने कृष्णा नदी के दक्षिण में 16^0 उत्तरी अक्षांश तथा मजूमदार ने 20^0 उत्तरी अक्षांश के नीचे के भाग को दक्षिणी क्षेत्र माना है। इस क्षेत्र में मैसूर, ट्रावनकोर, कोचीन, आंध्रप्रदेश, तमिलनाडु, कर्नाटक

तथा केरल की जनजातियाँ सम्मिलित की जाती हैं। इस प्रदेश में पाए जाने वाले जनजातीय समूहों में नीलगिरी के टोडा, वायनाड के बनियन, कादर हैदराबाद के चेंचु कुरोवन हैं। इसके अतिरिक्त चेट्टी, इरूला, कुरिचमा, कुरूम्बा, कादर तथा कैनी जनजातियाँ भी विशेष रूप से उल्लेखनीय हैं।

वन एवं आदिवासी–सहजीवी संबंध

संस्कृत में आदिवासी का अर्थ होता है, किसी क्षेत्र का मूलनिवासी, जो आदिकाल से किसी स्थान विशेष में रहते चले आ रहे हैं। ऐसा माना जाता है कि आदिवासी भारतीय प्रायद्वीप के सबसे प्राचीन वाशिन्दे हैं। इतिहास की अनेक करवटों को पहचानें तो निर्विवाद रूप से यह सिद्ध होता है कि ये वे आदिवासी हैं, जो यहाँ द्रविड़ों और आर्यों के आने से पहले निवास करते थे। पाषाण युग की सिन्धु-घाटी की सभ्यता के जनक इन आदिवासियों ने मिस्र के समकक्ष अपनी प्राचीन नाग, द्रविड़ सभ्यता का विकास किया और आज से पाँच हजार वर्ष पूर्व सुदृढ़ समाज व्यवस्था, शिल्पकला, मिट्टी से लेकर विभिन्न धातुओं का उपयोग, कृषि, पशुपालन, वाणिज्य जैसे अनेक क्षेत्रों में अपनी सभ्यता का नमूना पेश किया था। ऐसी उन्नत सभ्यता के अंत का कारण मुख्यत: विदेशी आर्यों की भारतवर्ष में घुसपैठ और आर्यों एवं अनार्यों के बीच युद्ध रहा। इस संघर्ष में यहाँ के मूल वाशिन्दों (आदिवासी) को बाहरी लोगों द्वारा मारा खदेड़ा जाता रहा। वे अपने अस्तित्व को बचाने के लिए जंगलों में घुसे, पहाड़ों पर चढ़े और विवश होकर पर्वतीय क्षेत्रों को अपना वास बनाया। हारने वाले ये लोग नि:सन्देह योद्धा थे, मगर चतुर, चालाक, छली-कपटी व यौद्धिक लवाज्मा से लैस नहीं थे। इसीलिए प्रतिरोध के बावजूद वे संघर्ष जीत न सके।

जंगल में रहते हुए प्रकृति व आदिवासी परस्पर घुलमिल गए। प्राकृतिक परिवेश से उन्होंने वही लिया, जो प्रकृति ने उदारतापूर्वक उन्हें दिया। इसके बदले वे जंगल के पहरेदार बन गए। आदिवासियों के लिए जंगल मात्र जीविकोपार्जन के साधन मात्र ही नहीं थे, अपितु उनका धर्म, टोटम, आस्थाएँ भी जंगल से जुड़ी हैं। जनजातीय विश्वास के अनुसार जंगल देव, जंगल देवी, पितृ-देव, पितृ-देवी, धरती, देव तथा देवी, नागदेव, बाघदेव, सिंहदेव, बोगा आदि सभी का निवास स्थान भी जंगल ही है। इसलिए वे पेड़-पौधों, टीलों, पेड़ की जड़ों आदि की पूजा करते हैं। उनका सारना स्थल अर्थात देवताओं का वास स्थान भी जंगल अथवा उसके पास स्थित होता है। सारना स्थल का जनजातीय समाज के सदस्य श्रद्धा की दृष्टि से देखते हैं। पर्व त्यौहार के अवसर पर जंगल में उपलब्ध पेड़-पौधों की डालों, पत्तियों तथा फूलों की पूजा की जाती है। सरहुल के अवसर पर सखुआ वृक्ष की पूजा की जाती है। करमा पर्व के अवसर पर करम वृक्ष की पूजा की जाती है। सखुआ, करम, पलास, फूल, धावई आदि के

फूल-पत्तियों के सहारे पितृदेव तथा देवियों को प्रसन्न किया जाता है। जनजातीय समाज के सदस्य अपराध निर्धारण के लिए सारना स्थल के पास पंचायत बुलाते हैं। ऐसा विश्वास किया जाता है कि सारना स्थल के पास कोई भी व्यक्ति झूठ का सहारा लेगा तो सारना स्थल के देवता उसकी जिंदगी को बर्बाद कर देंगे। पंचायत के पहले ग्राम-प्रधान, पंच, परिवार के मुखिया तथा अपराधी सभी व्यक्ति अपने-अपने हाथ में सखुआ कि पत्तियाँ धारण करते हैं तथा सच्चाई का साथ देने की शपथ के साथ अपना स्थान ग्रहण करते हैं। इस प्रकार जनजातीय समाज की न्याय व्यवस्था में जंगल की भूमिका महत्त्वपूर्ण रहती है। इसके अतिरिक्त जंगलों से इन्हें महत्त्वपूर्ण जड़ी-बूटियाँ, औषधियाँ आदि भी मिलती हैं। अत: कहा जा सकता है कि जनजाति एवं जंगल के बीच सहजीवी संबंध पाया जाता है।

वन एवं जनजातियों की स्वास्थ्य-प्रणाली के बीच अन्त: संबंध को निम्न प्रकार से दर्शाया जा सकता है–

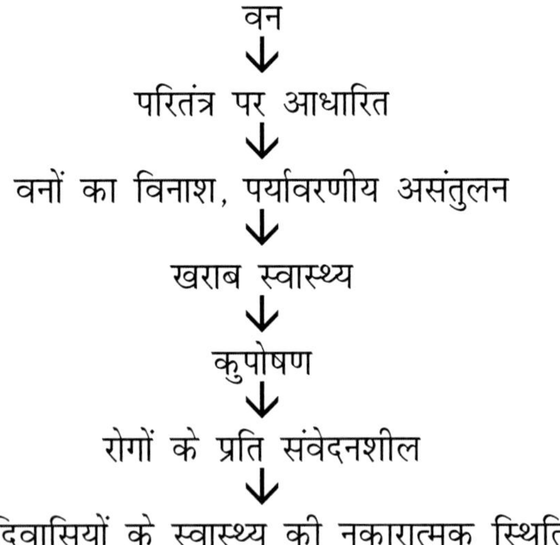

उपर्युक्त विवेचन से स्पष्ट है कि वनों के विनाश के परिणामस्वरूप पर्यावरणीय असंतुलन तो होता ही है, साथ ही आदिवासियों के आजीविका के साधनों पर प्रतिकूल असर पड़ता है, जिससे वे कुपोषित हो जाते हैं ओर रोग प्रतिरोधक क्षमता का ह्रास होता है, जिसकी परिणति उनके स्वास्थ्य की नकारात्मक स्थिति के रूप में होती है। अत: वनों के विनाश से आदिवासियों का स्वास्थ्य-तंत्र बुरी तरह प्रभावित होता है।

आदिवासी कृषि तथा जंगल केन्द्रित आंदोलन

किसी भी व्यवस्था में परिवर्तन लाने अथवा परिवर्तन का विरोध करने के लिए आम जनता के संगठित प्रयास को आंदोलन कहा जाता है। आदिवासी शांतिप्रिय लोग होते हैं। उनका पारंपरिक निवास स्थान सुदूर दुर्गम स्थानों पर जंगली, पहाड़ी तथा पठारी क्षेत्रों में स्थित होता है। किंतु कालान्तर में कुछ ऐसे कारण हुए, जिससे आदिवासियों में असंतोष पनपा जिसे कुछ विद्वान विद्रोह के नाम से भी पुकारते हैं। यह असंतोष अनेक कारकों का योग कहा जा सकता है। इनमें प्रमुख है–

1. उपनिवेशवाद और सामंतवाद ने आदिवासियों का भरपूर दमन किया। इनसे बिना किसी भुगतान के श्रम करावाया गया। मनमाने कर वसूल किए गए। इन्हें जन्म के आधार पर ही अपराधी घोषित किया। अलगाव और प्राकृतिक आपदाओं में इनके लिए राहत कार्य नहीं किया।

2. सरकार का वन्य संपदा पर बढ़ता नियंत्रण तथा लाभ की दृष्टि से वन्य संपदा का बेचान व नीलामी से आदिवासियों का जीवन स्तर बहुत नीचे चला गया।

3. गैर-जनजातीय लोगों के हाथों जनजातीय लोगों की भूमि जाने से बचाने के कानूनों की कमी के कारण जंगल उनके हाथ से निकल गए।

4. जनजाति विकास हेतु संवैधानिक सुरक्षा का अपर्याप्त कार्यान्वयन।

समग्र रूप में कह सकते हैं कि जनजातीय आंदोलन के अनेक सामाजिक, आर्थिक, राजनैतिक कारण रहे हैं। घनश्याम शाह ने आदिवासी आंदोलनों की व्याख्या करते हुए कहा है कि सभी आदिवासी आंदोलनों में कुछ कारण बुनियादि हैं कि सभी आदिवासी अपना जीवन-निर्वाह जंगलों से करते हैं। जंगल ही उनकी जीवन-रेखा है जब इन जंगलों में ठेकेदारों ने प्रवेश कर आदिवासियों के अधिकारों का हनन करने लगे तब उनका उत्पीड़न बढ़ गया और उनके ख़िलाफ़ आदिवासियों ने आंदोलन किए।

आदिवासी आंदोलनों के बारे में विस्तृत विवेचन के.एस. सिंह ने 'ट्राइबल मूवमेंट इन इंडिया' शीर्षक नामक अपनी पुस्तक में किया है। भारत में अंग्रेजों के आगमन से पूर्व जनजातियाँ अपने स्वायत्त क्षेत्रों में निवास करती थीं। जब ईस्ट इंडिया कंपनी की स्थापना हुई तब आदिवासियों ने गैर-आदिवासियों से मिलकर आंदोलन किया। मुण्डा-आदिवासियों ने 1789 से लेकर लंबी अवधि तक बराबर आंदोलन किए। 1899-1900 में मुण्डाओं का एक गंभीर आंदोलन हुआ। यह आंदोलन बिरसा आंदोलन के नाम से जाना जाता है। बिरसा का स्थान मुण्डाओं में सम्मान और आदर के साथ लिया जाता है क्योंकि मुण्डा इन्हें परमात्मा का अवतार मानते आ रहे हैं। के.एस. सिंह का मानना है कि मुण्डा विद्रोह भूमि की समस्या के कारण हुआ था। कार्नवालिस

ने भूमि का जो स्थायी बन्दोबस्त किया था, उसमें मुण्डाओं की कृषि भूमि का भी अधिग्रहण कर लिया। इधर सरकार ने जंगल सुरक्षा की जो नई नीति बनाई उसमें भी मुण्डाओं के जंगलों पर जो अधिकार थे, उन्हें समाप्त कर दिया गया। इस परिस्थिति में मुण्डाओं ने ब्रिटीश राज के ख़िलाफ़ आंदोलन किए जिन्हें निर्दयतापूर्वक दबा दिया गया।

इसी क्रम में कोल, ओरॉव, हो तथा अण्डमान और निकोबार द्वीप समूहों के आदिवासी ने भी जंगल पर अपने अधिकारों को लेकर आंदोलन किए।

आदिवासी समूह कि अर्थ व्यवस्था के दो भाग हमें दिखाई पड़ते हैं। पहला जंगल का है और दूसरा कृषि का। जंगल को वे जीविकोपार्जन का अपना साधन समझते आ रहे हैं जब जंगल छोड़कर वे मैदानों में पहुँचे, तो उन्होंने कृषि को अपना आर्थिक जीवन का आधार बनाया। भूमि व जंगल पर अपने अधिकार को अक्षुण्ण रखने के लिए आदिवासियों आदिवासी बहुल क्षेत्रों में आंदोलन होते रहे हैं। छोटा नागपुर में गैर-आदिवासियों द्वारा आदिवासी भूमि पर अतिक्रमण करने पर आंदोलन हुआ और आदिवासियों ने अपनी भूमि पर पुन: कब्जा कर लिया था। सन् 1973 में गढ़वाल में चमोली के निकट भोटिया जनजाति के लोगों ने वन्य क्षेत्र में जाकर पेड़ों से लिपटकर (जिनका कटान किया जाना था) उनका कटान रोक दिया।

वर्तमान में आदिवासी जंगल और ज़मीन को लेकर एक बड़ा आंदोलन चला है, जो नक्सलबाड़ी के नाम से जाना जाता है। बंगाल के दार्जिलिंग जिले में नक्सलबाड़ी स्थान है। यहाँ के किसानों ने ठाकुरों और महाजनों पर हमला कर उनकी ज़मीन को हथिया लिया। इस आंदोलन के प्रणेता कानू सान्याल हैं। इस आंदोलनकारियों का मानना है कि क्रांति बन्दूक की गोली से आती है अहिंसक तरीके से नहीं। बंगाल के दार्जिलिंग से शुरू होकर यह आंदोलन धीरे-धीरे देश के अन्य आदिवासियों में भी आ गया। आंध्र प्रदेश, छत्तीसगढ़, उड़ीसा आदि राज्य नक्सलवाद से प्रभावित हैं।

महात्मा गाँधी एवं जवाहर लाल नेहरू ने वनवासियों के महत्त्व को खुले दिमाग से स्वीकार किया और उनके विकास के लिए रचनात्मक एवं अन्य कार्यों को प्राथमिकता प्रदान की। गाँधी से प्रेरित होकर सर्वप्रथम देश में ठक्कर बापा के नेतृत्व में जनजातियों के लिए विशेष रचनात्मक एवं सेवा कार्यों का श्रीगणेश किया गया। जनजातियों के विकास के लिए 1958 में संपन्न प्रथम आदिवासी सम्मेलन में वेरियर एल्विन ने जनजाति विकास के कुछ विशिष्ट सिद्धान्त प्रतिपादित किए, जिन्हें पंडित नेहरू ने यथावत् अंगीकार कर लिया। इन सिद्धान्त को ही 'जनजातीय पंचशील' का नाम दिया गया। वस्तुत: नेहरू जनजातीय समाज के परंपरागत शौर्य, सच्चाई, ईमानदारी, पारस्परिक सहयोग आदि गुणों को सुरक्षित रखना चाहते थे। उनके द्वारा लिखित वेरियर एल्विन की पुस्तक 'ए फिलॉस्फी फॉर नेफा' के प्राक्कथन को पढ़कर जाना जा सकता है कि

जनजातियों पर कुछ भी थोपा जाना नहीं चाहिए। उनकी संस्कृति और कला को हर तरह से बढ़ावा देना चाहिए। उनके लिए निर्मित योजनाओं में उनकी अधिकतम भागीदारी रखनी चाहिए तथा गैर-जनजाति के व्यक्तियों का प्रवेश कम-से-कम होने देना चाहिए। वस्तुत: यह उनका 'मेग्नाकार्टा' है, जो सब कालों में सभी क्षेत्रों के कार्यकर्ताओं और लोकसेवकों का मार्गदर्शन करता रहेगा। वर्तमान में जनजाति विकास के बदलते स्वरूप एवं योजनाओं के मूल्यांकन से स्पष्ट होता है कि नौकरशाही ने हर कदम पर उक्त पंचशील सिद्धान्तों की अवहेलना की है।

स्वतंत्रता पश्चात् भारतीय संविधान जनजातियों एवं पिछड़े वर्गों के उत्थान के लिए आर्थिक, सामाजिक एवं राजनीतिक न्याय, विचार अभिव्यक्ति, विश्वास, मान्यता एवं धर्म की स्वतंत्रता और प्रतिष्ठा एवं अवसर की समानता का आश्वासन देता है। संविधान में मूल अधिकारों का उल्लेख किया गया है, जो नागरिकों को यह विश्वास दिलाते हैं कि धर्म, वर्ग, लिंग, जाति-प्रजाति एवं जन्म के आधार पर किसी भी नागरिक के साथ भेदभाव नहीं बरता जाएगा। इससे जनजातियों के प्रति अब तक बरते गए भेदभाव की समाप्ति होती है। संविधान में नीति-निर्देशक तत्त्वों का उल्लेख किया गया है, जिनमें कहा गया है कि राज्य कमज़ोर वर्गों विशेषकर अनुसूचित जातियों और जनजातियों के शैक्षणिक एवं आर्थिक हितों को बढ़ावा देगा तथा उन्हें सामाजिक अन्याय एवं शोषण से सुरक्षा प्रदान करेगा। जनजातियों के विरुद्ध अत्याचारों को रोकने के लिए अनुसूचित जाति तथा अनुसूचित जनजाति, अत्याचारों की रोकथाम अधिनियम 1989 बनाया गया, जो 30 जनवरी 1990 से लागू किया गया। देश की विभिन्न पंचवर्षीय योजनाओं में इनके विकास की विशेष रणनीतियाँ अपनाई गईं। सातवीं पंचवर्षीय योजना (1985-1990) में जहाँ जनजातियों की बहुलता है, वहाँ पर जनजाति उपयोजना के अन्तर्गत 30 लाख परिवारों को अपनी आर्थिक स्थिति सुदृढ़ करने के लिए आर्थिक सहायता देने का प्रावधान किया गया। अक्टूबर 1999 में जनजातीय कल्याण मंत्रालय का गठन किया गया, साथ ही अनुसूचित जाति और जनजाति मामलों से सम्बन्धित संसदीय समिति का भी गठन किया गया। वर्ष 2004 में जनजातीय विकास की ओर विशेष ध्यान देने के लिए अलग से जनजाति आयोग का गठन किया गया। इन विभिन्न प्रावधानों का उद्देश्य जनजातियों को देश के अन्य नागरिकों के समकक्ष लाना है। उन्हें देश की मुख्य जीवन धारा के साथ जोड़ना तथा एकीकरण करना है, जिससे कि वे देश की आर्थिक और राजनैतिक व्यवस्था में भागीदार बन सकें।

इन सब प्रावधानों के बावजूद वर्तमान परिवेश में जब हम जनजातीय विकास के कार्यक्रमों का मूल्यांकन करते हैं तो पाते हैं कि इनका अपेक्षित लाभ उन तक नहीं पहुँच सका है। जनजातीय आयोग तथा अन्य उच्च स्तरीय समितियों द्वारा दिए गए परामर्शों तथा सलाह को लागू करने में की गई देरी के कारण स्थितियाँ और

बदतर होती चली गई। साथ ही जनजातीय विकास के कार्यक्रमों की संरचना एवं क्रियान्वति के संबंध में दिए जाने वाले परामर्शों तथा सलाह की ओर ध्यान न देने के कारण बहुत से मूल्यांकन संसाधनों की बरबादी हुई तथा ये योजनाएँ असफल हुईं। आदिवासियों की ज़मीन पर कब्जा बादस्तूर जारी है। हाल में सोनभद्र में घटित नरसंहार इसका उदाहरण है आदिवासी विकास के तमाम संवैधानिक प्रावधानों के बावूजूद जबरन उनकी भूमि पर कब्जा जमाकर उन्हें बेदखल किया जा रहा है। राँची विश्वविद्यालय के पूर्व उप कुलपति श्री रामदयाल मुंडा ने जो स्वयं आदिवासी हैं, जनजातीय विकास के प्रश्न पर सरकार के दृष्टिकोण की आलोचना करते हुए एक साक्षात्कार में स्पष्ट रूप से कहा कि सरकार ऐसी प्रणाली में छत डाल रही है जो टिकाऊ नहीं है। इसका औचित्य क्या है? भूमि हस्तान्तरण अब भी बिना रुके चल रहा है। बाहरी लोगों को अब भी प्रशिक्षण, ऋण तथा नियुक्तियों में प्राथमिकता मिलती है विकेन्द्रीकरण का कोई उदाहरण नहीं है भ्रष्टाचार तथा पक्षपात को अब भी विमुख राजनैतिक संस्कृति का बढ़ावा मिल रहा है।

उल्लेखनीय है कि विकास का एक ही प्रतिमान सभी आदिवासियों पर लागू नहीं किया जा सकता उत्तर-पूर्व के आदिवासियों की समस्या राजस्थान, मध्यप्रदेश, गुजरात के आदिवासियों से अलग हैं अत: विकास कार्यक्रम स्थानीयता को देखकर बनाए जाने चाहिए। साथ ही इनमें उन जनजातीय लोगों को अधिक-से-अधिक भागीदारी सुनिश्चित की जाए, जो ज़मीन से जुड़े हों। वस्तुत: जनजातीय विकास नेहरूवादी दृष्टिकोण उन सिद्धान्तों को इंगित करता है, जो नीति निर्माताओं को आदिवासियों के लिए नीति के निर्माण करते समय ध्यान में रखना चाहिए। सन् 1994 में देशी लोगों (Indigeous People) के अधिकारों पर संयुक्त राष्ट्र घोषणा अंगीकार किया गया। प्रारूप घोषणा में देशी लोगों के लिए बहुत से अधिकारों का प्रावधान किया गया, जिसमें देशी लोगों के भूमि के अधिकारों का सम्मान करने, अपनी संस्कृति, परंपराओं, इतिहास एवं इच्छाओं की गरिमा बनाए रखने के अधिकार से सम्बन्धित घोषणा में नेहरूवादी दृष्टिकोण परिलक्षित होता है। आज देश भर में बढ़ते आदिवासी असंतोष को दूर करना है तो हमें इन क्षेत्रों में अपेक्षित विकास के लाभ पहुँचाने होंगे। आदिवासी विकास के नेहरूवादी दृष्टिकोण की उपादेयता आधुनिक भारत के नीति-निर्माताओं के लिए आज भी मार्गदर्शक बनी हुई है।

राष्ट्रपिता महात्मा गाँधी का मानना था कि जब तक आबादी का एक बहुत बड़ा भाग आदिवासी जनजातियाँ उन्नत नहीं होतीं, तब तक पूरा समाज आगे नहीं बढ़ सकता। जल, जंगल व ज़मीन जनजातियों के जीवन के आधार तत्त्व हैं। वनों से न केवल इन्हें मकान बनाने का सामान, बल्कि ईंधन, बीमारियों को ठीक करने के लिए जड़ी-बूटियाँ,

फल, जंगली शिकार इत्यादि प्राप्त होते हैं। इनका धर्म इन्हें विश्वास दिलाता है कि इनकी कई आत्माएँ (वनदेवता और वनदेवी) पेड़ों और जंगलों में रहती हैं। ब्रिटिश काल से पूर्व तक जनजातीय क्षेत्रों में स्वशासन व्याप्त था लेकिन अंग्रेजों ने तरह-तरह के कानूनों के जरिए जनजातीय क्षेत्रों पर नियंत्रण कायम किया और आदिवासियों को मजदूर वर्ग में तब्दील कर दिया इस काल में जनजातीय क्षेत्रों को अपवर्जित तथा आंशिक अपवर्जित क्षेत्र घोषित कर दिया। जिससे जनजातीय क्षेत्रों में सूदखोर महाजनों, जमींदारों, व ठेकेदारों का प्रवेश सुगम हो गया और वे अपने पैसे के बल पर इनका शोषण करने लगे।

आजादी के बाद के वर्ष में ऐतिहासिक कारणों से अत्यंत आवश्यक हुए उनके विकास के लिए विशेष प्रयत्नों के स्थान पर जनजातियों को बढ़ते आकार में विस्थापन का अनुभव होने लगा, लगभग सभी प्रमुख नदियों पर बाँध बनाने की योजनाएँ बनीं, जिससे लगभग प्रतिवर्ष 4 लाख आबादी को विस्थापित होना पड़ा है। जनजाति वर्ग के लिए कृषि भूमि न केवल उनके जीविकोपार्जन का साधन है अपितु यह उन्हें अपनी 'माँ' के समान प्रिय होती है, जिसे वे किसी के साथ बाँट नहीं सकते। उनके लिए यह भूमि अनमोल है, जिसकी कीमत नहीं लगायी जा सकती। पर्यावरणविदों एवं मानवाधिकारवादियों ने विस्थापन की समस्या को जीने के लिए मानवीय अधिकारों का हनन माना है।

स्वतंत्र भारत में विकास कार्यों का अपेक्षित लाभ जनजातियों तक नहीं पहुँच सका है। आधुनिक न्याय व्यवस्था भी निर्धनता के कारण जनजातियों को न्याय नहीं दिला पाई है। इसके अतिरिक्त 1991 में राष्ट्र द्वारा वैश्वीकरण, निजीकरण एवं उदारीकरण की नीतियाँ अपनाई गईं। इन नीतियों के अन्तर्गत औद्योगिक विकास हेतु देशी व विदेशी पूँजीपतियों को असीमित सुविधाएँ दी गईं, इन सुविधाओं के अन्तर्गत नाममात्र की कीमतों पर भूमि, खनिजों पर अधिकार प्रदान किया गया है। यह सर्वविदित तथ्य है कि राष्ट्र के बहुत से प्राकृतिक संसाधन जैसे खनिज, चिकित्सीय जड़ी-बूटी से भरे जंगल, आदिवासी क्षेत्रों में केन्द्रित हैं। इन क्षेत्रों में बड़ी-बड़ी औद्योगिक परियोजनाओं की मंजूरी देने से असंख्य आदिवासियों को अपने परंपरागत स्थान से विस्थापित होना पड़ रहा है या फिर जीवन को बनाये रखने वाले उत्पादक संसाधनों से निष्कासित होना पड़ रहा है। आदिवासियों का इस प्रकार का निष्कासन भारतीय संविधान के अनुच्छेद 21 के अन्तर्गत प्रदत्त जीवन के अधिकार का हनन है। जनजातीय क्षेत्रों में तेज़ी से औद्योगिकरण से प्राकृतिक संसाधनों का विनाश जारी है, जिससे पर्यावरण का विधवंस हो रहा है। इसका जनजातियों के स्वास्थ्य पर प्रतिकूल प्रभाव पड़ रहा है। जनजातीय जनसंख्या की दर उच्च मृत्युदर तथा अनुत्पादकता के कारण स्थिर है। औद्योगिक क्षेत्रों

में जीवन-स्तर में विकास हो रहा है। जबकि जनजातियों की उपभोग दर पूर्ववत है। आर्थिक विकास के साथ-साथ बीमारियों में वृद्धि हो रही है। मधुमेह, उच्च रक्तचाप, मोटापा, हृदय रोग जैसी बीमारियाँ इनमें बढ़ती ही जा रही हैं। इसका आदिवासियों की खान-पान की आदतों से घनिष्ठ संबंध है। आदिवासियों का अपने प्राकृतिक खान-पान की आदतों से संबंध विच्छेद हुआ है, जिसके परिणामस्वरूप उनके स्वास्थ्य पर प्रतिकूल प्रभाव पड़ा है। आहार में विटामिन, खनिज, प्रोटीन, तथा अन्य पोषक तत्त्वों के अभाव से वह आसानी से बीमारियों के शिकार बन जाते हैं। आदिवासियों की स्थिति अच्छी नहीं है। इस कारण उनकी हालत चिन्ताजनक बनी हुई है।

वनों में रहने वाली ये जनजातियाँ वन्य जैव क्षेत्र का हिस्सा हैं। दुर्भाग्यवश वन क्षेत्र में रहने वाली इन जनजातियों द्वारा अधिकृत भूमि पर इनके परंपरागत अधिकारों की समुचित पहचान या अभिलेखन, उपनिवेशकाल और आजादी के बाद राज्य वनों की चकबन्दी के समय भी नहीं किया गया। वनों में रहने वाली अनुसूचित जनजातियों की हालत दिन-प्रतिदिन बिगड़ती जा रही है। इसका कारण है उनके लिए प्रस्तावित विकास कार्यों को लागू करने में गंभीरता एवं संवेदनशीलता का अभाव। वन संरक्षण की बढ़ती माँग की वजह से इनके विस्थापन का खतरा पैदा हो गया है इनके पास वैध-आवास न होने के कारण इनका स्पष्ट पता नहीं होता फलस्वरूप वे 'इन्दिरा आवास योजना' जैसी विभिन्न सरकारी योजनाओं का लाभ नहीं उठा पाते। वन्य ग्रामों में बसने वाली जातियों की भूमि उनके नाम नहीं होने के कारण उनके लिए चलाई जा रही विभिन्न योजनाओं का लाभ भी उन्हें नहीं मिल पाता। अनेक बार वन्यगाँव/ब्लॉक राजस्व प्राधिकरण के अधिकार क्षेत्र में नहीं आते। वन्य गाँव वास्तव में ऐसे गाँव हैं, जिनकी स्थापना निर्बाध वन्य कार्यों के लिए श्रम शक्ति उपलब्ध कराने के लिए दूरदराज और दुर्गम इलाकों में ब्रिटिशकाल के दौरान की गई थी। इनमें बहुत से गाँव राजस्व गाँव नहीं हैं। देश में लगभग तीस हजार वन्य गाँव हैं, जिन्हें इनकी बेदखली का खतरा उत्पन्न हो गया है इसीलिए वे उत्तेजित हो गये हैं। इन सभी कारणों के परिणामस्वरूप उन्हें ऐतिहासिक अन्याय का सामना करना पड़ रहा है। जनजातियों का वनों से स्वाभाविक लगाव रहा है।

वर्तमान समय में समूचा जनजातीय समाज संक्रमण के दौर से गुजर रहा है। सांस्कृतिक संपर्क एवं नवीन सरकारी नीति के परिणामस्वरूप जनजातियों को अनेक समस्याओं का सामना करना पड़ रहा है। ये समस्याएँ दो प्रकार की हैं। कुछ ऐसी समस्याएँ हैं, जो जनजातीय लोगों एवं देश के संपूर्ण ग्रामीण लोगों में समान हैं। इनमें सामाजिक आर्थिक समस्याएँ हैं, जो नई भू-राजस्व नीतियों एवं भू-अधिकार व्यवस्था प्रभाव, प्रतिबंधक वन नीति, संपूर्ण देश पर समान रूप से दीवानी एवं फौजदारी कानूनों से उत्पन्न हुई हैं। गैर-जनजातियों के संपर्क के कारण उत्पन्न समस्याएँ जैसे

कर्ज, भूमि-हस्तान्तरण, जमींदार एवं सरकारी अधिकारियों द्वारा शोषण आदि भी इसी कोटि की समस्याएँ हैं। कुछ ऐसी समस्याएँ हैं, जो जनजातीय लोगों तक ही सीमित हैं अर्थात इनकी विशिष्ट समस्याएँ हैं, जैसे स्थानान्तरित कृषि, भूक्षय एवं भू-शोषण के कारण उत्पन्न भुखमरी एवं अपनी परंपरागत आर्थिक क्रियाओं का परित्याग आदि। आदिवासी लोगों के पहाड़ी एवं दुर्गम क्षेत्रों में निवास करने के कारण वहाँ कृषि योग्य उपजाऊ भूमि का अभाव है। कृषि के नवीन साधनों, उन्नत बीजों एवं खादों से या तो अपरिचित हैं या गरीबी के कारण उन्हें खरीदने की क्षमता उनमें नहीं है। कृषि भी पूरी तरह वर्षा पर निर्भर है, सिंचाई के अन्य साधनों का अभाव है। कुछ आदिवासियों में स्थानान्तरित कृषि का भी प्रचलन है, जिसके कारण जंगल की कीमती लकड़ियाँ जल जाती हैं तथा भूमि का कटाव होने लगता है। कीड़े-मकौड़ों के उत्पात से फसल की रक्षा के साधनों एवं दवाओं के ज्ञान का अभाव भी इनमें पाया जाता है, जिससे कई बार इनकी फसल नष्ट हो जाती है। हिंदुओं से संपर्क के कारण आदिवासियों में कई सामाजिक समस्याएँ भी पैदा हुईं। पहले इन लोगों में विवाह युवावस्था में होते थे। किंतु अब बाल विवाह होने लगे हैं, जो मुख्यत: हिंदुओं से संपर्क का परिणाम है। नवीन संपर्क के कारण इनके लोकगीतों, नृत्यों, कहावतों, मौखिक कहावतों एवं कला का ह्रास हो रहा है। इनके मनोरंजन के साधनों की आलोचना किए जाने के कारण ये उन्हें त्यागते जा रहे हैं और उनके स्थान पर आधुनिक व महँगे मनोरंजन के साधन अपना रहे हैं। वस्तुत: आज के समय में आदिवासी संस्कृति ऐसे दो-राहे पर खड़ी है, जहाँ वह परंपरा को पूरी तरह छोड़ नहीं पा रही है और आधुनिकता को अपना नहीं पा रही है। मौजूदा परिवेश में विकास के विभिन्न कार्यक्रमों के बावजूद इनमें अभी पूर्ण चेतना का विकास नहीं हो पाया है यही वजह है कि आज भी इन्हें शोषण का शिकार होना पड़ रहा है। वर्तमान में सबसे बड़ी समस्या यह है कि आदिवासी जीवन की बहुमूल्य तथा असाधारण विशेषताओं को नष्ट किए बिना किस प्रकार इनका समन्वयात्मक रूप से विकास किया जाए।

आदिवासियों के लिए विकास का अर्थ उनके संसाधनों का उपयोग राष्ट्रीय लाभ के लिए किया जाना है चूँकि राष्ट्र के बहुत से प्राकृतिक संसाधन जैसे खनिज, चिकित्सीय जड़ी-बूटी से भरे जंगल, जनजातीय क्षेत्रों में केन्द्रित है और इन संसाधनों का प्रयोग जनहित और राष्ट्रहित में करने से असंख्य आदिवासियों को अपने परंपरागत स्थान से विस्थापित होना पड़ रहा है या फिर जीवन को बनाए रखने वाले उत्पादक संसाधनों से निष्कासित होना पड़ रहा है। आदिवासियों का इस प्रकार का निष्कासन भारतीय संविधान के अनुच्छेद 21 के अन्तर्गत जीवन के अधिकार का हनन है। जनजातीय क्षेत्रों में तेज़ी से औद्योगिकरण से प्राकृतिक संसाधनों का विनाश जारी है, जिससे पर्यावरण

का विधवंस हो रहा है। इसका जनजातियों के स्वास्थ्य पर प्रतिकूल प्रभाव पड़ रहा है। जनजातीय जनसंख्या की दर उच्च मृत्युदर तथा अनुत्पादकता के कारण स्थिर है। औद्योगिक क्षेत्रों में जीवन-स्तर में विकास हो रहा है। जबकि जनजातियों की उपभोग दर पूर्ववत् है। आर्थिक विकास के साथ-साथ बीमारियों में वृद्धि हो रही है। मधुमेह, उच्च रक्तचाप, मोटापा, हृदय रोग की बीमारियों को आसानी से देखा जा सकता है। इसका आदिवासियों की खान-पान की आदतों से घनिष्ठ संबंध है। आदिवासियों का अपने प्राकृतिक खान-पान की आदतों से संबंध विच्छेद हुआ है, जिसके परिणामस्वरूप उनके स्वास्थ्य पर प्रतिकूल प्रभाव पड़ा है। उनके आहार में विटामिन, खनिज, प्रोटीन, तथा अन्य पोषक तत्त्वों के अभाव से वह आसानी से बीमारियों के शिकार बन जाते हैं। आदिवासियों की स्थिति के कारण उनकी हालत चिन्ताजनक बनी हुई है।

एशियन सेंटर फॉर ह्यूमेन राइट्स का कथन है कि आदिवासी इलाकों में विकास योजनाओं का अभाव तो कभी नहीं रहा, परंतु उनका क्रियान्वयन हमेशा अनेक समस्याओं से ग्रसित रहा है। हाल के वर्षों की बात करें तो 2005-2006 में आदिवासी क्षेत्रों में राष्ट्रीय ग्रामीण रोज़गार योजनाओं का 65020 करोड़ रुपया खर्च नहीं किया था। इसी कारण दिसम्बर 2006 तक 1523 करोड़ रुपये राज्यों को प्रदान ही नहीं किये जा सके, क्योंकि राज्यों ने पूर्व में प्रदत्त राशि को खर्च ही नहीं किया था। प्रश्न इन आदिवासी जिलों के लिए नानामदों के अन्तर्गत धन उपलब्ध कराने का नहीं है, न ही यह की यह राशि खर्च होने या नहीं होने का नहीं है। मूल प्रसंग तो यह है कि इस राशि का कोई लाभ आदिवासियों तक पहुँचता है या नहीं। पूर्व प्रधानमंत्री राजीव गाँधी का कथन था कि भारत में विकासार्थ खर्च एक रुपये में से 15 पैसे सम्बन्धित व्यक्ति तक पहुँच पाते हैं। आदिवासी इलाकों में तो यह अनुपात और भी कम होता है। अत: जो राशि खर्च होती है उसका छोटा-सा भाग ही आदिवासियों तक पहुँचता है। अनेक मामलों में नक्सलवादीयों ने भ्रष्ट अधिकारियों पर दबाव डालकर विकास राशि का लाभ आदिवासियों तक पहुँचाने का सफल प्रयास किया है। कुल मिलाकर जो स्थिति सामने आती है वह यह की आदिवासी विकास योजनाओं का लाभ उन तक नहीं पहुँचता है और परिणामस्वरूप आदिवासियों को गैर-आदिवासी लोगों के मध्य खाई बढ़ती जाती है और उनका असंतोष उग्र से उग्रतर हो जाता है, जिसका नक्सलवादी पूरा-पूरा लाभ उठाते हैं। आदिवासी समाज को एक-दूसरे के विरुद्ध खड़ा करने का प्रयास किया है साल्वाजूडूम ने। आज सबसे बड़ी समस्या यह हो गई है कि देश के आदिवासी इलाकों में तेज़ी से फैलते नक्सलवादी आंदोलन पर कैसे नियंत्रण पाया जाए? इस लक्ष्य की पूर्ति के लिए सरकार को एक ओर तो आदिवासियों तक विकासजनति लाभों को पहुँचाना होगा है, वहीं दूसरी ओर नक्सलवादी हिंसक गतिविधियों पर प्रभावी नियंत्रण स्थापित कर आदिवासियों को समाज में सम्मानजनक स्थान देना होगा।

आदिवासी समाजों और क्षेत्रों के संसाधनों के शोषण से मानवाधिकारों पर संकट

मानवशास्त्रियों, समाजशास्त्रियों या नीतिनिर्माताओं के द्वारा अन्य वर्गों की स्त्रियों की भाँति आदिवासी स्त्री के अर्थ व्यवस्था में योगदान का मूल्यांकन नहीं किया गया। इसलिए ब्रिटीशकालीन आदिवासी अध्ययनों में हम आदिवासी स्त्री की आर्थिक भूमिका का विवरण नहीं पाते। अंग्रेजों के विरुद्ध आदिवासियों के विद्रोहों के इतिहास में भी स्त्री की भूमिका अदृश्य ही है। ऐसा लगता है कि आदिवासी समाजों और क्षेत्रों के संसाधनों के शोषण से योजनाकार प्रारम्भ से ही अवगत थे। लेकिन उन्होंने इस शोषण के दमन की प्रक्रिया को समाप्त करने के बजाय आदिवासी विकास/कार्यक्रम प्रारम्भ किए। इन कार्यक्रमों का केन्द्रबिन्दु आदिवासी कोई उसकी खोई अस्मिता दिलाना नहीं था और न ही है। इनकी मुख्य प्राथमिकता देश में लागू किया जा रहा योजनाकृत विकास मॉडल इन क्षेत्रों में प्रत्यारोपित किया जाना था इस विकास मॉडल में आदिवासी को उपभोक्ता की भूमिका में ही रखा जाता रहा है और उत्पादन क्षेत्र में उसकी भूमिका को योजनाकारों ने प्राथमिकता नहीं दी है। यही स्थिति आदिवासी स्त्री की भी रही है। आदिवासी विकास कार्यक्रमों की प्राथमिकता में उत्पादक की भूमिका में आदिवासी स्त्री को नहीं रखा गया है।

औपनिवेशिक शासकों ने झूम की खेती को पिछड़ी कृषि व्यवस्था बताया। झूम खेती के लिए यह औपनिवेशिक 'विशेषज्ञ' मत बिना किसी सवाल-जवाब, जाँच-पड़ताल के सौ साल से ऊपर कायम रहा। इस व्यवस्था से होने वाली प्राकृतिक और मानव संसाधनों की 'बरबादी' को रोकने का एक ही उपाय-स्थायी कृषि व्यवस्था को बताया गया। अत: आदिवासियों की स्थिति सुधारने, प्राकृतिक और मानव संसाधनों की 'बरबादी' को रोकने की दुहाई देकर झूम कृषि व्यवस्था को समाप्त करने का अभियान पूरे विश्वस्तर पर चला। लेकिन 1971 के रप्पापोर्ट, 1981 के मिश्रा, 1982 के टोकी तथा रामकृष्णन् के अध्ययनों में झूम कृषि को वैज्ञानिक तथा स्थानीय परिस्थितियों के अनुकूल बताया गया। इसकी जो कमियाँ सामने आई हैं वे झूम चक्र को छोटा करने की वजह से हैं, न कि झूम खेती की वजह से। इस चक्र की लंबाई में सुधार करने से कृषि उत्पादन भी बढ़ सकता है तथा मिट्टी का कटाव रोका जा सकता है। इसके अलावा उर्वरक शक्ति को भी बढ़ाया जा सकता है। इन वैज्ञानिकों ने अपने अध्ययनों के आधार पर ये निष्कर्ष निकाले हैं।

झूम खेती में कृषि भूमि समुदाय की होती थी। समाज का कोई भी सदस्य किसी भी भूमि के टुकड़े में झाड़-झंखाड़ साफ कर खेती कर सकता है। जब वह परिवार उस जगह से खेती करना छोड़ देता है तो वह भूमि समाज की हो जाती है। इस प्रकार इस व्यवस्था में स्त्री की पहुँच कृषि भूमि पर पुरुष के समान रहती है। ऐसे में अकेली, तलाकशुदा या विधवा स्त्री को जीवनयापन में कठिनाई नहीं होती। स्थायी कृषि में भूमि

परिवार के मुखिया (पुरुष) के नाम होती है इस व्यवस्था में स्त्रियों के पास स्वयं के उत्पादन साधन नहीं होने से जीवनयापन की समस्या होती है। हाल के वर्षों में शहरों में पलायन कर चुके कई आदिवासी पुरुषों ने गाँवों में अपनी पत्नियों को छोड़ दिया है। इससे इन स्त्रियों की आर्थिक स्थिति विकट हो गयी है। पहले स्त्रियाँ अकसर अपने पतियों को छोड़ देती थीं। परंतु अब परित्यक्ता स्त्रियों की संख्या बढ़ रही है। परित्यक्ता होने का अर्थ भुखमरी का शिकार होना भी हो गया है। आदिवासी क्षेत्रों में पर्यावरणीय विषमता और वनों की अंधाधुंध कटाई के कारणों के लिए व्यवस्था झूम की खेती को दोषी ठहराती है। जबकि वन पूँजीवादी/साम्राज्यवाद की भेंट चढ़े हैं। झूम खेती में कृषि भूमि पर साम्राज्यवादियों ने जमीदारों, शराब के ठेकेदारों तथा साहूकारों को बसाया है या खानों, खदानों तथा बागानों के लिए इनके जंगल साफ कराये गए हैं।

स्थायी कृषि करने वाले आदिवासियों की स्थिति भी कोई बेहतर नहीं है। पूर्वी और उत्तरी भारत में अंग्रेजों ने बिचौलियों को आदिवासी ज़मीन का मालिक बना दिया है और आदिवासियों को अपनी भूमि के मालिक से मजदूर बना दिया। अंग्रेजी सरकार के द्वारा बंजर भूमि में कृषि उत्पादन को प्रोत्साहन देना, झूम को हतोत्साहित करना, वनों का वाणिज्य के लिए अंधाधुध कटान, घर में शराब बनाने पर पाबंदी, कर आदि अदा करने के लिए मुद्रा की बढ़ती माँग, बाजारू फसलों के उत्पादन का दबाव तथा प्राकृतिक प्रकोपों की वजह से बड़ी संख्या में आदिवासियों को अपनी रोजी-रोटी के साधनों से वंचित होना पड़ा। आजादी के बाद भी आदिवासी समाजों की बेदखली और विस्थापन बढ़ा है।

विकास योजनाओं में भी आदिवासियों को अपने जंगल और ज़मीन से हाथ धोना पड़ा है। निरंतर उजड़ने की प्रक्रिया कि सर्वाधिक शिकार आदिवासी स्त्री हुई है। उसके काम का बोझ बढ़ा है। आदिवासी स्त्री की खुराक में कमी हुई है। पहले वनों से सब्जी, फल, कन्दमूल, हिमालय की पहाड़ियों से मेवे (अखरोट आदि), मांस-मछली, आदिवासी के भोजन का हिस्सा होते थे। अब वन या तो उजड़ गए हैं या अरक्षित हो गये हैं। झूम चक्र के छोटा हो जाने से कृषि उपज कम होने लगी है। आज आदिवासी स्त्री को आई.सी.एम.आर द्वारा सुझाई गई 2400 कैलोरी प्रतिदिन से कम पोषण मिलता है। हाल के वर्षों में विधवा को केवल गुजर-बसर करने के लिए कृषि भूमि मिलती है। कई बार मृत पति के रिश्तेदार भरण-पोषण के आश्वासन के बदले विधवा पर भूमि त्यागने पर दबाव डालते हैं। झारखंड आदिवासी क्षेत्र में स्त्रियों को डायन करार देकर मार डालन की घटनाएँ अकसर सुर्खियों में रहती हैं। इस क्षेत्र के विशेषज्ञ रामदयाल मुंडा का कहना है कि डायनों को मारने का एक अर्थशास्त्र है। एक अर्थशास्त्र जो स्त्री के कृषि भूमि के मालिकाना हक से जुड़ा हुआ है। संक्षेप में अंग्रेजों के आने के

बाद से शुरू हुई आदिवासी विस्थापन की प्रक्रिया आज भी जारी है। आदिवासी के विस्थापन के साथ-साथ पारंपरिक समतामूलक आदिवासी समाजों का विघटन हुआ है और अभी भी हो रहा है। उसका स्थान ले रहा है असमानता शोषण पर आधारित पितृसत्तात्मक समाज। पिछली शताब्दी के नब्बे के दशक से ये समाज उदारीकरण, भूमंडलीकरण की मार के साथ-साथ सांप्रदायीकरण और ब्राह्मणीकरण की मार भी झेल रहे हैं। आदिवासी स्त्री पर यह मार सर्वाधिक पड़ रही है।

सारत: आदिवासियों का पूरा जीवन-चक्र जंगलों पर निर्भर था और इनके विनाश के परिणामस्वरूप उनके मूलभूत मानवाधिकार–भोजन का अधिकार, पानी का अधिकार, स्वास्थ्य के अधिकार पर ही प्रश्नचिह्न लग गया। वहीं दूसरी ओर विकास के नाम पर विस्थापन तथा अशिक्षा, गरीबी के चलते जनजातियाँ सामाजिक, आर्थिक, राजनीतिक, सांस्कृतिक जीवन के महत्त्वपूर्ण मानवधिकारों की अनुभूति तथा इसमें अपनी सक्रिय भागीदारी से भी वंचित रहीं। इसलिए यह जनजातियों के 'विकास के अधिकार' का भी हनन है।

स्वच्छ भारत अभियान एवं पर्यावरण संरक्षण

"मेरी उत्कट अभिलाषा है कि सवेरे-सवेरे धरती माता पर लोगों को गंदगी फैलाने का घृणित पाप करने से कैसे रोकूँ?"

'महात्मा गाँधी'

किसी भी समाज के स्वास्थ्य के लिए सुरक्षित पानी, साफ-सफ़ाई और स्वच्छता की सुविधाएँ महत्त्वपूर्ण हैं। स्वच्छता भू-जल, सतही जल, मिट्टी तथा वायु सहित पर्यावरण के सभी पहलुओं और सभी क्षेत्रों में रहने वाले समुदायों के स्वास्थ्य और कल्याण को प्रभावित करती है। साफ-सफ़ाई की बुनियादी सुविधा से वंचित, खुले में शौच करने वाले विश्व के लगभग 60 प्रतिशत लोग सिर्फ़ भारत में हैं। अन्य बीमारियों के साथ ही इस अस्वच्छता के कारण भारत उन देशों की श्रेणी में भी है, जहाँ पाँच वर्ष से कम उम्र के बच्चों की सबसे ज्यादा मौतें होती हैं। केंद्रीय प्रदूषण नियंत्रण बोर्ड के आँकड़े बताते हैं कि देश के शहरों और कस्बों में प्रतिदिन उत्पादित होने वाला एक-तिहाई कचरा सड़कों पर ही सड़ता है। केवल चार बड़े महानगरों (दिल्ली, मुंबई, चेन्नई, कोलकाता) में प्रतिदिन 16 बिलियन लीटर गंदा पानी पैदा होता है। विश्व बैंक का एक अध्ययन बताता है कि गंदगी के कारण भारत के लगभग 40 प्रतिशत बालकों का शारीरिक-मानसिक विकास बाधित होता है। इसका उनकी आर्थिक क्षमता पर प्रतिकूल प्रभाव पड़ता है, जो देश के सकल घरेलू उत्पाद का 6 प्रतिशत से अधिक है। खुले में शौच से महिलाओं की सुरक्षा पर भी असर होता है।

2 अक्टूबर, 2014 को लालकिले की प्राचीर से जब प्रधानमंत्री ने स्वच्छ भारत मिशन की घोषणा की तब किसी को अंदाजा नहीं था कि यह मिशन एक जन-आंदोलन बन जाएगा। प्रधानमंत्री ने स्वच्छ भारत अभियान करते हुए देश की जनता का आह्वान किया—'ना गंदगी करेंगे, ना करने देंगे'। प्रधानमंत्री के इस आह्वान का देश की जनता ने खुले दिल से सम्मान किया और देशभर में खुले में शौच की प्रवृत्ति पर अंकुश की दिशा में एक आंदोलन छिड़ गया, जिसकी बदौलत महात्मा गाँधी की 150वीं जयंती पर देश खुले में शौचमुक्त हो गया।

भारत में स्वच्छता की लंबी परंपरा रही है, जो हमारी संस्कृति, हमारी मान्यताओं और जीवनशैली में रची-बसी है। विभिन्न आस्थाओं वाले लोगों की स्नान, मंज्जन, प्रक्षालन और वजू जैसी व्यक्तिगत सफ़ाई की रस्मों के साथ-साथ त्यौहारों के अवसर पर घरों को साफ-सुथरा करके सजाने तथा पृथ्वी, जल, अग्नि, वायु और आकाश जैसे पंचतत्त्वों में संतुलन को बनाए रखने की प्रथा, सांस्कृतिक संदर्भ में पर्यावरण और स्वच्छता के महत्त्व का ही प्रतीक है। स्वच्छता के मामले को भारत जैसे विकासशील देश में स्वच्छ भारत मिशन (एस.बी.एम.) ने सर्वाधिक प्रोत्साहन दिया। यह कार्यक्रम भारत का अब तक का सबसे बड़ा अभियान है, जिसमें सार्वभौमिक स्वच्छता कवरेज प्राप्त करने, स्वच्छता में सुधार लाने और खुले में शौच को समाप्त करने और 2019 तक ग्रामीण परिवारों के जीवन की गुणवत्ता को बढ़ावा देने के प्रयासों में तेज़ी लाई गई जो महात्मा गाँधी की 150वीं जयंती पर उन्हें एक उपयुक्त श्रद्धांजलि है। स्वच्छ भारत मिशन ग्रामीण और शहरी दोनों क्षेत्रों को लक्षित करता है। 2 अक्टूबर, 2014 को स्वच्छ भारत मिशन (ग्रामीण) के लांच के समय देश में ग्रामीण स्वच्छता कवरेज 38.7 प्रतिशत बताई गई थी। मिशन के शुभारंभ के बाद से 10.28 करोड़ से अधिक व्यक्तिगत शौचालयों का निर्माण किया गया है। परिणामस्वरूप सभी राज्यों के ग्रामीण क्षेत्रों ने 2 अक्टूबर, 2019 को खुद को खुले में शौचमुक्त (ओ.डी.एफ.) घोषित किया। हाल ही में भारत सरकार ने स्वच्छ भारत मिशन (ग्रामीण) के द्वितीय चरण को 2020-21 से 2024-25 तक के लिए मंज़ूरी दे दी है, जो खुले में शौचमुक्त प्लस (ओ.डी.एफ. प्लस) पर केंद्रित होगा, जिसमें ओ.डी.एफ. वहनीयता, ठोस और तरल अपशिष्ट प्रबंधन (एस.एल.डब्ल्यू.एम.) शामिल है। कार्यक्रम यह सुनिश्चित करने की दिशा में भी काम करेगा कि कोई भी न छूटे और हर कोई शौचालय का उपयोग करे। स्वच्छ भारत मिशन (ग्रामीण) चरण-2 में 2020-21 से 2024-25 तक मिशन मोड में लागू किया जाएगा, जिस पर कुल 1,40,881 करोड़ रुपये खर्च किए जाएँगे। यह वित्तपोषण के विभिन्न ऊर्जा घरों के बीच अभिसरण का एक आदर्श मॉडल होगा। इसमें से 52,497 करोड़ रुपये पेयजल और स्वच्छता विभाग के बजट से आवंटित किए जाएँगे, जबकि शेष राशि 15वें वित्त आयोग, महात्मा गाँधी ग्रामीण रोज़गार गारंटी योजना और राजस्व उत्पादन मॉडल विशेष रूप से ठोस और तरल अपशिष्ट प्रबंधन के लिए जारी की गई धनराशि से ली जाएगी।

गाँधी ने स्वच्छता का पंचायत के पाँचवें सदस्य के रूप में उल्लेख किया है। उनके अनुसार हर ग्राम में एक ग्रामसभा बनेगी, जिसमें हर घर का एक-एक व्यक्ति सदस्य रहेगा। ग्रामसभा की तरफ से सर्वसम्मति से एक ग्राम-समिति या पंचायत चुनी जाएगी, जो सेवा करेगी। उसके हाथ में सेवक का ही अधिकार होगा, बाकी सारा अधिकार

ग्रामसभा के हाथ में रहेगा, जिसमें छोटा-बड़ा कोई भेद ही नहीं रहेगा। पंचायत का अर्थ है–पाँच व्यक्तियों की समिति। उस पंचायत के सदस्य पाँच होने चाहिए। 1. प्रेम, 2. निर्भयता, 3. ज्ञान, 4. उद्योग और 5. स्वच्छता। पंचायत के पाँचवें सदस्य के रूप में स्वच्छता के प्रति गाँधी जी का विचार था कि आदमियों की बस्ती स्वच्छ और निर्मल होनी चाहिए। जहाँ-तहाँ गन्दगी नहीं करनी चाहिए। शौच के लिए हम खुरपी लेकर खेत में जाएँ और गड्ढा बनाकर उसमें शौच करें। बाद में उसे मिट्टी से ढँक दें। फिर न तो गन्दगी होगी और न मक्खियाँ ही बैठेंगी आज होता यह है कि मक्खियाँ शौच पर बैठती हैं और वे ही आकर आपके भोजन पर बैठती हैं, जिससे बीमारियाँ फैलती हैं। इन बीमारियों से गाँव वालों को कौन छुड़ाएगा? क्या सरकारी डॉक्टर छुड़ाएँगे? नहीं! उनका सर्वोत्तम वैद्य होगा स्वच्छता। स्वच्छता हर बात की हो। पानी और घर की स्वच्छता, मल-मूत्र का ठीक विसर्जन तथा आँख-कान और सभी कपड़ों की स्वच्छता होनी चाहिए। हमारा देश बहुत बड़ा है। इसमें सात लाख देहात हैं और शहर बहुत थोड़े हैं। अगर औसत निकाला जाए तो दस में से एक आदमी शहर में रहता है और नौ देहात में। पैंतीस करोड़ में से ज्यादा-से-ज्यादा चार करोड़ शहरों में और इकतीस करोड़ देहात में रहते हैं। पहले ऐसा नहीं था। देहाती मोहताज होकर शहरों का मुँह नहीं ताकते थे, लेकिन आज सारी स्थिति बदल गई है।

स्वच्छता को प्रोत्साहित करने वाले कार्यकर्ताओं को स्वच्छाग्रही कहते हैं। इन स्वच्छाग्रहियों को सामुदायिक दृष्टिकोण से प्रशिक्षित किया जा रहा है। पेयजल एवं स्वच्छता मंत्रालय द्वारा वर्चुअल क्लासरूम का संचालन किया जाता है इस क्लासरूम में एक प्रशिक्षक विभिन्न स्थानों पर मौजूद प्रशिक्षकों से सामुदायिक लामबंदी और आचरण में परिवर्तन के संबंध में बातचीत करता है। वे ग्रामीण स्तर पर प्रोत्साहन आधारित प्रणाली के माध्यम से कार्य करते हैं। ताकि स्वच्छता के महत्त्व और शौचालयों की सामुदायिक माँग को प्रोत्साहित करते हुए व्यवहार में परिवर्तन करने पर चर्चा की जा सके। वर्तमान में पूरे देश में डेढ़ लाख से अधिक स्वच्छाग्रही हैं और यह संख्या तेज़ी ये बढ़ रही है। मिशन का लक्ष्य है कि भारत में हर गाँव में कम-से-कम एक स्वच्छाग्रही अवश्य हो। एक बार ग्राम सभा में एक गाँव खुद को ओ.डी.एफ. घोषित करता है, तो इसके बाद ग्राम सभा द्वारा इसका सत्यापन करना महत्त्वपूर्ण हो जाता है। वर्तमान में ओ.डी.एफ. गाँवों का सत्यापन करीब 60 प्रतिशत है, जो कुछ महीने पहले केवल 25 प्रतिशत था। स्वच्छ भारत मिशन-ग्रामीण के दिशा निर्देशों में यह प्रावधान है कि गाँव की स्वघोषित ओ.डी.एफ. स्थिति को 90 दिनों के भीतर तीसरे पक्ष का सत्यापन प्राप्त होना चाहिए। सत्यापन के दौरान किसी भी कमी को समुदाय द्वारा तुरंत चिह्नित किया जाना चाहिए और उसे दूर किया जाना चाहिए। ओ.डी.एफ. स्थिति को

समय पर सत्यापित करना इस मिशन को पहले के स्वच्छता कार्यक्रम से अलग करता है। स्वच्छ भारत अभियान दो चरणों में संचालित हो रहा है–

- पहला-स्वच्छ भारत अभियान प्रथम चरण–(2014-2019)

- दूसरा-स्वच्छ भारत मिशन का दूसरा चरण–(वर्ष 2020-2024-25) इनकी विस्तृत विवेचना इस प्रकार है।

स्वच्छ भारत अभियान प्रथम चरण (2014-2019)–घर, समाज और देश में स्वच्छता को जीवनशैली का अंग बनाने के लिए, सार्वभौमिक साफ-सफ़ाई का यह अभियान 2014 में शुरू किया गया। जिसे 2 अक्टूबर, 2019 (बापू की 150वीं जयंती) तक पूरा कर लेना था। स्वच्छ भारत अभियान 1986 के केंद्रीय ग्रामीण स्वच्छता कार्यक्रम, 1999 के टोटल सेनिटेशन कैंपेन एवं 2012 के निर्मल भारत अभियान से परिवर्धित एवं सुस्पष्ट कार्यक्रम है। मिशन की कार्यशैली ठोस एवं तरल अपशिष्टों के बेहतर प्रबंधन में तेज़ी लाने के लिए प्रतिबद्धता, शौचालयों के निर्माण के साथ-साथ उनके उपयोग पर विशेष बल दिया जाना, अंशदान एवं निधियों की प्राप्ति को सुविधाजनक बनाने के लिए प्रधानमंत्री ने 'स्वच्छ भारत कोष' की शुरुआत की। कुछ गाँवों ने अपना स्वच्छता दिवस भी घोषित किया, वहीं व्यवहार बदलने का जिम्मा युवाओं, शिक्षकों व महिलाओं ने लिया है। इस मिशन का उद्देश्य भारत में खुले में शौच की समस्या को समाप्त करना अर्थात संपूर्ण देश को खुले में शौच करने से मुक्त (ओ.डी.एफ.) घोषित करना, हर घर में शौचालय का निर्माण, जल की आपूर्ति और ठोस व तरल कचरे का उचित तरीके से प्रबंधन करना है। इस अभियान में सड़कों और फुटपाथों की सफ़ाई, अनाधिकृत क्षेत्रों से अतिक्रमण हटाना, मैला ढोने की प्रथा का उन्मूलन करना तथा स्वच्छता से जुड़ी प्रथाओं के बारे में लोगों के व्यवहार में सकारात्मक परिवर्तन लाना शामिल है। इस मिशन में दो उप-अभियान स्वच्छ भारत अभियान (ग्रामीण) तथा स्वच्छ भारत अभियान (शहरी) सम्मिलित हैं। इसमें जहाँ ग्रामीण इलाकों के लिये 'पेयजल और स्वच्छता मंत्रालय' व 'ग्रामीण विकास मंत्रालय' जुड़े हुए हैं, वहीं शहरों के लिए शहरी विकास मंत्रालय भी जिम्मेदार है। 2 अक्टूबर, 2019 तक देशभर में 12 करोड़ शौचालयों का निर्माण करना है, जिसमें व्यक्तिगत शौचालय की लागत 12000 रुपये रखी गई है। इस मिशन सफलता की चर्चा देश-विदेश में भी हुई। पाँच साल की अवधि में इस मिशन के तहत 10 करोड़ से अधिक शौचालय बनाए गए। निस्संदेह स्वच्छ भारत मिशन से देश में भू-जल के दूषित होने के प्रतिशत में कमी आई है और देश में शौच मुक्त यानी ओ.डी.एफ. हो जाने का लोगों के जीवन और स्वास्थ्य पर सकारात्मक प्रभाव पड़ा है।

अपशिष्ट (कूड़ा-करकट) प्रबंधन की चक्रीय अर्थ व्यवस्था, जो आज दुनिया भर में शासन संचालन की बुनियादी नीति बन गई है, उसके मूल में भी 'बर्बादी कम करने'

का सिद्धान्त रहा है। यह दान करने, साझा करने और मिल-बाँटकर उपयोग करने की हमारी पारंपरिक चेतना में समाहित है, जिसे पुस्तकों, वस्त्रों, बरतनों और अन्य घरेलू व सामुदायिक वस्तुओं के उपयोग में देखा जा सकता है। कई बार तो ये वस्तुएँ एक पीढ़ी से दूसरी पीढ़ी तक को दे दी जाती हैं। यही कम-से-कम में गुजारा करने और न्यूनतम अवशिष्ट छोड़ने की हमारी अनोखी जीवनशैली की विशेषता है। गाँधी जी की विभिन्न 11 प्रतिज्ञाओं में से एक अपरिग्रह (संग्रह न करने) की प्रतिज्ञा भी इसी प्रवृत्ति को बढ़ावा देती है—हमें ऐसी कोई भी चीज़ अपने पास जोड़कर नहीं रखनी चाहिए, जिसकी हमें आज ज़रूरत नहीं हो। इससे एक तो बर्बादी कम होगी और दूसरे अपशिष्ट पदार्थ भी कम बनेंगे। जैसे-जैसे उपभोक्तावाद बढ़ा और सामाजिक खाई फैलने लगी, तो जहाँ एक ओर कूड़े-करकट का अंबार लगना शुरू हो गया, वहीं स्वच्छता के आदर्श तौर-तरीकों को भी हमने त्यागना शुरू कर दिया। मिट्टी, पानी और हवा का प्रदूषण बढ़ने से मनुष्यों में खास तौर पर समाज के उपेक्षित वर्गों के लोगों पर इसका बहुत बुरा असर पड़ने लगा। गाँवों में गंदे पानी की निकासी की प्रणाली का अभाव है, लोग साफ-सफ़ाई को पर्याप्त महत्त्व नहीं देते और इस बारे में जनता को जागरूक बनाए जाने की आवश्यकता है। संयुक्त राष्ट्र के वैश्विक चिरस्थायी विकास लक्ष्यों (एस.डी.जी.) में स्वच्छ और सुरक्षित पेयजल को सभी की पहुँच के दायरे में लाने, सबके लिए समानता के आधार पर पर्याप्त स्वच्छता और आरोग्य की सुविधा उपलब्ध कराने, खुले में शौच की बुराई को समाप्त करने, महिलाओं, बालिकाओं और मुसीबत में फँसे दुर्बल लोगों की स्वच्छता संबंधी आवश्यकताओं पर विशेष ध्यान देने, जल प्रदूषण में कमी लाकर पानी की गुणवत्ता सुधारने, खतरनाक रसायनों और सामग्री के रिसाव को कम-से-कम करने, अंतरराष्ट्रीय सहयोग का विस्तार करने तथा जल एवं स्वच्छता संबंधी गतिविधियों में क्षमता निर्माण जैसे कार्यों में विकासशील देशों को मदद देने के लक्ष्य को प्राप्त करने की बात कही गई है। स्वच्छता एक ऐसा गुण है, जो अपने अंदर से उत्पन्न होता है और यह बात व्यक्ति, समाज और राष्ट्र, तीनों पर लागू होती है। परिवेश के प्रति हमारे दृष्टिकोण में तथा भावी पीढ़ी के लिए विरासत में हम क्या देना चाहते हैं, इसकी झलक इसी में दिखाई देती है। इस संबंध में किसी भी बड़े बदलाव के लिए व्यवहार संबंधी जबरदस्त परिवर्तन करने होंगे। पर्याप्त बुनियादी ढाँचे का विकास और रख-रखाव तथा साफ-सफ़ाई के तौर-तरीकों को सुदृढ़ करके बनाए रखना होगा। इसके अलावा सभी स्तरों पर मजबूत नेतृत्व, जनता की भागीदारी और प्रभावी संचार भी इस तरह के बदलाव के लिए आवश्यक होगा।

स्वच्छ भारत मिशन अभियान जब 02 अक्टूबर, 2014 में शुरू हुआ था तो ग्रामीण स्वच्छता में हम बहुत पीछे थे। अगले पाँच सालों में ये दुनिया का सबसे बड़ा स्वच्छता

अभियान साबित हुआ। जब वर्ष 2018-19 में इकोनॉमिक सर्वे जारी हुआ तो पता लगा कि इस अभियान से गाँवों में बीमारियों की संख्या में तेज़ी से कमी हुई है। इसका स्वास्थ्य पर सकारात्मक असर पड़ा है। इस सर्वे को संसद में भी पेश किया गया। इसे पेश करते हुए वित्तमंत्री श्रीमती निर्मला सीतारमण ने बताया कि आजादी के 67 सालों बाद जब वर्ष 2014 में स्वच्छ भारत मिशन शुरू दिया गया तो ग्रामीण क्षेत्रों में करीब 10 करोड़ और शहरी इलाकों में 01 करोड़ लोगों के घरों में सेनेटरी टॉयलेट नहीं थे, जबकि 58.4 करोड़ लोग खुले में शौच के आदी थे। भारत सरकार की स्वच्छ भारत मिशन की वेबसाइट के अनुसार सितंबर 2020 तक देशभर के ग्रामीण क्षेत्रों में 10.66 करोड़ निजी शौचालय बनवाए जा चुके थे तो 5,03.177 गाँव पूरी तरह खुले में शौच से मुक्त हो सके थे। 36 राज्य/केंद्रशासित प्रदेश भी ओ.डी.एफ. की घोषणा कर चुके थे। ये न केवल एक बड़ा अभियान, बल्कि एक बड़ी उपलब्धि रही। हालाँकि पेयजल और स्वच्छता विभाग ने सभी राज्यों को सलाह दी है कि इस बात की फिर से पुष्टि कर लेनी चाहिए कि कहीं कोई ऐसा ग्रामीण घर नहीं हो, जो इस अभियान से बच गया हो। अगर इसका पता चले तो जिन घरों में शौचालय नहीं है, वहाँ जीरो बनाया जाए।

नागरिकों में सिविल सेंस (नागरिक बोध) का विकास हो तो कोई भी गाँव, शहर और देश कभी गंदा नहीं होगा। स्वच्छता का सभी के जीवन में एकमात्र महत्त्व होता है। शारीरिक व मानसिक स्वास्थ्य के लिए व्यक्तिगत साफ-सफ़ाई जरूरी है। क्योंकि परिवेश को साफ-सुथरा रखे बिना मन व विचारों में शुद्धता नहीं आती है। स्वच्छता न केवल बीमारियाँ, बल्कि उस पर होने वाले खर्चे भी बचाती है। व्यक्तित्व निखारने, ऊर्जावान बनाने और आत्मविश्वास का भाव भरने में स्वच्छता की महती भूमिका होती है। स्वच्छता जीवन की रक्षा और जीवन-स्तर को ऊपर उठाने का कार्य भी करती है इस तरह स्वच्छता और साफ-सफ़ाई रखने की आदत व्यक्ति के लिए समृद्धि का द्वार खोलती है। स्वच्छता का मानव स्वास्थ्य, पर्यटन और अर्थ व्यवस्था पर गहरा प्रभाव पड़ता है। स्वच्छता संवाओं में निवेश से प्रगति की दर दोगुनी हो जाती है। स्वच्छता का भाव राष्ट्र को शिखर पर ले जाता है। यूनिसेफ के अनुमान के अनुसार 2014 से 2019 के बीच स्वच्छ भारत मिशन से भारत की अर्थ व्यवस्था पर 20 लाख करोड़ रुपये से अधिक का सकारात्मक प्रभाव पड़ा है। हालाँकि स्वच्छता से तात्पर्य केवल व्यक्तिगत और परिवेश की स्वच्छता से न होकर स्वच्छता पेयजल, भोजन और विचारों की शुद्धता से भी है।

स्वच्छ भारत मिशन (ग्रामीण) के अन्तर्गत भारत अपने नागरिकों को बुनियादी स्वच्छता सुविधा निश्चित करने की दिशा में खासी प्रगति की है। 2014 से 2019 के बीच लगभग 1028 करोड़ घरों में व्यक्तिगत घरेलू शौचालयों का निर्माण किया गया, जिससे देशभर में 6 लाख से अधिक गाँव खुले में शौच से मुक्त हो गए। उत्तर प्रदेश

में स्वच्छ भारत मिशन (ग्रामीण) के अंतर्गत 1.96 करोड़ घरों में शौचालयों का निर्माण किया गया। पिछले कुछ वर्षों में भारत ने स्वच्छता के क्षेत्र में जोरदार कदम उठाए हैं। स्वच्छ भारत मिशन के अंतर्गत भारत के ग्रामीण क्षेत्रों में स्वच्छता के दायरे का विस्तार हुआ है और यह अक्टूबर 2014 में 39 प्रतिशत के स्तर से बढ़कर अक्टूबर 2019 में 100 प्रतिशत हो गया है। वार्षिक राष्ट्रीय ग्रामीण स्वच्छता सर्वेक्षण 2017-18 और 2018-19. 2017 के अखिल भारतीय गुणवत्ता नियंत्रण सर्वेक्षण और 2015 के राष्ट्रीय नमूना सर्वेक्षण संगठन (एन.एस.एस.ओ.) के अनुसार मिशन के तहत बनाए गए 90 प्रतिशत शौचालयों का उपयोग ग्रामीण परिवारों के लोग कर रहे थे। इससे भारत के निवासियों की स्वच्छता संबंधी आदतों में बदलाव स्पष्ट रूप से देखा जा सकता है।

इसके अलावा, देश में सार्वजनिक शौचालयों की हालत में ही स्पष्ट अंतर नज़र आने लगा है। शौचालयों की निगरानी के लिए टेक्नोलॉजी की सहायता ली गई है। उदाहरण के लिए स्वच्छ भारत मिशन तथा आवासन और शहरी कार्य मंत्रालय के सहयोग से नई दिल्ली, भोपाल और इंदौर जैसे शहरों में परीक्षण के तौर पर शुरू की गई एक परियोजना के तरह देश भर में 2.300 शहर में 57,000 सार्वजनिक शौचालयों को गूगल मैप पर चिह्नित कर दिया गया है। ठोस कचरे के प्रबंधन में भी शानदार प्रगति हुई है। बड़े पैमाने पर ठोस कचरे का निपटान किया जा रहा है और 96 प्रतिशत शहरी वार्डों में घर-घर जाकर कूड़े का संग्रह किया जाने लगा है। असल में ग्रामीण स्वच्छता के दायरे के बढ़ने का अंदाजा लगाने के लिए इतना बताना काफ़ी होगा कि आकाँक्षी जिले भी, स्वच्छता का दायरा बढ़ाने के राष्ट्रीय कार्यक्रम में पीछे नहीं हैं। इससे समूचे राष्ट्र पर स्वच्छता अभियान के जबरदस्त प्रभाव का साफ पता चलता है। उदाहरण के लिए मार्च 2019 की डेल्टा रैंकिंग में भूपाल पल्ली जिला आकाँक्षी जिलों में पहले स्थान पर था। यह वहाँ के जिला कलेक्टर द्वारा स्कूलों और आँगनवाड़ी केंद्रों में नलों के जरिए पानी की सुविधा वाले शौचालयों का निर्माण करने तथा इसी तरह के अन्य कदमों से संभव हो पाया। इसी प्रकार, शुरू में विजियानगरम की गिनती देश के सबसे पिछड़े जिलों में होती थी। फरवरी 2017 तक इस जिले के किसी भी ब्लॉक में शौचालयों की सुविधा 50 प्रतिशत से अधिक क्षेत्र में नहीं थी। व्यक्तिगत घरेलू शौचालयों के बड़े पैमाने पर निर्माण को बढ़ावा देने के लिए की गई सबसे महत्त्वपूर्ण पहल '100 घंटे का कार्यक्रम' नाम का वह प्रसिद्ध अभियान था, जिसने स्वच्छता को जनांदोलन बना दिया और बड़े पैमाने पर शौचालयों का निर्माण हुआ। इस कार्यक्रम के अंतर्गत केवल 100 घंटों में 10,000 शौचालयों का निर्माण कर 71 ग्राम पंचायतों को खुले में शौच की बुराई से मुक्त कर दिया गया। आंध्रप्रदेश सरकार के महत्त्वपूर्ण कार्यक्रम स्त्रीनिधि के जरिए शौचालयों के निर्माण के लिए, समय पर ऋण सहायता

प्रदान की गई। प्रत्येक लाभार्थी को 12,000 रुपये का ब्याजमुक्त ऋण उपलब्ध कराया गया। इससे विजिया नगरम जिले में व्यक्तिगत घरेलू शौचालयों का दायरा 2014 में 11.42 प्रतिशत से बढ़कर 2018 में 73.37 प्रतिशत हो गया। शौचालय की सुविधा की पहुँच में जोरदार वृद्धि के साथ-साथ लोगों को उनके नियमित उपयोग के लिए प्रोत्साहित करने से उनके स्वास्थ्य पर भी अच्छा असर दिखाई देने लगा है।

यूनिसेफ के अनुमान के अनुसार भारत में खुले में शौच की कुप्रथा से मुक्त हुए गाँव के प्रत्येक परिवार को चिकित्सा खर्च और बीमारी की वजह से काम पर न जा पाने से होने वाले नुकसान के रूप में 50,000 रुपये की सालाना बचत हो रही है और लोगों के बहुमूल्य जीवन को बचाने में भी मदद मिली है। बिल एंड मिलिंडा गेट्स फाउंडेशन द्वारा किए गए एक अध्ययन में भी यह बात रेखांकित की गई है कि खुले में शौच से मुक्त घोषित गाँवों में बच्चों में डायरिया के मामलों में अन्य गाँवों की तुलना में 46 प्रतिशत की कमी आई है। यह क्रांतिकारी बदलाव कई उपायों का सामूहिक प्रतिफल है। इनमें से पहला है–इस बदलाव को लाने के लिए प्रदर्शित जबरदस्त राजनीतिक इच्छाशक्ति। प्रधानमंत्री ने व्यक्तिगत रूप से स्वयं कई राष्ट्रीय और अंतरराष्ट्रीय मंचों पर स्वच्छ भारत का आह्वान किया। प्रधानमंत्री ने 'मन की बात' नाम के अपने मासिक कार्यक्रम अन्य सार्वजनिक भाषणों में स्वच्छ भारत मिशन की हमेशा चर्चा की है, जिसमें जनता को भारत में स्वच्छता आंदोलन में मददगार बनने को हमेशा प्रेरित किया गया है। मिशन की सफलता सुनिश्चित करने के लिए उन्होंने व्यक्तिगत रूप से जिस तरह अपनी प्रतिबद्धता प्रदर्शित की है, उससे अन्य वरिष्ठ नेताओं को भी प्रेरणा मिली है और वे स्वच्छता के संदेश को अपने-अपने प्रभाव क्षेत्र में फैलाने को आगे आए हैं।

दूसरा स्वच्छ भारत मिशन के तहत व्यवहार परिवर्तन पर बहुत जोर दिया गया है। इस अभियान के तहत शुरू से ही कार्य निष्पादन और परिणामों पर मुख्य रूप से ध्यान केन्द्रित किया गया है, जिनकी वजह से यह उन अन्य कार्यक्रमों से एकदम अलग बन गया है, जिनमें मुख्य रूप से शौचालयों के निर्माण पर जोर दिया जाता रहा है। पहले के कार्यक्रमों में गलती से यह मान लिया जाता था कि अगर शौचालय बन गया तो उसका उपयोग भी होता ही होगा और इसी धारणा के अनुसार पिछले कार्यक्रम में हुए शौचालय निर्माण के आधार पर ही अभियान की सफलता भी मान ली जाती थी। स्वच्छ भारत मिशन भारत का पहला स्वच्छता कार्यक्रम है, जिसमें आपूर्ति की बजाय माँग से प्रेरित दृष्टिकोण अपनाया गया है। इसीलिए इसमें खुले में शौच की कुप्रथा से मुक्त हुए गाँवों और जिलों के रूप में सफलता का आकलन किया जाता है न कि केवल निर्मित शौचालयों की संख्या के आधार पर।

तीसरा, स्वच्छ भारत मिशन का पूरा ध्यान आधुनिक टेक्नोलॉजी का विस्तृत इस्तेमाल करते हुए अभियान की विकेन्द्रित निगरानी पर केन्द्रित रहा है। खुले में शौच से मुक्त घोषित गाँवों की पुष्टि घोषणा के तीन महीने के भीतर ब्लॉक और जिले के अधिकारी करते हैं। सत्यापन के दौरान कोई कमी पाए जाने पर ब्लॉक अधिकारियों को सूचित किया जाता है और उनसे समयबद्ध तरीके से कमियाँ दूर करने को कहा जाता है, जिसके बाद सत्यापन का एक और दौर आयोजित किया जाता है। राज्य, जिले, ग्राम-पंचायतें और गाँव मिशन के निर्माण, प्रोत्साहन राशि के भुगतान, खुले में शौच से मुक्त होने की घोषणा, सत्यापन और प्रत्येक गाँव में सक्रिय भागीदारी निभाने वाले ग्रामीणों से सम्बन्धित सूचनाएँ रियल टाइम में दी जाती हैं। मिशन के तहत निर्मित प्रत्येक शौचालय की अनिवार्य रूप से जियोटैगिंग की गई ताकि यह सुनिश्चत किया जा सके कि समूची प्रक्रिया पूरी तरह से पारदर्शी तरीके से संपन्न हो। स्वच्छ भारत मिशन का डैशबोर्ड लगातार हो रही प्रगति का प्रतीक बन गया है और इसकी घड़ी टिक-टिक करके मिशन में ज़मीनी स्तर पर तेज़ रफ्तार से निरंतर हो रही वास्तविक प्रगति को रियल टाइम में प्रदर्शित करती है। हाल में सरकार ने स्वच्छ भारत अभियान के तहत की जा रही तमाम डिजिटल पहल को समन्वित करने के प्रयास में मैनेजमेंट इंफार्मेशन प्रणाली पोर्टल (एम.आई.एस. पोर्टल) का शुभारंभ किया। ताकि राज्य और शहर आसानी से सूचनाएँ प्राप्त कर सकें। 2015 में सरकार ने स्वच्छ सर्वेक्षण की शुरुआत की थी, जो देश के शहरों और कस्बों में साफ-सफ़ाई, आरोग्य और स्वच्छता की स्थिति दर्शाने वाला वार्षिक सर्वेक्षण है। बीते वर्षों में इस सर्वेक्षण का मुख्य जोर स्वच्छता और आरोग्य के क्षेत्र में शहरों के कार्य निष्पादन के आकलन के रूप में बदल गया है और इसके साथ ही ठोस कचरे के प्रबंधन, संपूर्ण जल-मल प्रबंधन तथा सेप्टेज प्रबंधन तथा अवजल का शोधन कर उसको फिर से इस्तेमाल में लाने पर जोर दिया जाने लगा है।

स्वच्छ सर्वेक्षण के अलावा कचरे की छँटाई, वैज्ञानिक तरीके से कूड़े-कचरे की प्रोसेसिंग, सार्वजनिक स्थानों में कूड़ा-कचरा फेंकने वालों पर जुर्माना तथा कचरा फेंकने के स्थानों में सुधार के कार्य को संस्थागत रूप दिया जा रहा है। इसके लिए कचरामुक्त शहरों के लिए स्टार रेटिंग प्रोटोकोल जैसी अभिनव प्रणालियाँ विकसित की जा रही हैं। इतना ही नहीं, भारत को 2022 तक एक बार इस्तेमाल किए जा सकने वाले प्लास्टिक से मुक्त करने की प्रधानमंत्री की परिकल्पना को साकार करने के लिए सरकार सड़क निर्माण में रद्दी प्लास्टिक के फिर से उपयोग के बारे में सीमेंट उत्पादन करने वाली कंपनियों की एसोसिएशन और भारतीय राष्ट्रीय राजमार्ग प्राधिकरण के साथ सहयोग कर रही है। सरकारी पहल के साथ ही नागरिकों ने भी कचरा कैफे खोलने जैसे कुछ

नए मॉडल विकसित किए हैं, जिनमें कोई भी कूड़ा-कचरा जमा कराकर उसके बदले में भोजन प्राप्त कर सकता है।

स्वच्छ भारत मिशन का दूसरा चरण (वर्ष 2020-2024-25)

अक्टूबर 2020 स्वच्छ भारत मिशन का दूसरा चरण वर्ष 2024-25 तक के लिए शुरू हो चुका है। इसे कैबिनेट की मंजूरी भी मिल चुकी है। इसमें पहले चरण में रह गए स्वच्छता के कामों को जहाँ दुरूस्त किया जाएगा, वहीं अगर गाँवों में कोई घर अब भी निजी शौचालय बनवाने से छूट गया है, तो उसे पूरा किया जाएगा। उसके लिए सरकार की वित्तीय मदद भी जारी रहेगी। स्वच्छ भारत मिशन चरण-2 यानी ओ.डी.एफ. प्लस भारत की मुहिम शुरू हो चुकी है। ठोस अपशिष्ट प्रबंधन भारत में बहुत बड़ी समस्या का रूप ले चुका है क्योंकि शहरीकरण, औद्योगिकीकरण और आर्थिक विकास के परिणामस्वरूप कूड़े-कचरे की मात्रा बहुत बढ़ गई है। बेतहाशा बढ़ती जनसंख्या और लोगों के जीवन-स्तर में सुधार से यह समस्या और भी जटिल हुई है। स्वच्छ भारत मिशन चरण-2 में ठोस अपशिष्ट प्रबंधन को प्राथमिकता दी गई है। पुणे, इंदौर और अम्बिकापुर को मॉडल शहरों के रूप में विकसित किया गया है। इन शहरों ने कूड़े-करकट का दक्षतापूर्ण संग्रह, उसकी छँटाई और प्रसंस्करण की सुविधाएँ विकसित की हैं।

स्वच्छ भारत मिशन ग्रामीण चरण-2 भारत को 'खुले में शौच से मुक्ति' से आगे ले जाने की दिशा में महत्त्वपूर्ण व चुनौतीपूर्ण हिस्सा है। स्वच्छ भारत मिशन ग्रामीण चरण-2 का प्रमुख केन्द्रीय क्षेत्र सामुदायिक शौचालयों का निर्माण ठोस व द्रव कचरे का प्रबंधन तथा गाँवों में दिखने वाली स्वच्छता है। यदि 108 ट्विन पिट के मिलियन शौचालय बिना बनाए जाते तो इससे पूरी पारिस्थितिकी व्यवस्थाएँ नष्ट होतीं, भूमिगत जल दूषित होता तथा सबके लिए आम जनजीवन बदबू से भरा होता। इस चुनौती का जन्म मुख्यत: स्वच्छ भारत अभियान से पहले वाले दिनों के कारण हुआ है जब बिना सोचे-विचारे शौचालयों का निर्माण होता था और उनको टिकाऊ बनाने पर ध्यान नहीं दिया जाता था। स्वच्छ भारत मिशन वर्तमान में मलयुक्त कचरे के प्रबंधन के लिए जो काम कर रहा है वह अतीत की गलतियाँ सुधारना तथा खराब सफ़ाई व्यवस्थाओं के कारण भूमिगत जल व अन्य जल भण्डारों में मल रोगकारकों के रिसाव को रोकना है।

ग्रामीण क्षेत्रों में मल कचरा प्रबंधन (एफ.एस.एम.) स्वच्छता देने के लिए महत्त्वपूर्ण है क्योंकि काफ़ी संख्या में शौचालय स्थानीय स्तर पर सफ़ाई जैसे सैप्टिक टैंकों व एक पिट से जुड़े हैं आगे बढ़ने की व्यापक चुनौतियों को देखते हुए हमें सर्वोत्तम व्यवहारों तथा केस स्टडीज का अध्ययन करना होगा। मध्यप्रदेश के इंदौर जिले

के कालिबिलोड़ गाँव का एक उदाहरण उल्लेखनीय है। ग्राम पंचायत के प्रबंधन वाले कालिबिलोड़ फीकल स्लज ट्रीटमेन्ट प्लांट से तीन ग्राम पंचायतों के 45,870 लोगों की सेवा होती है तथा इसकी क्षमता 3 किलोमीटर मलयुक्त कचरे की है। सेवा प्रदाता रोज 3000 लीटर कचरा एकत्र कर इसे अनेक ट्रीटमेन्ट से गुजारते हैं, जिसका अंत ऐसे प्रवाह से होता है। जो पूरे परिदृश्य को सुंदर बनाता है। कालिबिलोड़ एक उदाहरण है जहाँ समिति ने अन्य पक्षों के साथ अध्ययन कर स्थानीय परिस्थिति व चुनौतियों के समाधान का एक तरीका निकाला। ग्रामीण भारत इस क्षेत्र में किसी पहल के लिए भारी चुनौती पेश करता है। सबसे बड़ी बाँधा यही है कि ग्रामीण भारत में कोई सीवरेज व्यवस्था नहीं है। इससे मलयुक्त कचरे के सुरक्षित प्रबंधन की जिम्मेदारी अधिकतम हो जाती है। दो लीच पिटों के अलावा सिंगल पिट व सैप्टिक टैंक जैसी सीमाकरण व्यवस्थाओं को खाली करने तथा मलयुक्त कचरा हटाने की ज़रूरत होती है। स्वच्छ भारत अभियान में प्रति परिवार स्वास्थ्य व कार्य दिवसों के रूप में 50,000 रुपये बचाने का काम इसलिए हुआ था क्योंकि ट्विन पिट का प्रयोग किया गया था। इसके बिना स्वच्छ भारत मिशन ज्यादा बड़ी और व्यापक असमाधित समस्या का कारण बन सकता था। आशा है 2030 तक हम टिकाऊ विकास के लक्ष्यों का छठा लक्ष्य प्राप्त कर सकेंगे, जो सब के लिए आवश्यक है।

स्वच्छ भारत मिशन (ग्रामीण) के दूसरे चरण के रूप में स्वच्छता का और भी महत्त्वाकांक्षी कार्यक्रम आरंभ कर दिया गया है, जिसका उद्देश्य है शौचालय की सुविधा से कोई भी घर नहीं छूटना चाहिए (लीविंग नो वन बिहाइंड-LOB) साथ ही सभी ग्राम पचायतों में ठोस एवं तरल अपशिष्ट प्रबंधन (SLWM) को बढ़ावा भी देना होगा जैसे सभी पंचायतों को जैविक कचरे, प्लास्टिक कचरे, बेकार जल तथा मलयुक्त कीचड़ के प्रबंधन में मदद की जा रही है। स्वच्छ भारत मिशन (ग्रामीण) के दूसरे चरण का एक और अहम उद्देश्य बेकार हो चुके या खराब पड़े शौचालयों को जरूरत पड़ने पर रेट्रोफिट कर अर्थात शौचालयों में हुई टूटफूट की मरम्मत तथा उसमें सुधार (उदाहरण एक गड्ढे वाले शौचालय का दो गड्ढे वाले शौचालय में परिवर्तन) करना एवं आधुनिक शौचालय बनाकर और व्यवहार में परिवर्तन का संदेश देकर गाँवों के ओ.डी.एफ. दर्जे को बरकरार रखना है। स्वच्छ भारत मिशन (ग्रामीण) के दूसरे चरण के उद्देश्य स्वच्छता पर सतत विकास लक्ष्यों (SDG) का अहम अंग है, इन लक्ष्यों में छठा लक्ष्य है, '2030 तक सभी को पर्याप्त एवं समतामूलक स्वच्छता एवं सफ़ाई सुविधा प्रदान करना, खुले में शौच प्रथा का अंत तथा महिलाओं, बालिकाओं तथा जोखिम भरी परिस्थितियों से सम्बन्धित व्यक्तियों की आवश्यकताओं पर खास ध्यान देना।' भारत सरकार पूरे देश की लगभग 2.60

लाख ग्राम पंचायतों को इस मिशन के दूसरे चरण की कमान सँभालने के लिए तैयार करना एवं ताकत देना चाहती है ताकि ये पंचायतें सभी को बेहतर स्वच्छता उपलब्ध कराने एवं भारत को खुले में शौच से मुक्त रखने के कार्यक्रम को स्वयं अंजाम देकर उसकी निरंतरता को बरकरार रखते हुए उसका बेहतर प्रबंधन कर सकें। स्वच्छ भारत मिशन (ग्रामीण) के दूसरे चरण के कार्यकलाप, प्रथम चरण के कार्यकलाप, जिसमें घरेलू स्तर पर दो गड्ढे वाले शौचालयों के निर्माण तथा समुदाय संचालित संपूर्ण स्वच्छता (CLTS) पर बल दिया गया था, से काफ़ी जटिल है। स्वच्छ भारत मिशन (ग्रामीण) के दूसरे चरण में रेट्रो-फिटिंग एवं ठोस तथा तरल कचरा प्रबंधन के लिए स्थिति के अनुसार अलग-अलग प्रकार के समाधानों की ज़रूरत है। इसके अलावा, ठोस कचरा निस्तारण में कई प्रकार की प्रक्रियाएँ होंगी, जिसे गीले एवं सूखे कचरे का (मुख्यतया घरेलू स्तर पर) पृथक्करण, संग्रहण, परिवहन, शोधन, पुनर्चक्रण एवं पुनरुपयोग की श्रेणियों में बाँटा जा सकता है। इस काम को लगातार चलाने के लिए कुछ समर्पित स्वच्छताकर्मियों की ज़रूरत है ताकि यह सुनिश्चित हो सके कि सभी चरणों को पूरा किया गया और उन पर बारीक नज़र रखी गई। सामुदायिक समूहों का लगातार जुड़े रहना जरूरी है और इसके लिए मीडिया की लगातार एवं अहम भूमिका की दरकार है।

स्वच्छ भारत मिशन (ग्रामीण) के दूसरे चरण के केंद्रबिंदु एवं दायरे

स्वच्छ भारत मिशन (ग्रामीण) द्वितीय को खुले में शौच से मुक्त समुदायों को बरकरार रखने एवं भारत में स्वच्छता की आदतों को विकासशील अर्थ व्यवस्थाओं के बराबर लाने के उद्देश्यों के साथ तैयार किया गया है। कार्यक्रम की पाँच वर्ष की अवधि (2019-20 से 2024-25) के लिए 140.881 करोड़ रुपये का बजट मंजूर किया गया है। कार्यक्रम के दो प्रमुख घटक नीचे दिए गए हैं—

(क) ओ.डी.एफ. को बरकरार रखना

खुले में शौच मुक्ति से मिले फायदों को बरकरार रखने के लिए स्वच्छ भारत मिशन ग्रामीण द्वितीय यह सुनिश्चित करना चाहता है कि बाकी बचे सभी परिवारों को शौचालय की सुविधा मिले मौजूदा शौचालयों को सुरक्षा एवं तकनीकी मानकों के अनुरूप दुरस्त किया जाए, सभी के लिए शौचालय सुलभ कराने हेतु सामुदायिक स्वच्छता परिसर बनाए जाएँ।

(ख) ठोस एवं तरल कचरे का स्थायी प्रबंधन

ठोस एवं तरल अपशिष्ट प्रबंधन निम्न घटक पर केन्द्रित है—

   (अ)   बायो-जैविक अपशिष्ट प्रबंधन।

   (ब)   प्लास्टिक अपशिष्ट प्रबंधन,

(स)	तरल अपशिष्ट प्रबंधन।

(द)	मलयुक्त कीचड़ प्रबंधन (एफ.एस.एम.)। इसके अलावा, नियोजन और प्रबंधन के लिए एक व्यावसायिक दृष्टिकोण की सिफारिश की गई है, जिसमें परिचालन एवं रख-रखाव के लिए स्थानीय-स्तर पर ही राजस्व सृजन किया जाएगा। मलयुक्त कीचड़ प्रबंधन के लिए मिशन को दिशा-निर्देशों में जिलों को जिला मल प्रबंधन योजना बनाने का सुझाव दिया गया है, जिसमें बताया गया है कि परिचालन एवं रख-रखाव के लिए कौन-सी तकनीक एवं तरीके अपनाने चाहिए। कार्यक्रम में देशभर में सुरक्षित स्वच्छता आदतें लाने एवं बनाए रखने के लिए मीडिया तथा पंचायती राज संस्थाओं की अहम भूमिका का भी उल्लेख किया गया है।

● पंचायती राज संस्थाओं की भूमिका

स्वच्छ भारत मिशन (ग्रामीण) द्वितीय में संविधान के 73वें संशोधन अधिनियम 1992 के अनुरूप पंचायती राज संस्थाओं की अहम भूमिका को स्पष्ट रूप से स्वीकारा गया है। संविधान का यह प्रावधान पंचायती राज संस्थाओं को स्वच्छ भारत मिशन (ग्रामीण) द्वितीय की योजना एवं क्रियान्वयन में महत्त्वपूर्ण संस्था के रूप में अधिकार देता है और पंचायती राज संस्थाओं के अधिकार को और बढ़ा देता है, जिसमें मिशन के कार्यक्रमों हेतु स्थानीय निकायों को 15वें वित्त आयोग से मिले अनुदानों को स्थानीय-स्तर पर एक साथ लाकर इस्तेमाल करने की बात है। इसके लिए स्वच्छ भारत मिशन (ग्रामीण) द्वितीय में जिला परिषद की अध्यक्षता एवं जिलाधिकारी की सह-अध्यक्षता में जिला स्वच्छ भारत मिशन समिति बनाने की सिफारिश की गई है। इसी प्रकार सांसदों/विधायकों को जिला-स्तर पर इस समिति का सदस्य बनाने का भी सुझाव है। इस संस्थागत व्यवस्था से निर्वाचित प्रतिनिधियों/नेतृत्व को जिला-स्तर पर मंच उपलब्ध होगा, जो भारत के संविधान में उल्लिखित लोकतांत्रिक सिद्धान्तों के अनुरूप है। इससे निर्वाचित प्रतिनिधियों के लिए जवाबदेही की एक और व्यवस्था उपलब्ध होगी, जो उन्हें अपने मतदाताओं के प्रति जवाबदेह बनाएगी। जिला पंचायत के अध्यक्ष यह सुनिश्चित करने के लिए बाध्य होंगे कि उनके जिले में प्रत्येक नागरिक को जल एवं स्वच्छता की सुरक्षित सेवाएँ प्राप्त हों तथा इन्हें उपलब्ध कराने में नाकाम रहने पर अगले चुनावों से उन्हें बाहर रखा जाएगा।

● सूचना, शिक्षा, संचार एवं मीडिया की भूमिका

स्वच्छ भारत मिशन (ग्रामीण) द्वितीय में सूचना, शिक्षा एवं संचार की अहम भूमिका को माना गया है और बजट का 5 प्रतिशत हिस्सा (7.040 करोड़ रुपये)

सामाजिक तथा व्यवहार परिवर्तन की विभिन्न संचार रणनीतियों एवं उनसे सम्बन्धित क्षमता विकास के लिए रखा गया है। अंत: वैयक्तिक संचार मास मीडिया, रचनात्मकता, सोशल मीडिया के इस्तेमाल समेत नई संचार रणनीतियों के प्रयोग चैंपियनों के नियमित सम्मान, प्रसिद्ध व्यक्तियों एवं धार्मिक नेताओं जैसे प्रभाव डालने वालों के उपयोग, स्थानीय नेताओं, विद्यालयों आँगनवाड़ी केंद्रों, सामुदायिक स्वयं सहायता समूहों को अहम माना गया है। स्वच्छता की सुरक्षित आदतों के प्रति व्यवहार में टिकाऊ परिवर्तन के लिए माँग का सृजन और स्थानीय समुदाय के हाथ में उसकी बागडोर अहम है।

पंचायती राज संस्थाओं को सबल बनाने का खाका

स्वच्छ भारत मिशन ग्रामीण द्वितीय की रणनीति के अनुसार पूरे भारत में सुरक्षित स्वच्छता के लिए पंचायती राज संस्थाओं की भूमिका बहुत अहम है। इन संस्थाओं की भूमिका को किस प्रकार मजबूत किया जा सकता है या उपयोग किया जा सकता है इसका विवेचन इस प्रकार है–

(अ) स्वच्छता को ग्राम पंचायत विकास योजना में शामिल करना

स्वच्छ भारत मिशन (ग्रामीण) द्वितीय और भारत के संविधान की परिकल्पना के अनुसार ग्राम पंचायतों को सहभागिता वाली समावेशी ग्राम पंचायत विकास योजनाएँ बनानी होती हैं। इस योजना में स्वच्छता के सतत विकास लक्ष्यों का शामिल होना जरूरी होता है ताकि उन्हें प्राथमिकता के साथ लागू किया जाए और खुले में शौच से मुक्ति का दर्जा हासिल किया जाए। ग्राम पंचायतों की समावेशी ग्राम पंचायत विकास योजनाएँ बनाने एवं क्रियान्वित करने की क्षमता के मामले में अलग-अलग राज्य अलग-अलग स्तरों पर हैं। आँकड़ों या प्रमाणों पर आधारित योजना बनाने, महिलाओं, बालिकाओं तथा हाशिये के वर्गों की सार्थक सहभागिता सुनिश्चित करने, ग्राम पंचायत विकास योजनाओं के क्रियान्वयन की निगरानी करने तथा ज्ञान प्रबंधन के मामले में उनकी संस्थागत क्षमता को मजबूत करने की ज़रूरत है।

(आ) लोक एवं जिला पंचायतों को साथ लेना

जैसा कि हमारे संविधान में कहा गया है, पंचायती राज व्यवस्था (ग्राम पंचायत), मध्यवर्ती अथवा ब्लॉक (पंचायत समिति) और जिला (जिला परिषद) स्तरों पर त्रिस्तरीय ढाँचा है। स्वच्छ भारत मिशन (ग्रामीण) द्वितीय के दिशा निर्देशों में ग्राम पंचायतों तथा जिला परिषदों की भूमिका का स्पष्ट उल्लेख है मगर ब्लॉक-स्तर पर पंचायत समिति की भूमिका का अलग से उल्लेख नहीं किया गया है। संविधान में उल्लिखित लोकतांत्रिक सिद्धान्तों के हिसाब से ब्लॉक-स्तर पर निर्वाचित प्रतिनिधि को भी ब्लॉक स्तर की स्वच्छता समिति का अध्यक्ष बनाया जा सकता है। साथ ही स्वच्छता की योजना बनाने एवं लागू करने में अपने अधिकार क्षेत्र के भीतर ग्राम पंचायत को मजबूत बनाने तथा

मदद करने में जिला परिषदों और ब्लॉक पंचायतों की अहम भूमिका होनी चाहिए। इतना ही नहीं, पंचायती राज-संस्थाएँ सफ़ाई-कर्मियों स्वच्छाग्रहियों एवं निगरानी समितियों से लगातार संवाद सुनिश्चित करने की मुख्य माध्यम भी बन सकती हैं।

(इ) पंचायती राज संस्थाओं की जवाबदेही की व्यवस्था

लोकतांत्रिक संस्थाओं की जवाबदेही विकास कार्यों के नियोजन एवं निगरानी में उनकी प्रभावी सहभागिता से जुड़ी है ताकि उन्हें अपने प्रतिनिधित्व वाले क्षेत्रों के लिए जवाबदेह ठहराया जा सके। पंचायती राज संस्थाओं की भूमिका एवं जवाबदेही की व्यवस्था के केंद्र में निम्न बातें होनी चाहिए।

- **जिला पंचायत**–जिला स्तर की योजना प्रक्रिया का नेतृत्व योजना को स्वीकार करने, प्रगति की तिमाहीवार समीक्षा और ब्लॉक तथा ग्राम पंचायत स्तर की टीमों को संगठित करने का अधिकार।

- **ब्लॉक पंचायत**–ग्राम पंचायत विकास योजना से जुड़ी स्वच्छता योजना में ग्राम पंचायतों की मदद तथा ब्लॉक-स्तर पर उनके परिणामों की सख्त निगरानी सुनिश्चित करना।

- **ग्राम पंचायत**–समावेशी ग्राम पंचायत विकास योजना की तैयारी एवं उस विकास योजना के तहत स्वच्छ भारत मिशन (ग्रामीण) द्वितीय का क्रियान्वयन सुनिश्चित करना।

(ई)   नीचे तक जवाबदेही के लिए माध्यम के तौर पर मीडिया का इस्तेमाल–

मीडिया की भूमिका महत्त्वपूर्ण है। यह तीन तरह से हो सकती है–

- स्वच्छ भारत मिशन (ग्रामीण) द्वितीय के विभिन्न पहलुओं और समुदायों के अधिकारों के बारे में जानकारी साझा करना।

- देशभर में दिख रहे सर्वश्रेष्ठ प्रचलनों को साझा कर पंचायती राज संस्थाओं की मदद करना, ताकि वे चाहें तो उन्हीं का अनुसरण करें।

- कार्यक्रम क्रियान्वयन में खामियों एवं विलंब को पहचानना तथा आम जनता को उनके बारे में बताना ताकि पंचायती राज संस्थाओं को नागरिकों के प्रति जवाबदेह बनाया जा सके। इन भूमिकाओं पर प्रभावी तरीके से निभाकर मीडिया हाशिये पर पड़े समुदायों, किशोरियों एवं अल्पसंख्यक वर्गों का प्रतिनिधि बन सकता है। सभी के लिए सुरक्षित स्वच्छता हासिल करने के लिए सामुदायिक समूहों तथा पंचायती राज

संस्थाओं की लगातार सहभागिता जरूरी है और इस प्रक्रिया में मीडिया अहम हो जाता है।

निष्कर्ष एवं आगे की राह

स्वच्छ भारत मिशन (ग्रामीण) द्वितीय में देशभर में ओ.डी.एफ. समुदायों को बनाए रखना सुनिश्चित करने का मजबूत खाका पेश किया गया है, जिससे यह भी सुनिश्चित होता है कि देश में स्वच्छता के तौर-तरीके आर्थिक विकास से कदमताल कर सकें। पंचायती राज संस्थाओं और मीडिया की भूमिका इसमें अहम हो जाती है।

(क) पंचायती राज संस्थाओं की जवाबदेही की व्यवस्था

स्वच्छ भारत मिशन (ग्रामीण) द्वितीय में संविधान के 73वें संशोधन में उल्लिखित लोकतांत्रिक सिद्धान्तों के अनुरूप मिशन के नियोजन एवं क्रियान्वयन में पंचायती राज संस्थाओं को महत्त्वपूर्ण भूमिका दी गई है। कर्तव्यवाहक के रूप में पंचायती राज संस्थाओं को अपने कार्य पूरे करने के लिए स्पष्ट रूप से परिभाषित संस्थागत मंच की आवश्यकता होती है। जिला पंचायत की अध्यक्षता में जिला-स्तर की स्वच्छ भारत मिशन (ग्रामीण) समिति के गठन तथा मिशन के क्रियान्वयन के लिए 15वें वित्त आयोग की राशि का आवंटन स्वागत योग्य कदम है। स्वच्छ भारत मिशन (ग्रामीण) द्वितीय के दिशा-निर्देश तीनों स्तरों पर पंचायती राज संस्थाओं की भूमिका की अधिक व्याख्या कर सकते हैं ताकि उन्हें उनके अधिकार क्षेत्र में सुरक्षित स्वच्छता सेवाओं की मजबूत योजना तथा आपूर्ति के लिए जवाबदेह ठहराया जा सके।

(ख) मीडिया की अहम भूमिका

किसी भी लोकतांत्रिक प्रक्रिया की तरह स्वच्छ भारत मिशन (ग्रामीण) में भी मीडिया की भूमिका अहम है। मीडिया हाशिये पर पड़े समुदायों का प्रतिनिधि हो सकता है और नागरिकों के अधिकार, संभावनाओं तथा अच्छे तौर-तरीकों के बारे में बताकर पारदर्शिता को बढ़ावा दे सकता है। मीडिया मिशन के अंतर्गत लक्षित सुरक्षित स्वच्छता की योजना एवं आपूर्ति से जुड़ी लोकतांत्रिक प्रक्रियाओं को मजबूत कर सकता है।

(ग) पंचायती राज संस्थाओं तथा समुदायों की साझेदारी एवं क्षमता निर्माण

स्वच्छ भारत मिशन (ग्रामीण) द्वितीय के तकनीकी तथा संस्थागत, सामाजिक, पर्यावरणीय, वित्तीय एवं व्यवहारगत पहलुओं में क्षमता निर्माण को कार्यक्रम की योजना एवं क्रियान्वयन के केंद्र में रखा जाना चाहिए। विकास साझेदारों, नागरिक समाज, निजी क्षेत्र और शैक्षिक संस्थाओं पर विचार होना चाहिए और स्थानीय ज़रूरतों के अनुकूल बहु-हितधारक साझेदारियों के जरिए सभी स्तरों पर उन्हें साथ लिया जाना चाहिए।

स्वच्छ भारत मिशन में हर व्यक्ति व संस्था की भागीदारी जन-आंदोलन का रूप ले रही है। मिशन का महत्त्व शौचालयों की उपलब्धता के कारण 'स्वच्छ भारत अभियान' देश में बालिका शिक्षा के स्तर को बढ़ाने में मददगार साबित हो रहा है। स्वच्छता के 'राज्य विषय' होने के बावजूद, केंद्र सरकार द्वारा तैयार व संचालित इस कार्यक्रम से संघीय ढाँचा सशक्त हो रहा है। इस अभियान से सिर पर 'मैला ढोने की प्रथा' के उन्मूलन का वृहद् प्रयास मील का पत्थर साबित हो रहा है। यह अभियान हज़ारों सालों से चली आ रही खुले में शौच की आदत में परिवर्तन व स्वच्छता को जीवनशैली का अंग बना रहा है।

पर्यावरण का खतरा भी पूरे विश्व पर मँडरा रहा है, भारत भी इससे अछूता नहीं है। विश्वभर में प्लास्टिक के बढ़ते उपयोग ने पर्यावरण के लिए गंभीर संकट खड़ा कर दिया है। खासतौर से सिंगल यूज प्लास्टिक बेहद खतरनाक है चूँकि यह नष्ट नहीं होता है। इसी समस्या को ध्यान में रखकर प्रधानमंत्री ने सिंगल यूज प्लास्टिक-मुक्त भारत की परिकल्पना को साकार करना चाहते हैं। इस दिशा में देश में प्रयास तो हो रहे हैं, लेकिन उनकी रफ्तार काफ़ी धीमी है। विश्वभर में वायु प्रदूषण भी काफ़ी बढ़ गया है। संयुक्त राष्ट्र महासभा ने सभी इनसानों की रोजमर्रा की जिंदगी और स्वास्थ्य के लिए स्वच्छ वायु की अहमियत को ध्यान में रखते हुए स्वच्छ वायु का अंतरराष्ट्रीय दिवस बनाए जाने को मंजूरी दी है। इस साल 7 सितंबर को दुनियाभर में पहला नीले आसमान के लिए स्वच्छ वायु का अंतरराष्ट्रीय दिवस मनाया गया। उल्लेखनीय है कि दुनिया भर में 10 में से 9 लोगों के अशुद्ध हवा में साँस लेने के आँकड़ों पर संयुक्त राष्ट्र प्रमुख एंटोनियो गुटेरेस ने चिंता जताई थी।

स्वच्छता सर्वेक्षण 2020 में इंदौर चौथी बार प्रथम स्थान पर रहा है। इंदौर में 18 तरीकों से कचरा अलग किया जाता है और यहाँ आज का कचरा आज ही खतम करने हेतु डोर टू डोर कचरा एकत्र करने का प्राइमरी सिस्टम लॉग किया गया है। इंदौर प्लास्टिक-मुक्त भी हो चुका है। यहाँ शादी-समारोह में भी बरतनों का उपयोग किया जाता है और इसके लिए निःशुल्क बरतन बैंक शुरू किए गए हैं। इंदौर में 5,000 घरों में घरेलू कचरे से खाद बनाई जा रही है, इतने बड़े पैमाने पर यह प्रयोग करने वाला, इंदौर देश का पहला शहर है। वास्तव में इस शहर से पूरे देश को प्रेरणा लेनी चाहिए। गुजरात की राजधानी गाँधी नगर भी अब पूरी तरह प्लास्टिक-मुक्त हो चुकी है और इसके लिए गाँधी नगर के निवासियों का खुद का संकल्प है। इसके लिए गाँधी नगर में 10,000 लोगों को स्वच्छता नायक के तौर पर तैयार किया गया, जिसमें पानवाला, चायवाला, ऑटोवाला, प्रकृति प्रेमी, वॉलिंटियर्स शामिल थे। चेन्नई में कचरे के प्रबंधन के लिए घरों से कचरा इकट्ठा करने के लिए एक ऑनलाइन पोर्टल के साथ ऐप भी

बनाया गया है। ओ.डी.एफ. भारत की यथास्थिति कायम रखने के साथ-साथ स्वच्छता के पैमाने को और आगे ले जाने की ज़रूरत है। आज हमारे सामने ठोस अपशिष्ट प्रबंधन और हर घर सुरक्षित और जलापूर्ति सुनिश्चित करने की चुनौती है। साथ ही, प्रत्येक नागरिक को स्वच्छता और साफ-सफ़ाई का महत्त्व समझाने और जल-संरक्षण के संदर्भ में जागरूक करने की ज़रूरत है। आम जनता का यह नैतिक, मानवीय और कानूनी कर्त्तव्य है कि वह सीमित और अमूल्य संसाधनों के संरक्षण और इनके सीमित उपयोग के प्रति सचेत हो। अगर हम अब भी अपने कर्त्तव्य के प्रति सचेत नहीं हुए तो इस सुंदर सृष्टि का अस्तित्व संकट में पड़ जाएगा। कोरोनाकाल में लॉकडाउन के दौरान हमने देखा कि पशु-पक्षी और प्रकृति कितने अधिक प्रभावित हो रहे हैं। इस महामारी को भविष्य की एक चेतावनी समझते हुए हमें जागरूक होने की ज़रूरत है क्योंकि प्रकृति सभी की है और सभी के लिए है।

गाँधी जी ने कहा था–‘‘मेरा जीवन ही मेरा संदेश है।’’ उनका यह कथन हमें उस मार्ग की तरफ ले जाता है, जहाँ बेहतर समाज, बेहतर देश और बेहतर इनसान बनने का सूत्र मौजूद है। गाँधी जी के जीवन से सीखने वाली तमाम बातों में हम स्वच्छता पर उनके बेमिसाल काम को भी याद कर सकते हैं। उन्होंने यह पहल 100 साल से भी अधिक पहले की थी, जब वह 1893 में पहली बार वकील के रूप में दक्षिण अफ्रीका गए थे। वहाँ नस्लीय भेदभाव और शोषण के ख़िलाफ़ उन्होंने दो दशकों तक संघर्ष चलाया। हालाँकि, जब उन्होंने स्वच्छता को भी अपने अभियान में शामिल किया, तो उनके इस संघर्ष में इससे भी काफ़ी फायदा मिला। गाँधी जी ने दक्षिण अफ्रीका में अपने दो दशक के प्रवास के दौरान लोगों को एकजुट करने के लिए ‘सत्याग्रह’ जैसे उपायों पर सफलतापूर्वक प्रयोग किया। उन्होंने स्वच्छता को हमेशा प्राथमिकता दी, चाहे वह किसी भी जगह, समुदाय या लक्ष्य के लिए काम कर रहे हों। उनका कहना था कि–‘‘हर किसी को अपना मेहतर होना चाहिए।’’ गाँधी जी ने अपने इस विचार को फीनिक्स और टॉलस्टॉय आश्रमों में लागू किया। दक्षिण अफ्रीका में सत्याग्रह आंदोलन के दौरान उन्होंने इसी देश में ये दोनों आश्रम स्थापित किए थे। गाँधी जी के इस अभियान को एक सदी से भी अधिक गुज़र जाने के बाद ‘सत्याग्रह’ और ‘स्वच्छता’ से जुड़ी उनकी मान्यताओं की भारत में बड़े पैमाने पर वापसी हुई। पाँच साल पहले इसकी शुरुआत हुई। राष्ट्र ने प्रधानमंत्री के प्रेरणादायी नेतृत्व में दुनिया से एक साहसिक वादा किया। यह वादा देश के सभी नागरिकों को स्वच्छता मुहैया कराने और भारत को खुले में शौच से मुक्त कराने से जुड़ा था। इस वादे का मकसद महात्मा गाँधी को उनकी 150वीं जयंती पर सच्ची श्रद्धांजलि देने का भी था। स्वच्छ भारत अभियान शुद्ध रूप से गाँधीवादी विचारों की उपज था। स्वच्छता अभियान में

जन-आंदोलन का प्रयोग स्वतंत्रता संघर्ष के दौरान लोगों को इकट्ठा करने के गाँधी जी के प्रेरणादायी तौर-तरीकों से प्रेरित था। इस अभियान में स्वच्छाग्रही, स्वच्छता के नए वाहक बने और उन्होंने पुराने सत्याग्रहियों की तरह स्वच्छता पर जोर दिया। स्वच्छ भारत अभियान में एक महत्त्वपूर्ण आह्वान–'सत्याग्रह से स्वच्छाग्रह' का रहा है। अप्रैल 2018 में चंपारण में स्वच्छाग्रहियों का एक सम्मेलन हुआ। चंपारण सत्याग्रह के 100 साल पूरे होने के मौके पर यह सम्मेलन हुआ था। गाँधी जी ने स्वच्छता की मशाल भारत में भी जलाए रखी और तत्कालीन हालात का जायजा लेने के लिए देशभर का भ्रमण किया। इस दौरान उन्होंने पाया कि तमाम समुदायों और धर्मों के लोगों के बीच स्वच्छता की स्थिति काफ़ी दयनीय थी। यह देखकर वह अचंभित और निराश हुए। उनका कहना था–''स्वतंत्रता के लिए कुछ समय तक इंतजार किया जा सकता है, लेकिन स्वच्छता के लिए ऐसा करना संभव नहीं है।'' उन्होंने स्वच्छता को 'सबसे बड़ा धर्म' बताया। प्रधानमंत्री ने 15 अगस्त 2014 को लालकिले की प्राचीर से देश को संबोधित करते हुए राष्ट्रीय वेदना को कुछ इस अंदाज में आवाज दी–''क्या हमें कभी इस बात से तकलीफ हुई है कि आज भी हमारी माता, और बहनें खुले में शौच के लिए मजबूर हैं? क्या महिलाओं का सम्मान हमारी सामूहिक राष्ट्रीय जिम्मेदारी नहीं है? हमें इस दाग को हटाना होगा। हमें कम-से-कम अपनी माताओं और बहनों के सम्मान के लिए ऐसा करना चाहिए।'' प्रधानमंत्री के इस ऐतिहासिक आह्वान का मकसद खुले में शौच करने वाले 60 करोड़ से भी ज्यादा लोगों के व्यवहार में बदलाव की शुरुआत करना था। काफ़ी बड़ी आबादी के लिए 5 वर्षों में स्वच्छता सुनिश्चित करने का लक्ष्य हासिल करने योग्य लगने लगा। भारत में उस वक़्त ग्रामीण इलाकों में स्वच्छता की पहुँच महज 39 प्रतिशत आबादी तक थी और वैश्विक स्तर पर खुले में शौच करने वालों का 50 प्रतिशत से भी ज्यादा हिस्सा भारत में था। देश के भौगोलिक विस्तार, विविधता और क्षेत्रीय चुनौतियों के कारण यहाँ खुले में शौच की समस्या से निपटना बड़ा काम था। संयुक्त राष्ट्र सतत विकास लक्ष्य 6 के तहत साल 2030 तक समग्र स्वच्छता हासिल करना इस बात पर निर्भर था कि भारत इस मोर्चे पर क्या कर सकता था और क्या नहीं कर सकता था। गाँधी जी की प्रेरणा से ही प्रधानमंत्री ने 2 अक्टूबर 2014 को स्वच्छ भारत मिशन की शुरुआत की। देश को खुले में शौच की समस्या से मुक्त करने और गाँधी जी के सपनों का स्वच्छ भारत बनाने के मकसद से इसकी शुरुआत की गई। इसके बाद अगले पाँच वर्षों में इस मोर्चे पर अभूतपूर्व सामुदायिक गोलबंदी देखने को मिली। इसमें राजनीतिक नेतृत्व, सार्वजनिक फंड, बेहतर समन्वय और लोगों को भागीदारी के जरिये बड़ी सफलता देखने को मिली। इस अभियान की शुरुआत एक सरकारी कार्यक्रम के तहत हुई और धीरे-धीरे इसने दुनिया के एक बड़े जन-आंदोलन की शक्ल अख्तियार कर ली। अभियान के दौरान सभी स्तरों पर नेताओं,

स्वयंसेवकों और अन्य लागों का उभार देखने को मिला। ग्राम सरपंच और स्वच्छाग्रहियों ने इस अभियान को रास्ता दिखाया। इसे व्यवहार में बदलाव से जुड़ा दुनिया का सबसे बड़ा अभियान बताया गया। स्वच्छ भारत अभियान ज़मीनी स्तर पर लाखों-करोड़ों लोगों की जबरदस्त मेहनत का नमूना है। स्वच्छ भारत मिशन प्रमुख रूप से महिलाओं के साथ खड़ा है और इस प्रक्रिया में वे नेतृत्व वाली भूमिका निभाते हुए सम्मान और सशक्तीकरण भी हासिल कर रही हैं। इससे ग्रामीण क्षेत्रों में रहने वाली महिलाएँ न सिर्फ़ स्वच्छता पर चर्चा के लिए बाहर निकलीं, बल्कि उन्होंने शौचालय बनवाने के लिए मुहिम छेड़ने की खतिर बाकी महिलाओं को भी प्रेरित किया। देश के कई हिस्सों में शौचालय को 'इज्जत घर' का नाम दिया गया है। बच्चों और युवाओं ने इस अभियान में बड़े पैमाने पर सहयोग दिया। उन्होंने स्वच्छता को अपने व्यवहार में शामिल किया और इस अभियान के लिए श्रमदान भी किया। साथ ही, जनता को इकट्ठा करने से जुड़े अभियान में ये लोग बड़े पैमाने पर शामिल हुए। कई स्थानों पर स्कूली बच्चों ने बदलाव के एजेंट के तौर पर अपनी भूमिका निभाई है। इन बच्चों ने 'मुझे स्वच्छता चाहिए' माँग के साथ माता-पिता और स्कूल प्रबंधन को स्वच्छता की अनिवार्यता के बारे में सक्रिय किया। बच्चों ने इस सिलसिले में बेहद सक्रियता के साथ सुबह की निगरानी का काम सँभाला और सीटी और टॉर्च की रोशनी की मदद से खुले में शौच करने वाले छिटपुट लोगों को वापस शौचालय भेजा। स्वच्छ भारत मिशन के तहत जो लक्ष्य हासिल किए गए, वे वाकई में हैरान करने वाले हैं। इस अभियान के तहत 10 करोड़ से ज्यादा निजी शौचालयों का निर्माण किया गया है और सभी 699 जिलों और 35 राज्यों/केन्द्र-शासित प्रदेशों को तकरीबन खुले में शौच से मुक्त किया जा चुका है। अब यह लक्ष्य महज कुछ दशमलव प्रतिशत से दूर है। निश्चित तौर पर भारत खुले में शौच से मुक्ति के मोर्चे पर हासिल उपलब्धियों के आधार पर संतुष्ट होकर नहीं बैठा जा सकता। अब इस अभियान को और मेहनत के साथ ठोस और तरल कचरा प्रबंधन जैसे बड़े लक्ष्य की तरफ बढ़ना होगा।

सूचना, शिक्षा और संचार (आई.ई.सी.) की महत्त्वपूर्ण भूमिका के जिक्र के बिना स्वच्छ भारत मिशन अभियान की सफलता की कहानी अधूरी है। आई.ई.सी. स्वच्छ भारत मिशन की आत्मा है और इसने इस जटिल अभियान को बेहद आसान बना दिया। तकरीबन 4.5 लाख स्वच्छाग्रहियों ने ज़मीनी स्तर पर व्यक्तिगत संवाद-संचार का सहारा लेते हुए दूर-दराज के गाँवों और अन्य हिस्सों में काम किया और समुदायों में व्यवहार संबंधी बदलाव का मार्ग प्रशस्त किया। देशभर में व्यक्तिगत स्तर पर संचार-संवाद के सहारे अभियान की रूपरेखा तैयार की गई और जन-जागरूकता के लिए नियमित तौर पर यह अभियान चलाया गया। इनमें 'स्वच्छता ही सेवा' और 'स्वच्छ शक्ति' जैसे

अभियान प्रमुख हैं। महात्मा गाँधी के चश्मे वाला स्वच्छ भारत का विचारोत्तेजक 'लोगो' आज देश के तमाम गाँवों, शहरों, गलियों आदि में आसानी से देखा जा सकता है। स्वच्छ भारत अभियान की एक खूबी, कार्यकर्ताओं द्वारा जागरूकता अभियान के दौरान चीज़ों के बारे में व्यावहारिक तौर पर जानकारी प्रदान करना है। साथ ही, प्रधानमंत्री ने अपने सार्वजनिक भाषणों और रेडियो पर आने वाले 'मन की बात' कार्यक्रम में स्वच्छ भारत पर प्रमुखता से बात की है। स्वच्छ भारत अभियान का बुनियादी सिद्धान्त यह है कि स्वच्छता का संबंध हर किसी से है। प्रधानमंत्री ने भी इस बात को कई बार रेखांकित किया है। इसमें सबका सहयोग जरूरी है। पिछले 5 साल में देश में कोई भी शख्स इस अभियान से अछूता नहीं है। सरकारी और गैर-सरकारी, दोनों स्तरों पर लोग इससे जुड़े हुए हैं। सिविल सोसायटी, उद्योग जगत्, मीडिया, अकादमिक संस्थान सभी इस अभियान से जुड़े हैं। स्वच्छता पखवाड़ा, स्वच्छता कार्य योजना के अलावा, स्वच्छता आदर्श स्थल और 'नमामि गंगे' जैसी विशेष परियोजनाओं से देशभर में स्वच्छता के स्तर में काफ़ी सुधार हुआ है। यह सुधार सार्वजनिक स्थानों से लेकर पर्यटन केंद्रों तक, तमाम जगहों पर देखने को मिला है। जिन विभागों का स्वच्छता से सीधा कोई संबंध नहीं है, वे भी इस अभियान में योगदान कर रहे हैं। स्वच्छ भारत कोष के लिए बड़े पैमाने पर निजी चंदा मिल रहा है। स्वच्छ भारत ग्रीष्मकालीन इंटर्नशिप जैसे कार्यक्रम के तहत विश्वविद्यालयों के छात्र भी गाँवों की सफ़ाई के अभियान से जुड़ रहे हैं। यह अपने आप में काफ़ी अच्छी बात है। देश की स्वच्छता यात्रा में अक्टूबर 2018 मील का पत्थर साबित हुआ। इस दौरान भारत ने 'महात्मा गाँधी अंतरराष्ट्रीय स्वच्छता सम्मेलन' का आयोजन किया, जिसमें संयुक्त राष्ट्र महासचिव के साथ-साथ 70 देशों से भी ज्यादा के मंत्रियों और स्वच्छता विशेषज्ञों ने हिस्सा लिया। ये प्रतिनिधि स्वच्छ भारत मिशन की प्रेरणादायी यात्रा से कुछ सीखने और इस क्षेत्र में अपने अनुभव साझा करने यहाँ पहुँचे थे। इन महानुभावों ने भारतीय प्रधानमंत्री के साथ दिल्ली घोषणापत्र पर हस्ताक्षर किए। इसके तहत तमाम प्रतिनिधियों ने सभी लोगों के लिए स्वच्छता को लेकर संयुक्त प्रतिबद्धता जताई। हालाँकि, अगर हमें भारत जैसे बड़े राष्ट्र में वर्षों की जमी गंदगी साफ कर सर्वांगीण स्वच्छता का लक्ष्य हासिल करना है, तो हमारे पास खड़ा होकर सोचने का वक्त नहीं है। प्रधानमंत्री ने इस साल स्वतंत्रता दिवस पर लालकिले की प्राचीर से दिए गए अपने भाषण में भारत को खुले में शौच से मुक्त करने के लिए राष्ट्र को सलाम किया। साथ ही, उन्होंने 2 अक्टूबर 2019 से स्वच्छ भारत अभियान की तरह ही प्लास्टिक कचरे से मुक्ति के लिए नया जन-आंदोलन शुरू करने का आह्वान करते हुए हर किसी से इस अभियान से जुड़ने का अनुरोध किया। इस बारे में उनका कहना था–''इस 2 अक्टूबर को क्या हम भारत को एक बार इस्तेमाल होने वाले प्लास्टिक से मुक्त कर सकते हैं? हम आगे बढ़ें, घरों, स्कूलों, कॉलेज से बाहर निकलें और टीम

बनाएँ। आदरणीय बापू को याद करते हुए हमें घरों से बाहर निकलकर घरों, गलियों, चौक और नालों से एक-एक प्लास्टिक चुनकर इकट्ठा करना चाहिए।'' एक बार इस्तेमाल होने वाले प्लास्टिक को इकट्ठा करने के लिए नगर निकायों, ग्राम पंचायतों को व्यवस्था करनी चाहिए। भारत को एक बार इस्तेमाल किए जाने वाले प्लास्टिक से मुक्त करने के मकसद से क्या हम 2 अक्टूबर को पहला बड़ा कदम उठा सकते हैं? एक अनुमान के मुताबिक, भारत हर साल 95 लाख टन प्लास्टिक पैदा करता है। इसमें से 38 लाख टन प्लास्टिक इकट्ठा नहीं हो पाता। इनमें से ज्यादातर हिस्सा एक बार इस्तेमाल किए जाने वाले प्लास्टिक का होता है और इस तरह के प्लास्टिक कचरे के ढेर, नदियों और अन्य जगहों पर जगह बना लेते हैं। हमारी ज़मीन, पानी, हवा, खाना, सब कुछ ऐसे प्लास्टिक के बुरे प्रभाव में है। एक बार इस्तेमाल होने वाले प्लास्टिक में कैरी बैग और अन्य पैकिंग सामग्री, सजावट वाले सामान आदि शामिल हैं, जिन्हें इकट्ठा कर रीसाइकल करने या हटाने की ज़रूरत है। ऐसा नहीं किए जाने पर इससे पर्यावरण को काफ़ी नुकसान पहुँचेगा। हमारे देश में रोजाना 22,000 टन प्लास्टिक कचरा पैदा होता और इसे इकट्ठा करना मुश्किल है। तकरीबन 10,000 टन कचरा कभी इकट्ठा नहीं होता। इस सिलसिले में प्रधानमंत्री की घोषणा बिलकुल सही समय पर हुई है। यह एक दीर्घकालिक समस्या है और इससे निपटने के लिए निर्णायक पहल बेहद जरूरी है। सितंबर को 'स्वच्छता ही सेवा' की औपचारिक शुरुआत से ठीक पहले मथुरा में महिलाओं के एक समूह के साथ बैठक में भी उन्होंने इस मुद्दे को एक बार फिर उठाया। प्लास्टिक कचरे को अलग करने से जुड़े अभियान के सिलसिले में यह बैठक हुई थी। इस मामले में सरकार की गंभीरता का अंदाजा इस बात से लगाया जा सकता है कि प्रधानमंत्री ने देशभर के 4 लाख से भी ज्यादा सरपंचों और स्वच्छाग्रहियों को चिट्ठी लिखकर एक बार इस्तेमाल होने वाले प्लास्टिक के ख़िलाफ़ अभियान की अगुवाई करने का अनुरोध किया है। इन चिट्ठियों को ग्राम सभा की बैठकों में पढ़ा गया है, ताकि इस अभियान को लेकर प्रतिबद्धता के बारे में लोगों को बताया जा सके। दरअसल, प्रधानमंत्री के आह्वान के बाद कई संगठनों और प्रतिष्ठानों ने एक बार इस्तेमाल किए जाने वाले प्लास्टिक से नाता तोड़ने का फैसला किया और इसका विकल्प ढूँढ़ने की दिशा में आगे बढ़े। 'स्वच्छता ही सेवा' अभियान-संकल्प, जन-आंदोलन, श्रमदान जैसे गाँधी जी के आदर्शों से प्रेरित है और यह स्वच्छता की दिशा में उठाया गया एक और कदम है। साल 2017 के दौरान 'स्वच्छता ही सेवा' में तकरीबन 10 करोड़ भारतीयों ने हिस्सा लिया और 2018 में यह आँकड़ा सीधा दोगुना यानी 20 करोड़ हो गया। प्रधानमंत्री ने अगस्त 2019 में अपने 'मन की बात' संबोधन में देश के नागरिकों से एक बार इस्तेमाल होने वाले प्लास्टिक के ख़िलाफ़ जागरूकता फैलाने और 11 सितंबर से 2 अक्टूबर 2019 के दौरान 'स्वच्छता ही सेवा' अभियान

के तहत प्लास्टिक कचरे को इकट्ठा करने और उसके निपटारे के लिए श्रमदान देने का अनुरोध किया था। प्लास्टिक कचरे के ख़िलाफ़ अभियान के तहत जन-आंदोलन का एक नया अध्याय अभी तुरंत शुरू हुआ है। पिछली बार खुले में शौच से मुक्ति के तहत कुछ ऐसा ही देखने को मिला था। 'स्वच्छता ही सेवा' के दौरान हमारे द्वारा अपने-अपने स्तर पर की गई कोशिशों के बाद गाँधी जयंती जैसा बेहद खास मौका होगा। इस अवसर पर भारत को खुले में शौच से मुक्त घोषित किया जाएगा। इस दिन हम सतत प्रेरणा के लिए महात्मा को नमन करते हैं और इस दौरान यह ख़याल भी आता है कि बापू स्वच्छ भारत के अपने सपनों को पूरा होते देख कितने खुश होते।

प्रधानमंत्री नरेंद्र मोदी ने 1 अक्टूबर 2021 को स्वच्छ भारत मिशन-शहरी (एस.बी. एम.यू) 2.0 और कायाकल्प व शहरी परिवर्तन के लिए अटल मिशन (अमृत) 2.0 का शुभारंभ किया। इन दोनों प्रमुख योजनाओं का लक्ष्य भारत के शहरों को कचरा मुक्त बनाना है। ये दोनों ही योजनाएँ इसलिए भी स्वागत योग्य हैं, क्योंकि गंदगी के मामले में भारतीय शहरों की गिनती ऊपर होती है। कई बड़े शहरों में ऐसे-ऐसे गंदे इलाके हैं कि वहाँ से गुजरना भी खतरे से खाली नहीं होता। कचरा, गंदगी, बीमारी, दूषित पेयजल, दूषित हवा, ध्वनि-प्रदूषण इत्यादि से कई शहरी इलाकों की हालत खराब है। अत: केंद्र के दोनों ही अभियानों की देश को बड़ी ज़रूरत है। यहाँ तक कि दिल्ली, मुंबई, कोलकाता और चेन्नई को भी कचरा मुक्त शहर नहीं कहा जा सकता। स्वच्छता अभियान का लाभ देश ने पहले देखा है, लेकिन अब स्वच्छता पर नए सिरे से ध्यान देने की ज़रूरत है। नए अभियान में अगर पिछले अभियान जैसा जोश दिखा, तो कम-से-कम छोटे शहरों का कायाकल्प हो सकता है। प्रधानमंत्री ने कहा है कि स्वच्छ भारत 2.0 मिशन के साथ उनकी सरकार शहरी क्षेत्रों को कचरा मुक्त बनाने का लक्ष्य लेकर चल रही है। इस अभियान में निचले स्तर पर अधिकारियों और स्थानीय निकायों को भी अपना पूरा योगदान देना पड़ेगा। अकसर यह देखा गया है कि किसी भी अच्छी योजना को स्थानीय स्तर पर लापरवाही या उदासीनता के चलते नाकाम कर दिया जाता है। यह ध्यान रखना होगा कि स्थानीय स्तर पर समर्पण का अभाव नए अभियान के समय भी सामने आएगा। मूलभूत ढाँचा वही है, उसी ढाँचे का उपयोग शहरों को सुधारने के लिए करना है। ताज़ा अभियानों में शहरी अधिकारियों और स्थानीय प्रतिनिधियों को आईना दिखाना भी जरूरी है। साथ ही, यह भी ध्यान रखना होगा कि जिन देशों में साफ-सफ़ाई की हम दुहाई देते हैं, उन देशों में गंदगी फैलाने पर कैसी कड़ाई होती है, कैसे दंड या जुर्माना लगता है। अभियान के दूसरे चरण में सीवेज, जल निकासी, पेयजल पर विशेष ध्यान देने की व्यवस्था की गई है। अनेक शहरों में सीवेज व जल निकासी का ढाँचा फिर से खड़ा करने की ज़रूरत है, ताकि

नए ढाँचे के साथ शुद्ध जल की आपूर्ति सुनिश्चित की जा सके। प्रधानमंत्री बोल रहे हैं कि शहरों में कचरे के ढेर को संसाधित किया जाएगा और पूरी तरह से हटा दिया जाएगा। लेकिन स्थानीय स्तर पर अधिकारी वाकई ऐसा कर सकेंगे? क्या दिल्ली जैसे शहरों से भी कचरा के पहाड़ अब हट जाएँगे? प्रधानमंत्री के अनुसार, अभी भारत हर दिन लगभग एक लाख टन कचरे का निपटारा कर रहा है। जब 2014 में स्वच्छता अभियान शुरू किया गया था, तब 20 प्रतिशत से भी कम कचरे का निपटारा किया जाता था। आज दैनिक कचरे का लगभग 70 प्रतिशत प्रसंस्करण हो रहा है, अगला कदम इसे पूर्ण 100 प्रतिशत तक ले जाना है। जो लक्ष्य अब इन अभियानों के लिए तय किए गए हैं, उन्हें युद्ध स्तर पर पूरा करना चाहिए। विकसित व स्वस्थ देश के लिए स्वच्छता सबसे जरूरी है। हमें गाँधी जी का उदाहरण भी हमेशा सामने रखना चाहिए। गाँधी जी कहीं भी आंदोलन के लिए जाते थे, तो उनके काम की शुरुआत सार्वजनिक स्थानों पर साफ-सफ़ाई से ही होती थी। इसमें कोई शक नहीं कि सभ्य इनसान बनने की पहली सीढ़ी साफ-सफ़ाई ही है।

केन्द्र सरकार द्वारा स्वच्छता सर्वेक्षण 2021 में इंदौर ने जहाँ लगातार पाँचवीं बार पूरे देश में स्वच्छता के मामले में शीर्ष स्थान हासिल कर मिसाल कायम की है, वहीं छत्तीसगगढ़ ने लगातार तीसरी बार सबसे स्वच्छ राज्य की पदवी बरकरार रखी है। विभिन्न राज्यों और शहरों के बीच स्वच्छता को लेकर प्रतिस्पर्धा की भावना के विकास के लिए 2016 से स्वच्छ सर्वेक्षण की शुरुआत की गई थी। 2014 में स्वच्छ भारत मिशन की शुरुआत की थी। उस समय इसके दो प्रमुख उद्देश्य थे पहला खुले में शौच से मुक्ति। दूसरा देश को कचरा मुक्त बनाना। पिछले सात वर्षों में इन दोनों ही मामलों में देश कोसों आगे बढ़ चुका है। अच्छी बात यह है कि स्वच्छता को लेकर लोग जागरूक होते रहे हैं और इसके महत्त्व को समझने लगे हैं। वास्तव में स्वच्छता अभियान का पूरा दारोमदार नागरिकों पर टिका होता है और वही इसके सूत्रधार होते हैं।

स्वच्छता की चुनौती से निपटने के लिए इन दिनों हमारे देश ने जनांदोलन का रूप ले लिया है। सभी स्तरों पर और सभी तरह के अपशिष्ट के प्रबंधन, जलाशयों को पुनर्जीवित करने, चिरस्थायी अस्तित्व वाले गाँवों-शहरों और सार्वजनिक स्थानों के विकास के लिए हम में से हर किसी को जुटाना होगा। सरकारों, संस्थाओं, स्कूलों, कारपोरेट घरानों, नागरिक संगठनों, निवासी कल्याण एसोसिएशनों और पंचायतों सब- जगह इस तरह के समर्पित कार्यकर्ताओं और स्वच्छाग्रही की आवश्यकता होगी। स्वच्छता को लेकर समाज में इस तरह का व्यवस्थित व्यवहार परिवर्तन लाना हम सबका सामूहिक दायित्व है, जिसे हमें स्वस्थ राष्ट्र के निर्माण के लिए पूरा करना होगा।

स्वच्छता का घनिष्ठ संबंध मानवीय गरिमा से भी है। अथक परिश्रम करने वाले हमारे सफ़ाई कर्मियों को उनके श्रम का सम्मान दिलाना अत्यंत आवश्यक है। परिवेश को साफ-सुथरा बनाकर वे समाज के प्रति जो योगदान कर रहे हैं उसे पूरा सम्मान मिलना जरूरी है। कूड़े-करकट का जो अम्बार हम खड़ा करते जा रहे हैं, उसे कम करना होगा। जब चारों ओर का परिवेश स्वच्छ होगा तो पर्यावरण का संरक्षण भी स्वत: ही होगा।

आज हम अपने समाज को सभ्य और सुसंस्कृत कहते हैं, लेकिन अपने घरों से कूड़ा-कचरा निकालते हैं कई बार उपयोग में ला सकने वाली वस्तुओं को भी कचरे का हिस्सा बना दिया जाता है, बिना यह जानें कि हमारे द्वारा उत्पादित किए गए इस कचरे का प्रबंधन कितना मुश्किल है। भारत विश्व के सबसे बड़े कचरा उत्पादक देशों में से एक है। भारत में प्रतिवर्ष 6.2 करोड़ टन कचरा निकलता है इस आँकड़े के हिसाब से प्रतिदिन 1.7 लाख टन कचरा निकल रहा है। अकेले राजधानी दिल्ली में लगभग 1300 टन कचरा प्रतिदिन एकत्रित होता है। जनघत्व की अधिकता से जूझती दिल्ली के पास सिवाय कूड़े के पहाड़ बनाने के दूसरा रास्ता नहीं दिखता राजधानी के ओखला, भलस्वा और गाजीपुर नाम की जगहों पर कूड़े के इतने बड़े-बड़े पहाड़ बने हुए हैं कि कोई अनजान पर्यटक दूर से देखकर इनको सही का पहाड़ समझ बैठे। ऐसा भी नहीं है कि इसके लिए सरकार ने कुछ किया नहीं। कई बार इन पहाड़ों पर एकत्र कूड़े से कुछ उपयोगी सामान (सड़क और मकान निर्माण में उपयोगी वस्तुएँ) बनाने की योजना बनी कई बार इनसे निकलने वाली गैस को ऊर्जा संयंत्रों द्वारा उपयोगिता में लाए जाने के बारे में काम हुआ और कभी इनके ऊपर घास ऊगाकर हरा-भरा दिखाने का प्रयास हुआ, पर लगातार बढ़ती कचरे की मात्रा इस पर हमेशा भारी बनी रही। इस तरह कूड़े और इसमें मौजूद हानिकारक तत्त्वों का हवा के माध्यम से वातावरण में फैलना, भारी मात्रा में हानिकारक गैसों के द्वारा वातावरण प्रदूषित करना, जानवरों द्वारा इसको खा लिया जाना और बीमार पड़ जाना, इसके स्थानीय मिट्टी और जलस्तर में मिश्रित होने की दशा में खतरों का उत्पन्न होना, कई बार भार न सँभाल पाने की स्थिति में बड़ी मात्रा में कूड़े का धसक जाना और चपेट में आने वाले लोगों, कर्मियों, मकानों और मशीनों को नुकसान पहुँचाना आदि तमाम इसके कुप्रबंधन से होने वाले दुष्प्रभाव हैं। यह समस्या आज लगभग हर शहर की है। जहाँ कचरे का समुचित प्रबंधन नहीं हो रहा है। हालाँकि स्वच्छ भारत अभियान के तहत इसके लिए काम किया जा रहा है और कई शहरी क्षेत्रों में घर-घर जाकर कूड़ा एकत्र किया जा रहा है। परंतु इसके दुष्प्रभावों को रोकने के लिए सरकारी और गैर-सरकारी दोनों स्तरों पर मिलकर काम करना होगा। जिसमें नागरिकों की भूमिका अहम होगी। साथ ही हर स्तर पर रियूज व रिड्यूज यानी रिसाइकिल यानी पुन: प्रयोग, कम प्रयोग व पुनर्चक्रण को लागू करना

होगा। ऐसे में स्वच्छ भारत ने अभियान के माध्यम से देश ने स्वच्छता कि दिशा में जो कदम बढ़ाए हैं, उसे अनवरत जारी रखना ही भविष्य को सुरक्षित रखना है। जैसे-जैसे देश आर्थिक विकास की ओर बढ़ रहा है, वैसे-वैसे हमें कचरा प्रबंधन के महत्त्वपूर्ण बिन्दुओं पर भी ध्यान देना होगा। सरकार द्वारा इस दिशा में जो कार्य किये जा रहे हैं, उनकी सफलता में नागरिक भागीदरी बेहद अहम है।

पेयजल एवं स्वच्छता मंत्रालय विभिन्न राज्य मिल-जुलकर इस मिशन को एक जनांदोलन बनाने के लिए स्थानीय स्तर पर निर्वाचित प्रतिनिधियों, ज़मीनी संगठनों, गैर-सरकारी संगठनों, युवाओं, स्कूल के विद्यार्थियों, निगमों और समाज के संगठनों को शामिल करने का प्रयास कर रहे हैं। स्वच्छता के संदेश को प्रचारित करने और उसकी अपील को व्यापक करने के लिए इलेक्ट्रॉनिक और प्रिंट मास मीडिया का इस्तेमाल किया जा रहा है। बॉलीवुड सितारों और क्रिकेटरों को भी इस आंदोलन में शामिल किया जा रहा है। सुपरस्टार अमिताभ बच्चन पूरे देश में टीवी, रेडियो और आउटडोर होर्डिंग के जरिए 'दरवाजा बंद' अभियान चला रहे हैं। अक्षय कुमार ने खुले में शौच पर एक फिल्म बनाई है–'टॉयलेट-एक प्रेमकथा' जो अपने साल की सबसे बड़ी हिट फिल्म रही है। स्वच्छ भारत अभियान विश्वस्तर पर अनूठा कार्यक्रम है, जो दुनिया में स्वच्छता की किसी भी अन्य पहल से बहुत भिन्न है, व्यापकता और स्तर दोनों के लिहाज से। खुले में शौच की सदियों पुरानी प्रथा और जड़ हो चुकी आदत से लड़ने के लिए एक जनांदोलन की ज़रूरत है, जिसमें लोग स्वेच्छा से संलग्न हों।

वैश्विक जलवायु परिवर्तन एवं पर्यावरण संकट

समाज एवं स्वास्थ्य पर प्रभाव

वर्तमान दौर में हम सबसे चुनौतीपूर्ण समय से गुजर रहे हैं। एक तरफ बिमारी, तो दूसरी तरफ गरीबी। भुखमरी, बेरोज़गारी, महामारी और प्राकृतिक आपदा से हम घिर चुके हैं। इन समस्याओं को ज्यादातर हमने खुद पैदा किया है, जैसे जलवायु परिवर्तन। पर्यावरणविद दशकों पहले से आगाह कर रहे थे, तो हमने अनसुना कर दिया। मगर जब केन्द्रीय चीन के हेनान प्रांत में एक साल की बरसात ढ़ाई दिन में बरस गई, लोग मरने लगे । विज्ञान की सहायता से बने पुल, बिल्डिंग एक-एक कर धाराशाही होने लगे। पश्चिमी यूरोप तक के लोग माने बैठे थे कि बाढ़ तो तीसरे विश्व की समस्या है, आज बाढ़ से उनका जनजीवन भी अस्त-व्यस्त हो रहा है। अमेरिका के 13 प्रान्तों के अस्सी से अधिक वनों में ठनका गिरने से दावानल दहक रहा है। यदि अब भी धरती को बचाने के ठोस प्रयास नहीं किये गए इसके गंभीर परिणाम हमें भुगतने होंगे। धरती को बचाना होगा।

मानव (प्रकृति की सर्वोत्तम रचना) अपनी उत्पत्ति के शुरुआती विकास के दौरान पूर्ण रूप से प्रकृति पर आधारित होकर प्रकृति का पुजारी था अर्थात् मानव और प्रकृति के अन्योयाश्रित संबध थे। जैसे-जैसे मानव विकास की ओर बढ़ता गया, वह प्रकृति का दोहन आवश्यकता से अधिक करता गया, जिसको वह विकास हेतु अनिवार्य आवश्यकता मान बैठा परिणामस्वरूप पारिस्थितिकी तंत्र एवं पर्यावरण असंतुलित/प्रदूषित हो गये। वर्तमान परिदृश्य में यह समस्या विश्व की सर्वाधिक ज्वलंत समस्याओं में से एक है।

लगभग 9 हजार साल पहले हमारे पूर्वजों ने जब खेती शुरू की तब उपज बढ़ाने की खातिर कई उपाय किए। सिंचाई की ज़रूरतों को पूरा करने हेतु नदियों के किनारे-किनारे बसना शुरू किया। तब न ज़मीन का मोल था न ही जंगल, पहाड़ और नदियों के दोहन की नीयत थी। वहाँ खेती क्या लहलहाई बड़ी संख्या में लोग नदियों के किनारे जा बसे। बारिश आज के मुकाबले बहुत ज्यादा होती थी। लेकिन प्रकृति का प्रबंधन इतना मजबूत है कि खतरे जैसा कुछ था ही नहीं। धीरे-धीरे विकास बढ़ा जंगल

कटने, पहाड़ मिट्टियों में बदलने, बड़े-बड़े बाँध बनने, नदियों का सीना छलनी होने से तिजोरियाँ क्या भरने लगीं देखते-ही-देखते पुरातन प्राकृतिक व्यवस्थाएँ छिन्न-भिन्न होती गईं। नतीजा सामने है कि प्रकृति ने अपना नियंत्रण खो दिया। इनसान के हाथों रची विनाशलीला अपने हाथों रौद्र रूप में दिखने लगी।

भारत में लगभग 6.5 लाख गाँव हैं, जिनमें 1.70 लाख गाँव जंगल किनारे बसे हुए हैं। गाँव के करोड़ों लोगों की आजीविका इन्हीं जंगलों पर निर्भर करती है जैसे लकड़ी, ईंधन, चारा, औषधियाँ और फल इत्यादि जंगल से ही मिलते हैं। वैज्ञानिकों के अनुसार हरे-भरे जंगल हमारी पृथ्वी के फेफड़े हैं इनसे हमें ऑक्सीजन प्राप्त होती है और ऑक्सीजन की ज़रूरत को हमने कोरोना संक्रमण में सबसे ज्यादा महसूस किया है। एक जमाने में उत्तराखंड में पेड़ों को बचाने के लिए 'चिपको आंदोलन' की शुरुआत हुई थी। एक पेड़ प्रतिदिन चार लोगों को मिलने वाली ऑक्सीजन वातावरण में छोड़ता है। 1 एकड़ ज़मीन में लगे पेड़ 5 टन कार्बन ऑक्साइड सोखने की क्षमता रखते हैं। पेड़ हमें गर्मी से बचाते हैं एक पेड़ से 1 से 3 डिग्री सेल्सियस तक तापमान कम रखता है। पेड़ हमें बाढ़ से भी बचाते हैं। ये बारिश का काफ़ी पानी सोख लेते हैं, जिससे ये पानी नदियों में नहीं जाता है। पेड़ तूफानों को भी कमज़ोर करते हैं। पेड़ों की वजह से तूफानी हवाएँ धीमी पड़ जाती हैं। पेड़ों से किसी प्रापर्टी की कीमत बढ़ जाती है। जो घर पेड़ों के पास होते हैं उनकी कीमत ज्यादा होती है। औषधीय पेड़ बीमारी के उपचार में वरदान साबित होते हैं। आयुर्वेद में पेड़ों को मेडिसिन माना गया है।

आज से 1500 वर्ष पूर्व लैटिन अमेरिका के पेरू देश की नाजका सभ्यता अपने सैकड़ों वर्षों के इतिहास के बाद अचानक गायब हो गई थी। ब्रिटेन के कैंब्रिज यूनिवर्सिटी के अध्ययन के अनुसार इस सभ्यता ने अपने जंगल को काटकर कपास और मक्के की खेती शुरू कर दी थी, जिसकी वजह से वहाँ रेगिस्तानी इलाकों का इको सिस्टम नष्ट हो गया। इसी कारण वहाँ बाढ़ आयी और सभ्यता पूरी तरह नष्ट हो गयी। जंगल को काटना इस सभ्यता को बहुत महँगा साबित हुआ। आज लोग इसी बात को नहीं समझ रहे हैं और वही गलती कर रहे हैं, जो नाजका सभ्यता के दौरान हुई थी।

पृथ्वी पर अब 150 लाख वर्ग किमी में केवल 10 प्रतिशत ही हिमखंड बचे हैं। जबकि कभी यह 32 प्रतिशत भू-भाग तथा 30 प्रतिशत समुद्री क्षेत्रों में था और हिमयुग कहलाता था। सबसे बड़े ग्लेशियर सियाचीन के अलावा गंगोत्री, पिंडारी, जेमु, मिलम, नमीक, काफनी, रोहतांग, व्यासकुंड, चंद्रा, पंचचुली, सोनापानी, ढाका, भागा, पार्वती, शिरवाली, चीताकाठा, कांगतो, नंदादेवी शृंखला दरांग, जैका आदि प्रभावित हुए। जिनसे गर्मियों में जम्मू-कशमीर, सिक्किम, उत्तराखंड, हिमाचल, अरुणाचल में सुहाने मौसम का लुत्फ मिलता है। लेकिन यहाँ भी पर्यावरण विरोधी मानवीय गतिविधियों का दुष्परिणाम

दिखाई देने लगा है। वर्षा की अधिकता वाले जंगलों की अंधाधुंध कटाई से परा-बैंगनी विकिरण को सोखने और छोड़ने का संतुलन लगातार बिगड़ रहा है। प्रतिवर्ष लगभग 73 लाख हैक्टेयर जंगल उजड़ रहे हैं ज्यादा रासायनिक खाद और अत्यधिक चारा काटने से मिट्टी की सेहत, अलग बिगड़ रही है। जंगली और समुद्री जीवों का अंधाधुंध शिकार भी संतुलन बिगाड़ता है, वहीं बढ़ती जनसंख्या भी एक समस्या बनी हुई है। 20वीं सदी में दुनिया की जनसंख्या लगभग 1.7 अरब थी, अब छह गुना ज्यादा 7.5 अरब है। जल्द ही काबू नहीं पाया तो 2050 तक 10 अरब पार कर जाएगी। संयुक्त राष्ट्र संघ के आँकड़े बताते हैं कि 1990 से 2010 के बीच दुनिया की आबादी 30 प्रतिशत यानी 1.6 अरब बढ़ी है। इसमें सबसे आगे भारत ही है, जिसकी आबादी 35 करोड़ बढ़ी, जबकि चीन कि केवल 19.6 करोड़ ही बढ़ी। आबादी के अनुपात और संसाधनों की कमी डराती है। बढ़ती आबादी को रोकना तो दूर उलटा स्वार्थ पूर्ति के खातिर प्रकृति के साथ अत्याचार कई गुना बढ़ गया। नतीजा सामने है कि कहीं बाढ़, कहीं गर्मी तो कहीं सर्दी के सितम हैं। प्राकृतिक स्रोतों और संसाधनों में तेज़ी से कमी आई है। इन्हीं दुष्परिणामों के कारण पर्यावरण का संतुलन बिगड़ा, पृथ्वी की सेहत बिगड़ी, प्रकृति के नाश और मानवीय विकास के मूल के सच का रौद्र रूप दिखने लगा, जो कड़वी सच्चाई है।

वनों की कटाई के चलते वन क्षेत्र का लगातार घटते जाना बेहद चिंतनीय है। कानून और नियमों के बावजूद विकास कार्यों, आवासीय ज़रूरतों, उद्योगों व खनिज दोहन के लिए पेड़ों का कटान जारी है। इससे मानव जीवन तो प्रभावित हआ ही, मौसम चक्र और पारिस्थितिकी तंत्र भी प्रभावित हुए बिना नहीं रहा है। ऑस्ट्रेलिया की राष्ट्रीय विज्ञान एजेंसी सी.एस.आई.आर.ओ. ने खुलासा किया है कि पिछले 30 साल में जलवायु परिवर्तन के चलते जंगलों में आग लगने की घटनाओं में खासी वृद्धि हुई है। जंगल की आग के मौसम अब पहले की तुलना में लंबे होते जा रहे हैं। आग लगने की घटनाओं में 67 फ़ीसदी वृद्धि वहाँ हुई है, जहाँ पेड़ों की कटाई की गई थी। वल्ड वाइल्ड लाइफ फंड के अनुसार, ऐसे में, 2030 तक अमेज़न के 27 फ़ीसदी जंगल खतम हो जाएँगे। जंगलों में आग की बढ़ती। घटनाओं से कीट-पतंगों, पक्षियों और जानवरों की हज़ारों प्रजातियाँ नष्ट हो रही हैं। कार्बन डाईऑक्साइड से पहाड़ तप रहे हैं। नतीजतन ग्लेशियर पिघल रहे हैं। प्रदूषण बढ़ और पारिस्थतिकी तंत्र गड़बड़ा रहा है। ऑक्सीजन की ज़रूरत को 15 फ़ीसदी से भी ज्यादा ये जंगल पूरा करते हैं। जंगल में आग लगने से वायु प्रदूषण भी बढ़ा है। सी.एस.आई.आर.ओ. ने पिछले 30 साल में 3,24,000 वर्ग किलोमीटर जंगल में आग की गतिविधियों का विश्लेषण प्रकाशित किया है। उसके अनुसार 2002-2019 के बीच और 1988-2001 की तुलना में सालाना जलने वाले

जंगल का औसत क्षेत्र 800 फ़ीसदी ज्यादा था। 1988 के बाद से औसत जला हुआ इलाका सदियों में पाँच गुना और गर्मियों में दस गुना बढ़ गया है। आँकड़ों के अनुसार, 2019-20 में ऑस्ट्रेलिया में करीब 1,86,000 वर्ग किलोमीटर जंगल जलकर खाक हो गए। इसी दौरान ब्राजील में आग ने अमेज़न के बड़े हिस्से को तबाह कर दिया। इसी तरह वर्ष 2018 में पश्चिमी अमेरिका और ब्रिटिश कोलंबिया का बहुत बड़ा इलाका आग की चपेट में आकर बर्बाद हो गया था। भारत में इस साल चार जनवरी से 12 अप्रैल के बीच करीब 100 दिन में जंगलों में आग लगने के 15,170 मामले सामने आए, जो बीते वर्ष की तुलना में अधिक हैं। इनमें झारखंड, बिहार, असम, उत्तराखंड और हिमाचल प्रदेश शीर्ष पर हैं। तीसरी दुनिया के देश सबसे ज्यादा इस संकट से जूझ रहे हैं, जहाँ आबादी के बढ़ते दबाव से तेज़ी से जंगल कट रहे हैं। हिमालयी क्षेत्र में जंगल कटाई के चलते भूक्षरण की दर हर साल सात मिलीमीटर तक पहुँच गई है, जिससे कई बार नदियों और झीलों में गाद भर जाती है। जंगलों में हर साल लगने वाली आग से करोड़ों-अरबों की संपत्ति और वन्यजीव स्वाहा हो जाते हैं। फिर भी हमने कोई सबक नहीं लिया। हमारी वननीति ने हमारे सामाजिक सरोकारों को भी छिन्न-भिन्न कर दिया है। वननीति का मसौदा स्थानीय आजीविका व पर्यावरण के लक्ष्यों पर कुठाराघात करता है, जो दुखद है। एक ताज़ा अध्ययन से खुलासा हुआ है कि दुनिया में यदि जंगलों के खात्मे की यही गति जारी रही, तो वर्ष 2100 तक जंगलों का पूरी तरह सफाया हो जाएगा।

पर्यावरण अवनयन एवं मानव स्वास्थ्य पर इसका प्रभाव

पर्यावरण की गुणवत्ता में निरंतर गिरावट की स्थिति पर्यावरण अवनयन कहलाती है, जिसका नकारात्मक प्रभाव मानव जीवन सहित हमारे पारिस्थितिकी तंत्र नदी, पहाड़, समुद्रीय जीव-जन्तु इत्यादि पर देखा जा सकता है। मानव स्वास्थ्य का पर्यावरण और जलवायु परिवर्तन से गहरा ताल्लुक है। पिछले कई वर्षों में कई बीमारियाँ फैली हैं और पुरानी बीमारियाँ फिर से सिर उठाने लगी हैं। इसके लिए मानव का प्राकृतिक संसाधनों का अंधाधुध दोहन, एक बहुत बड़ा कारण है। जब जंगलों की कटाई और अतिक्रमण होता है तो बीमारी के कारक ऐसे सूक्ष्म जीवों का मनुष्यों से सामना होता है जो तब तक लोगों से दूर जंगलों तक सीमित थे। पेड़ों को काटने और प्राकृतिक संसाधनों के अंधाधुध दोहन से होने वाले जलवायु परिवर्तन और तापमान वृद्धि का नतीजा है कि कई देशों में परिस्थितियाँ बीमारी फैलाने वाले सूक्ष्म जीवों के अनुकूल बनती जा रही हैं। जलवायु परिवर्तन के कारण चरम मौसमी घटनाएँ जैसे कि लू, शीतलहर, तूफान, चक्रवात और बाढ़ों की दर और गंभीरता भी बढ़ती जा रही है। इन सबके अप्रत्यक्ष स्वास्थ्य प्रभावों में पानी और मच्छरों से फैलने वाली बीमारियों का बढ़ना, मानसिक

स्वास्थ्य समस्याएँ और अस्पतालों तथा स्वास्थ्य केन्द्रों को ढाचागत क्षति के रूप में देखने को मिलता है। उत्तराखंड, ओडिसा और केरल समेत भारत के कई राज्यों में इसके प्रत्यक्ष उदाहरण नियमित रूप से देखने को मिलते हैं। जलवायु परिवर्तन पिछले कुछ दशकों में एक बड़ी चुनौती के रूप में पहचाना गया है। विश्व स्तर पर समुद्र के बढ़ते स्तर के कारण छोटे द्वीपों पर जीवन खतरे में है। पर्यावरणीय खतरे भी बड़े पैमाने पर विस्थापन का कारण बनते जा रहे हैं। यदि हम इस अवसर पर नहीं उठे तो यह पृथ्वी कुछ दशकों में रहने योग्य स्थान नहीं रहेगी। इसी चिंता को देखते हुए 1994 से प्रतिवर्ष संयुक्त राष्ट्र के तत्त्वाधान में पर्यावरण सम्मेलनों का आयोजन किया जा रहा है। इन सम्मेलनों को 'जलवायु परिवर्तन पर संयुक्त राष्ट्र फेमवर्क कन्वेंशन' भी कहा जाता है। क्योटो, जापान में आयोजित पर्यावरण सम्मेलन में एक संधि पर हस्ताक्षर किए गए, जिसे 'क्योटो प्रोटोकोल' के रूप में जाना जाता है। (2012 में दोहा में पर्यावरण सम्मेलन में संशोधन के साथ) जिसके अनुसार देशों ने ग्रीन हाउस गैसों के उत्सर्जन को कम करने के लक्ष्य की घोषणा की क्योटो प्रोटोकाल आखिर ऐसा समझौता था, जिसमें विकसित देशों ने ग्रीन हाउस गैसों के उत्सर्जन को कम करने की अपनी जिम्मेदारी स्वीकार की थी। और कम विकसित और विकासशील देशों को कुछ समय के लिए इन गैसों के उत्सर्जन को कम करने की जिम्मेदारी से छूट दी गई थी। 2015 के पैरिस पर्यावरण सम्मेलन के बाद, भारत ने एकतरफा ग्रीन हाउस गैसों के उत्सर्जन को कम करने का संकल्प लिया। भारत ने यह भी स्पष्ट कर दिया कि विकसित देशों को आत्मनिरीक्षण करना चाहिए और समझना चाहिए कि वर्तमान पर्यावरणीय संकट का कारण उन देशों द्वारा अनियंत्रित खपत है, जो इस तथ्य में परिलक्षित होता है कि अकेले अमेरिका और यूरोप-जहाँ दुनिया की कुल आबादी का केवल 14 प्रतिशत रहता है-पिछले 100 वर्षों में ग्रीन हाउस गैस उत्सर्जन का 50 प्रतिशत हिस्सा है। आज भी भारत में प्रति व्यक्ति ग्रीन हाउस गैसों का उत्सर्जन केवल 1.77 मीट्रिक टन है, जबकि अमेरिका में यह 14.24 मीट्रिक टन और इंग्लैण्ड में 4.85 मीट्रिक टन है और चीन में भी ग्रीन हाउस गैसों का प्रति व्यक्ति उत्सर्जन है 7.41 मीट्रिक टन। विकसित देशों में अत्यधिक ग्रीन हाउस गैस उत्सर्जन का मुख्य कारण बेकार और गैर-जिम्मेदार खपत है, जो उनकी जीवन-शैली के कारण है। विकसित देश आज यह मानने को तैयार नहीं हैं कि वर्तमान पर्यावरण संकट उनकी जीवन-शैली में बदलाव न करने की जिद के कारण है।

वैज्ञानिकों ने जलवायु परिवर्तन के एक नए खतरे का पता लगाया है। शोधकर्ताओं का मानना है कि जलवायु परिवर्तन से इनसान का कद घट रहा है और दिमाग सिकुड़ रहा है। लाखों साल में जलवायु परिवर्तन का असर इनसान पर पड़ रहा है। क्रैंब्रिज

और टेबिनीज यूनिवर्सिटी के शोधकर्ताओं ने पूरी दुनिया में इनसानों के 300 जीवाश्मों को जाँचकर शोध किया है। यह शोध 'नेचर कम्यूनिकेशन' में छपा है।

अमेरिका में हावर्ड मेडिकल स्कूल में पढ़ाने वाले डॉक्टर गौरव बासु के अनुसार साल 2020 की एक स्टडी ने दिखाया कि गर्मी और वायु प्रदूषण बच्चे पर पैदा होने से पहले ही असर डाल सकते हैं। इससे प्री-मैच्योर बच्चे पैदा हो सकते हैं, जो पहले से बीमार हों। वायु प्रदूषण का संपूर्ण विकास पर असर होता है। बच्चों को अस्थमा जैसी साँस की परेशानियाँ हो सकती हैं। उन पर गर्मी और नमी का असर होता है। जलवायु बदलने से मलेरिया और डेंगू जैसी बीमारियाँ भी होती हैं जो बच्चों को भी चपेट में ले लेती हैं। भारत में जलवायु परिवर्तन का असर गरीब बच्चों पर काफ़ी देखा जाता है या उन पर जो तटीय इलाकों में रहते हैं। वहाँ तूफान भी काफ़ी आते हैं। अमेरिका में ऐसे इलाकों में बाढ़ सबसे पहले गरीबों पर असर डालती है। जब चरम मौसम की मार पड़ती है तो बच्चों, खासकर लड़कियों की पढ़ाई, पोषण और सुरक्षा पर भी चोट होती है। जलवायु परिवर्तन इस मायने में बच्चों में खाई पैदा कर रहा है। अमेरिका में जो गरीब हैं, वे वायु प्रदूषण ज्यादा झेलते हैं। कोयला प्लांट गरीबों के रहने की जगहों के पास होते हैं। बच्चों पर इसका बहुत असर पड़ता है। एक आँकड़े के मुताबिक दुनिया के सबसे ज्यादा प्रदूषित 40 शहरों में से 32 भारत में हैं। अमीर लोग एयर प्यूरीफ़ायर खरीद सकते हैं लेकिन गरीब परिवार नहीं ले सकते। मैंने चाइल्ड इन नीड इंस्टीट्यूट (CINI) के साथ साल 2009 में भारत में बच्चों और महिलाओं की सेहत पर काम किया था। तब भी इस बात पर जोर दिया गया था। जब अम्फान तूफान आया तो उसका असर बंगाल के तटीय इलाके पर दिखा। गरीब बच्चों पर इसका असर लंबे वक्त तक देखा जाएगा। 'हार्वर्ड स्कूल ऑफ पब्लिक हेल्थ' ने एक स्टडी में पाया कि भारत में क्लाइमेट ऐक्शन के नतीजे किसी भी देश से अच्छे हैं।

केंद्रीय भू-जल बोर्ड की रिपोर्ट के अनुसार देश के अठारह राज्यों के दो सौ उनचास जिलों का भू-जल खारा है, जबकि तेईस राज्यों के तीन सौ सत्तर जिलों में सामान्य मानक से अधिक क्लोराइड पाया गया। इक्कीस राज्यों के एक सौ चौवन जिलों में आर्सेनिक की शिकायत है। इसी तरह कैडमियम 24 जिलों के भू-जल में, 94 जिलों में लेड, 41 जिलों में आयरन और 23 राज्यों के 423 जिलों के भू-जल में नाइट्रेट की मात्रा सामान्य से अधिक मिली। कृषि प्रधान राज्य उत्तर प्रदेश के 59, पंजाब के 19, हरियाणा के 21 जिलों और मध्य प्रदेश के 51 जिलों के भू-जल में नाइट्रेट की मात्र अधिक पाई गई है। बता दें कि इन जिलों में रासायनिक खादों के अंधाधुंध प्रयोग और सिंचाई की अवैज्ञानिक तकनीक के चलते यह समस्या पैदा हो रही है। जल में बढ़ती नाइट्रेट की मात्रा पाचन क्रिया और साँस लेने की तकलीफ को बढ़ा

रही है। संसद में पूछे गए सवाल के जवाब में जल शक्ति मंत्रालय ने केंद्रीय भू-जल आयोग की रिपोर्ट के आधार पर भू-जल प्रदूषण का ब्यौरा दिया। इसके अनुसार देश के चार सौ से अधिक जिलों के भू-जल में घातक रसायन घुलने से पीने के स्वच्छ और शुद्ध जल का गंभीर संकट पैदा हो गया है। कई जिलों के भू-जल में जहाँ पहले से ही क्लोराइड, आर्सेनिक, आयरन और भारी तत्त्व निर्धारित मानक से अधिक था, वहीं ज्यादातर जिलों में नाइट्रेट और आयरन की मात्रा बढ़ रही है। भू-जल में नाइट्रेट बढ़ने के पीछे मानवजनित अतिक्रमण को जिम्मेदार बताया गया है। ध्यातव्य है कि उन राज्यों के भू-जल में नाइट्रेट ज्यादा बढ़ रहा है, जहाँ सघन खेती में रासायनिक खाद का अंधाधुंध प्रयोग हो रहा है। यू.एन.ओ. की ताज़ा रिपोर्ट बताती है कि विश्व की आधी आबादी को सुरक्षित पेयजल उपलब्ध नहीं हो पा रहा है। भारत में तो स्थिति और अधिक भयावह है। ऐसी विकट परिस्थितियों में भू-जल में नाइट्रेट की मात्रा का बढ़ना चिंताजनक है। हालाँकि लोकसभा में लिखित उत्तर में मंत्रालय ने बताया कि 24 सितंबर, 2020 की एक अधिसूचना के अनुसार राष्ट्रव्यापी भू-जल की गुणवत्ता के लिए कई सख्त प्रावधान किए गए हैं, जिनमें सीवेज ट्रीटमेंट प्लांट स्थापित करना और जलाशयों और नदियों में गंदा पानी डालने के सारे स्रोतों को बंद करना शामिल है। इसी अधिसूचना के तहत केंद्र और राज्य सरकारें संयुक्त रूप से जल जीवन मिशन का संचालन कर रही हैं। स्वास्थ्य संगठन के अनुसार लगभग अस्सी फ़ीसदी रोगों का कारण जल है। बढ़ती जनसंख्या, शहरीकरण तथा औद्योगीकरण जैसे मानवीय कारणों ने हमारे पर्यावरण को प्रदूषित कर दिया है। भू-जल, जो कि देश में जलापूर्ति का एक प्रमुख स्रोत है। इसमें नाइट्रेट की उपस्थिति चिंताजनक है। नाइट्रेट, नाइट्रोजन तथा ऑक्सीजन के संयोग से बने हुए कई ऐसे यौगिक होते हैं, जो मानव के उपभोग हेतु अनेक खाद्य पदार्थों विशेषत: सब्जियों, मांस और मछलियों में पाए जाते हैं। देखा गया है कि नाइट्रेट की जल में अत्यधिक घुलनशीलता तथा मृदा की कम धारण क्षमता के कारण अति सिंचाई या अति वर्षा से खेतों में से बहता पानी अपने साथ नाइट्रेट को भी बहाकर कुँओं, नालों एवं नहरों में ले जाता है। इस प्रकार मनुष्य और पशुओं के पीने का पानी नाइट्रेट द्वारा प्रदूषित हो जाता है। पिछले वर्षों में देश में नाइट्रोजनीय उर्वरकों की खपत भी बहुत बढ़ी है। देश के कई स्थानों के वैज्ञानिकों ने भू-जल में बढ़ती हुई नाइट्रेट सांद्रता का प्रभावी कारक नाइट्रोजन उर्वरक को ही माना है। ग्रामीण क्षेत्रों में संतुलित उर्वरक की अपेक्षा लोग मात्र नाइट्रोजन उर्वरक का उपयोग करते हैं, जिससे ऐसी स्थिति पैदा हुई है। दरअसल, नाइट्रेट स्वयं स्वास्थ्य पर कोई प्रतिकूल प्रभाव नहीं डालता है, पर इससे नाइट्राइट में अपचयन से निश्चित रूप से इसकी अत्यल्प मात्रा भी घातक हो जाती है। नाइट्रेट जब जल या भोजन के माध्यम से शरीर में प्रवेश करता है तो मुँह तथा आँतों में स्थित जीवाणुओं द्वारा नाइट्राइट में परिवर्तित कर दिया जाता है,

जो कि सशक्त ऑक्सीकारक होता है। यह रक्त में विद्यमान हीमोग्लोबीन में उपलब्ध लौह के फैरस रूप को फैरिक में बदल देता है। इस प्रकार हीमोग्लोबिन मैथमोग्लोबिन में बदल जाता है, जिसके कारण हीमोग्लोबिन अपनी ऑक्सीजन परिवहन की क्षमता खो देता है। अत्यधिक रूपांतरण की स्थिति में आंतरिक श्वास-अवरोध हो सकता है, जिसके लक्षण चमड़ी तथा म्यूकस झिल्ली के हरे-नीले रंग से पहचाने जा सकते हैं। इसे ब्ल्यू बेबी या साइनोसिस भी कहते हैं। छोटे बच्चों में यह रूपांतरण दुगुनी गति से होता है क्योंकि वे मैथमोग्लोबिनमिया के प्रति अधिक संवेदनशील होते हैं। रूस के वैज्ञानिकों (पैटूकोव तथा इवानोव) ने नाइट्रेट विषाक्तता से केंद्रीय तंत्रिका तंत्र को प्रभावित करने के परिणाम भी देखे हैं। उन्होंने रूसी बच्चों में ये प्रभाव 105 से 182 मिलीग्राम प्रति लीटर नाइट्रेट सांद्रण में ही प्रेक्षित किए हैं। इसी प्रकार पेयजल में उच्च नाइट्रेट सांद्रण से हृदय संवाहनी तंत्र पर भी प्रतिकूल प्रभाव देखे गए हैं। अनुसंधानों से पता चला है कि उच्च नाइट्रेट युक्त जल तथा जठर कैंसर में गहरा संबंध होता है। जल में बढ़ती नाइट्रेट की मात्रा मवेशियों के स्वास्थ्य पर भी प्रतिकूल प्रभाव डालती है। एक अध्ययन से पता चला है कि दुधारू मवेशियों जैसे गाय, भैंस, बकरी आदि में नाइट्रेट विषाक्तता देखी गई है। जई, बाजरा, मक्का, गेहूँ जौ, सूडान ग्रास तथा राई, पास ऐसे पौधे हैं, जिनमें नाइट्रेट की मात्रा अधिक होती है। अगर चारे को ऐसी भूमि में उगाया जाए, जिसमें कार्बनिक तथा नाइट्रोजन तत्त्व अधिक हों और नाइट्रोजन उर्वरक अधिक मात्रा में प्रयोग किए गए हों या जल्दी में यूरिया जैसे उर्वरक का छिड़काव किया गया हो तो ऐसी स्थिति में चारे में नाइट्रेट विषाक्तता अधिक हो जाती है। नाइट्रेट विषाक्तता पशुओं में जठर आंत्रशोध उत्पन्न करता है। चरागाह में चरते हुए पशुओं की इस कारण अचानक मृत्यु भी देखी गई है। भारतीय पशु चिकित्सा अनुसंधान संस्थान इज्जतनगर (बरेली) के वैज्ञानिकों ने पारा पास खाने से बछड़ों में अति तेज़ नाइट्रेट विषाक्तता और बकरियों में चिरकारी नाइट्रेट विषाक्तता लक्षित की है। देश के शुष्क क्षेत्रों में अत्यधिक नाइट्रेट युक्त जल गर्मियों के दिनों में प्यासे पशु जब एक साथ अधिक पानी पी लेते हैं तो उनमें नाइट्रेट विषाक्तता उत्पन्न हो जाती है, जो कभी-कभी उनकी मृत्यु का कारण भी बन जाती है। अब सवाल है कि जल में बढ़ती नाइट्रेट की मात्रा को कैसे कम किया जाए? जल में नाइट्रेट की उपस्थिति पर सरकार की गंभीर नज़र क्यों नहीं आ रही? कृषि प्रधान देशों में नाइट्रेट प्रदूषण एक बड़ी समस्या बन चुकी है, जिसका उन्मूलन नितांत आवश्यक है। जल संसाधन मंत्रालय को केंन्द्रीय प्रदूषण नियंत्रण बोर्ड के सहयोग से डार्क ब्लॉक्स में स्थित गंभीर रूप से प्रदूषित क्षेत्रों को चिह्नित करने के लिए कारगर तंत्र को विकसित करना चाहिए। सभी राज्य प्रदूषण नियंत्रण बोर्डों को उपयुक्त और प्रभावी निगरानी तंत्र गठित करना चाहिए। आज जल का संक्षण हमारा विशेष मुद्दा या सरोकार होना चाहिए, जिससे इस समस्या को विकराल रूप धारण करने से रोका जा सके।

वायु प्रदूषण : जीवन या मृत्यु का वरण

आज भारत के लगभग हर छोटे-बड़े शहर की जलवायु इतनी जहरीली हो चुकी है कि उससे हर साल करीब 17 लाख लोगों की मौत होने लगी है। यह आँकड़ा द लैंसेट पत्रिका का है। वहीं हार्वर्ड के एक शोध के अनुसार भारत में हर तीसरी मौत वायु प्रदूषण से हो रही है। वायु प्रदूषण में कोयला बिजलीघरों, विमानों, पेट्रोल-डीजल वाहनों, भवन निर्माण की धूल और खेतों में जलने वाली पराली, सबका हाथ है।

वायु प्रदूषण का सीधा संबंध उससे है, जो हम जलाते हैं। साल 2019-20 में ऊर्जा की ज़रूरत के लिए देश में 183 करोड़ टन जीवाश्म एवं बायोमास ईंधन जलाए गए। करीब 10 करोड़ टन पराली इत्यादि। कृषि संबंधी अपशिष्ट पदार्थ जलाए गए इसके अलावा एक से डेढ़ करोड़ टन नगरपालिकाओं के द्वारा एकत्र कचरा भी जलाया गया। इस तरह वायु प्रदूषण में कोयला और बायोमास का योगदान करीब 85 प्रतिशत है, जबकि पैट्रोल और डीजल का योगदान केवल 10 प्रतिशत तक है लेकिन पूरा फोकस कोयला बायोमास के बजाय पैट्रोलियम उत्पादों पर ही ज्यादा होता है।

वायु प्रदूषण में बड़ा हिस्सा पार्टिक्यूलेट मीटर (पी.एम.) का है। पार्टिक्यूलेट मीटर यानी वह जो सूक्ष्म कणों के तौर पर वायु मण्डल में घूमते रहते हैं। इन दिनों पी.एम. 2.5 की बड़ी चर्चा है। पी.एम. 2.5 ऐसे कण होते हैं, जिनका व्यास 2.5 माइक्रोमीटर से कम हो। ये खतरनाक इसलिए माने जाते हैं क्योंकि ये फेफड़ों में काफ़ी गहराई तक धँसकर नुकसान पहुँचाते हैं। धूल अब पी.एम. 2.5 का बड़ा स्रोत बन गई है। दिल्ली में 20-30 प्रतिशत पी.एम. 2.5 धूल की वजह से होती है। इसकी मुख्य वजह यही है कि हमारे यहाँ तेज़ी से मरुस्थलीकरण हो रहा है। निर्माण कार्यों से भी धूल बढ़ रही है।

भारत में वायु गुणवत्ता की निगरानी के लिए देशभर में करीब 100 मॉनिटरिंग स्टेशन बनाए गए हैं। इनमें अधिकांशत: शहरी क्षेत्रों में ही स्थित हैं। ग्रामीण क्षेत्रों में करीब 20 से 30 स्टेशन हैं। और उनमें भी अधिकांशत: पंजाब में हैं। मॉनिटरिंग स्टेशनों की कमी के कारण ग्रामीण क्षेत्रों में हवा की गुणवत्ता का मुद्दा दबा ही रह जाता है, जबकि कई रिपोर्ट्स जो सैटेलाइट के माध्यम से तैयार की गई हैं वे बता रही हैं कि ग्रामीण क्षेत्रों में वायु प्रदूषण की समस्या शहरों की तरह ही गंभीर होती जा रही है।

अब हमें इस पर विचार करना है कि शहर में वायु प्रदूषण के स्रोत क्या हैं? उत्सर्जन भंडार पर दो प्रमुख शोध हुए हैं। विभिन्न कारकों की हिस्सेदारी अलग-अलग हो सकती है मगर कमोबेश वाहनों की आवाजाही, उद्योग एवं बिजली संयंत्र, धूल और कूड़ा जलाना प्रदूषण के प्रमुख स्रोत हैं। यह भी स्पष्ट है कि पड़ोसी राज्यों उत्तरप्रदेश और हरियाणा से प्रदूषित वायु, दिल्ली आती है। दिल्ली से भी इन

राज्यों की ओर खतरनाक हवा बहती है। इसे ध्यान में रखते हुए प्राण नियंत्रण के लिए आपसी सहयोग एवं मदद चाहिए। हमें समझना चाहिए कि प्रदूषण के लिए सभी जिम्मेदार हैं। हमें प्रदूषण के इन स्रोतों की रोकथाम के लिए एक कार्य-योजना तैयार करनी होगी। हमें यह नहीं भूलना चाहिए कि दिल्ली में वायु प्रदूषण की समस्या दूर करने के लिए काफ़ी कदम उठाए गए हैं। एक व्यापक और ज़रूरत के हिसाब से बदलने वाली योजना भी तैयार की गई है। इसमें किसी खास स्रोत के बारे में पता लगते ही इसके ख़िलाफ़ कदम उठाना भी शामिल है। उदाहरण के लिए सरकार ने उत्सर्जन गुणवत्ता में सुधार के लिए वाहनों में नई तकनीक लाने की पहल की है। जैसे बड़े वाहनों के लिए सख्त नियम बनाए गए हैं। सार्वजनिक परिवहन की स्थिति में सुधार के लिए मेट्रो परियोजना के चौथे चरण को आंशिक अनुमति दी जा चुकी है। पड़ोसी राज्यों से निजी वाहनों की अवाजाही पर अंकुश लगाने के लिए यह कदम उठाया गया है। दिल्ली का आखिरी कोयला चलित बिजली संयंत्र बंद किया जा चुका है और औद्योगिक क्षेत्रों में भी कोयले का इस्तेमाल रोक दिया गया है। वैसे शहर के अनाधिकृत क्षेत्र में कोयले का इस्तेमाल आज भी हो रहा है, औद्योगिक क्षेत्रों में हज़ारों बॉयलर कोयले से चलते हैं। हमें यह भी समझना होगा कि अब तक उठाए गए कदमों का क्या असर हुआ है। पिछले कुछ योजनाओं से यह देखने का चलन शुरू हुआ कि वर्ष में कितने दिन वायु गुणवत्ता संतोषजनक श्रेणी में रहती है। 2018 में ऐसे दिनों की संख्या 101 थी, जो 2020 में बढ़कर 174 हो गई। गंभीर वर्ग श्रेणी में आने वाले दिनों की संख्या 2018 में 28 थी, जो 2020 में कम होकर 20 रह गई है। यह सुधार किसी भी मानक के लिहाज से पर्याप्त नहीं है। मगर हम तो वायु गणुवत्ता में सुधार के लिए प्रयास कर रहे हैं इसलिए निरंतर स्थिति सुधरी, तो यह हमारे हक में है। हवा साफ नहीं है मगर साल के कई दिनों में यह तुलनात्मक रूप से अधिक संतोषजनक रहती है। प्रदूषण स्तर घटाने के लिए काफ़ी कुछ किए जाने की ज़रूरत है ताकि वायु की गति धीमी पड़ने के बाद भी ठंड हवा नुकसानदेह न रहे और हम सभी स्वच्छ हवा में साँस ले पाएँ। स्वयं को दोबारा तरो-ताज़ा करने के लिए हवा को एक अनुकूल स्थिति की ज़रूरत होती है। इस मोर्चे पर हमें वन रणनीति में क्रांतिकारी बदलाव लाने होंगे। इस पूरे क्षेत्र में कोयले का इस्तेमाल रोकने से लेकर सार्वजनिक परिवहन के साधनों को पर्यावरण के अनुकूल बनाने की दिशा में हमें गंभीरता से काम करना होगा। अन्यथा हम पूरे वर्ष निष्क्रिय रह जाएँगे और जाड़े में दिल्ली प्रदूषण के गंभीर खतरे का शिकार होते रहेगी।

दिल्ली राज्य प्रदूषण नियंत्रण केन्द्र डी.पी.सी.सी. के रियल टाइम डाटा से यह सामने आया है कि राजधानी में कई जगह एनओ 2 का स्तर चार गुना बढ़ा हुआ है।

यह हालात तब है, जब दिल्ली में डीजल से चलने वाले वाहनों की आमद पर पाबंदी लगी हुई है। हम पी.एम. 10 और 25 पर चिंतित हैं, जबकि एन.ओ. 2 का इस तरह बढ़ना उससे भी ज्यादा खतरनाक है। ग्रामीण क्षेत्रों में नाइट्रोजन ऑक्साइड के बढ़ने का कारण खेती में अंधाधुंध रासायनिक खाद का इस्तेमाल मवेशी पालन आदि के कारण होता है, लेकिन बड़े शहरों में इसका मूल कारण निरापद या ग्रीन फ्यूल कहे जाने वाले सी.एन.जी. वाहनों का उत्सर्जन है। नाइट्रोजन की ऑक्सीजन के साथ गैसें जिन्हें 'आक्साइड ऑफ नाइट्रोजन' कहते हैं, मानव जीवन और पर्यावरण के लिए उतनी ही नुकसानदेह हैं, जितनी कार्बन-डाइऑक्साइड या मोनो ऑक्साइड। यूरोप में हुए शोध बताते हैं कि सी.एन.जी. वाहनों से निकलने वाले नैनो मीटर आकार के बेहद बारीक कण, कैंसर, अल्जाइमर और फेफड़ों के रोग को खुला न्यौता है। पूरे यूरोप में इस समय सुरक्षित ईंधन के रूप में वाहनों में सी.एन.जी. के इस्तेमाल पर शोध चल रहे हैं। विदित हो कि यूरो 6 स्तर के सी.एन.जी. वाहनों के लिए भी कण उत्सर्जन की कोई अधिकतम सीमा तय नहीं है और इसलिए इससे उपज रहे वायु प्रदूषण और उसके मनुष्य के जीवन पर कुप्रभाव और वैश्विक पर्यावरण को हो रहे नुकसान को नज़रअंदाज़ किया जा रहा है। पर्यावरण मित्र कहे जाने वाले इस ईंधन से बेहद सूक्ष्म, लेकिन घातक 2.5 नैनोमीटर का उत्सर्जन पैट्रोल-डीजल वाहनों की तुलना में 100 गुना अधिक है। खासकर शहरी यातायात में जहाँ वाहन धीरे चलते हैं। भारत जैसे गर्मी वाले परिवेश में सी.एन.जी. वाहन उतनी ही मौत बाँट रहे हैं, जितनी डीजल गाड़ियाँ नुकसान पहुँचा रही थीं। महज कार्बन के बड़े पार्टिकल कम हो गए हैं। ये वाहन प्रति किमी संचालन में 66 मिलीग्राम तक अमोनिया उत्सर्जन करते हैं जो ग्रीन हाउस गैस है, जिसकी भूमिका ओजोन को नष्ट करने में है। यह सच है कि अन्य ईंधन वाले वाहनों की तुलना में सी.एन.जी. वाहनों में पार्टिकुलर मैटर 80 प्रतिशत और हाइड्रो कार्बन 35 प्रतिशत कम उत्सर्जित होता है, लेकिन इसमें कार्बन मोनो ऑक्साइड उत्सर्जन 5 गुना अधिक होता है। शहरों में स्मोग और पर्यावरण में ओजोन परत के लिए यह गैस अधिक घातक है।

ब्रिटिश कोलंबिया विश्वविद्यालय के एक अध्ययन में वाहनों में सी.एन.जी. के इस्तेमाल के कारण ग्रीन हाउस गैसों कार्बन-डाइऑक्साइड और मीथेन के प्रभावों पर शोध किया गया, तो सामने आया कि इस तरह के उत्सर्जन में 30 प्रतिशत की वृद्धि हुई है, इन गैसों के कारण वायुमण्डलीय तपन में। सी.एन.जी. भी पैट्रोल ईंधन की तरह जीवाश्म ईंधन ही है। यह भी स्वीकार करना होगा कि ग्रीन हाउस गैसों की तुलना में ऐरोसोल अल्पकालिक होते हैं, उनका प्रभाव अधिक क्षेत्रीय होता है और उनके शीतलन और ताप प्रभाव की सीमा अभी भी अनिश्चित है, जबकि ग्रीन हाउस गैसों से होने वाला नुकसान वैश्विक है। यह सवाल कि जब डीजल-पैट्रोल भी खतरनाक

है और उसका विकल्प बना सी.एन.जी. भी, साथ ही दुनिया को बनाए रखने के लिए इस समय अधिक-से-अधिक ऊर्जा की ज़रूरत है। आधुनिक विकास की अवधारणा बगैर इंजन की तेज़ गति के संभव नहीं उसके लिए ईंधन फूँकना ही होगा। इन दिनों शहरी वाहनों में वैकल्पिक ऊर्जा के रूप में बैटरी चालित वाहन लाए जा रहे हैं, लेकिन यह याद नहीं रखा जा रहा कि कोयला या परमाणु से बिजली पैदा करना पर्यावरण के लिए उतना ही जहरीला है, जितना डीजल-पैट्रोल फूँकना। बस जीवाश्म ईंधन की उपलब्धता की सीमा है। यह याद रखना जरूरी है कि खराब हुई बैटरी से निकला तेजाब और सीसा अकेले वायु को ही नहीं, बल्कि धरती को भी बाँझ बना देता है। सौर ऊर्जा को निरापद कहने वाले यह नहीं बता पा रहे हैं कि बीते एक दशक में सारी दुनिया में जो सौर ऊर्जा के लिए स्थापित परावर्तकों की उम्र बीत जाने पर उसे कैसे निपटाया जाए। चूँकि उसमें कैडमियम जैसी ऐसी धातु है, जिसे लावारिस छोड़ना प्रकृति के लिए नुकसानदेह होगा। लेकिन उस कचरे के निराकरण के लिए कोई उपाय नहीं बने। सी.एन.जी. से निकली नाइट्रो ऑक्साइड गैस अब मानव जीवन के लिए खतरा बनकार उभर रही है। दुर्भाग्य है कि हम आधुनिकता के जंजाल में उन खतरों को पहले नज़रअंदाज़ करते हैं, जो आगे चलकर भयानक हो जाते हैं। प्रकृति प्रदत्त ऊर्जा, हवा और पानी का कोई विकल्प नहीं है। लिहाजा नैसर्गिकता से अधिक पाने का कोई भी उपाय मानव को दुख ही देगा।

देश का पहला प्रदूषण नियंत्रण टावर भी नोएडा के विभिन्न सैक्टरों में प्रदूषण नियंत्रण करने में नाकाम साबित हो रहा है। दिसम्बर 2021 में नोएडा का एयर क्वॉलिटी इंडेक्स 422 रिकॉर्ड किया गया। यह टावर एक वर्ग कि परिधि में प्रदूषण को नियंत्रण करने में मदद करने हेतु लगाया गया। इस टावर के संचालन में प्रतिवर्ष 37 लाख खर्च किए जा रहे हैं। हालाँकि यह अभी ट्रायल बेस पर चलाया जा रहा है। प्रदेश का सबसे दूषित शहर नोएडा जहाँ साँस लेना तक दूभर हो गया है। दिल्ली के उपमुख्यमंत्री मनीष सिसोदिया ने दिल्ली टैक्निकल यूनिवर्सिटी के आठवें दीक्षांत समारोह में छात्रों को संबोधित करते हुए कहा, कि वे दिल्ली में प्रदूषण की समस्या को खतम करने के उपायों पर रिसर्च करें। ताकि यहाँ के लोगों का जीवन बेहतर हो सके।

वास्तव में वायु प्रदूषण की समस्या हमारी जीवनशैली में इस प्रकार शामिल हो गयी है कि इसे हम एक समस्या के तौर पर नहीं देखते। देश के कई शहर एक तरह से 'गैस चैम्बर' में तब्दील हो चुके हैं। इन शहरों में आधुनिक जीवन की चकाचौंध तो है लेकिन इनसानी जीवनशैली बदतर हो चुकी है। वायु प्रदूषण एक बड़े सार्वजनिक स्वास्थ्य जोखिम के रूप में सामने आया है कई अनुसंधानों से यह तथ्य सामने आया है कि प्रदूषित इलाकों में लगातार रहने से बीमारियाँ बढ़ती हैं और जीवन प्रत्याशा घटने

लगती है। ऐसा ही एक शोध 'कार्डियोवैस्कुलर रिसर्च जर्नल' में छपा है शोधकर्ताओं का कहना है, कि वायु प्रदूषण के चलते पूरे विश्व में जीवन प्रत्याशा औसतन तीन वर्ष तक कम हो रही है। जो अन्य बीमारियों के कारण जीवन प्रत्याशा पर पड़ने वाले असर की तुलना में अधिक है। जैसे तंबाकू के सेवन से जीवन प्रत्याशा में लगभग 2.2 वर्ष, एड्स से 0.7 वर्ष, मलेरिया से 0.6 वर्ष और युद्ध के कारण 0.3 वर्ष की कमी आती है। बीमार, युद्ध और किसी भी हिंसा में मरने वालों से कहीं अधिक संख्या वायु प्रदूषण से मरने वालों की है। जबकि इस अपराध के लिए किसी खास व्यक्ति या संस्था को दोषी नहीं ठहराया जा सकता है। वायु प्रदूषण एक धीमे जहर की तरह मानव के स्वास्थ्य व संसाधन को नुकसान पहुँचाता है। पिछले दो दशक के दौरान भारत में वायु प्रदूषण बयालीस प्रतिशत तक बढ़ा है। विश्व स्वास्थ्य संगठन के अनुसार 84 प्रतिशत भारतीय उन इलाकों में रह रहे हैं, जहाँ वायु प्रदूषण डब्ल्यू.एच.ओ. के निर्धारित मानकों से कहीं अधिक है। वहीं वायु गुणवत्ता जीवन सूचकांक रिपोर्ट के अनुसार प्रदूषित इलाकों में रहने वाले भारतीय पहले की तुलना में औसतन पाँच साल कम जी रहे हैं। वायु प्रदूषण दिल व फेफड़े की बीमारियों और कैंसर जैसी बीमारियों को जन्म देता है। भारत में साठ वर्ष से अधिक आयु के लोगों की मृत्यु पचहत्तर फ़ीसदी मौतें सिर्फ़ वायु प्रदूषण से होने वाली बीमारियों के कारण होती हैं। जीवन प्रत्याशा घटने से लोग पहले की तुलना में कम और अस्वस्थ जीवन व्यतीत करते हैं। आमतौर पर वायु प्रदूषण की चर्चा होने पर हम केवल शहरों की ओर ही देखते हैं। क्योंकि वहाँ उद्योगों व गाड़ियों की भरमार दिखती है। लेकिन प्रदूषण के जिस स्वरूप की ओर ध्यान नहीं दिया जाता वह है, घर की चौखट के अंदर फैला प्रदूषण। हालाँकि इस मामले में शहरों और गाँवों की स्थिति समान ही है। लेकिन जलावन के परम्परागत स्रोतों पर निर्भरता के कारण गाँवों में घरेलू वायु प्रदूषण की स्थिति कहीं ज्यादा भयावह है। जलावन के परंपरागत स्रोतों जैसे–लकड़ी, गोबर, कोयला, कैरोसिन और फसल अपशिष्ट से मीथेन, कार्बन मोनाऑक्साइड, पोलिऐरोमेटिक हाइड्रोकार्बन आदि उत्सर्जन होता है जो मानव स्वास्थ्य एवं पर्यावरण दोनों लिए हानिकारक होता है ग्रामीण महिलाएँ इस जानकारी से अनजान रहती हैं कि चूल्हे से निकलने वाला धुँआ शारीरिक के साथ-साथ मानसिक स्वास्थ्य के लिए भी हानिकारक होता है। डब्ल्यू.एच.ओ. के अनुसार एक घंटे में परंपरागत चूल्हे से निकलने वाले धुँए से उतनी ही हानि होती है, जितनी एक घंटे में चार सौ सिगरेट जलने से होती है तात्पर्य यह है कि परंपरागत चूल्हे पर खाना बनाना मौत के साथ अनेक बीमारियों को आमंत्रण देने जैसा है। धुँए की चपेट में आने से महिलाओं में श्वास संबंधी और सिरदर्द जैसी परेशानियाँ आम हैं। फिर घरेलू प्रदूषण से फेफड़ों की कार्यक्षमता घट जाती है। इसका प्रभाव भी महिलाओं पर ही सबसे अधिक होता है। क्योंकि उन्हें कई-कई घंटे तक खुले चूल्हे के सामने रहना पड़ता है। विश्व की

एक तिहाई से अधिक आबादी आज भी जलावन के लिए जीवाश्म ईंधनों का प्रयोग करती है। शहरों में खुले, स्वच्छ और प्रेरक वातावरण का नितांत अभाव रहता है। कालांतर में हमारी पीढ़ियाँ प्राकृतिक संसाधनों एवं स्वच्छ परिवेश के अभाव में घुटन भरी जिंदगी जीने को विवश होंगी। आधुनिक जीवन का पर्याय बन चुके औद्योगिकरण और नगरीकरण की तीव्र रफ़्तार और पर्यावरणीय चेतना की कमी के कारण पर्यावरण बेदम हो रहा है अगर समय रहते वायु प्रदूषण की समसया से निजात नहीं पाई गई तो वह समय दूर नहीं जब हम शुद्ध हवा के लिए तरसेंगे।

ब्रिटीश स्वास्थ्य पत्रिका–द लैसेंट की ''प्लेटनरी हैल्थ रिपोर्ट 2020'' के अनुसार 2019 में भारत में वायु प्रदूषण से सत्रह लाख मौत हुई, जो उस वर्ष देश में होने वाली कुल मौतों की अठारह फ़ीसदी थी। हैरत की बात यह है कि 1990 की तुलना में 2019 में वायु प्रदूषण से होने वाली मृत्युदर में एक सौ पंद्रह फ़ीसदी की वृद्धि हुई है, यही नहीं देश में वायु प्रदूषण के कारण होने वाली बीमारी के इलाज में एक बड़ी धनराशि खर्च हो जाती है। ध्यातव्य हैं कि 2019 में वायु प्रदूषण के कारण मानव संसाधन के रूप में नागरिकों के असमय निधन होने और बीमारियों पर खर्च के कारण भारत के सकल घरेलू उत्पाद में दो लाख साठ हजार करोड़ रुपये की कमी आयी थी। इस रिपोर्ट में अनुमान लगाया गया है कि 2024 तक वायु प्रदूषण के कारण उत्तर प्रदेश में जी.डी.पी. का 2.15 प्रतिशत बिहार में 1.95 प्रतिशत मध्यप्रदेश में 1.70 प्रतिशत राजस्थान में 1.70 प्रतिशत और छत्तीसगढ़ में 1.55 प्रतिशत नुकसान हो सकता है। इस प्रकार वायु प्रदूषण देश की आर्थिकी को बड़े पैमाने पर प्रभावित कर रहा है।

पर्यावरण अवनयन एवं पारिस्थितिकी तंत्र (नदी, जल, पहाड़ एवं समुद्रीय जीवों-जंतु) पर प्रभाव

नदियों के साथ हमारी नातेदारी पुरानी है। नदियाँ संस्कृति, सरोकार और संस्कार की साक्षी हैं। नदियाँ भी उत्सव मनाती हैं। नदियाँ संस्कृति की गाथा कहती हैं, नदियाँ जीवन के प्रवाह को सुनिश्चित करती हैं और नदियाँ जीवन की निरंतरता बनाए रखने का पाठ भी पढ़ाती हैं। लेकिन पिछले दो-तीन दशकों में जिस तरह से नदियों से अवैध बालू खनन की बाढ़-सी आ गई है, उससे यहाँ कि नदियों के अस्तित्व पर संकट मँडराने लगा है। कई स्थानों पर नदियाँ जीवन-रेखा होने का भाव खो चुकी हैं। इनसानी लालच की शिकार ये नदियाँ अब सिकुड़ने लगी हैं। जब कोई नदी संकटग्रस्त होती है तो उसके आस-पास रहने वाले मनुष्य ही संकटग्रस्त नहीं होते, बल्कि नदी में रहने वाले जीव और वनस्पति भी अस्तित्व के सवाल से जूझते रहते हैं। बालू निकालती मशीनें, रेतीले चट्टान और मोटर साइकिल से नदी को पार करते लोग यह अहसास ही नहीं होने देते कि हम किसी नदी के किनारे हैं। अपने जातीय और धार्मिक संस्कारों

को नदियों से तो जोड़ा लेकिन अपनी पीढ़ियों को नदियों से जुड़े सरोकार नहीं बताए। किसी शहर के लिए एक नदी का होना क्या मायने रखता है, इसे कभी पाठ्यक्रमों में शामिल करने की बात हमारे दिमाग में नहीं आई। नई पीढ़ी के बहुतेरे लोगों को अपने शहर की नदियों के नाम, उनसे जुड़ीं कहानियाँ और उनके होने के मायने नहीं पता हैं। वे तो बस पुल से गुजरते समय ही अपने शहर में नदी के होने का अहसास कर पाते हैं। नतीजा सामने है। केन्द्रीय प्रदूषण नियंत्रण बोर्ड की हालिया रिपोर्ट में देश की 350 से अधिक नदियों को गंभीर रूप से प्रदूषित बताया गया है, जो अपने क्षेत्र के विकास की जननी हैं। आज कई नदियाँ इंतजार कर रही हैं। ऐसे ही नदी पुत्रों का, जो उनका पुनरोद्धार कर सकें। बेशक समय के अनुरूप विकास हर इलाके की ज़रूरत होता है। लेकिन प्राकृतिक संसाधनों को बचाए बिना अगर विकास की प्रस्तावना लिखी जाएगी तो जीवन संकटों से घिर जाएगा।

नदियों की यह स्थिति केवल भारत में ही नहीं है। दुनिया के अधिकांश देशों में नदियाँ इनसानी स्वार्थ और समाज की अनदेखी के कारण अपनी हालत पर आँसू बहा रही हैं। इस समय ताज़ा उदाहरण ईरान की जायनदेह नदी का है। जायनदेह नदी के सूखने से परेशान होकर लोगों ने नवम्बर के अंतिम सप्ताह में उग्र प्रदर्शन किया। हालाँकि ईरान की अधिकांश नदियाँ मौसमी हैं लेकिन जायनदेह में कुछ समय पहले तक पूरे साल पानी का प्रवाह बना रहता था। सन् 1960 तक इस इलाके में तोमर संहिता का पालन किया जाता था। रेगीस्तानी इलाकों में अगर उपलब्ध पानी के प्रबन्ध की कोई संहिता न हो, तो अराजकता की संभावना सदा रहती है। मगर 1960 के बाद बढ़ती जनसंख्या और जीवनशैली के कारण लोगों की न्यूनतम् जल आवश्यकता बदलने लगी। जरुशान नदी तजाकिस्तान में पामीर पर्वतमाला से शुरू होती है और करीब 300 किलोमीटर पश्चिम की ओर बहने के बाद तजाकिस्तान के पंजार्केंत शहर से गुजरती हुई उजबेकिस्तान में दाखिल होती है। फिर यह समरकंद के पास से बहती है। कभी जरुशान नदी का संगम अमू दरिया से होता था। लेकिन अब वह उस तक पहुँचने से पहले ही यह रेगीस्तान में लुप्त हो जाती है। इसका पानी बड़ी मात्रा में सिंचाई और आधुनिक कारखानों के लिए शोषित कर लिया जाता है। कजाकिस्तान और उजबेकिस्तान के बीच स्थित अराल नामक झील भी विलुप्ति के कगार पर है। क्योंकि इसमें पानी कि आपूर्ति करने वाली नदियों-अमू दरिया और सिर दरिया के प्रवाह को नगरीय जीवन की ज़रूरतें पूरी करने के लिए बाधित कर दिया गया। उधर विविध फसलों की सिंचाई के लिए अराल सागर का दोहन जारी है। परिणाम यह हुआ कि यह विशाल जलाशय लोगों की उम्मीदों के बोझ तले कराहने लगा। सन् 2020 में आई एक रिपोर्ट में कहा गया है कि इराक के अधिकांश इलाकों में जनता को पीने के

लिए शुद्ध पानी तक नहीं मिल पा रहा है 2018 तक तो बसरा जैसे विकसित शहर में सैकड़ों लोगों को इसलिए अस्पताल में दाखिल कराना पड़ा क्योंकि शुद्ध जल के अभाव में उन्हें दूषित पानी पीना पड़ रहा था। इराक की जल व्यवस्था मुख्य रूप से यूफ्रेट्स और टिग्रीस (दजला) नदियों पर निर्भर है लेकिन ये दोनों नदियाँ अब सूखने लगी हैं तुर्की में बाँध बनाने के कारण दजला नदी का प्रवाह प्रभावित हो रहा है। मध्य एशिया की नदियों और उनके आस-पास के इलाकों के जलाशयों की स्थिति पर सोवियत संघ के विघटन के कारण भी प्रतिकूल प्रभाव पड़ा। लोकतंत्र के हितैषियों के लिए भले सत्ता के विकेन्द्रीकरण की यह घटना जब सुख देने वाली रही हो, लेकिन इसके कारण एक ही व्यवस्था के तहत विभिन्न इकाइयाँ जिस तरह एक-दूसरे की आवश्यकताओं की पूर्ति करती थीं, वह नकारात्मक रूप से प्रभावित हुई। सोवियत संघ के अस्तित्त्व के समय कजाकिस्तान, उजबेकिस्तान और तुर्कमेनिस्तान ऊर्जा उत्पादन के संदर्भ में मजबूत थे। जबकि ताजिकिस्तान और किर्गीस्तान के पास पर्याप्त मात्रा में जल-संसाधन उपलब्ध थे। एक मजबूत केन्द्रीय सत्ता के अधीन ये गणराज्य एक-दूसरे की आवश्यकताओं की पूर्ति करते थे लेकिन जब सब संप्रभु हो गये तो सबके लिए अपने स्वार्थ सर्वोपरि हो गए इससे कुछ गणराज्यों के लिए सर्दी में पर्याप्त मात्रा में बिजली का प्रबंधन की समस्या हो गई तो कुछ अन्य के लिए अपने किसानों को पानी उपलब्ध कराना। इलाके दो नदियों अमू और सिर की हालत पतली होने से इस समस्या ने और विकराल रूप ले लिया। पिछले साल पानी की कमी के कारण उजबेकिस्तान में किसान अपनी फसलों को पानी नहीं दे सके, जिससे सब्जियों और अन्न की उपलब्ध ता प्रभावित हुई और सब्जियों के दाम आसमान चढ़ गए। उजबेकिस्तान के समरकंद में पानी की कमी के कारण अधिकारियों को कुछ समय तक पानी की राशिनिंग करनी पड़ी। क्योंकि जरुशान नदी में पानी की पर्याप्त उपलब्धता नहीं थी। तुर्कमेनिस्तान भी पानी की उपलब्धता की दृष्टि से पिछले एक दशक की सबसे बुरी स्थिति से गुजर रहा है। दुनिया की दो तिहाई से अधिक नदियों को विकास के नाम पर सभ्यता ने अपनी महत्त्वकांक्षाओं का शिकार बनाया है। चीन में पिछले 60 सालों में छोटी-बड़ी करीब 27 हजार जल धाराएँ लुप्त हो गई हैं। मेकांग नदी अपने सबसे निचले स्तर पर बह रही है। दुनिया की सबसे बड़ी नदियों में गिनी जाने वाली नील नदी और रियों ग्रांडे नदी अब उन नदियों में शुमार हो गई है, जिनके अस्तित्त्व पर खतरा मँडरा रहा है। अमेरिका में आधे से अधिक नदियाँ और जल धाराएँ जीव वैज्ञानिक तौर पर बहुत बुरी हालत में हैं। जब कोई नदी संकटग्रस्त होती है तो उसके आस-पास रहने वाले मनुष्य ही संकट में नहीं होते, बल्कि नदी में रहने वाले जीव और जल वनस्पति भी अस्तित्त्व के सवाल से जूझते रहते हैं।

प्राचीन काल से विभिन्न संस्कृतियाँ अपनी समृद्धि के स्तर पर नदियों के कारण पहुँचीं। हम सब नक्शे पर नज़र घुमा कर देख सकते हैं कि दुनिया के सबसे समृद्ध शहर नदियों के किनारे बसे हैं। आज जब रास्ते में यमुना के ऊपर से मेट्रो गुजरती है तो मन दुखी हो जाता है। ऐसा लगता है यमुना लगातार शहर से दूर हटना चाहती है, क्योंकि इस शहर ने नदी को विकास के नाम पर बहुत प्रदूषित किया है। लोगों के मानस में यमुना के लिए शायद श्रद्धा है, लेकिन इस श्रद्धा में प्रदूषित यमुना के लिए चिंता नज़र नहीं आती। यह बताता है कि लोगों की स्मृति में यमुना के नाम पर श्रद्धा की स्मृतियाँ तो बची हैं, लेकिन नदी नहीं। यमुना नदी में तैरता कूड़ा-कचरा और खासकर प्लास्टिक की थैलियों का अंबार लोगों के सुविधावादी और उपभोक्तावादी होने की निशानी है। भूगोल में यह तो पढ़ाया गया कि मनुष्य की इच्छाओं की पूर्ति करने वाली वस्तुएँ ही संसाधन हो सकती हैं, लेकिन मनुष्य की इच्छाओं की सीमाएँ बढ़ती गईं और संसाधनों की पूर्ति की शक्ति ने जवाब दे दिया। पृथ्वी और प्रकृति तो सभी जीवों के लिए सहअस्तित्व की जगह है, यह मनुष्य ने अपनी सुविधाओं के लिए भुला दिया है। आदिवासी जीवन में प्रकृति और पृथ्वी के साथ सहअस्तित्व की भावना मिलती है। सहअस्तित्व में दोनों का एक-दूसरे के प्रति सम्मान भाव है, जो सिर्फ़ संसाधन की सोच तक सीमित नहीं है। कभी यमुना लालकिले की दीवार के साथ लग कर बहती थी, लेकिन अब वह लगातार दूर होती चली गई। हम जब घर में किसी बीमार व्यक्ति को देखते हैं तो पूरा परिवार उस व्यक्ति को लेकर चिंतित नज़र आता है और उसको ठीक होने की स्थिति में लाने के लिए जुट जाता है। लेकिन लोगों ने खुद को जैसे नदी की चिंता से अलग कर लिया है। कभी नदी लोक जीवन का अभिन्न अंग रहती थी। अब सवाल उठता है कि नदियों ने तो हमें समृद्धि दी, लेकिन हमने नदियों को क्या दिया? सिकुड़ती यमुना उसके बीमार होने का प्रतीक है। प्रदूषण के कारण उसका काला पानी नदी की बीमारी नासूर होते जाने की निशानी है। विकास के नाम पर नदी में अपशिष्ट और अपमार्जित पदार्थ भर गए। लेकिन इन सब चिंताओं के बावजूद हमने अपनी उन नदियों से मुँह मोड़ लिया, जो हमारे लोक का हिस्सा थीं। हमने नदी की पारिस्थितिकी को लगभग नज़रअंदाज़ करते हुए उसके हिस्से में और ज्यादा अतिक्रमण शुरू कर दिया। जिस तरह से मनुष्य ने अपने विकास के लिए लोकतंत्र को चुना, उस तरह नदी का भी लोकतंत्र उस नदी की पारिस्थितिकी होता है, जिसमें उसमें पाए जाने वाले जीव-जंतु और नदी के प्रवाह के आस-पास पाई जाने वाली वनस्पति होती है। नदी पर सिर्फ़ मनुष्य का वर्चस्व ही नदी का लोकतंत्र नहीं हो सकता। यमुना को लेकर हमारी दिल्ली के दिल में चिंता होनी चाहिए थी। जब लोग चिंता करेंगे, तभी सरकारें भी साथ देंगी। नदियों को समझने के लिए पहाड़ी लोगों के रहन-सहन के अनेक उदाहरण हैं–हिमाचल में एक गाँव के बीच में पहाड़

से एक छोटी-सी नदी आकर गाँव के बाहर मुख्य नदी में मिल जाती है। लोगों के घरों से निकलने वाला पानी गाँव की उस नदी में नहीं मिलता। उनका कहना है नदी हमारे दैनिक जीवन का हिस्सा है। जिस तरह हम अपना ख़याल रखते हैं, उसी तरह नदी का। यमुना जिस रास्ते से होकर गुजरती है, वहाँ के लोगों के सांस्कृतिक जीवन का हिस्सा रही है। हम इसकी गूँज को पुराने लोकगीतों में सुन सकते हैं। लेकिन जैसे-जैसे औद्योगीकरण को ही विकास मान लिया गया, वैसे-वैसे नदी लोक की चिंता से हट गई। जिस नदी ने हमारी सभ्यता को सहेज कर रखा, उसे हम सहेज न सके। यूरोप में जब औद्योगीकरण हुआ तो पर्यावरणीय दशाओं को लेकर चिंतित लोगों ने विरोध किया। उस समय इस विरोध को देखते हुए औद्योगिक विकास के समर्थकों ने विरोध करने वाले लोगों को बेवकूफ करार दिया। उनका तर्क था कि वे सब लोगों तक सुविधाओं को नहीं पहुँचने देना चाहते। मनुष्य ने अपने स्वार्थ को ही विकास और लोक का सरोकार मान लिया। उसने जैव पारिस्थितकी के तंत्र को हर जगह अंतिम छोर तक पहुँचा दिया। अंतिम से आशय उसके ह्रास बिंदु पर है।

पहाड़ मानव सभ्यता के आधार और मित्र रहे हैं। आज जिस तरह से प्राकृतिक संसाधनों के विनाश के कारण मानव सभ्यता के अस्तित्व पर खतरा मँडराता दिखाई पड़ रहा है इसी तरह का खतरा पहाड़ों के उजड़ जाने के कारण उत्पन्न हो रहा है। सर्वोच्च न्यायालय की सेंट्रल एमपावरमेंट कमेटी की एक रिपोर्ट के अनुसार पिछले पचास सालों में राजस्थान में 128 पहाड़ों में से 31 पहाड़ समाप्त हो चुके हैं। अरावली की पहाड़ियाँ, जो राजस्थान को दो हिस्सों में बाँटती हैं। खनन की वजह से उस पर भी खतरा मँडरा रहा है। पिछले 40 सालों में अरावली का 40 प्रतिशत हिस्सा खतम हो चुका है। लालच का तंत्र सुनियोजित तरीके से पहाड़ियों को खतम कर रहा है। अरावली पर्वत श्रृंखला का पर्यावास की दृष्टि से बहुत अधिक महत्त्व है। गुजरात से शुरू होकर राजस्थान में मुख्य रूप से आच्छादित अरावली कि पहाड़ियों का एक बड़ा हिस्सा हरियाणा और दिल्ली तक फैला हुआ है। अरावली पर्वत श्रृंखला कि कुल लंबाई गुजरात से लेकर दिल्ली तक 692 किलोमीटर है। अरावली पर्वत श्रृंखला का लगभग 80 प्रतिशत विस्तार राजस्थान में है। इस पर्वत का छोटा-सा हिस्सा राजस्थान की सीमा से लगा हुआ मध्यप्रदेश के गाँधी सागर वन्य जीव अभयारण्य से होकर गुजरता है। अरावली की औसत ऊँचाई लगभग 930 मीटर है तथा इसकी दक्षिण की ऊँचाई व चौड़ाई सर्वाधिक है। अरावली पर्वत माला प्राकृतिक संसाधनों व खनिज से परिपूर्ण है। और पश्चिमी मरुस्थल के विस्तार को रोकने में मदद करती है। साथ ही यह घने जंगलों का आवरण बनकर वाहनों और औद्योगिक प्रदूषण के उच्च स्तर वाले क्षेत्र में प्राकृतिक रूप से हवा को शुद्ध करने में मदद करती है। ये पहाड़ियाँ करीब

35 करोड़ साल पुरानी हैं। अरावली की पहाड़ियाँ हिमालय पर्वत से भी पुरानी हैं। ये पहाड़ियाँ न सिर्फ़ थार के मरुस्थल को फैलने से रोकती हैं, बल्कि भू-जल को फिर से ज़मीन में भेजती हैं। इसके अलावा यहाँ जैव-विविधता का भंडार है। इन पहाड़ियों के जंगल में 20 पशु अभयारण्य हैं। अरावली के जंगल में बड़ी संख्या में जीव रहते हैं और इनमें कुछ तो विलुप्त प्रजाति के हैं। अरावली की पहाड़ियाँ सैकड़ों वर्षों से गंगा के मैदान के ऊपरी हिस्से की आबोहवा तय करती हैं, जिनमें वर्षा, तापमान, भू-जल रिचार्ज से लेकर भू-संरक्षण तक शामिल है। ये पहाड़ियाँ दिल्ली, हरियाण और उत्तर प्रदेश को धूल, तूफान और बाढ़ से बचाती हैं। इस क्षेत्र में भू-जल रिचार्ज में इसकी अहम् भूमिका है। इतना ही नहीं यह कई नदियों और जल धाराओं का स्रोत भी है। साबरमती, लूनी, चंबल और कृष्णावती इनमें प्रमुख नदियाँ हैं। दमदमा, धौज, बड़खल और सूरजकुंड जैसी झीलों का जलागम क्षेत्र भी यही पर्वत शृंखला है। इन पहाड़ियों में जबरदस्त जैव-विविधता है। यहाँ अनेक प्रकार के पौधे, जीव-जन्तु और पक्षी पाए जाते हैं। हरियाणा 3.59 प्रतिशत वन क्षेत्र के साथ देश में सबसे कम हरियाली वाला राज्य है। लेकिन हाल का एक अध्ययन बताता है कि अरावली में जारी खनन से थार की रेत दिल्ली की ओर लगातार खिसकती है। राजस्थान से हरियाणा तक एक विशाल इलाके में खनन से ज़मीन की उर्वरता खतम हो रही है। इससे हरियाणा और पश्चिमी उत्तर प्रदेश में सूखा और राजस्थान के रेतीले इलाके में बाढ़ की स्थिति बनने लगी है, क्योंकि मानसून का पैटर्न लगातार बदलता जा रहा है। सेंटर फॉर इकोलॉजी में पिछले 10 साल से अरावली पर शोध कर रहे चेतन अग्रवाल का कहना है कि अरावली की पहाड़ियों में होने वाले अवैद्य खनन से वातावरण में धूल फैल जाती है। धूल के कण हवा को प्रदूषित कर देते हैं। वे कहते हैं अगर प्रदूषण के हिसाब से देखें तो दिल्ली और गुड़गाँव दुनिया के सबसे प्रदूषित इलाके हैं। अरावली इन इलाकों के लिए फेंफड़ों का काम करती है और इलाकों की हवा से प्रदूषण सोख लेती है। हरियाणा सरकार यह भी दावा कर रही है उनके राजस्व रिकॉर्ड में केवल 'गैर-मुमकिन पहाड़' हैं और कुछ जिले राष्ट्रीय संरक्षण क्षेत्र (एन.सी.जेड़.) की पहचान करने के उद्देश्य से ऐसे क्षेत्रों को अरावली के रूप में मान रहे हैं। हाल ही में कानूनी और पर्यावरण विशेषज्ञों ने इस बात को लेकर चिंता जाहिर की है कि हरियाणा सरकार द्वारा अरावली पहाड़ियों को फिर से परिभाषित करने और फरीदाबाद में करीब 20,000 एकड़ भूमि को विकास कार्यों के लिए खोलने की इजाज़त देना सुप्रीम कोर्ट के आदेशों का उल्लंघन है। जबकि सर्वोच्च न्यायालय ने जून 2021 में अरावली क्षेत्र में हुए अतिक्रमण के मसले पर सख्त रवैया अपनाते हुए अगले छह महीने के भीतर अरावली वन से सभी अतिक्रमण को हटाने के निर्देश दिए थे।

भारतीय वन्यजीव संस्थान के 2017 के एक अध्ययन में कहा गया है कि अरावली पहाड़ियों का हरियाणा में आने वाला हिस्सा देश का सबसे कमज़ोर वन क्षेत्र है। तेज़ गति से वनों का खात्मा और वहाँ हो रही विकास संबंधी गतिविधियाँ इस विशिष्ट भू-क्षेत्र को नए सिरे से नष्ट कर रही हैं। अरावली के राजस्थान में आने वाले हिस्से में भी हालत कोई खास बेहतर नहीं है। इसके लिए भू-माफिया और खनन माफिया ज़िम्मेदार है। प्रदूषण के मोर्चे पर हालाँकि पहले ही बहुत नुकसान हो चुका है पर अरावली में अवैध खनन पर पूरी तरह अंकुश लगाकर अब भी पर्यावरण को कमोबेश बचाया जा सकता है।

दुनिया में जब पर्वतों की बात आती है तो हिमालय का ज़िक्र सबसे पहले आता है। एशिया के बीचोंबीच स्थित यह एक विशिष्ट इकोतंत्र है। चीन, भारत, म्यांमार, मध्य एशिया की नदियों का उद्गम स्थल हिमालय है हमारे उत्तर भारत को बनाने वाली सिंधु, गंगा व बह्मपुत्र नदियों का उद्गम स्थल हिमालय है। यह जलवायु निर्माता है इसे एशिया में पानी की मीनार कहा गया है। जलवायु परिवर्तन के हो हल्ले के बीच आज हिमालय को समझना ज्यादा बड़ी चुनौती है। हिमालय संस्कृतियों का केन्द्र भी है। यहाँ का खान-पान, वेशभूषा, समुदाय और जनजातियाँ खुद में विशेष हैं। आज भी उत्तराखंड की गुफाओं में रहने वाली वन प्रजाति पाई जाती है। शत-प्रतिशत पशुचारक समाज पूरे हिमालय में मिलते हैं। वनगुर्जर इसका सबसे बड़ा उदाहरण हैं। समाज व संस्कृति के साथ अर्थ व्यवस्था के लिहाज से भी हिमालय काफ़ी विविध है। यहाँ कि संस्कृति की विविधता को देखकर इसे देवभूमि कहा गया है। कई लोग सोचते हैं कि हिमालय में केवल ब्रह्मा, विष्णु, महेश की पूजा होती है, पर यह बात सही नहीं है। हिमालय के अपने लोक देवता भी हैं, जिनकी संख्या हज़ारों में है। लोग अपने गाँव इन्हीं लोक देवताओं की पूजा करने आते हैं। हिमालय केवल बर्फ का घर नहीं, बल्कि संसाधनों का घर भी है। यहाँ के सभी संसाधन मिलकर जो दृश्य बनाते हैं, उसे वन्यता या वाइल्डनेस कहते हैं। वन्यता कोई सरकार नहीं बना सकती, यह प्रकृति ही प्रदान करती है। हिमालय में सात करोड़ लोग रहते हैं। करीब 70 करोड़ लोग इसके संसाधनों पर निर्भर हैं। यहाँ के जंगल, नदियों का पानी, बाढ़ की मिट्टी, जड़ी-बूटी, खनिज संपदा बेशकीमती संसाधन हैं। इस संपदा का दोहन केवल भारतीय नहीं, अफगानिस्तान, नेपाल, तिब्बत, भूटान व म्यांमार तक के लोग रहे हैं। अंग्रेज इन्हीं संसाधनों को लूटने यहाँ पहुँचे थे। दो हज़ार साल में हिमालय में जो परिवर्तन नहीं हुए, अंग्रेजों ने वह केवल 200 वर्षों में करा दिए। उनके आने से पहले जंगल, हिमालय में रहने वाले लोगों के थे, लेकिन उनके आने के बाद हिमालय के संसाधनों को लूटने का सिलसिला शुरू हुआ। आजाद भारत में भी सरकारों ने जंगलों में स्थानीय समुदाय

को हिस्सेदारी देने की, बल्कि वे अंग्रेजों के समय के वन कानूनों को और अधिक कड़ा बनाकर स्थानीय समुदायों को अलग-थलग करती रही। अंग्रेजों के बनाए कानून आज भी हिमालय के ज्यादातर इलाकों में लागू हैं। स्थानीय संसाधनों में हक न देने के कारण हिमालय के समाजों ने व्यवस्था का प्रतिरोध किया। पूर्वोत्तर से लेकर भूटान, नेपाल, उत्तराखंड, कश्मीर तक में आंदोलन कई रूपों में हुए। उत्तराखंड राज्य माँगने का आंदोलन भी संसाधनों पर अपने अधिकार की माँग से ही शुरू हुआ था। सरकारें जनता के मर्म को नहीं समझ पाईं। हम आजादी के 75 साल पूरे होने का जश्न मना रहे हैं। इस समय मणिपुर, असम से लेकर उत्तराखंड के कुली बेगार आंदोलन, जंगलात आंदोलन, हिमाचल के प्रजामण्डल आंदोलन, कश्मीर के चननी आंदोलन को भी याद किया जाना चाहिए। इन आंदोलनों के जरिये पहले ब्रिटीश सत्ता और फिर हमारी सरकारों से स्थानीय लोगों ने लड़ाइयाँ लड़ीं। ये लड़ाइयाँ केवल स्वाभिमान की नहीं, बल्कि अपने संसाधनों को सुरक्षित करने की भी थीं संसाधनों पर राजसत्ता बार-बार हमला कर रही है। हमने सड़कें माँगी, पर चारधाम जैसी सड़क नहीं माँगी थी। पर्यटन माँगा, पर ऐसा नहीं कि जिसमें केवल बड़ी कंपनियों का कब्जा हो। हमने बाँध माँगा पर टिहरी जैसा बाँध नहीं माँगा था। हिमालय के लोगों के संघर्षों का जो एजेंडा था, वह आज भी है। पहाड़ के लोगों की ज़मीन नहीं रहेगी, तो उनकी पहचान खतम हो जाएगी, ठीक उसी तरह, जैसे-जैसे दिल्ली के आस-पास के गाँव और वहाँ के मूल लोगों की पहचान अब लगभग खतम हो गई है।

देश के 1.3 फ़ीसदी वन हिमालय में हैं। हिमालय घना व असीमित जैव-विविधता वाला क्षेत्र है। यह स्थान हज़ारों प्रकार के दुर्लभ प्रजातियों के जीव-जंतुओं और वनस्पतियों का बसेरा है, जो इसके लगभग 5.7 लाख वर्ग किलोमीटर के क्षेत्रफल में फैला है। हिमालय पर्वत, वहाँ का पारिस्थतिकी तंत्र, वन्य जीवन, अनमोल वनस्पतियाँ हमारे देश की अमूल्य प्राकृतिक संपदा है। हिमालय की वजह से ही हमारे देश का पर्यावरण संतुलित है। नेशनल इंस्टीट्यूट ऑफ हाइड्रोलॉजी रुड़की के एक शोध से यह पता चला है कि हिमालय का पर्यावरण तेज़ी से बदल रहा है। आज हिमालय की पर्यावरणीय स्थिति अत्यंत संवेदनशील है। एन.आइ.एच. के वैज्ञानिकों के मुताबिक 20 वर्षों में हिमालय में बारिश और बर्फबारी का समय बदल गया है। हिमालय के ग्लेशियरों के पिघलने से झीलों के बनने का सिलसिला भी शुरू हो गया है। मानव ने अपनी गतिविधियों व प्रदूषण से हिमालय के पर्यावरणीय सेहत पर खासा असर डाला है। विकास के नाम पर अंधाधुंध पेड़ों व भूमि की कटाई-छँटाई, लगातार वनों से अमूल्य प्राकृतिक संपत्ति का दोहन हिमालयी पर्यावरण के लिए खतरा बन गए हैं। आज हिमालयी क्षेत्र की समूची जैव-विविधता भी खतरे में है। इसके कई कारण हैं।

हिमालय के वनों से लगातार होता दोहन, वहाँ बार-बार लगने वाली अनियंत्रित आग, तापमान बढ़ने से ग्लेशियरों का पिघलना, जैव-विविधता का बड़े पैमाने पर कम या लुप्त होना, कई बड़ी नदियों का सूखना आदि प्रमुख कारण है। इसके अलावा खतम होते भू-जल स्रोत, विकास के नाम पर पहाड़ों को खोखला किया जाना, ऊपर से मानव द्वारा फैलाया गया कचरा व प्रदूषण हिमालय के पर्यावरणीय सेहत के लिए खतरनाक है। खराब वन प्रबंधन और लोगों में जागरूकता की कमी भी हिमालयी पर्यावरण के खतरे का कारण है। विकास के नाम पर बड़ी-बड़ी इमारतों का निर्माण और सड़कों का चौड़ीकरण। विस्फोटकों के जरिए अंधाधुंध कटाई-छँटाई से पहाड़ इतने कमज़ोर हो गए हैं कि थोड़ी-सी बारिश होने पर वे धँसने या गिरने लगते हैं। उच्च हिमालयी क्षेत्रों में पर्यावरण व जलवायु परिवर्तन के प्रभाव से 50 से भी अधिक ग्लेशियर सिकुड़ रहे हैं। ग्लेशियरों के सिकुड़ने का सीधा प्रभाव हिमालयी वनस्पतियों व वहाँ रहने वाले जीव-जंतुओं, वनों के साथ-साथ निचले हिमालयी क्षेत्रों में फसली पौधों तथा हिमालय क्षेत्र में रहने वाले लोगों पर पड़ेगा। इसके अलावा पूरा देश भी इसके प्रभाव से अछूता नहीं रहेगा। इसलिए ग्लेशियरों को सिकुड़ने से बचाने के उपाय समय रहते ढूँढ़ने होंगे। जैव-विविधता खतरे में है। हिमालय का बदलता पर्यावरण एवं पारिस्थितिकी तंत्र हमारी आने वाली पीढ़ी के लिए वायु, जल एवं अन्न की कमी का कारण हो सकता है। जलवायु परिवर्तन, ग्लेशियरों का पिघलना, वर्षा एवं बर्फबारी के समय चक्र में हो रहे परिवर्तन, समुद्र के तल की ऊँचाई बढ़ने से पूरी दुनिया के सामने एक नया संकट पैदा होने वाला है। ऐसी परिस्थिति से निपटना इनसान के लिए वाकई चुनौती भरा होगा। हम यह भूल गए हैं कि अगर हिमालय सुरक्षित नहीं रहेगा तो, हम और हमारी आने वाली पीढ़ियाँ भी सुरक्षित नहीं रह सकती हैं। इसलिए हिमालय को सुरक्षित व सँभाल कर रखना हम सबकी जिम्मेदारी है। हिमालय की नैसर्गिक खूबसूरती और जैव-विविधता जितना हिमालयी पर्यावरण के लिए अच्छा है, उससे कहीं ज्यादा हमारे लिए जरूरी है। हिमालय का संरक्षण तभी हो पाएगा, जब हम सभी लोग हिमालय के महत्त्व और हिमालय के उपकारों को समझें। स्थानीय लोगों के साथ-साथ हमारी भावी पीढ़ी खास कर नवयुवाओं को भी हिमालय के संरक्षण के लिए जागरूक होना पड़ेगा और आगे बढ़कर इसके हित के लिए कार्य करना पड़ेगा।

शहरी बंदरगाहों पर जहाजों की आवाजाही बढ़ने से गोदी के कई-कई कि.मी. तक तेल रिसने, शहरी सीवर डालने व अन्य प्रदूषणों के कारण समुद्री जीवों का जीवन खतरे में पड़ गया है। अब मछुआरों को मछली पकड़ने के लिए बस्तियों और बंदरगाहों से काफ़ी दूर निकलना पड़ता है। खुले सागर में पहुँचने पर वहाँ सीमाओं को तलाशना लगभग असंभव होता है। जब उन्हें पकड़ा जाता है तो सबसे पहले सीमा की पहरेदारी

करने वाला तटरक्षक बल अपने तरीके से पूछताछ व जामा तलाशी करता है। चूँकि इस तरह पकड़ लिए गए लोगों को वापस भेजना सरल नहीं है, सो इन्हें स्थानीय पुलिस को सौंप दिया जाता है। इन गरीब मछुआरों के पास रकम तो होती नहीं, सो ये 'गुड वर्क' के निवाले बन जाते हैं। घुसपैठिये, जासूस, खबरी जैसे मुकदमे उन पर होते हैं। दोनों देशों के बीच मछुआरा विवाद की एक बड़ी वजह हमारे मछुआरों द्वारा इस्तेमाल नावें हैं। हमारे लोग बोटम ट्रॉलिंग के जरिए मछली पकड़ते हैं, इसमें नाव की तली से वजन बाँध कर जाल फेंका जाता है। अंतरराष्ट्रीय स्तर पर इस तरह से मछली पकड़ने को पारिस्थितिकी तंत्र के लिए नुकसानदेह कहा जाता है। इस तरह जाल फेंकने से एक तो छोटी और अपरिपक्व मछलियाँ जाल में फँसती हैं, साथ ही बड़ी संख्या में ऐसे जल-जीव भी इसके शिकार होते है, जो मछुआरों के लिए अनुपयोगी होते हैं। श्रीलंका में इस तरह की नावों पर पाबंदी है, वहाँ गहराई में समुद्र तल से मछलियाँ पकड़ीं जाती हैं और इसके लिए नए तरीके की अत्याधुनिक नावों की ज़रूरत होती है। भारतीय मछुआरों की आर्थिक स्थिति इस तरह की है नहीं कि वे इसका खर्च उठा सकें। तभी अपनी पारंपरिक नाव के साथ भारतीय मछुआरा जैसे ही श्रीलंका में घुसता है, वह अवैध तरीके से मछली पकड़ने का दोषी बन जाता है। वैसे भी भले ही तमिल इलम आंदोलन का अंत हो गया हो, पर श्रीलंकाई सुरक्षा बल भारतीय तमिलों को संदिग्ध नज़र से देखते हैं। भारत-श्रीलंका जैसे पड़ोसी के बीच अच्छे द्विपक्षीय संबंधों की सलामती के लिए मछुआरों का विवाद एक बड़ी चुनौती के समान है।

जलवायु परिवर्तन से लक्षद्वीप में हर साल समुद्र का स्तर 0.4 मिमि. से 0.9 मिमि. तक बढ़ेगा। इसकी वजह से द्वीप के कई हिस्से समुद्र में समा जाएँगे। रिपोर्ट में वर्ष 2035 तक 70 से 80 फ़ीसदी ज़मीन समुद्र के गर्भ में समाने का अंदेशा जताया गया है। आई.आई.टी. खडगपुर के समुद्र-विज्ञान संस्थान के प्रोफेसर प्रसाद के भास्करन बताते हैं, "लक्षद्वीप में कई ऐसे छोटे द्वीप हैं, जो ज़मीन की पतली पट्टी के तौर पर ही बच जाएँगे। इनमें सबसे ज्यादा नुकसान चेतलाट द्वीप को होगा। उसका 82 फ़ीसदी हिस्सा पानी में डूब जाएगा।" रिपोर्ट में कहा गया है कि राजधानी कावरात्ती का उसका 70 फ़ीसदी हिस्सा भी प्रभावित होगा। अगाती स्थित द्वीप के एकमात्र एयरपोर्ट पर तो नुकसान का असर अभी से नज़र आने लगा है। भास्करन बताते हैं कि रिपोर्ट में सरकार से बिप्रा, मिनिकॉय, कालपेनी, कावरात्ती, अगाती, कल्तान, कद्मात और अमीनी द्वीप को बचाने के लिए तटों की सुरक्षा की ठोस कदम उठाने की सिफारिश की गई है। अरब सागर में समुद्र का जल समर बढ़ने की दर बंगाल की खाड़ी के मुकाबले तेज़ है। बंगाल की खाड़ी में ताज़ा पानी वाली कई नदियाँ मिलती हैं। इस वजह से उसके पानी का खारापन कम है यही वजह है कि अंडमान निकोबार द्वीप समूह के मुकाबले

लक्षद्वीप को ज्यादा खतरा है। शोधकर्ताओं का कहना है कि तटवर्ती इलाकों के डूबने का व्यापक सामाजिक-आर्थिक असर होने का अंदेशा है कई द्वीपों पर आवासीय इलाके तट के बेहद नजदीक हैं। वैज्ञानिक और जलवायु विशेषज्ञों की रिपोर्ट के अनुसार द्वीप पर मानव गतिविधियों में वृद्धि के चलते यहाँ पर कई नए खतरे पैदा होंगे। वरिष्ठ वैज्ञानिक और नेचर कंजर्वेशन फाउण्डेशन के संस्थापक ट्रस्टी रोहन आर्थर अपने एक लेख में कहते हैं '1998 के बाद से यहाँ के प्रवाल समूह ने कम-से-कम दो बार ऐसी सामूहिक क्षति झेली है। समुद्र के लगातार गर्म होने की वजह से ऐसी घटनाओं की पुनरावृत्ति होने लगी है। अब ऐसी घटनाओं के बीच का अंतराल भी घटने लगा है। इस समय 32 वर्ग किलोमीटर में फैले लक्षद्वीप के द्वीपों पर 70 हजार लोग रहते हैं। आने वाले कुछ समय में उनके समक्ष एक विकराल सवाल खड़ा होगा कि आखिर वे लोग कब तक जलवायु परिवर्तन से पैदा होने वाले कठिन हालातों में यहाँ रह सकेंगे। लक्षद्वीप के लोग जलवायु परिवर्तन की वजह से विस्थापन झेलने वाले भारत के पहले समूह हो सकते हैं।

कृत्रिम प्रकाश से होने वाला प्रदूषण समस्त वातावरण को ही प्रभावित कर रहा है। यह हमारे पारिस्थितिकी तंत्र के साथ-साथ मानव स्वास्थ्य पर भी प्रतिकूल असर डाल रहा है। दुनिया में रात के समय में प्रकाश व्यवस्था का स्वरूप पिछले 20 वर्ष के दौरान नाटकीय रूप से बदला है। इन दिनों एल.ई.डी. आदि विविध प्रकार के आधुनिक रोशनी वाले उपकरणों का चलन तेज़ी से बढ़ा है। कृत्रिम रोशनी की अत्यधिक तीव्रता ने छोटे-छोटे कीट-पतंगों पर एक तरह से विनाशी प्रभाव डाला है। इस प्रभाव ने जीव-जंतुओं को खासा प्रभावित किया है। पारिस्थितिकी तंत्र के संतुलन को बनाये रखने में इन छोटे-छोटे कीट-पतंगों का अहम योगदान रहता है। ऐसे में इनका विनाश पारिस्थितिकी असंतुलन को बढ़ाने वाला साबित हो रहा है। कीटों पर पड़ने वाले कृत्रिम प्रकाश के प्रभाव को लेकर किए गए शोध से पता चला है कि प्रकाश के रंगों की तीव्रता में बदलाव के कारण जीव-जंतुओं की दृष्टि पर नकारात्मक प्रभाव पड़ रहा है। यह अध्ययन ब्रिटेन की नेचुरल इनवायरमेंटल रिसर्च कांउसिल की शोध पत्रिका नेचर कम्यूनिकेशन में प्रकाशित हुआ है। यह अध्ययन दुनियाभर में प्रकाश प्रदूषण के कारण बढ़ते पर्यावरणीय खतरों के प्रति हमें सचेत करता है। अध्ययन में पाया गया कि कई कीट-पतंगों की रोशनी कुछ विशिष्ट प्रकार की रोशनी में बढ़ जाती है। जबकि प्रकाश के कुछ अन्य रूपों से इनकी दृष्टि बाधित होती है। इसके पीछे वजह यह है कि मानव दृष्टि के लिए डिजाइन की गई कृत्रिम रोशनी में नीली और पराबैंगनी श्रेणियों का अभाव रहता है। जो इन कीटों की रंगों को देखने की क्षमता के निर्धारण में अहम होती हैं। यह स्थिति कई परिस्थितियों में किसी भी रंग को देखने की कीटों की क्षमता को

अवरुद्ध कर देती है। यह कीटों का शिकारियों से बचकर छिपे रहने के लिए अनुकूल नहीं होती हैं। फूलों की खोज एवं परागण करना भी उनके लिए कठिन हो जाता है। ऐसे में प्रकाश की मात्रा एवं तीव्रता को सीमित करने के सामान्य प्रयासों से आगे बढ़कर प्रकाश व्यवस्था के लिए संवेदनशील दृष्टिकोण अपनाये जाने की ज़रूरत है।

दक्षिण एशिया के हिमालय काराकोरम पर्वतीय शृंखला क्षेत्र जिसे एशिया का वॉटर टावर या फिर थर्ड पोल भी कहा जाता है। पृथ्वी का सबसे अधिक ग्लेशियर वाला पर्वतीय क्षेत्र है। इसलिए हिमालय काराकोरम के जलवायु परिवर्तन के कारण पिघल रहे ग्लेशियरों का इस क्षेत्र से निकलने वाली नदियों पर पड़ने वाले प्रभाव को समझना लगभग एक अरब मानव आबादी और जैव-विविधता की दृष्टि से अत्यंत महत्त्वपूर्ण है। इस अध्ययन के प्रमुख डॉ. मोहमद फारुख आजम ने कहा कि हिमालय नदी बेसिन में 275 लाख वर्ग किलोमीटर क्षेत्र आता है और इसका 5,77,000 सबसे बड़ा सिंचित क्षेत्र है और 26732 मेगावाट की दुनिया की सबसे ज्यादा स्थापित पन बिजली क्षमता है। ग्लेशियरों के पिघलने से क्षेत्र की 1 अरब से ज्यादा आबादी की पानी की ज़रूरतें पूरी होती हैं, जो इस सदी के दौरान ग्लेशियरों के टुकड़ों के काफ़ी तेज़ी से पिघलने से काफ़ी प्रभावित हो सकती हैं।

जलवायु परिवर्तन धीरे-धीरे दुनिया में बड़े बदलाव चला रहा है। इसका असर अमेरिका सहित दुनिया के कई क्षेत्रों में स्थानीय स्तर पर स्पष्ट रूप से दिखने भी लगा है। हाल में इसका एक बड़ा प्रभाव पश्चिमी अमेरिका में देखने को मिला है, जो भविष्य में अमेरिका में बर्फ के अकाल का संकेत दे रहा है। यह शोध विज्ञान पत्रिका नेचर में 'रिव्यूज अर्थ एंड एनवायरमेंट' शीर्षक से प्रकाशित हुआ है। शोध के अनुसार पश्चिमी अमेरिका के कैलिफोर्निया जैसे राज्यों में हिम की उपलब्धता का संकट पैदा हो सकता है। इससे यहाँ के पेड़-पौधे, पशु-पक्षी, नदी-तालाब और जंगल में आग की घटनाएँ तेज़ी से बढ़ सकती हैं। शोधकर्ताओं का दावा है कि यदि जीवाश्म ईंधन का उत्सर्जन नहीं रोका गया, तो कुछ पर्वत शृंखलाओं की बर्फ 2050 तक पैंतालीस प्रतिशत तक घट सकती है। बर्फीले मौसम या तो बहुत कम दिनों के रह जाएँगे या फिर बिना बर्फ के ही रह जाएँगे। भारत के कुछ हिमालयी क्षेत्रों में भी बर्फ तेज़ी से कम हो रही है। अमेरिका के पश्चिमी इलाकों में चिंता पैदा करने वाले बदलाव दिख रहे हैं। शोध के मुताबिक, सिएरा में करीब सत्तर प्रतिशत से ज्यादा स्थानीय जल प्रबंधकों का मानना है कि पश्चिमी अमेरिका में अपनाई जा रही जल-प्रबंधन की नीतियाँ भविष्य के जलवायु परिवर्तन के लिहाज से उपयुक्त नहीं हैं। नतीजतन पश्चिमी अमेरिका के सिएरा-नवेदा में गिरी बर्फ कैलिफोर्निया के पानी की तीस फ़ीसदी माँग पूरी करती है। लेकिन अब इस राज्य में बर्फ के अकाल के कई दौर देखने में आ रहे हैं। साल 2021

के वसंत में सिएरा को केवल उनसठ प्रतिशत ही बर्फीला पानी मिल पाया। मई के महीने में पड़ी भीषण गर्मी ने दस प्रतिशत बर्फ को वाष्प में बदलने का काम किया। जून में समूची बर्फ पिघल कर पानी में बदल गई और बह गई। ये बर्फ के अकाल के स्पष्ट संकेत हैं। इस अध्ययन के प्रमुख शोधकर्ता एलन रोड्स और उनके साथियों ने अमेरिका के पश्चिमी राज्यों में बर्फ की मात्रा घटने व बढ़ने का समयबद्ध अध्ययन किया। अध्ययन में यह सामने आया कि अमेरिका के सभी क्षेत्रों में हिम-पुंजों का साल 2050 से तेज़ी से क्षरण होने लगेगा, जो इस क्षेत्र को बर्फ के अकाल में बदल सकता है। दरअसल, इस क्षेत्र की सिएरा, नेवादा और कैस्केड जैसी पर्वतमालाओं से गर्म प्रशांत महासागर से नम हवाएँ टकराती हैं, जो कैलिफोर्निया की पर्वत शृंखलाओं की बर्फ को तेज़ी से पिघलाने का काम करती हैं। यदि वैश्विक कार्बन उत्सर्जन को बड़ी मात्रा में नहीं रोका गया तो पैंतीस से साठ साल बाद इन हिमखंडों का क्षरण नियमित रूप से दिखाई देने लगेगा। यह अध्ययन दर्शाता है कि बढ़ता वैश्विक तापमान किस तरह से स्थानीय जलवायु पर असर डाल रहा है। यह स्थिति भविष्य में आबादी के बड़े हिस्से के लिए जल संकट का भयावह कारण बन सकती है। अतएव ईंधन और ऊर्जा के स्रोतों में रूपांतरण ठीक से नहीं किया गया तो बर्फ का अकाल विस्तरित होता चला जाएगा। जलवायु परिवर्तन के अनेक दुष्परिणाम देखने में आ रहे हैं। इनमें से एक उत्तरी व दक्षिणी ध्रुव क्षेत्रों में बढ़ते तापमान के कारण बर्फ का पिघलना भी है। अत्यधिक गर्मी अथवा सर्दी का पड़ना भी इसी के कारक माने जा रहे हैं। वैज्ञानिकों की यह चिंता तब और ज्यादा बढ़ गई, जब अंटार्कटिका में तैर रहे फ्रांस से भी बड़े आकार के हिमनद टाटेन के पिघलने की जानकारी अनुमानों से कहीं ज्यादा निकली। यानी अभी तक जो अनुमान लगाए गए थे, उसकी तुलना में यह विशालकाय हिमनद कहीं ज्यादा तेज़ी से पिघल रहा है। इससे समुद्र का जलस्तर बढ़ने की भी आशंका जताई जा रही है। सेंट्रल वाशिंगटन विश्वविद्यालय के पाल बिनबेरी द्वारा किए अध्ययन अमेरिका के नेशनल स्नो एंड आइस सेंटर ने दावा किया है कि 32.90 लाख वर्ग किलोमीटर क्षेत्र से उत्तरी ध्रुव पर बर्फ पिघली है। भारत से यह क्षेत्र नौ हजार आठ सौ तिरसठ किलोमीटर दूर है। मेरीलैंड विश्वविद्यालय के भू-भौतिकविद डेनियल लेथ्रोप का कहना है कि इसका कारण पृथ्वी की बाहरी परत में हलचल होना है। पृथ्वी के केंद्र (कोर) में लोहा और निकेल धातुओं का गर्म तरल का महासागर है और इस हलचल से विद्युतीय क्षेत्र पैदा होता है। हालाँकि चुबंकीय ध्रुव के तेज़ी से खिसकने का अभी सटीक कारण भू-विज्ञानी ज्ञात नहीं कर पाए हैं। कनाडा के एक वैज्ञानिक जेम्स क्लार्क रास ने 1830 में पहली बार इसी तरह की जानकारी दी थी। एक अन्य अध्ययन से यह भी ज्ञात हुआ है कि वर्ष 2000 में पृथ्वी के उत्तरी ध्रुव ने अपने खिसकने की दिशा ग्रीनविच मेरिडियन (लंदन) की ओर कर दी है। अनुमान है कि

यह परिवर्तन धरती पर पानी के वितरण में बदलाव और ध्रुवीय बर्फ के पिघलने के कारण हुआ है। इसे जलवायु परिवर्तन की वजह माना है। बीसवीं सदी में उत्तरी ध्रुव, टोरंटो और पनामा शहर को जोड़ने वाली देशांतर रेखा कनाडा की हड़सन खाड़ी की ओर बढ़ रही है। इस परिवर्तन का कारण यह था कि पिछले हिमयुग के बाद पृथ्वी की परतों में द्रव्यमान का पुनर्वितरण हुआ था। किंतु वर्ष 2000 में नाटकीय ढंग से इस दिशा में 75 डिग्री का अंतर आया और पृथ्वी का अक्ष ग्रीनविच मेरीडियन की ओर बढ़ने लगा। ऐसा माना गया है कि ग्रीनलैंड और अंटार्कटिका की बर्फीली चादर के सिकुड़ने की वजह से ऐसा हुआ। इस परिप्रेक्ष्य में किए गए एक अन्य अध्ययन से सामने आया कि धरती पर पानी का पुनर्वितरण व भरण भी इसका एक कारण है। इस अध्ययन के प्रमुख नासा की जेट प्रणोदन प्रयोगशाला के सुरेंद्र अधिकारी हैं उनके अनुसार वैश्विक स्तर पर पानी के पुनर्वितरण व भरण से पृथ्वी की घूर्णन प्रक्रिया पर असर पड़ता है। भारतीय उपमहाद्वीप और केस्पियन सागर तेज़ी से भारी मात्रा में पानी नष्ट कर रहे हैं। 2003 में ग्रीनलैंड में प्रतिवर्ष दो हज़ार सात सौ बीस खरब किलोग्राम बर्फ पानी बन कर बह गई। इसी प्रकार पश्चिमी अंटार्कटिका से एक हज़ार दो सौ चालीस खरब और पूर्वी अंटार्कटिका से सात सौ चालीस खरब किलोग्राम बर्फ बह कर चली जाती है। इस अध्ययन के लिए ग्रेस उपग्रह के आँकड़े प्रयोग में लाए गए हैं। इस उपग्रह के माध्यम से 2002 से 2015 के दरम्यान इन तथ्यों को खोजा गया है कि जलराशियों के वितरण पर पृथ्वी की घूर्णन अक्ष की दिशा से क्या अंत: संबंध है। इसके परिणामों से यह भी पता चला है कि पृथ्वी इन जलराशियों के प्रभाव से डोलती भी है। ध्रुवीय बदलाव से पृथ्वी के पारिस्थितिकी तंत्र पर होने वाले असर को लेकर भू-विज्ञानी एकमत नहीं हैं। कुछ विशेषज्ञ इस बदलाव को विनाशकारी मानते हैं, जिसमें भूकंप और सुनामी जैसे खतरे शामिल हैं। लेकिन दूसरे विज्ञानी इन प्रलयकारी भविष्यवाणियों को बेबुनियाद बताते हुए खारिज करते हैं। इनका मत है कि पृथ्वी का चुबकीय क्षेत्र अनुमानों के मुताबिक पिछले डेढ़ सौ साल में ग्यारह सौ वर्ग किलोमीटर खिसका है। पैंतीस करोड़ वर्षों में ऐसा करीब चार सौ बार हो चुका है। इस बदलाव में एक हज़ार या इससे अधिक वर्ष लगते हैं। जलवायु परिवर्तन के इन सब कारणों पर नियंत्रण के लिए ही इस साल नवंबर में ग्लासगो में जलवायु शिखर सम्मेलन हुआ। इसमें 'पेरिस अनुबंध की धारा-6 नियमावली' वजूद में लाई गई है। इससे कार्बन बाज़ार के महत्त्व, उससे जुड़ी संभावनाओं और चुनौतियों को लेकर विचार-विमर्श का दायरा बढ़ा है। लेकिन इसके परिणाम कितने सार्थक निकलते हैं, यह फिलहाल भविष्य के गर्भ में है। इस लिहाज से बर्फ के अकाल की चुनौती का सामना न करना पड़े, इसके लिए औद्योगिक उत्पादनों पर अंकुश की पहल जरूरी है।

पर्यावरण संकट मानवता के अस्तित्व से जुड़ा है। भारत में हिमालयी क्षेत्र उत्तराखंड पहाड़ों पर बादलों के फटने, कहीं कम वर्षा, कहीं ज्यादा वर्षा, सूखा और बाढ़, धुँए के कारण अस्त-व्यस्त होता जीवन, आज देश के हर व्यक्ति को प्रभावित कर रहा है। बढ़ते समुद्र स्तर के कारण छोटे द्वीपों पर जीवन संकट में है। पर्यावरण के कारण बड़ी मात्रा में विस्थापन बढ़ रहा है यदि समय रहते नहीं चेते तो आने वाले कुछ दशकों में ही पृथ्वी रहने योग्य स्थान नहीं रहेगी। पेरिस पर्यावरण सम्मेलन 2015 के बाद भारत ने गैसों के उत्सर्जन को कम करने का संकल्प लिया था, लेकिन भारत ने यह भी स्पष्ट किया था कि विकसित देश भारत पर पर्यावरणीय असंतुलन या ग्लोबल वार्मिंग का टीकरा फोड़ने की कोशिश न करे। आज दुनिया पिछले 100 वर्षों में जो हुआ उसका परिणाम भुगत रही है। जहाँ मौसम परिवर्तन के लिए अमेरिका की जिम्मेदारी 40 प्रतिशत है, यूरोप की 10 प्रतिशत, चीन की 28 प्रतिशत है, वहीं भारत केवल 3 प्रतिशत के लिए ही जिम्मेदार है। भारत ने तब भी यह कहा था कि चीन समेत अमीर मुल्कों की जिम्मेदारी अधिक है। कोपनहेगन में गरीब मुल्कों को पर्यावरण संकट से निपटने के लिए 100 अरब डॉलर उपलब्ध कराने का वचन दिया था। लेकिन वह राशि कहीं दिखाई नहीं दे रही। जहाँ सी.ओ.पी. 26 के अंतिम दस्तावेज में उस 100 अरब डॉलर की सहायता की बात को महत्त्व नहीं दिया गया है, बल्कि भारत पर सारा दोष मढ़ने की कोशिश हो रही है।

पर्यावरणीय आपदाएँ एवं जलवायु शरणार्थी

जलवायु के कारण होनी वाली आपदाओं ने विश्वस्तर पर लाखों लोगों को विस्थापित कर उन्हें जलवायु शरणार्थी बना दिया है। संयुक्त राष्ट्र की विश्व प्रवासन रिपोर्ट 2022 जलवायु परिवर्तन से सम्बन्धित घटनाओं के कारण लोगों के बिगड़ते विस्थापन को दर्शाती है। 2020 में 145 देशों में 30.7 मिलियन लोगों का विस्थापन देखा गया। जलवायु संबधी आपदाओं के कारण आंतरिक विस्थापन वाले देशों का भी मामला है। फिलिपिन ने 2020 में प्राकृतिक अपदाओं के कारण सबसे अधिक 5.1 मिलियन विस्थापन का अनुभव किया, जबकि चीन ने 2020 के अंत तक पाँच मिलियन नए आपदा संबंधी विस्थापन की सूचना दी। तूफानों ने 14.6 मिलियन विस्थापन और बाढ़ के लिए जिम्मेदार ठहराया 14.1 मिलियन। अत्यधिक तापमान विस्थापित 46,000 लोग जबकि सूखे ने 2020 में 32,000 लोगों के नए विस्थापन का कारण बना। 2008-2020 के दौरान लगभग 2.4 मिलियन नए विस्थापन सूखे के कारण और 1.1 मिलियन से अधिक अत्यधिक तापमान के कारण हुआ। विश्व बैंक का अनुमान है कि उप-सहारा अफ्रीका, दक्षिण एशिया और लैटिन अमेरिका में जलवायु परिवर्तन से सम्बन्धित घटनाओं के कारण 2050 तक 143 मिलियन लोग अपने देशों में प्रवास

करेंगे। संयुक्त राष्ट्र कन्वेंशन टू काम्बैट डेजर्टिफिकेशन (यू.एन.सी.सी.डी.) का यह भी अनुमान है कि सूखे से अफ्रीका में 22 मिलियन, दक्षिण अमेरिका में 12 मिलियन और एशिया में 2059 तक 10 मिलियन लोगों का प्रवास हो सकता है। जलवायु आपदाओं के कारण होने वाला विस्थापन एक उभरती हुई समस्या है। आंतरिक विस्थापन निगरानी केन्द्र का कहना है कि भारत में लगभग 1.4 करोड़ लोग जलवायु और पर्यावरणीय आपदाओं के कारण विस्थापित हुए हैं। रिपोर्ट के अनुसार जलवायु निष्क्रियता की लागत 2050 तक 4.5 करोड़ से अधिक लोगों को अपने घरों से पलायन करने के लिए मजबूर करेगी। केन्द्र के आँकड़ों से पता चलता है कि 2020 में पर्यावरणीय आपदाओं के कारण भारत में 38 लाख से अधिक नए विस्थापन हुए, जो कि 989 हैं। संघर्षों के कारण हुए 3,900 विस्थापन से कई गुना अधिक है।

ग्लासगो जलवायु सम्मेलन में अमेरिका, यूरोप और पश्चिम एशिया के विकसित देश चाहते थे कि घोषणा पत्र में कोयले का अबाधित प्रयोग चरणबद्ध तरीके से बंद करने की बात की जाए। तापमान बढ़ाने वाले प्रदूषण के लिए 40 प्रतिशत तक कोयले के उपयोग को जिम्मेदार माना जाता है। भारत, चीन और दूसरे विकासोन्मुख देशों का धर्मसंकट यह था कि उनके बिजलीघर और तमाम कारखाने कोयले से चलते हैं। दुनिया में इस समय लगभग 2500 कोयला बिजलीघर हैं। इनमें से 1082 अकेले चीन में हैं। वहाँ लगभग रोज एक नया कोयला बिजलीघर बन रहा है। भारत में कोयला संचालित 281 बिजलीघर हैं। उनके अलावा इस्पात और सीमेंट के कारखानों और ईंट भट्ठों आदि में भी कोयला जलता है। विकसित देशों में अधिकांश बिजलीघर गैस से चलते हैं। वहाँ सौर और पवन जैसे अक्षय ऊर्जा के स्रोतों से भी बिजली बनने लगी है। भारत की समस्या यह भी है कि उसे हर साल करीब 75 लाख करोड़ रुपये के तेल और गैस का आयात करना पड़ रहा है और तीन लाख करोड़ रुपया तेल एवं गैस की खोज और उपभोक्ताओं के लिए सब्सिडी पर भी खर्च करना पड़ता है। कोयला भारत में प्रचुरमात्रा में है। ऐसे में यदि वह तेल और गैस पर अपनी निर्भरता घटाने के लिए बिजली का विकल्प अपनाता है तो उसे चीन की तरह सैकड़ों बिजलीघर और बनाने होंगे, जो मुख्यत: कोयला संचालित होंगे। ऐसा इसलिए, क्योंकि अक्षय ऊर्जा आमताएँ बढ़ाने में काफ़ी धन और समय लगेगा। जबकि आर्थिक विकास के साथ-साथ बिजली की माँग तेज़ी से बढ़ेगी और अकेले अक्षय ऊर्जा शायद उसे पूरा नहीं कर पाएगी। इस चुनौती से निपटने के लिए भारत विकसित देशों से स्वच्छ ऊर्जा तकनीक और उसे अपनाने के लिए जरूरी धन की माँग करने के साथ ही इस मुहिम में विकासशील देशों का नेतृत्व भी करता आ रहा है। जलवायु न्याय का भी यही तकाजा है, क्योंकि विकसित देशों के प्रदूषण से ही जलवायु आज की गंभीर स्थिति में पहुँची है। चिंता की बात यह है कि विकसित देश स्वच्छ तकनीक देने, उसे अपनाने के लिए पैसा देने

को राजी नहीं। 2009 के सम्मेलन में उन्होंने वादा किया था कि वे हर साल 10,000 करोड़ डॉलर दिया करेंगे, जो उन्होंने आज तक पूरा नहीं किया।

पर्यावरणीय आपदाओं का अर्थव्यवस्था पर प्रभाव

पिछले कुछ महीनों में, देश ने विभिन्न प्राकृतिक-आपदाओं जैसे चक्रवात और बाढ़ का सामना किया है और साथ-ही-साथ कोविड-19 महामारी का भी सामना किया है। एक ओर जहाँ भारत सरकार कोविड 19 संक्रमण के प्रसार को रोकने और आर्थिक गतिविधियों को पुनर्जीवित करने का प्रयास कर रही है, वहीं दूसरी ओर प्राकृतिक आपदाएँ जैसे चक्रवात और बाढ़ सरकार के वित्तीय बोझ को बढ़ा रही हैं। आबादी के लिए गंभीर स्वास्थ्य खतरे भी पैदा कर रहे हैं। हाल ही में, तमिलनाडू, आंध्र प्रदेश और अन्य दक्षिणी राज्यों में मानसून के बाद की बाढ़ ने मानव जीवन और संपत्ति पर कहर बरपाया है, जो राज्यों में एक सतत समस्या बन गई है। लगभग छह वर्षों के बाद, उत्तर-पूर्वी मानसून के नेतृत्व में भारी बारिश ने दक्षिणी भारतीय राज्य तमिलनाडु को प्रभावित किया है, जिससे विनाशकारी बाढ़ आई है और स्थानीय अधिकारियों के अनुसार राज्य भर में 18 लोगों की जान चली गई है। वहीं, आंध्र प्रदेश के कई हिस्से भारी बारिश और बाढ़ की चपेट में आ गए हैं, जिससे फसलों सहित संपत्ति का नुकसान हुआ है और 34 लोगों की मौत हुई है। प्रभावित जिलों से प्रारम्भिक रिपोर्टों के अनुसार, भारी बारिश के साथ बाढ़ से लगभग 1500 घरों को नुकसान पहुँचा है। आंध्र प्रदेश राज्य भर में 8 लाख हेक्टेयर कृषि और बागवानी फसलों में फैले 3000 करोड़ ने लगभग 58,000 लोगों को निकालने के लिए मजबूर किया। केंद्रीय जल आयोग (सी.डब्ल्यू.सी) की एक रिपोर्ट के अनुसार, 1953 और 2017 के बीच तमिलनाडु में बाढ़ से राज्य को लगभग 27,326 करोड़ रुपये का नुकसान हुआ है। इसमें से सार्वजनिक बुनियादी ढाँचे को 24,061 करोड़ रुपये का नुकसान हुआ है, इसके बाद 3,120 करोड़ रुपये की फसल क्षति हुई है। इस अवधि के दौरान, 3,705 लोग मारे गए, 56 मिलियन लोग प्रभावित हुए, 2.32 मिलियन हेक्टेयर फसल क्षेत्र तबाह हो गए, और 5.49 मिलियन घर क्षतिग्रस्त हो गए। हर साल, बाढ़ के कारण तमिलनाडु को लगभग 635 करोड़ रुपये का नुकसान होता है, और राज्य में 94,54 करोड़ रुपये की फसल के नुकसान के साथ 81 मौतें होती हैं। तमिलनाडु में बाढ़, सूखा, बिजली, चक्रवात, ओलावृष्टि और भूस्खलन जैसी प्राकृतिक आपदाएँ आवर्ती घटनाएँ हैं। राज्य अपनी अनूठी भू-जलवायु परिस्थितियों के कारण विभिन्न प्राकृतिक आपदाओं के प्रति अत्यधिक संवेदनशील है और प्राकृतिक आपदा आवृत्तियों, क्षतियों और मृत्यु दर में वृद्धि देखी गई है। इसके अलावा, उच्च स्तर की सामाजिक आर्थिक भेद्यता, अपर्याप्त शमन उपाय, तेज़ी से शहरीकरण, और कृषि क्षेत्र पर उच्च निर्भरता

ने प्राकृतिक आपदाओं के कारण होने-वाले नुकसान को और बढ़ा दिया है। मानसून के दौरान लगातार और भारी वर्षा जैसे प्राकृतिक कारकों के अलावा, मानव निर्मित कारकों ने भी तमिलनाडु और पूरे देश में बाढ़ के कारण क्षति को बढ़ाने में योगदान दिया है। अनियोजित विकास, तटवर्ती क्षेत्रों में अतिक्रमण, बाढ़ नियंत्रण प्रणालियों की विफलता, खराब जल निकासी सुविधाएँ, वनों की कटाई, और अनियोजित जलाशय संचालन बाढ़ के नुकसान को बढ़ा रहे हैं। नतीजतन, शहरी बाढ़ मानव निर्मित त्रसदी के रूप में प्रकट हो सकती है। तमिलनाडु की राजधानी चेन्नई में चक्रवाती गतिविधि से जुड़ी भारी बारिश के कारण 1943, 1976, 1985, 1998, 2002, 2005 और 2015 में विनाशकारी बाढ़ आई है। 2015 दक्षिण भारत की बाढ़ नवंबर-दिसंबर 2015 में वार्षिक पूर्वोत्तर मानसून द्वारा उत्पन्न भारी वर्षा के परिणामस्वरूप हुई, जिसने दक्षिण भारतीय राज्यों तमिलनाडु और आंध्र प्रदेश के कोरोमंडल तट क्षेत्र को प्रभावित किया। सी.डब्ल्यू.सी की रिपोर्ट के अनुसार, दिसंबर 2015 में शहर और उसके उपनगरीय इलाकों में आई बाढ़ ने 421 लोगों की जान ले ली और 3.04 मिलियन आबादी प्रभावित हुई। इसके अलावा, 0.38 मिलियन हेक्टेयर फसल तबाह हो गई, और 3.01 मिलियन घर क्षतिग्रस्त हो गए, जिससे कुल 25,913 व करोड़ रुपये का नुकसान हुआ। इसने सार्वजनिक और निजी संपत्ति को भारी नुकसान पहुँचाया और कई दिनों तक शहर को ठप कर दिया। तमिलनाडु और आंध्र प्रदेश के अलावा, बाढ़ भारत के अन्य राज्यों पर भी प्रतिकूल प्रभाव डालती है। सार्वजनिक और निजी संपत्तियों के नुकसान और प्रभावित और मारे गए आबादी के आधार पर, भारत चीन (इमरजेंसी इवेंट्स डेटाबेस (EM-DAT) के बाद दुनिया का दूसरा सबसे अधिक बाढ़ प्रभावित देश है। सी. डब्ल्यू.सी की रिपोर्ट के अनुसार, 1953-2017 की अवधि में बाढ़ के कारण 107,535 लोग मारे गए और 2,088 मिलियन लोग प्रभावित हुए। इस अवधि के दौरान, बाढ़ से फसलों, घरों और सार्वजनिक बुनियादी ढाँचे सहित 3,78,247 करोड़ रुपये, फसल को 1,11,225 करोड़ रुपये सार्वजनिक बुनियादी ढाँचे को 2,12,060 करोड़ रुपये और घरों को 53,774 करोड़ रुपये का नुकसान हुआ। इसके अलावा, हर साल, देश को जी.डी.पी. का लगभग 0.46 बाढ़ और सकल घरेलू व उत्पाद के लगभग 0.18 (परिदा एट अल 2021) के कारण फसलों को नुकसान पहुँचा है। बाढ़ का प्रभाव सरकारी आपदा प्रबंधन गतिविधियों के माध्यम से राज्य सरकार के वित्तीय दबाव को भी बढ़ाता है। इसके अलावा, लगातार बाढ़ ग्रामीण कृषि क्षेत्र में रोज़गार के अवसरों पर प्रतिकूल प्रभाव डालती है, बढ़ती गरीबी, ग्रामीण असमानता और फसल क्षति और आय व हानि के कारण भोजन की कमी। इसी तरह, शहर में खराब योजना और बुनियादी ढाँचे में निवेश की कमी के कारण शहरी बाढ़ शहर के निवासियों के लिए एक आम खतरा बन गई है। तेज़ी से शहरीकरण, शहरों और कस्बों में जलमार्गों के मनमाने अतिक्रमण,

खराब जल निकासी सुविधाओं और अवैध निर्माण के कारण शहरी बाढ़ बढ़ रही है। इसके अलावा, खराब कचरा प्रबंधन नालों और नहरों को अवरुद्ध करके परेशानी को दूर कर रहा है, जबकि अनियोजित सड़क परियोजनाएँ बाढ़ के प्रवाह को कम कर रही हैं। बाढ़ के प्रभाव को कम करने के लिए बाढ़ संभावित क्षेत्रों में पर्याप्त आपदा अनुकूलन उपाय और बेहतर आपदा प्रबंधन नीतियाँ आवश्यक हैं। पहला, जिला आपदा प्रबंधन प्राधिकरण द्वारा बाढ़ आपदाओं के दौरान पुनर्वास और निकासी पर अधिक खर्च से बाढ़ से होने वाली मौतों को कम करने में मदद मिलेगी। दूसरा, बेहतर बाढ़ चेतावनी प्रणाली, विशेष रूप से तटीय जिलों में, और वर्षा और बाढ़ का सटीक पूर्वानुमान समय पर उपायों और आपदा प्रभावों को कम करने की अनुमति दे सकता है। तीसरा, बाढ़-पूर्व उपायों जैसे कि नदी तटबंधों का निर्माण और रख-रखाव, नहरों, सड़कों, पुलों, नदी संपर्क और निचले इलाकों में बहुउद्देश्यीय आश्रयों के निर्माण जैसे आपदा-रोधी बुनियादी ढाँचे को विकसित करना, बाढ़ से होने वाली मौतों को कम करने में मदद कर सकता है। अंत में, चूँकि शहरी बाढ़ की समस्या अधिक गंभीर होती जा रही है, और हर साल नुकसान बढ़ रहा है, शहरी बाढ़ के मुद्दे पर शहरी बाढ़ 2010 पर एन.डी.एम.ए. दिशा-निर्देशों के उचित कार्यान्वयन के साथ विशेष ध्यान देने की आवश्यकता है। तटीय विनियमन क्षेत्र (सी.आर.जेड.) अधिसूचना जारी की गई 1991, बाद में 2011 और 2019 में संशोधित किया गया, जिसका उद्देश्य तटीय क्षेत्र प्रबंधन मुद्दों को संबोधित करना था। हालाँकि, यह वर्षों से तटीय क्षेत्रों में विकास को विनियमित करने में सक्षम नहीं है। इसलिए तटीय शहरों में सी.आर.जेड. मानदंडों का सख्ती से क्रियान्वयन समय की माँग है। साथ ही, सरकार को प्राकृतिक आपदाओं के प्रभावों, उनके कारणों और शमन उपायों के बारे में व्यापक सामुदायिक जागरूकता अभियान चलाना चाहिए। इसके अलावा, सरकार को उन्नत तकनीकों का उपयोग करते हुए जिला-वार बाढ़ मानचित्रण भी करना चाहिए और जलमार्गों और जल निकायों के साथ-साथ अतिक्रमण हटाने में सभी विभागों या एजेंसियों के बीच बेहतर समन्वय सुनिश्चित करना चाहिए। कुल मिलाकर, मानव और भौतिक पूँजी दोनों के नुकसान के मामले में बाढ़ के प्रभाव को कम करने के लिए एक दीर्घकालिक आपदा प्रबंधन नीति आवश्यक है। आपदा जोखिम न्यूनीकरण 2015-30 के लिए फेमवर्क को प्रभावी ढंग से लागू करने का समय प्राथमिक भूमिका में राज्य के साथ आपदा जोखिम को कम करने और स्थानीय सरकार और निजी क्षेत्र सहित अन्य हितधारकों के साथ साझा जिम्मेदारी पर केन्द्रित है। इसका उद्देश्य विकास लाभ को आपदा के जोखिम से बचाना है।

जलवायु और महासागरीय परिवर्तनों में बढ़ोतरी को देखते हुए हिंद महासागर में एक परिष्कृत निगरानी सिस्टम का प्रस्ताव दिया गया है। हिंद महासागर के बदलावों पर नज़र रखने के लिए वैज्ञानिकों ने बहुराष्ट्रीय महसागरीय निगरानी तंत्र-हिंद महासागर

ऑब्जविंग सिस्टम (आई.एन.डी.ओ.ओ.एस.) को भी अपग्रेड करने का सुझाव दिया है। उनके मुताबिक तेज़ गति से हो रहे जलवायु परिवर्तनों को देखते हुए एक ठोस, परिपक्व और समर्थ पर्यवेक्षण सिस्टम को विकसित करने की सख्त ज़रूरत है। अपग्रेड के जरिए खतरे की जद में आ चुके इकोसिस्टम को बचाने और मॉनसून को समझाने के नए तरीके विकसित किए जाएँगे। बारिश, सूखे और लू की भविष्यवाणियों में सुधार की कोशिश भी इस अभियान का एक हिस्सा होगा। हिंद महासागरीय जलवायु और इकोसिस्टम की स्थिति और उसके भविष्य के आकलन का ज्ञान एक व्यापक सामाजिक आर्थिक और पर्यावरणीय डाटा पर निर्भर है, जिसका उल्लेखनीय हिस्सा इंडूस मुहैया करता है। इंडूस की स्थापना 14 साल पहले हुई थी। हिंद महासागर क्षेत्र और उससे इतर भी मानव निर्मित जलवायु परिवर्तन के प्रभावों को बेहतर समझ विकसित करने के लिए ये सिस्टम बनाया गया था। प्रतिष्ठित पर्यावरणीय वेब पत्रिका मोंगावे के भारतीय संस्करण में प्रकाशित एक रिपोर्ट के अनुसार 60 से अधिक वैज्ञानिकों ने तेज़ी से गरम होते इस भूगर्भीय और महासागरीय क्षेत्र में सिस्टम को अपग्रेड करने का सुझाव दिया है। हिंद महासागर की परिधि में आने वाले 22 देशों में भारत भी एक है। दुनिया की एक तिहाई आबादी हिंद महासागर के किनारों पर बसर करती है और दुनिया का सबसे तेज़ी से गरम हो रहा महासागर भी यही है। यानी जलवायु परिवर्तन के लिहाज से सबसे ज्यादा निगाहें इसी महासागर की हलचलों पर लगी हैं। विभिन्न वैज्ञानिक अध्ययनों में ये बात सामने आ चुकी है कि यदि तापमान में बढ़ोत्तरी की मौजूदा प्रवृत्ति जारी रहती है तो 2050 में ही हिंद महासागर में अललीनो की परिघटना पैदा हो सकती है। वैज्ञानिक मानते हैं कि हिंद महासागर में जलवायु के उतार-चढ़ाव की प्रबल संभावना है। भारत सहित हिंद महासागरीय तटीय देशों में चरम मौसमी घटनाओं की बढ़ती आवृत्ति और तीव्रता इस बात का प्रमाण है कि वैश्विक तापमान में वृद्धि से होने वाला जलवायु परिवर्तन अपना प्रभाव दिखाने लगा है। हिंद महासागर से जुड़ी चिंताओं के अलावा ध्रुवीय हिम के पिघलाव में आ रही तेज़ी, चिंता का सबब बनी है। संयुक्त राष्ट्र की जलवायु परिवर्तन कमेटी की 2013 की एक रिपोर्ट के मुताबिक इस शताब्दी के अंत तक अंटार्कटिक की बर्फ के पिघलने से समुद्र का जलस्तर पाँच सेंटीमीटर बढ़ेगा। हालाँकि नए अध्ययनों में माना जा रहा है कि ध्रुवीय हिम के पिघलने से वर्ष 2100 तक समुद्री जलस्तर लगभग 40 सेंटीमीटर बढ़ जाएगा। पानी एक लिहाज से देखा जाए तो अविश्वसनीय और अकल्पनीय-सा लगने वाला, वृद्धि का ये अनुमान तथ्य, डाटा और वस्तुस्थिति की सटीक गणनाओं और वैज्ञानिक मापन पर आधारित एक वास्तविक अनुमान है और मनुष्य के अस्तित्व के लिए चिंताजनक भी। एक वृहद और सक्ष्म निगरानी और मापन तंत्र विकसित करने के लिए वैज्ञानिकों का कहना है कि हिंद मासागर के देशों को न सिर्फ़ संसाधनों और क्षमताओं की ज़रूरत है, बल्कि

लक्ष्य निर्धारित करना और बेहतर प्रशासनिक ढाँचा विकसित करना आना भी उतना ही जरूरी है। आँकड़ों की साझेदारी को भी आम बताया गया है। बेहतर नतीजों के लिए देशों के बीच नए समझौतों और नई भागीदारियों की ज़रूरत भी है। अभी सिर्फ़ 15 देश इस नेटवर्क में शामिल है। वैज्ञानिकों के मुतामिक इंडूस के सुझाव भारत के लिए भी खासतौर पर महत्त्वपूर्ण हैं क्योंकि बंगाल की खाड़ी और अरब सागर की हलचलों को भी इस मापक अध्ययन के जरिए समझने में मदद मिलेगी और उन सागरों में हो रही अवाँछित मौसमी परिघटनाओं और परिवर्तनों के लिए सतर्क और तैयार रहा जा सकेगा। इंडूस से पहले हिंद महासागर का कोई टिकाऊ और व्यवस्थित पर्यवेक्षण नहीं होता था। महासागर इतना विशाल है और इसमें इतना अधिक ताप निहित है कि इसके बदलावों पर नज़र रखना जरूरी है, जिससे कि जलवायु में बदलाव को समझा जा सके और तदनुसार भविष्यवाणी की जा सके। खेती, मछलीपालन, परिवहन, जलीय गतिविधियों और निर्माण आदि में भी ये जानकारियाँ आगे काम आती हैं। इलाकाई मॉनसून को समझने और जलवायु की बदलती स्थितियों और मौसमी आदतों के आकलन में भी इन अध्ययनों की ज़रूरत पड़ती है। ऐसे अध्ययनों की और इसके लिए इंडूस के सिस्टम को अपग्रेड करने की ज़रूरत इसलिए भी बताई जा रही है कि आने वाले समय में चक्रवात और समुद्री तूफान जैसे हालात से नुकसान को न्यूनतम किया जा सके और समय रहते आपना प्रबंधन और न्यूनीकरण अभियान शुरू किया जा सके। एक साल पहले इन्हीं दिनों हिंद महासागर में आए सुपर साइक्लोन 'अम्पान' की भला किसे याद नहीं होगी, जो कि संयुक्त राष्ट्र की एक रिपोर्ट के अनुसार जान-माल के नुकसान के लिहाज से बहुत महँगा साबित हुआ था। भारत और बांग्लादेश ने इसका सर्वाधिक नुकसान झेला था। अकेले भारत को 14 अरब डॉलर का नुकसान उठाना पड़ा था। आँकड़े बताते हैं कि बाढ़, सूखे और साइक्लोन से पिछले पाँच दशकों में करीब एक लाख चालीस हज़ार लोगों की जान जा चुकी है।

पृथ्वी हमें बार-बार यह चेतावनी दे रही है कि पर्यावरण से अब और खिलवाड़ बंद हो। वरना धरती पर रहना मुश्किल होता चला जाएगा। यह सही भी है। पिछले कुछ दशकों में तो हमने इसे कुछ ज्यादा ही महसूस किया है। कस्बों, शहरों, महानगरों से लेकर समुद्र पहाड़, जंगल और धरती के पारिस्थितकीय तंत्र प्रदूषण की मार से त्रस्त है। वायुमंडल लगातार जहरीला होता जा रहा है। धरती के लिए यह बड़ा खारा है। ऐसे में सवाल है कि धरती कैसे बचेगी और जब धरती ही नहीं रहेगी तो हमारा क्या होगा? पर्यावरण आज पूरी दुनिया के लिए गंभीर मुद्दा बना हुआ है। यह जीवन और अर्थ व्यवस्था के हर पहलू से जुड़ा है। इसलिए इसे नज़रअंदाज़ करना मानव की सबसे बड़ी भूल होगी। हमारी अर्थ व्यवस्था का एक पहलू यह भी है कि इसमें

नकारात्मक पर्यावरणीय प्रभावों को नहीं गिना जाता, जबकि उनकी भरपाई या उन्हें कम करने के लिए खर्च किए गए धान को सकल घरेलू उत्पाद (जी.डी.पी.) में गिना जाता है। इस सच्चाई से तो मुँह नहीं मोड़ा जा सकता कि आर्थिक समृद्धि हमारे पर्यावरण की कीमत पर ही आई है। कोई भी देश जबरदस्त पर्यावरणीय क्षति के बिना एक प्रमुख औद्योगिक शक्ति के रूप में नहीं उभरा है। जबकि आर्थिक समृद्धि और आजीविका सीधे उसी जीवन-समर्थन प्रणाली की सुरक्षा पर निर्भर करती है जिस पर हमारा अस्तित्व निर्भर है। इसलिए हमें विकास को फिर से परिभाषित करने की आवश्यकता है, जो पारिस्थितिक संपन्नता के संदर्भ में मापा जा सके, न कि बढ़ती आय के स्तर के रूप में। उन्नीसवीं सदी के अंत में जापान में एशिया की तांबे की खदान से निकलने वाली गैस सल्फर डाइऑक्साइड और भारी धातुओं ने न केवल फसलों को, बल्कि मानव स्वास्थ्य को भी भारी नुकसान पहुँचाया। पंजाब में कीटनाशकों और हानिकारक रसायनों के अंधाधुंध प्रयोग के कारण हाल के वर्षों में कैंसर से होने वाली मौतों में वृद्धि देखी गई है। राज्य के बठिंडा जिले में यह जानलेवा बीमारी कितनी व्यापक है, इसका अंदाजा इसी से लगाया जा सकता है कि लगभग हर दूसरे घर में एक कैंसर का मरीज है। लोग कीटनाशकों के उपयोग और बढ़ते प्रदूषण को इसका जिम्मेदार मानते हैं। बहुत से किसान इस समय अपनी दयनीय स्थिति के लिए 1970 की हरित क्रांति की सफलता को दोष देते हैं। यह तब था, जब किसानों ने पारंपरिक खेती के तरीकों को छोड़ ज्यादा पैदावार वाले बीज, उर्वरक, कीटनाशक और पानी की मिली-जुली विधि की ओर रुख किया था। पंजाब के किसान प्रति हेक्टेयर नौ सौ तेईस ग्राम कीटनाशकों का उपयोग करते हैं, जो राष्ट्रीय औसत पाँच सौ सत्तर ग्राम प्रति हेक्टेयर से बहुत अधिक है। वायु प्रदूषण को ही लें। वायु प्रदूषण के कारण होने वाली बीमारियों से दिल्ली और कोलकाता जैसे महानगरों में हर साल हजारों लोग मर जाते हैं। अतिरिक्त उपभोग और उत्पादन हम पर उलटा असर कर रहा है। उत्तर प्रदेश के सोनभद्र जिले से हर साल खनन से लगभग 27,198 करोड़ रुपये का राजस्व मिलता है। लेकिन इसके पीछे एक डरावना सच भी है। सोनभद्र में कोयला खदानों से निकलने वाली राख लोगों में कैंसर जैसी घातक बीमारी का कारण बन रही है। इस राख में मौजूद आर्सेनिक, सिलिका, एल्युमिनियम और आयरन जैसी भारी धातुएँ दमा, फेफड़ों के विकार, टीबी और कैंसर का कारण बन रही हैं। पूर्वी राज्य झारखंड खनिज संपदा के मामले में भारत के सबसे अमीर राज्यों में से है। लेकिन यहाँ हवा-पानी जहरीली है। राज्य के झरिया में कोयले की धूल सर्वव्यापी है और कपड़े बाहर खुले में रखने के कुछ ही मिनटों में कालिख के साथ गहरे काले पड़ जाते हैं। मनुष्य प्रकृति से मिलने वाली पर्यावरणीय सेवाओं पर निर्भर है। आर्थिक विकास से पर्यावरण में सुध ार होता है, लेकिन यह भविष्य में अर्थ व्यवस्था को होने वाले नुकसान में भी वृद्धि

का कारण बनता है। लागत और क्षति आबादी के समूहों और देशों में असमान रूप से वितरित की जाती है। वास्तविक अर्थ व्यवस्था बाज़ार क्षेत्र की तुलना में बहुत व्यापक है। इसका एक उदाहरण बोतलबंद पानी खरीदने और घरों में हवा साफ करने के लिए लगाए जाने वाले मही वायु शोधक (एअर प्यूरीफ़ायर) के लिए खर्च किया गया पैसा है क्योंकि प्रदूषण से स्वच्छ पानी की स्थानीय उपलब्धता नष्ट हो गई है। संयुक्त राष्ट्र का मानव विकास सूचकांक कई सामाजिक मुद्दों पर विचार करने का एक अनूठा प्रयास है, लेकिन यह प्रत्यक्ष पर्यावरणीय प्रभावों को ध्यान में नहीं रखता। पर्यावरणीय संघर्ष अकसर बाज़ार अर्थ व्यवस्था के बाहर होते हैं। सच्चाई यह है कि बाज़ार अर्थ व्यवस्था पर्यावरण शोषण के ख़िलाफ़ लोगों के संघर्षों और आंदोलनों को मान्यता नहीं देना चाहती। पहली नज़र में, आर्थिक विकास से पर्यावरण की स्थिति में सुधार होता दिख रहा होता है। समृद्ध अर्थ व्यवस्थाओं के पास पर्यावरणीय नुकसान से निपटने और उनकी भरपाई के लिए वित्तीय साधन हैं। उनके पास पर्यावरण के अनुकूल नई उत्पादन प्रौद्योगिकियों को पेश करने की क्षमता भी है। लेकिन हमेशा ऐसा नहीं होता है। अमीर देश अपना उत्पादन और आपूर्ति गरीब देशों से प्राप्त करते हैं, जहाँ श्रम की लागत कम होती है। प्राकृतिक संसाधनों के अति दोहन के साथ गरीब देशों को आपदाओं, प्रदूषण और जानमाल के नुकसान का सामना करना पड़ता है। नकारात्मक पर्यावरणीय प्रवृत्तियों में मोड़ तब दिखाई देते हैं, जब काफ़ी नुकसान हो चुका होता है या जब बर्दाश्त करने की क्षमता को पार कर लिया जाता है। जलवायु परिवर्तन इस सदी का सबसे बड़ा संकट है। लेकिन विकसित देशों के रुख को देखते हुए अकसर यह सवाल उठता है कि क्या जलवायु परिवर्तन सभी को और हर जगह प्रभावित नहीं कर रहा? क्या अधिक संपन्न और अमीर राष्ट्र जलवायु परिवर्तन के प्रभावों को नहीं झेल रहे? आज पृथ्वी के सभी पारिस्थितिक तंत्रों में जबरदस्त बदलाव आ चुका है। 1950 के बाद ज्यादा-से-ज्यादा भूमि कृषि योग्य भूमि में परिवर्तित हो गई। पिछले दो दशकों में पैंतीस फ़ीसदी मैंग्रोव नष्ट हो गए। बीस फ़ीसदी प्रवाल भित्तियों को नष्ट कर दिया गया है। पिछले चार दशकों में वनस्पति और जैविक प्रजातियों का बावन प्रतिशत नुकसान हुआ। प्राकृतिक आवास और प्रजातियों का वर्तमान नुकसान ऐतिहासिक अतीत की तुलना में कई गुना अधिक है। पिछले दो दशकों में सार्स, मर्स, इबोला, निपाह और अब कोरोना विषाणु ने वैश्विक अर्थ व्यवस्था और समाज को हिला दिया है। पिछले एक साल में कैलिफोर्निया से लेकर साइबेरिया के जगलों को धधकते देखा है। ये घटनाएँ बता रही हैं कि प्रकृति रीसेट बटन दबा रही है। वैश्विक अर्थ व्यवस्थाएँ भारी गिरावट झेल रही हैं। विषाणु के प्रकोप का यह प्रकार और पैमाना हमारे जीवनकाल में अपनी तरह का पहला है। हमारा स्वास्थ्य प्रकृति के साथ हमारे व्यवहार का परिणाम है। विषाणु हमारे रास्ते को सही करने का संकेत दे रहा है। यह हमें बता रहा है कि हमें प्रकृति

का सम्मान करना होगा। हमने पूरी प्रकृति को अपने कब्जे में ले लिया है और अन्य सभी जानवरों पर हावी हो गए हैं। लेकिन हम यह भूल गए कि हमारी संपूर्ण आर्थिक समृद्धि आँख से नज़र नहीं आने वाले सूक्ष्मजीव भी मिटा सकते हैं। जाहिर है सोने और हीरे के लिए ज़मीन खोदी जाएगी, पेड़ भी काटे जाएँगे, इससे पर्यावरण में और गिरावट आएगी। पारिस्थतिक सिद्धान्तों में निहित स्थायी अर्थ व्यवस्था पर आधारित स्वस्थ पारिस्थितिकी तंत्र में ही मानव कल्याण संभव है। पर्यावरण और स्वास्थ्य पर रासायनिक खेती के गंभीर दुष्प्रभाव को देखते हुए धीरे-धीरे ही सही, लेकिन जैविक व प्राकृतिक खेती की तरफ लोगों का झुकाव बढ़ रहा है। यह खेती अपार संभावनाओं का दरवाजा खोलती है। हालाँकि भारत में यह अब भी सीमित दायरे में ही हो रही है। सरकारों को अभी काफ़ी कुछ करना बाकी है। हमें विकास के ऐसे मॉडल की तरफ बढ़ना होगा जो पर्यावरणीय समस्याओं के चिरस्थायी समाधान और जलवायु आपातकाल की चुनौतियों से लड़ने में सक्षम हों।

दिल्ली का सामाजिक-आर्थिक सर्वे बताता है कि यहाँ 90 प्रतिशत परिवारों का मासिक खर्च दस हज़ार रुपये भी नहीं है। इतनी कम रकम में उनकी बुनियादि ज़रूरतें ही जैसे-तैसे पूरी हो पाती होंगी, इसलिए अपने देश में खपत मूलत: संपन्न तबका कर रहा है। दुनिया के स्तर पर यह वर्ग अमीर राष्ट्र का है। यह 'रीसाइकिल' में विश्वास नहीं करता उसके लिए उत्पाद खराब होने का मतलब नए उत्पाद की खरीददारी है। इसलिए कार्बन फुटप्रिंट में उसकी हिस्सेदारी अधिक है और गरीबों की बहुत कम। मुश्किल यह है कि सब कुछ जानते समझते हुए भी धानाढ्य वर्ग अपनी खपत कम करने को तैयार नहीं। यही वजह है कि हमारी आबोहवा अब जानलेवा हो चली है, नदियाँ अपनी निर्मलता छोड़ चुकी हैं और ज़मीन का दोहन बढ़ने लगा है। हम चाहें तो इनमें सुधार ला सकते हैं। बेशक वैश्विक तापमान वृद्धि का असर हम पर भी हो रहा है, लेकिन नदियों की साफ-सफ़ाई या ज़मीन की हिफाजत हमारे अपने हाथ में है। साफ है विकसित राष्ट्रों की संस्कृति अपनाने का दुष्परिणाम भारत जैसे देश भुगत रहे हैं। हम एक तरफ अपना ध्यान सकल घरेलू उत्पाद (जी.डी.पी.) बढ़ाने के लिए ऐसी आर्थिक गतिविधियाँ करते हैं, जिनसे प्रदूषण बढ़ता है और फिर उसको साफ करने की कथित कवायद करके जी.डी.पी. बढ़ाते हैं और अपनी पीठ थपथपाते हैं। यानी पहले बीमार करो और फिर इलाज में हुए खर्च को जी.डी.पी. में जोड़कर अपनी तरक्की दिखाओ 'इंडियन इकोनॉमी सिंस इंडिपेंडेंस' किताब में एक सवाल है कि अधिकाधिक डॉक्टर, नर्स या अस्पताल एक अच्छे समाज के सूचक हैं या बुरे समाज के? इनकी आदर्श संख्या तो समझी जा सकती है, लेकिन यदि गली-गली में अस्पताल खुलने लगे तो, समझ लेना चाहिए कि बीमारियों को बढ़ावा दिया जा रहा है इसी किताब

में एक जगह 2002 में एम्स के डॉक्टरों द्वारा किए गए अध्ययन का जिक्र किया है। यह अध्ययन बताता है कि 1980 के दशक में बच्चों को अस्थमा की शिकायत नहीं होती थी, लेकिन 2002 में अस्थमा के कुल मरीजों में बच्चों की हिस्सेदारी लगभग 15 फ़ीसदी थी। यह सब कुछ बाज़ारीकरण की देन है। 'मोर इज बैटर' की अवध रारण दरअसल हमारे जीवन में रच-बस गई है। बाज़ारीकरण के साथ ही यह भी जुड़ा है कि स्वच्छ तकनीक विकसित देशों में रहेगी और खराब यानी बीमार करने वाली तकनीक विकासशील देशों में लोग मरे क्योंकि अमीर राष्ट्र के बाशिंदे बाज़ार में सक्षम होते हैं। उनकी प्रतिव्यक्ति आय अधिक है और वे तुलनात्मक रूप से लंबा जीवन जीते हैं। उनकी सोच की पुष्टि इससे भी होती है कि कभी दिल्ली की यमुना की तरह गन्दी रहने वाली टेम्स नदी इसलिए साफ हो पाई, क्योंकि वहाँ स्वच्छ तकनीक का इस्तेमाल होने लगा मगर विकासशील देशों में ऐसा नहीं हो सकता, क्योंकि उनके पास इतनी उन्नत तकनीक नहीं है। संसाधनों की सीमा है, साफ है जब तक हम बाज़ार को तवज्जो देंगे, प्रदूषण का समाधान नहीं निकाल पाएँगे। कार्बन उत्सर्जन को कम करने की बातें सभी कह रहे हैं, मगर यह इसलिए बढ़ रहा है क्योंकि हमने इसको कम करने का गलत रास्ता चुना है। मसलन वैश्विक तापमान को 1.5 डिग्री सेल्सियस तक सीमित करने पर तमाम देश सहमत दिख रहे हैं, मगर क्या किसी ने यह सोचा है कि जब हम डिग्री सेल्सियस तक भी नहीं पहुँचे हैं और अनियंत्रित मौसम की चरम अवस्था को भुगतने को अभिशप्त हैं, तब जब उस मानक तक पहुँचेंगे तब क्या होगा? इसलिए अच्छा होगा कि अभी जितना वैश्विक तापमान है, लक्ष्य उससे कम रखा जाए।

संयुक्त राष्ट्र जलवायु परिवर्तन सम्मेलन इस समझौते के साथ समाप्त हो चुका है कि ग्लोबल वार्मिंग को पूर्व औद्योगिक काल से 1.5 डिग्री सेल्सियस तक सीमित रखा जाएगा अन्य उपायों के अलावा सम्मेलन में मोटे तौर पर इस बात पर भी सहमति बनी कि जीवाश्म ईंधन पर दी जाने वाली सब्सिडी खतम की जाएगी। कोयले से बिजली उत्पादन को सिलसिलेवार कम किया जाएगा और वनों की कटाई रोकी जाएगी। इसके अलावा विकसित देशों से यह गुजारिश की गई है कि वे विकासशील राष्ट्रों को आर्थिक मदद दें, ताकि वे स्वच्छ ऊर्जा की ओर बढ़ सकें। 140 से अधिक देशों ने कार्बन उत्सर्जन को 'नेट जीरो' (शुद्ध शून्य) करने का वायदा भी किया है। बावूद इसके अमेरिका और अन्य विकसित देश ग्लासगो जलवायु सम्मेलन से कुछ हद तक निराश थे। इसका एक कारण यह भी था कि भारत और चीन जैसे देश सम्मेलन खतम होते-होते पश्चिमी मुल्कों के कोयले का इस्तेमाल सिलसिलेवार बन्द संबंधी दबाव को हटाने में सफल रहे। बजाय इसके उन्होंने कोयले का इस्तेमाल चरणबद्ध तरीके से कम करने पर सहमति जताई। हालाँकि सम्मेलन के 26 साल के इतिहास में यह पहला

मौका था, जब शिरकत करने वाले देशों ने ग्लोबल वार्मिंग के लिए जिम्मेदार जीवाश्म ईंधन के इस्तेमाल को कम करने पर सहमति जताई, जबकि यह ईंधन कई राष्ट्रों में ऊर्जा का मुख्य स्रोत है। भारत ने भी इस दशक के अंत तक अक्षय स्रोतों से अपनी आधी ऊर्जा ज़रूरतों को पूरा करने का संकल्प लिया है।

पर्यावरण प्रदूषण एवं प्लास्टिक अपशिष्ट

प्रदूषण फैला कर धरती का रंग उड़ाने की बात हो या सहेजने योग्य सेवाओं-वस्तुओं की फिजूलखर्ची, हाल के बरसों में बदली जीवन-शैली में इनसान का खुशियाँ मनाने का अंदाज भी पर्यावरण को नुकसान पहुँचा रहा है। परंपरागत रंग-ढंग से दूर हुए वैवाहिक आयोजन इसी का उदाहरण हैं। शादी समारोहों के सामाजिक-पारिवारिक आयोजनों के नए अंदाज ने इन्हें कचरा फैलाने वाले कारज बना दिया है। अनगिनत व्यंजन परोसे जाने से लेकर साज-सज्जा तक, ऐसे अवसरों पर जूठन, कागज-प्लास्टिक और बचे हुए खाने को यहाँ-वहाँ फेंकना जल-थल और वायु प्रदूषण का अहम कारण बन गया है। शादी समारोहों से निकले अपशिष्ट का सही ढंग से निपटारा न होने के चलते यह कई बीमारियों की भी वजह बन रहा है। गौरतलब है कि देश के सबसे स्वच्छ शहरों में शुमार इंदौर में पर्यावरण की सुरक्षा के लिए एक जरूरी पहल की गई है। अपने परिवेश को स्वच्छ रखते हुए पर्यावरण को बचाने के लिए उठाए जा रहे कदम के तहत यहाँ शून्य अपशिष्ट शादियों का नया चलन शुरू होना एक सकारात्मक बदलाव है। इस परिकल्पना के अनुसार अब शहर में आयोजित विवाह समारोहों में अपशिष्ट का उत्सर्जन कम-से-कम रखने के कदम उठाए जा रहे हैं। अन्न-जल बचाने से लेकर कूड़ा-करकट न फैलाने तक, किए जा रहे जतन वाकई जरूरी हैं। साथ ही, पर्यावरण को दमघोंटू और अस्वच्छ होने से बचाने के लिए भी ऐसे कदम उठाए जाने आवश्यक हैं। इसलिए इंदौर में वैवाहिक समारोहों में निकलने वाले कचरे के सुव्यवस्थित निपटान की शुरुआत एक अनुकरणीय कदम कही जा सकती है। दरअसल, हमारे देश में अन्न-जल जैसी अनमोल चीज़ों की कमी की एक बड़ी वजह इनका अपव्यय भी है। पर्यावरण प्रदूषण के कारणों में भी सार्वजनिक ही नहीं, व्यक्तिगत और पारिवारिक वजहें भी शामिल हैं। दिखावटी-बनावटी शादी समारोह इसी का हिस्सा हैं। हाल के बरसों में आम परिवार भी बड़े स्तर पर ऐसे आयोजन करने लगे हैं। कई तरह की जरूरी, गैर-जरूरी तैयारियाँ और सज-धज का मेल कूड़ा फैलाने का जरिया बन गए हैं। यह दुखद है कि पहले से ही कचरे से हमारे शहरों में शादियों के मौसम में हर गली, हर सड़क कूड़े के अतिरिक्त बोझ से लद जाती है। चमचमाती सज-धज वाले शादी सभागृहों के बाहर का दृश्य वाकई तकलीफदेह होता है। लाखों-करोड़ों रुपए खर्च कर शाही अंदाज में ऐसे आयोजन करने वाले परिवार भी इस मामले में अपनी

उचित जिम्मेदारी नहीं निभाते। नतीजतन, दुर्गंध और यहाँ-वहाँ फैला गीला-सूखा कचरा खुशियाँ मनाते हुए अपनी जिम्मेदारी भूल जाने की तस्दीक करता नज़र आता है। भोजन की बर्बादी सीधे-सीधे पानी की फिजूलखर्ची से भी जुड़ी हुई है। शादी-ब्याह के मौसम में सैकड़ों टन खाना बर्बाद होता है। ऐसे में यह परोक्ष रूप से अनाज की पैदावार में लगने वाले जल का व्यर्थ जाना ही है। शादियों में थर्माकोल, प्लास्टिक और कई दूसरी चीज़ों का कचरा भी खूब निकलता है। इस तरह इंदौर में शून्य अपशिष्ट शादियों की परिकल्पना के तहत वैवाहिक आयोजनों में स्वच्छता सूत्र के आधार पर काम किया जाना सार्थक पहल है। शहर में कचरा प्रबंधन स्टार्ट-अप 'स्वाहा' के मुताबिक इन्हीं दिनों दो शून्य अपशिष्ट शादियाँ करवाई जा चुकी हैं और आने वाले समय में ऐसी करीब दो सौ शादियाँ कराने की योजना है। इस तरह ये आयोजन कचरे के ढेर बढ़ाने के बजाय उनमें शामिल हो रहे लोगों को स्वच्छता का सार्थक संदेश भी दे रहे हैं। इन समारोहों के माध्यम से यह समझाने वाला पक्ष है कि सरकारी प्रयासों से इतर आम जन भी अपनी जवाबदेही से धरती के रंग बचाने की कोशिशों का हिस्सा बन सकते हैं। कहना गलत न होगा कि दिखावे का प्रतिमान बनते शादी समारोह पर्यावरण प्रदूषण के हर मोर्चे पर एक बड़ा जोखिम बन गए हैं। साल-दर-साल बढ़ती जा रही चमक-दमक और 'यूज़ ऐंड थ्रो' उत्पादों की संस्कृति हमें विस्फोटक स्थिति में ले आई है। ऐसे आयोजनों के कारण न केवल गीला और सूखा कूड़ा बढ़ रहा है, बल्कि नालों-नदियों में बहाए जाने वाले भोज्य पदार्थों से वायु प्रदूषण भी फैल रहा है। परिवेश में गंदगी और हवा में बदबू का यह मेल वाकई घातक है। एक ओर जहरीली गैसों का उत्सर्जन, तो दूसरी ओर कचरे से अँटती सड़कें और गली-मोहल्ले। चिंतनीय है कि आज भी गरीबी, भूख और कुपोषण से जूझ रहे हमारे देश में अनाज, दलहन, फल और सब्जियों के कुल उत्पादन का चालीस फ़ीसदी हिस्सा बर्बाद होता है। मानवीय मोर्चे पर तो यह अफसोसजनक है ही, आर्थिक रूप से भी इस अपव्यय का बाज़ार मूल्य हज़ारों करोड़ रुपए है। हमारे देश में हर गीले-सूखे और यहाँ तक इलेक्ट्रोनिक कचरे का सही निपटान एक बड़ी समस्या बना हुआ है। ऊपर से आज की बढ़ती ज़रूरतें और बदलती जीवनशैली तो कूड़ा-करकट बढ़ाने वाली है ही। स्वच्छता और पर्यावरण से जुड़े कई अध्ययन जागरूक करते रहे हैं कि आगामी वर्षों में शहरों और महानगरों की सबसे बड़ी समस्या कचरे का उचित निस्तारण करने से जुड़ी ही होगी। जानलेवा दुर्घटनाएँ और जल जमाव की आफत हर साल लोगों का जीना मुश्किल करती है। इसका एक अहम कारण नालों का कूड़े से अटे होना है। रिहायशी इलाकों से लेकर बाज़ारों और सड़कों तक बिखरा कचरा बारिश के पानी की निकासी रोकता है। नतीजतन हर बार बरसात में शहरों में बाढ़ जैसे हालात बन जाते हैं। स्मार्ट सिटीज बनाने के इस दौर में भी ऐसा कोई शहर नहीं, जिसमें अशोधित कचरे के छोटे-बड़े

पहाड़ न दिखते हों। कमोबेश सभी शहरों में कूड़े के ढेर स्वास्थ्य के लिए तो गंभीर खतरे के अलावा हादसों की वजह बन रहे हैं। साथ ही धरती, वायु और जल सभी को दूषित भी करते हैं। अध्ययन बताते हैं कि 2050 तक समुद्र में मछलियों से ज्यादा प्लास्टिक होगा। एक अध्ययन के अनुसार दुनिया के समुद्रों और महासागरों में करीब अस्सी प्रतिशत प्लास्टिक कचरा जाता है, जिसका सीधा अर्थ है कि यह किसी न किसी तरह इनसानों के उपयोग से ही जुड़ा है। इतना ही नहीं, स्टेट ऑफ ग्लोबल एयर–2020 रिपोर्ट के अनुसार वायु प्रदूषण से होने वाली सालाना मौतों में चीन और भारत अव्वल देश है। ऐसे में समझना मुश्किल नहीं कि कचरे का उचित निस्तारण कितना आवश्यक है। आज अपशिष्ट निपटान की समस्या दुनिया के कई देशों के लिए एक मुद्दा बनी हुई है। खासकर विकासशील देशों में स्थितियाँ वाकई चिंतनीय हैं। भारत में भी हर राज्य और स्थानीय प्राधिकरण कचरे के बढ़ते उत्पादन और प्रभावी अपशिष्ट निपटान के तरीकों की कमी से जूझ रहे हैं। ऐसे में कम-से-कम सामाजिक समारोहों का अयोजन जवाबदेही के साथ किया जाए, तो बड़ा बदलाव आ सकता है। हमारे सामाजिक पारिवारिक ढाँचे में हर विशेष दिन एक समारोह की तरह मनाए जाने की रीत है। शादी के आयोजन तो वाकई बड़े स्तर पर होते हैं। यह सुखद है कि ऐसे आयोजन समाज को जोड़ कर रखते हैं। सामाजिक संबंधों को पोषण देते हैं। चिंतनीय है तो यह कि इनसे जुड़ी दिखावटी तैयारियाँ और 'यूज़ एंड थ्रो' सामान के इस्तेमाल की बढ़ती संस्कृति पर्यावरण के लिए नुकसानदेह है। सेहत से जुड़ी समस्याओं के इस दौर में हमें समझना होगा कि बात चाहे दमघोंटू हवा की हो या दूषित पानी की। पर्यावरण का प्रदूषण हमारे जीवन को किसी न किसी रूप में प्रभावित करता ही है। ऐसे में हमारी खुशियाँ इसके रंग छीनने की वजह न बनें इतना तो किया ही जाना चाहिए। इस मोर्चे पर कम-से-कम संसाधनों में गुजरा कोरोना आपदा का काल हम इच्छाओं और ज़रूरतों का फर्क समझाने को काफ़ी है।

कोरोना महामारी की दूसरी लहर में बायो मेडिकल (पी.पी.ई. किट, मास्क, दस्ताने ह्यूमन टिश्यू, रक्त लगी हुई सामग्री, ड्रेसिंग में इस्तेमाल चीज़े, रूई, ब्लड बैग, सूई, ग्लूकोज, की बोतल आदि) इस्तेमाल ने भी पहली की तुलना में करीब तीन गुना बढ़ गया है। पिछले साल जहाँ प्रतिदिन आठ टन कोविड वेस्ट निकल रहा था, वहीं दूसरी बार यह आँकड़ा 24 टन के करीब पहुँच गया। इसकी बड़ी वजह संक्रमण का घातक होना भी रहा। इसके इलाज के लिए अस्पताल में रिकॉर्ड स्तर पर मरीज भर्ती हुए।

अत: प्लास्टिक और कई दूसरी चीज़ों का कचरा भी पर्यावरण के लिए संकट बना हुआ है। उल्लेखनीय है कि देश में स्वच्छ भारत मिशन–2 इसी समस्या के निराकरण में एक अभिनव प्रयास है।

प्राकृतिक खेती सामयिक आवश्यकता

वर्तमान में कृषि और संबद्ध क्षेत्र का देश के सकल घरेलू उत्पाद (जी.डी.पी.) में 13.6 प्रतिशत का योगदान है। यह देश की 60 प्रतिशत आबादी को प्रत्यक्ष तौर पर रोज़गार मुहैया करवाता है लेकिन देशभर में किसानों की आर्थिक स्थिति ठीक नहीं है। उत्पादन और मूल्य प्राप्ति दोनों में अनिश्चितता की वजह से किसान उच्च लागत वाली कृषि के दुष्चक्र में फँस गये हैं। इतना ही नहीं कैमिकल युक्त खेती से प्रकृति और मनुष्य के स्वास्थ्य में काफ़ी गिरावट आई है। इस संकट से किसानों को निकालने और उनके दीर्घ कल्याण के लिए हमें प्राकृतिक खेती की तरफ अग्रसर होना होगा। यदि किसान प्राकृतिक खेती करें, तो अपने उत्पाद को ओने-पौने दामों में बेचने से मुक्ति मिल जाएगी। प्राकृतिक खेती सस्ती, सरल एवं ग्लोबल-वार्मिंग (पृथ्वी के बढ़ते तापमान) का मुकाबला करने में सक्षम है। इस विधि से खेती करने वाले किसानों को बाज़ार से किसी प्रकार के उर्वरक और कीटनाशक खरीदने की ज़रूरत नहीं पड़ती है। भूमि के वातावरण से ही फसलों की आवश्यकताओं को पूरा किया जा सकता है। फसलों की सिंचाई के लिए पानी एवं बिजली भी कम खर्च होती है। कुल मिलाकर कहा जा सकता है कि प्राकृतिक खेती छोटे और सीमांत किसानों के लिए किसी वरदान से कम नहीं है, क्योंकि वर्तमान में खेती के लिए बीजों उर्वरकों और कीटनाशकों आदि की भारी कीमत चुकाने के लिए किसानों को कर्ज का सहारा लेना पड़ता है। इससे किसान न केवल कर्ज में डूब रहे हैं, बल्कि फसलें भी जहरीली हो रही हैं। अनाजों सब्जियों के माध्यम से यही जहर हमारे शरीर में जाता है, जिससे कैंसर जैसी गंभीर बीमारियाँ लगातार फैल रही हैं यदि हमें अपने परिवार-समाज को स्वस्थ रखना है तो हमें प्राकृतिक खेती की ओर लौटना ही होगा।

प्राकृतिक खेती की मौलिक अवधारणा भारतीय संस्कृति से प्रेरित है। संस्कृति का तात्पर्य मानव में संस्कार पूर्वक स्वीकृतियों के होने से है अर्थात मानव के द्वारा प्रकृति की हर वास्तविकता को जैसा है वैसा ही समझा और स्वीकारा जाये, यही प्राकृतिक खेती का मूल मंत्र है, प्राकृतिक खेती प्रत्येक मानव के जीने की आवश्यकता है व्यवस्था के रूप में मानव और प्रकृति में गहरा संबंध है, जिसे समझना और पूर्ण रूप से निर्वाह होना ही प्राकृतिक खेती है आज प्राकृतिक खेती की आवश्यकता इसलिए भी महत्त्वपूर्ण और अनिवार्य है कि प्रचलित आधुनिक खेती के कारण स्वास्थ्य, पर्यावरण, आर्थिक असंतुलन व कृषि के प्रति बढ़ती उदासीनता जैसी चुनौतियाँ तेज़ी से उभर रही हैं। वर्तमान भारत सरकार ने जिस प्रकार आत्मनिर्भर भारत, कृषक सशक्तिकरण एवं किसानों की आमदनी दोगुना करने की दिशा में आह्वाहन किया है उसके लिए सही समझ के साथ प्राकृतिक खेती एक सार्थक विकल्प है, यह कोई आदर्शवाद

नहीं बल्कि प्रकृति के साथ जीने की वास्तविकता है। खेती में हरित क्रांति से पहले जो समस्याएँ थीं आज वो उससे भी ज्यादा विकराल रूप में हैं इसलिए समीक्षा पूर्वक समस्या के कारण को ठीक-ठाक पहचाना जाए। एक कृषक होने के नाते सन् 1987 में अपनी खेती का आर्थिक विश्लेषण किया, समस्या यह थी कि खेती का उत्पादन तो बढ़ रहा है लेकिन किसान की आमदनी नहीं बढ़ रही है, एक वर्ष की जाँच में पाया कि खेती की सभी लागत, जुताई, सिंचाई, खाद, बीज, दवाई पर बाज़ार का कब्जा है। उत्पादन की बिक्री और कीमत पर भी बाज़ार का अधिकार है, प्रोसेसिंग व मूल्य संवर्धन भी बाज़ार के अधिकार में है। किसान की न कोई परिभाषा है न उसके पास कोई अधिकार है। आय बढ़ाने का कोई अवसर भी किसान के पास नहीं है, इस हरित क्रांति को खेती का बाज़ारीकरण भी कहा जाये तो कोई अतिशयोक्ति नहीं होगी। आज इस आर्थिक असंतुलन को दूर करने के साथ-साथ स्वास्थ्य एवं पर्यावरण की दृष्टि से भारत सरकार प्राकृतिक खेती को अपनाये जाने की ओर प्रयासरत है। यह सराहनीय एवं सम्मानजनक पहल है इसके लिए सतर्कता की विशेष आवश्यकता है सफलता के लिए सोच में परिवर्तन होना प्राथमिकता है केवल नाम और तरीके बदलने से कुछ होगा नहीं। प्राकृतिक खेती के लिए प्राकृतिक उत्पादन व्यवस्था केन्द्रित सोच की आवश्यकता है, जिससे गाय के साथ-साथ अन्य सभी प्राकृतिक वस्तुओं की साझा भूमिका रहे कोई एक वस्तु विशेष नहीं है। प्रकृति का मूल सूत्र ही सहअस्तित्व है इसलिए देश में कृषि अनुसंधान, शिक्षा, शोध, तकनीकी, विज्ञान, नीति प्रौद्योगिकी आदि प्राकृतिक व्यवस्था केंद्रित हो–परिस्थितियों, घटनाओं, समस्याओं व लाभ केन्द्रित विचार धाराओं के कारण ही कृषि तंत्र अधूरा है प्राकृतिक खेती में प्रयोग रूप में यह देखा गया है कि प्राकृतिक उत्पादन व्यवस्था का स्वरूप पूरकता, विविधता, एवं नैसर्गिक संतुलन पूर्वक धरती की सतह पर निश्चित घनत्व में क्रियाशील है, जिससे एक ही खेत में अनेक फसलें साथ-साथ लगाये जाने से जो उत्पादन प्राप्त होता है वह मात्रा, गुणवत्ता एवं विविधता में एकल फसल प्रणाली से बहुत ज्यादा है साथ ही भूमि की उर्वरता भी तेज़ी से बढ़ती है। विविध फसलों के अवशेष भूमि को मिलने से जीवाश्म कार्बन एवं पर्याप्त जीवाणु तंत्र समृद्ध रहता है ताप-दाब नमी का संतुलन बने रहने से कीड़े बीमारियों का नियंत्रण होना देखा गया है बाहरी लागतों की निर्भरता नहीं के बराबर होती है उत्पादन वृद्धि से आय वृद्धि हेतु प्राकृतिक खेती का व्यवसायिक प्रबंधन होना आवश्यक है अर्थात खेती में उत्पादन के साथ-साथ गुणवत्ता प्रमाणीकरण, प्रसंस्करण एवं बिक्री हेतु समन्वित कार्य योजना पूर्वक प्राकृतिक खेती की जाए।

किसी भी वृक्ष के समृद्ध होने के लिए आवश्यक है, उसकि जड़ों का मजबूत होना। जीरो बजट प्राकृतिक खेती जड़ों से उसी जुड़ाव का माध्यम है। इसमें पेस्टिसाइड्स और

उर्वरकों का प्रयोग किये बिना खेती को बढ़ावा दिया जाता है इससे किसान पर किसी अतिरिक्त बाहरी लागत का दबाव नहीं पड़ता है। किसान को ऐसी पद्धतियाँ सिखायी जाती हैं, जिनसे ज़मीन की उर्वरा शक्ति बनी रहती है और बिना रासायनिक खाद डाले ही अच्छी फसल मिलती है। इसमें प्रकृति के साथ साम्य बनाते हुए कृषि को प्रोत्साहित किया जाता है। उद्देश्य—खेती में बाहरी लागत न लगे। स्वदेशी बीजों का प्रयोग हो। खेतों में पेड़ लगाए जाएँ। पशुओं को खेती से जोड़ा जाए। रासायनिक खाद का प्रयोग न हो। ज़मीन कभी खाली न रहे। एक से अधिक फसल उगायी जाये। जल संरक्षण हो सके। मिट्टी में कार्बनिक तत्त्व बढ़े। चार स्तम्भों पर टिकी हैं प्राकृतिक खेती— (i) बीजामृत-देसी गाय के गोबर व गोमूत्र के फार्मूलेशन से बीज उपचारित होते हैं। (ii) जीवामृत-गाय के गोबर व गौमूत्र से तैयार किया जाता है। इसे मिट्टी में डालने से उर्वर क्षमता बढ़ती है और मिट्टी में पाये जाने वाले सूक्ष्मजीव व केंचुए आदि सक्रिय होते हैं। (iii) आच्छादन-खेत को फसली अवशेष व अन्य कार्बनिक कचरे से ढक दिया जाता हैं समय के साथ ये अवशेष सड़-गल जाते हैं और खेत के ऊपरी परत को ढकने वाली एक तह बन जाती है। इससे ज़मीन की उर्वरा क्षमता भी बढ़ती है और खरपतवार भी कम निकलते हैं। नमी-जीवमित्र और आच्छादन से मिट्टी की नमी भी बढ़ती है। इससे मिट्टी में पानी रोकने की क्षमता भी बढ़ जाती है। इससे अच्छी बारिश नहीं होने की स्थिति में भी बेहतर फसल पाना संभव होता है। प्राकृतिक खेती से ज़मीन की जल धारणा क्षमता बढ़ती है। खपत कम होती है। सेंटर फॉर स्टेडी ऑफ साइंस टेक्नोलॉजी एण्ड पॉलिसी की रिपोर्ट के अनुसार प्राकृतिक खेती से 50-60 प्रतिशत कम पानी और बिजली की आवश्यकता होती है। यदि इस पद्धति को बढ़ावा दिया जाये तो भू-जल समस्या से निपटना संभव है। काउंसिल आन एनर्जी एनवायामेंट एण्ड वाटर (सी.ई.ई.डब्ल्यू.) द्वारा आंध्र प्रदेश में किये गये अध्ययन के अनुसार चावल की खेती में किसानों को रासायनिक खाद आदि पर औसतन 5,961 रुपये प्रति एकड़ खर्च करना पड़ता है। प्राकृतिक इनपुट की लागत मात्र 846 प्रति एकड़ आती है। सी.ई.ई.डब्ल्यू. की एक रिपोर्ट के अनुसार चावल की प्राकृतिक खेती से प्रति एकड़ 74 किलोग्राम कम यूरिया का प्रयोग होता है। निश्चित तौर पर यदि बड़े पैमाने पर प्राकृतिक खेती हो तो उर्वरक सब्सिडी का बोझ कम करने में सहायता मिलेगी। पूरे आंध्र प्रदेश में ही उर्वरकों का प्रयोग न हो तो 2,100 करोड़ रुपये सब्सिडी में बच सकती है।

प्राकृतिक खेती को बढ़ावा देने में हिमाचल प्रदेश और आंध्र प्रदेश आगे चल रहे हैं। विशेषज्ञों का कहना है कि हरितक्रांति से देश को निःसंदेह खाद सुरक्षा प्राप्त हुई है, लेकिन इससे रासायनिक उर्वरकों कीटनाशकों और खरपतवारनाशकों के अत्यधिक उपयोग पर निर्भरता बढ़ी है। परिणामस्वरूप पिछले कुछ वर्षों में मृदा जैविक कार्बन (एस.ओ.सी.)

की मात्रा में भारी कमी दर्ज़ की गई है। मृदा विज्ञान संस्थान, भोपाल के अनुसार मृदा में एस.ओ.सी. की मात्रा 1947 में 2.5 प्रतिशत तक मौजूद थी। अब यह देश भर में औसतन 0.4 प्रतिशत के चिंताजनक स्तर पर आ गई है, जो भूमि की उर्वरता बनाए रखने के लिए आवश्यक 1.0-1.5 प्रतिशत की स्वीकार्य सीमा से काफ़ी कम है। इसके लिए उर्वरक के अत्यधिक उपयोग को जिम्मेदार ठहराया जा सकता है। आज भारतीय कृषि 89 प्रतिशत भू-जल का उपयोग होता है। भारत की पहचान पानी की कमी वाले देश के रूप में की जाती है। देश में प्रति व्यक्ति जल-उपलब्धता 1951 में 5,178 घन मीटर थी, जो 2011 में 1,544 घन मीटर रह गई है। 2050 तक प्रति व्यक्ति जल-उपलब्ध ता कम होकर 1,140 घन मीटर रहने का अनुमान है। कृषि को एक ऐसे नए दृष्टिकोण की ज़रूरत है, जो पोषण सुरक्षा, पर्यावरण संबंधी स्थिरता और भूमि की उत्पादकता के उद्देश्यों के बीच संतुलन स्थापित करे। प्राकृतिक खेती एक संभावित व्यावहारिक तरीके के रूप में उभरी है। प्राकृतिक खेती सभी बाहरी तत्त्वों के उपयोग को नकारती है और पूरी तरह से मिट्टी की सूक्ष्मजीव आधारित जैव-विविधता के संवर्धन एवं फसल प्रणाली से सम्बन्धित प्रबंधन पर निर्भर करती है। खेती का यह तरीका जैव-विविधता का संरक्षण करता है और पर्यावरण को रासायनिक उर्वरकों एवं कीटनाशकों के प्रतिकूल प्रभावों से बचाता है। इसने मृदा जैविक कार्बन से सम्बन्धित अवयवों में सुधार करने की दिशा में उल्लेखनीय परिणाम दिए हैं। प्राकृतिक खेती दुनिया का सबसे बड़ा कार्बन पृथक्करण कार्यक्रम बनने की क्षमता रखती है। विशेष रूप से हरित आवरण के साथ मृदा जैविक कार्बन में बढ़ोतरी के जरिये प्राकृतिक खेती सिंचाई में होने वाले पानी के उपयोग को 30 प्रतिशत से लेकर 60 प्रतिशत तक कम कर देती है। उत्पादक सामग्रियों की काफ़ी कम लागत के साथ-साथ शून्य रासायनिक इनपुट और उनके उच्च गुणवत्ता वाले उत्पादों के लिए लगातार मिलने वाली बेहतर कीमतों के कारण शुरुआती चरण में भी किसानों की शुद्ध आय में बढ़ोतरी होती है। देश के 11 राज्य खेती के इस तरीके को पहले ही अपना चुके हैं। 11 राज्यों में 6.5 लाख हेक्टेयर भूमि पर प्राकृतिक खेती सफलतापूर्वक की जा रही है। किसानों की शुद्ध आय बढ़ाने तथा पर्यावरण की रक्षा करने के अलावा प्राकृतिक कृषि पद्धतियाँ रासायनिक पदार्थों से मुक्त कृषि उत्पादों की बेहतर पैदावार के माध्यम से पोषण सुरक्षा सुनिश्चत करेंगी। प्राकृतिक खेती भारत को निर्धारित अवधि के भीतर अपने सतत विकास लक्ष्यों को प्राप्त करने में मदद करेगी, जिससे वैश्विक एजेंडा 2030 को पूरा करने में योगदान मिलेगा। कुल मिलाकर प्राकृतिक खेती किसानों की आजीविका, नागरिकों के स्वास्थ्य, पृथ्वी की दशा और सरकारों के वित्त के लिए भी अच्छी है। उपरोक्त तथ्यों से स्पष्ट है कि अगर प्राकृतिक खेती की तरफ ध्यान न दिया गया तो भारत में भू-जल की कमी के साथ-साथ भूमि की उपजाऊ शक्ति भी कम हो जाएगी। प्रधानमंत्री नरेन्द्र मोदी ने समय की माँग को देखते हुए ही प्राकृतिक खेती को

जन आंदोलन बनाने की अपील की है। प्रदेश सरकारों को चाहिए कि वह अपने स्तर पर पंचायती ज़मीनों पर प्राकृतिक खेती को बढ़ावा दें। इससे छोटे किसान को स्थिति समझने में आसानी हो जाएगी व अगर कोई मुश्किल आती है तो उसका भी पता चल जाएगा।

किसान किसी भी तरह से देश की सीमा पर खड़े जवानों से कम नहीं हैं। वे प्रकृति के नियमों के अनुसार अगर खेती करते हैं, तो पंचतत्त्वों के प्रत्येक तत्त्व को व्यवस्थित रखते हैं। इसलिए देश की सुरक्षा जितनी महत्त्वपूर्ण है, उससे कहीं ज्यादा महत्त्वपूर्ण है धरती व प्राकृतिक संसाधनों की सुरक्षा। खेती एक बुनियादी मसला है। देश व विश्व को प्रत्येक दृष्टिकोण से खुशहाल बनाने के लिए भारत ही नहीं, विश्व की सरकारों को प्राकृतिक संसाधनों के संरक्षण की जिम्मेदारी लेनी होगी। जलवायु परिवर्तन, घटता भू-जल, उपजाऊ मृदा का क्षरण, जैव-विविधता का ह्रास, कुपोषण, आत्महत्या, पलायन आदि समस्याओं पर किसानों को अनदेखा नहीं किया जा सकता। किसान ही हैं, जो वैश्विक संकटों से मुक्ति दिला सकते हैं, क्योंकि लगभग आधी धरती की देखभाल किसान ही करते हैं। यदि भारत से जुड़े आँकड़ों पर गौर करें, तो पर्यावरण के जो सात संकेतक चुने गए हैं, उनमें कार्बन डाई-ऑक्साइड उत्सर्जन के मामले में भारत ने निर्धारित सीमा को पार कर लिया है। उल्लेखनीय है कि हर वर्ष कार्बन उत्सर्जन के लिए प्रति व्यक्ति 1.6 टन की सीमा तय की गई है, जबकि भारत प्रति व्यक्ति सालाना 1.7 टन कार्बन उत्सर्जन कर रहा है। शोध के अनुसार बढ़ते तापमान के साथ मिट्टी की कार्बन भंडारण क्षमता घटती जाएगी, जिसका असर जलवायु पर भी पड़ेगा। इससे कृषि उत्पादन खासा प्रभावित होगा। अत: सरकारें आवश्यकता और लालच के बीच के फर्क को समझें और समझाएँ। इसमें सिर्फ़ किसान ही शामिल नहीं हैं, बल्कि देश का वह हर उद्योगपति भी शामिल है, जिसका व्यापार प्राकृतिक संसाधनों पर निर्भर है। इससे कृषि भूमि में जैविक कार्बन की मात्रा सही रखने और असमानता, गरीबी को कम करने में मदद मिल सकती है। इससे वैश्विक तापमान लक्ष्य को पूरा किया जा सकता है, इसके अलावा टिकाऊ खेती खाद्य शृंखला को छोटा करती है, जो अनाज की बर्बादी व लंबी दूरी के परिवहन को रोककर प्राकृतिक संसाधनों की बचत के साथ किसानों की आमदनी बढ़ाती है। किसान आंदोलन इस बात का प्रमाण है कि देश का किसान परेशान है। हालाँकि, सरकार की अनेक योजनाएँ किसानों की आमदनी दोगुनी करने के लिए चल रही हैं। इनमें मृदा स्वास्थ्य योजना को नकारा नहीं जा सकता, क्योंकि भारत में 71.4 प्रतिशत कृषि भूमि मध्यम क्षारीय हो चुकी है। इतना ही नहीं, 48.5 फ़ीसदी क्षेत्र में नाइट्रोजन की मात्रा बहुत कम एवं 33 प्रतिशत है। अत: किसानों को चाहिए कि अपने खेतों की मिट्टी को समझें, तभी खेतों से खुशहाली आएगी। हमारे किसान बहु फसली खेती करते थे, जिसे अब वैज्ञानिक सही मानने लगे हैं। आज खेती में सफलता के लिए नीतियों के केंद्र में किसानों को जगह मिलनी चाहिए।

अतः सरकार को चाहिए कि स्नातक व परास्नातक स्तर के छात्रों को जीवन के सभी पहलुओं विज्ञान, उदारता, अर्थ, समाज के बारे में व्यावहारिक जानकारी देने वाली शिक्षा पर जोर दे। युवाओं को कृषि के जोड़ने के लिए किसानों के पास तीन से छह महीने के लिए व्यावहारिक प्रशिक्षण प्राप्त करने के लिए खेती के कामों में लगाया जा सकता है। इससे कृषि क्षेत्र में और गाँवों के स्तर पर कृषि उद्योगों को बढ़ावा भी मिलेगा। विकास के लिए बड़ी-बड़ी परियोजनाओं की ज़रूरत नहीं है, बल्कि छोटी-छोटी योजनाओं से भी सुखद परिणाम हासिल किए जा सकते हैं। गाँधी के दर्शन और सिद्धान्तों को केंद्र में रख कर भविष्य की विकास योजनाएँ बनाई जाएँ तो देश एक समग्र विकास की ओर न्याय संगत तरीके से चल पाएगा। हालाँकि केंद्र सरकार ने ग्राम स्वराज्य के लिए कई योजनाएँ लागू तो कीं, लेकिन सकल घरेलू उत्पाद की अवधारणा के चलते कुछ पहलुओं को नकार दिया जाना देश के विकास के लिए अच्छा नहीं माना जा सकता है। उदाहरण के लिए नदी गठजोड़ परियोजना के तहत केन-बेतवा नदी गठजोड़ परियोजना, जिसमें–जल, जंगल, ज़मीन के वास्तविक मूल्य को नकार दिया गया। जबकि ये सिद्ध हो चुका है कि तालाबों के माध्यम से बिना किसी नुकसान के लोगों को सिंचाई व पेयजल उपलब्ध करवाया जा सकता है। अतः सरकार को चाहिए कि विकास परियोजनाओं में मानवीय दृष्टिकोण को ज्यादा अहमियत दी जाए, जिसमें आम आदमी की भागीदारी सुनिश्चित हो, तभी हम गाँधी का भारत खुशहाल बना सकेंगे।

○

गाँधी दर्शन एवं पर्यावरण संरक्षण

गाँधी दर्शन में नई सभ्यता में मानवीय संबंधों पर आए संकट का बोध तो है ही साथ ही उसमें उन समस्याओं का वास्तविक समाधान भी है। गाँधी ने अपने विचारों के बीज ग्रन्थ हिंद स्वराज में पाश्चात्य औद्योगिकरण तथा यन्त्रीकरण की आलोचना करते हुए कहा कि इससे अलगाव व अमानवीयकरण की प्रक्रिया प्रारम्भ होती है। बड़े उद्योगों व वृहद तकनीक उपयोग से बेरोज़गारी की समस्या उत्पन्न होती है साथ ही इन उद्योगों से निकलने वाला धुआँ हमारे पर्यावरण को भी दूषित करता है। औद्योगिकरण तथा यन्त्रीकरण की बुराइयों से बचने के लिए गाँधी सहज सुलभ विकेन्द्रित, ग्राम्याधारित, स्वचालित एवं सहिष्णु, त्यागपरक अर्थतन्त्र चाहते थे। गाँधी के अनुसार पाश्चात्य सभ्यता कि नींव भौतिक और शारीरिक सुख पर खड़ी है, जिसके परिणामस्वरूप एक ऐसी जीवन-शैली खड़ी हो गयी है, जो अधिकतम उत्पादन के लिए प्रकृति के साथ भी क्रूरतम व्यवहार करती है, जबकि हमारी प्राचीन सभ्यता में प्रकृति का धार्मिक महत्त्व भी था। उनका मानना था कि प्रकृति में सभी मनुष्यों की आवश्यकताओं की पूर्ति की क्षमता है किंतु वह एक भी मनुष्य के लालच को बर्दाश्त नहीं कर सकती। गाँधी के पर्यावरण संरक्षण के प्रति ये विचार आज के सतत विकास के प्रतिमानों के अनुकूल है।

मानव ने पृथ्वी पर सदैव अपने सुखी जीवन की कामना की है, आदिमानव से लेकर वर्तमान आधुनिक युग तक उसने निरंतर नई-नई खोजों एवं अविष्कारों के माध्यम से अपनी सुख-सुविधाओं में अभूतपूर्व वृद्धि की है, यदि हम पुरा-पाषाण काल से आज तक की यात्रा पर दृष्टिपात करें, तो यही तथ्य सामने आता है कि मानव ने विकास की एक लंबी यात्रा तय की है, यह सत्य है कि आज हम सभी सुविधाजनक जीवन व्यतीत कर रहे हैं, किंतु विकास की इस यात्रा में मानव ने प्राकृतिक संसाधनों के अंधाधुंध दोहन से लेकर प्रकृति हेतु हानिकारक पदार्थों का भी निर्माण किया है, केवल इतना ही नहीं, बल्कि विभिन्न जीव-जन्तुओं के साथ-साथ मानव के अस्तित्व पर भी संकट आने की स्थिति आ गई है, मानव की लालसा और विकास की अंधी दौड़ के कारण ही कभी प्राकृतिक, तो कभी मानव जनित आपदाएँ उत्पन्न हो जाती हैं और मानव संकट में पड़ जाता है।

प्रकृति के विरुद्ध हिंसा, जिसे पर्यावरण संकट के नाम से जाना जाता है, हमारे सामने एक गंभीर समकालीन चुनौती है। पर्यावरण संबंधी वर्तमान संकट एक समस्या नहीं है, बल्कि इनसान और प्रकृति के बीच संबंधों के बारे में भारी गलतफहमी पर आधारित मानक दृष्टिकोण का लक्षण मात्र है। प्रकृति को मनुष्यों से अलग करके देखने की बजाय गाँधी जी ने कहा कि हमें स्वयं और बाकी सजीव विश्व के बीच अधिक जीवंत संबंध महसूस करना चाहिए। उन्होंने यह भी सुझाव दिया कि मनुष्य और प्रकृति के बीच पूरा तालमेल होना चाहिए, यह नहीं होना चाहिए कि इनसान अपने स्वार्थ के लिए प्रकृति का अंधाधुंध दोहन करता रहे। अहिंसा के बारे में गाँधी जी के विचारों में प्रयास किया जाता है कि मौजूदा पारिस्थितिकीय संकट के मूल कारणों को दूर किया जाए और इसके लिए 'मानवीय पारिस्थितिकी' कही जा रही हाल की एक धारणा की तरह का विचार सामने आया है। मूलाक्कट्टु तर्क देते हैं कि मानवीय पारिस्थितिकी का सरोकार इनसानों द्वारा की जा रही तमाम गतिविधियों के पारिस्थितिकीय तंत्र पर पड़ने वाले दुष्परिणामों से है। उनके शब्दों में–'हम (इनसान) संसाधनों को उत्पन्न करने, उनके चिरस्थायी उपयोग, उनकी अनुकूलित बढ़ोतरी और इनसानों के विकास में भी दिलचस्पी लेते हैं यह सब ऐसे माहौल में होता है, जिसमें इनसानों और प्रकृति के बीच महत्त्वपूर्ण संपर्कों की पहचान की जाती है और उन्हें सुदृढ़ किया जाता है। इसका मतलब यह हुआ कि ऐसा कोई कार्य न करना, जिससे हमारे साथी मनुष्यों, प्रकृति और भावी पीढ़ियों को किसी तरह का नुकसान पहुँचने की आशंका हो।' यह बात ध्यान करने की है कि गाँधी जी पर्यावरण संकट को अलग-थलग करके नहीं देखते थे। वह पर्यावरण को घनिष्ठ रूप से अन्य मानवीय संस्थाओं जैसे राजव्यवस्था, अर्थ व्यवस्था, स्वास्थ्य और विकास के तरीके से जोड़कर देखते हैं और इन क्षेत्रों में आवश्यक बदलाव के लिए कहते हैं। वह अपने आप को विनाश से बचाने के लिए रोजमर्रा की जिंदगी में 'हरित विचार' की जोरदार तरीके से वकालत करने के साथ-साथ प्राकृतिक व्यवस्था पर आधारित अर्थ व्यवस्था और विकास के मॉडल की बात करते हैं।

भारत के शहरी नागरिकों की बढ़ती हुई समृद्ध शैली को देखते हुए और देश के अधिकतर स्थानों पर शोचनीय पर्यावरण की दशा को देखते हुए यह मानना पड़ेगा कि इस क्षेत्र में भारतीयों पर गाँधी का प्रभाव बहुत ही कम पड़ा है। फिर भी उनके प्रति निष्ठा रखने वाले कुछ लोग विशेषकर बहुगुणा और मेघा पाटकर ने महत्त्वपूर्ण कार्य किया है। पहले व्यक्ति सुंदरलाल बहुगुणा, गाँधी से मिले थे और उन्हें उनका वरदहस्त गाँधी के निधन के एक दिन पूर्व ही प्राप्त हुआ था। उन्होंने अपना जीवन गाँधी के तत्पश्चात् विनोबा भावे के संदेश को संचारित करने और उसके क्रियान्वयन के लिए उत्सर्ग कर दिया। सुंदरलाल बहुगुणा ने विशेषकर टेहरी क्षेत्र, जो हिमालय के निचले

पर्वतीय क्षेत्र में स्थित है, में प्रचुर कार्य किया। सन् 1973 में जब चमोली जिले में पेड़ों को काटने का व्यावसायिक कार्य शुरू हुआ, 'चिपको आंदोलन' की शुरुआत महिलाओं और पुरुषों के एक सक्रिय दल द्वारा की गई ताकि पेड़ों का काटना रोका जा सके और उनके परंपरा से चले आ रहे वन अधिकारों को पुन: प्राप्त किया जा सके। जिन लोगों ने इस समय आंदोलन में मुख्य भूमिका निभाई, वे थे गौरा देवी, सुदेशा देवी, बचनी देवी, सुंदरलाल बहुगुणा, चण्डी प्रसाद भट्ट और गोविन्द सिंह रावत। यह आंदोलन शीघ्र ही हिमालय के सारे निचलीय पर्वतीय क्षेत्र में फैल गया। इसका सबसे महत्त्वपूर्ण पक्ष था महिलाओं कि सहभागिता जो उस क्षेत्र की आर्थिक स्थिति में मुख्य भूमिका निभाती है और उनका नारा था–

लाठी गोली खाएँगे, अपने पेड़ बचाएँगे।
भाले कुल्हाड़े चमकेंगे, हम पेड़ों पर चिपकेंगे।

यह साहसिक संघर्ष आठ साल तक चला तथा देश और विदेश दोनों का इस ओर ध्यान आकर्षित हुआ। अंतत: सन् 1981 में उनका उद्देश्य पूरा हुआ जब हिमालय की तराई में वनों का व्यावसायिक रूप से काटना वर्जित हो गया।

गाँधी के नेतृत्व की पुष्टि उनके 'सादा जीवन उच्च विचार' के सिद्धान्त के आग्रह द्वारा होती है। वे अपने परिसर को स्वच्छ रखना, पशु-पक्षियों की रक्षा करना, सभी प्रकार के अपव्यय का प्रतिकार करना और यथासम्भव अधिकतम मात्रा में स्थानीय रूप में उपलब्ध्य, पुन: प्रयोग की जा सकने वाली सामग्री का प्रयोग करना आदि भावों पर बल देते हैं। उन्होंने लिखा–"एक सीमा तक भौतिक सुख आवश्यक है किंतु उसके बाद वह एक बाधा बन जाता है। अत: असीमित इच्छाओं को जन्म देना और उन्हें पूर्ण करना एक मिथ्या विश्वास और एक फंदा है। मनुष्य सादा जीवन और उच्च विचार के आदर्शों से उसी क्षण गिर पड़ता है, जब अपनी दैनिक आवश्यकताओं को बढ़ाना शुरू कर देता है। उसकी खुशी वस्तुत: संतुष्टि में है। मैं दावे के साथ कहता हूँ कि यूरोपीय लोगों को अपना ही नजरिया बदलना होगा यदि वे उन सुविधाओं के बोझ से विनष्ट होने से बचना चाहते हैं, जिनके वे दास बनते जा रहे हैं।"

"पृथ्वी ने हर व्यक्ति की आवश्यकताओं को पूरा करने के लिए पर्याप्त दिया है। किंतु उसके लोभ या लालच के लिए नहीं....हमारे समय में युद्ध लालच से उत्पन्न होते हैं।"

"गाँवों में सुंदर और शालीन वातावरण की जगह गोबर के ढेर पड़े हैं। कई गाँवों तक पहुँचना भी कोई सुखद अनुभव नहीं है।"

"मेरे लिए गाय का अर्थ है एक समूचा मानवीय संसार। गाय के द्वारा मनुष्य सब जीवों के बीच अपने अस्तित्व को पहचान सका है।"

"वास्तविक संघर्ष, पर्यावरण और विकास के बीच नहीं, बल्कि, पर्यावरण द्वारा किए जा रहे पृथ्वी के अंधाधुंध शोषण के बीच है।"

गाँधी ने उत्पादन की शैली में शारीरिक श्रम को मुख्य संसाधन के रूप में रेखांकित किया उनके रचनात्मक कार्यक्रम में भी श्रम के प्रति निष्ठा का आह्वान छिपा है। गाँधी ने रचनात्मक कार्यक्रम के अन्तर्गत अठारह प्रकार के कार्यक्रम रखे, जिनमें कौमी एकता, स्वदेशी, अस्पृश्यता, निवारण, खादी, कुटीर उद्योग, गाँवों की सफ़ाई, सर्वधर्म समभाव, बुनियादि शिक्षा, आर्थिक समानता, आदि सम्मिलित थे। गाँधी ने सत्याग्राहियों के लिए बताए एकादश महाव्रत के माध्यम से सरल जीवन-शैली अपनाने की प्रेरणा दी। सत्य, अहिंसा, ब्रह्मचर्य, अस्तेय, अस्वाद, अपरिग्रह, अभय, स्वदेशी, कायिक श्रम, अस्पृश्यता, निराकरण एवं सर्वधर्म समभाव से आत्मानुशासन एवं आत्मशुद्धि होती है। गाँधी ने उत्पादन की शैली में शारीरिक श्रम को मुख्य संसाधन के रूप में रेखांकित किया उनके रचनात्मक कार्यक्रम में भी श्रम के प्रति निष्ठा का आह्वान छिपा है। गाँधी के अहिंसात्मक असहयोग पद्धति का रचनात्मक कार्यक्रम के रूप में सकारात्मक पक्ष भी था। गाँधी ने असहयोग आंदोलन से जाग्रत हिंसा के प्रतिकार स्वरूप हृदय में एक सजीव विकल्प की व्यवस्था की थी। रचनात्मक कार्यक्रम का अर्थ था व्यावहारिक कार्यक्रम, जिसका उद्देश्य स्वावलंबन तथा स्वाभिमान के प्रतीक स्वदेशी, खादी, चरखा आदि को लोकप्रिय बनाना था। गाँधी के लिए स्वराज केवल औपनिवेशिक स्वराज या राजनीतिक स्वराज तक सीमित नहीं था वरन् एक पूर्ण विचार था, जिसके अन्तर्गत वे सर्वोदय के माध्यम से समस्त आर्थिक, सामाजिक, राजनीतिक, धार्मिक, नैतिक, आध्यात्मिक व्यवस्था का रूपान्तरण चाहते थे। गाँधी ने स्वराज आंदोलन की सफलता को रचनात्मक कार्यक्रम के अन्तर्गत ही देखा। रचनात्मक कार्यक्रम के संबंध में उनकी मान्यता थी कि यह पूर्ण स्वराज को जीतने के लिए सत्य और अहिंसा का मार्ग है। गाँधी के रचनात्मक कार्यक्रम का मूल उद्देश्य सामाजिक जीवन की बुराइयों को दूर करना तथा समतामूलक, शोषण रहित, नए समाज की रचना था। 1942 में गाँधी ने कहा–'यदि हम सत्य और अहिंसा के माध्यम से स्वराज चाहते हैं तो हमें नीचे से नवनिर्माण करना होगा तथा रचनात्मकता ही एकमात्र तरीका है। इस प्रकार गाँधी के लिए सत्याग्रह एवं रचनात्मक कार्यक्रम समाज की शुद्धि के लिए है जब तक ये दोनों पहलू साथ नहीं होंगे, तब तक लक्ष्य पूरा नहीं होगा। गाँधी ने लिखा था–मेरे समाज सुधार के कार्य किसी भी मायने में राजनीतिक काम करने से कम नहीं हैं, जब मैंने देखा कि एक निश्चित सीमा तक मेरा सामाजिक कार्य राजनीतिक काम की मदद के

बिना असंभव होगा मेरा सामाजिक कार्य या आत्म सुधार का काम राजनीतिक तुलना में सौ गुना मुझे प्यारा है।

गाँधी जी जीवन में स्वच्छता और सफ़ाई को सबसे ऊँचा स्थान देते थे–'जो आदमी जहाँ चाहे वहाँ और जिस तरह चाहे उस तरह थूक कर, कूड़ा-करकट डालकर, गंदगी फैलाकर या दूसरे तरीकों से हवा को गंदी करता है, वह कुदरत और मनुष्य के प्रति अपराध करता है। मनुष्य का शरीर ईश्वर का मंदिर है, उस मंदिर में जाने वाली हवा को जो गंदी करता है वह मंदिर को भी बिगड़ता है।'

विकास का गाँधीवादी प्रतिमान

समकालीन आधुनिक भौतिकतावादी समाज में जहाँ असंतोष, अवसाद, असमानता और असंवेदनशीलता जैसी समस्याएँ हावी हैं। वहाँ विकास से जुड़ी समस्याओं के संदर्भ में गाँधीवादी चिंतन न केवल प्रासंगिक है, बल्कि इसमें विशेष अभिरुचि भी ली जा रही है। वैसे तो गाँधी जी ने आर्थिक विकास का कोई विशेष सिद्धान्त प्रस्तुत नहीं किया परंतु विभिन्न अवसरों पर विभिन्न व्याख्यानों और देश की समस्याओं पर विचार व राजनीतिक दर्शन में विकास के प्रतिरूप को देखा जा सकता है। वैश्वीकरण की प्रक्रिया को कुछ विद्वान सिर्फ़ पश्चिमीकरण मानते हुए इसकी आलोचना करते हैं। गाँधी भी किसी देश की उन्नति के लिए उस देश की आर्थिक सामाजिक व्यवस्था को सिर्फ़ पश्चिमी सभ्यता में डालने में पक्षघर नहीं थे। उनका दृढ़ विश्वास था पश्चिमी सभ्यता लोगों को उपभोक्तावाद का रास्ता दिखाकर नैतिक पतन की ओर ले जाती है। गाँधी ने पश्चिमी सभ्यता और आधुनिक सभ्यता को समवर्ती मानते हुए उसकी विस्तृत समीक्षा की और वर्ष 1927 में उन्होंने 'यंग इंडिया' में लिखा कि–मैं यह नहीं मानता कि इच्छाओं के बढ़ाने और उनकी पूर्ति के साधनों को जुटाने से संसार अपने लक्ष्य की ओर एक कदम भी बढ़ पाएगा। आज की दुनिया में दूरी और समय के अंतराल को कम करने, भौतिक इच्छाओं को बढ़ाने और उनकी तृप्ति के लिए धरती का कोना-कोना छान मारने की अंधी दौड़ चल रही है, वह मुझे बिलकुल पसंद नहीं है।' गाँधी ने वर्ष 1938 में हिंद स्वराज में लिखा है कि आधुनिक सभ्यता दिखावटी तौर पर समानता के सिद्धान्त को सम्मान देती है। परंतु यथार्थ के धरातल पर यह प्रजातिवाद को बढ़ावा देती है। इसमें अश्वेतों को मानवीय गरिमा से वंचित रखा जाता है और उनका भरपूर शोषण किया जाता है। गाँधी जी के अनुसार आधुनिक सभ्यता में चेतन की तुलना में जड़ को, प्राकृतिक जीवन की तुलना में, यांत्रिक जीवन को नैतिकता की तुलना में राजनीति और अर्थशास्त्र को ऊँचा स्थान दिया जाता है, उनकी ये बातें वर्तमान दुनिया पर पूर्ण रूप से लागू होती हैं। जो धीरे-धीरे पश्चिम विकास पर आधारित होता जा रहा है। इसलिए संकट के इस दौर में विकास के नए प्रतिमान के विकल्प के रूप में गाँधीवादी मॉडल श्रेष्ठ विकल्प है।

एक तरफ यह काफ़ी सुखद समय है कि हम लोग महात्मा गाँधी की 150 वर्ष और विनोबा जी के 125 वर्ष जयंति का आनंद ले रहे हैं, लेकिन कोविड महामारी ने हमारा ध्यान दूसरी तरफ खींच लिया है और चर्चा के केन्द्र में आर्थिक कठिनाई और जीवन से जुड़ी अन्य परेशानियाँ आ गई हैं। ध्यान से देखें तो महामारी इस ओर इशारा कर रही है कि हम गाँधी और विनोबा को ठीक से समझें। कोविड का संदेश यही है कि मनुष्य अपने अहंकार के कारण ऐसी गलतियाँ कर बैठे हैं, जिससे दुनिया विनाश के कगार पर खड़ी है। चिंतकों और विचारकों को उम्मीद थी कि दुनिया के अर्थशास्त्री और राजनेता कोविड के संदेश को समझेंगे और अपने वर्तमान रास्ते बदलेंगे। लेकिन दुर्भाग्य है कि वे महामारी को सिर्फ़ स्वास्थ्य समस्या समझकर टालने में लगे हैं। दुर्भाग्य यह भी है कि भारत सरकार की नीतियों में आत्मनिर्भरता के स्थान पर परावलम्बन की संभावनाएँ बढ़ती दिखाई पड़ रही हैं। अब हम एक बार फिर महात्मा गाँधी को समझने की कोशिश करें, उनसे जब पूछा गया कि क्या आप भारत को इंग्लैण्ड जैसा बनाना चाहेंगे तो उन्होंने कहा कि, इंग्लैण्ड की शान आधी दुनिया की लूट पर टिकी है भारत को अगर इंग्लैण्ड बनाना हो तो लूटने के लिए एक दुनिया भी कम पड़ जाएगी। आज हम लोग लूट और शोषण पर आधारित जो शहर केन्द्रित विकास का मॉडल खड़ा कर रहे हैं, ये कभी आत्मनिर्भर हो ही नहीं सकता। गाँधी चाहते थे कि आत्मनिर्भर गाँवों के समन्वय से, भारत देश बने। गाँव को कंगाल बनाकर शहर को बसाने वाली विकास व्यवस्था की कल्पना उन्होंने कभी नहीं की होगी। विकास के बारे में गाँधी की मान्यता रही है कि जो हाथ से बन सकता है, उसे हाथ से बनाया जाए। जो गाँव में बन सकता है, उसे गाँव में बनाया जाए। दूसरी ओर आज की सरकारों की पूरी ताकत आत्मनिर्भर समाज बनाने के बदले मशीनीकरण, शहरीकरण और निजीकरण के काम में खर्च हो रही है इससे निकले बिना आत्मनिर्भर भारत संभव नहीं होगा। अंग्रेज हुकूमत के प्रतिनिधियों ने जब गाँधी जी से पूछा, हम आपकी कैसे मदद कर सकते हैं, तो उन्होंने जवाब दिया कि एक ही मदद की ज़रूरत है–आप हमारी पीठ से उतर जाएँ। जो भी देश सरकारी तंत्र पर भारी-भरकम खर्च करेगा, आत्मनिर्भरता की बात वहाँ सपना बनकर ही रह जाएगी। कोविड के बाद हमने देखा कि लाखों लोग भूखे हज़ारों किमी चल रहे हैं। सरकार का सफेद हाथी उन्हीं के सिर पर बैठा हुआ है। इस पर करोड़ों खर्च किए जा रहे हैं। ऐसे क्या कोई देश स्वावम्बी या आत्मनिर्भर बन पाएगा? आचार्य कृपलानी चाहते थे, जब तक हर व्यक्ति आत्मनिर्भर नहीं बनेगा तब तक फिजूल खर्ची न की जाए। त्यौहारों के इस देश में गाँधी का जन्मदिन भी त्यौहार जैसा मना के आगे बढ़ सकते हैं। लेकिन यदि हम गाँधी जी को देखना और सीखना चाहें तो ये एक अवसर है, जो हमारी आगे की जीवन और कार्यशैली निर्धारित करेगा और बताएगा कि हम गाँधी के संदर्भ में ईमानदार हैं या सिर्फ़ दिखावा कर रहे हैं।

गाँधी उत्पादन की ऐसी शैली और अर्थ रचना के पक्षधर थे, जो स्पष्टत: अहिंसक हो और जिसकी वृत्ति ग्रामीण हो। ग्रामीण वृत्ति से अभिप्राय है ग्राम के संसाधनों पर ग्रामों में उत्पादन की जाने वाली व्यवस्था, जो निश्चय ही बड़े कारखानों वाली अर्थ व्यवस्था के ख़िलाफ़ है। गाँधी उत्पादन की प्रक्रिया को दो तरह की प्राथमिकताओं में वर्गीकृत करने में उनकी मान्यता थी कि सबसे पहले संपूर्ण समाज की मूलभूत आवश्यकताओं की पूर्ती होना आवश्यक है। उसके बाद ही विकास की दिशा में अन्य वस्तुओं का उत्पादन किया जाना चाहिये। इस अवधारणा से जहाँ एक तरफ मानव समाज में व्याप्त विषमता उत्तरोत्तर कम होती चली जायेगी, वहीं उत्पादन के साधनों का दुरुपयोग भी नहीं होगा। अधिकतम उत्पादन के स्थान पर अधिकतम लोगों द्वारा उत्पादन होना आवश्यक है। अत: तकनीकी विकास की दिशा भी इसी परिप्रेक्ष्य में निर्धारित की जानी आवश्यक है। दूसरा महत्त्वपूर्ण तत्त्व यह है कि तकनीक का इस प्रकार की प्रक्रिया के लिये आवश्यक तकनीकी के बारे में गाँधी की स्पष्ट मान्यता थी कि तकनीकी का निर्धारण भावी पीढ़ी की ज़रूरतों को ध्यान में रख कर किया जाना चाहिये। इसका अभिप्राय यह है कि तकनीक और पर्यावरण में दोस्ताना रिश्ता रहने से ही भावी पीढ़ी के लिये आवश्यक संसाधन सुरक्षित रह सकेंगे। इस संदर्भ में यह भी उल्लेखनीय है कि गाँधी जिसे उपयोग व सेवा का दर्शन कहते थे, उसका भी अभिप्राय प्रकृति और पर्यावरण के साथ दोस्ताना रिश्ता कायम करना था। वैकल्पिक उत्पादन शैली का महत्त्वपूर्ण तथ्य यह भी है कि उत्पादन की प्रक्रिया प्रकृति के दोहन पर आधारित न हो।

गाँधी औद्योगिकरण व मशीनीकरण की बुराइयों से बचने के लिए ग्राम्याधारित, स्वचालित एवं सहिष्णु अर्थतंत्र चाहते थे। उन्होंने खादी व चरखे सबसे आवश्यक व महत्त्वपूर्ण साधन बनाया। खादी उनके लिए परिश्रम, शारीरिक श्रम, अशोषण और आत्माभिव्यक्ति की सूचक थी। मुक्त उद्यम के अन्तर्गत बड़े पैमाने पर उत्पादन, यन्त्रों द्वारा होने वाले शोषण, धन तथा सत्ता के केन्द्रीकरण को रोकने के लिए उन्होंने चरखे के आंदोलन को एक संगठित प्रयास बताया। इससे जहाँ व्यक्ति स्वावलम्बी बनेगा वहाँ सादगी व अहिंसात्मक जीवन तथा गरीब और अमीर, पूँजी और श्रम, राजा और किसान के बीच अविच्छेद संबध स्थापित होगा। गाँधी के लिए खादी व चरखा आर्थिक समानता लाने के लिए यूरोपिय सभ्यता पर रोक लगाने के साथ श्रम की महत्ता को प्रतिष्ठित करना भी था।

गाँधीवादी व्यवस्था में अर्थशास्त्र और नैतिकता को पृथक नहीं किया है। यह भारतीय परिस्थितियों के अनुरूप ही है। यह अर्थ व्यवस्था पर्यावरण व प्राकृतिक स्रोतों के दोहन में संतुलन को दृष्टिगत रखने के कारण अपेक्षाकृत स्थायी है। यह अध्यात्मवादी एवं भौतिकवादी व्यवस्था के बीच का मार्ग है। गाँधी का लक्ष्य भी मार्क्स

के समान ही पूँजीवाद की समाप्ति करना एवं शोषणमुक्त समाज का निर्माण करना ही है परंतु साधन भिन्न है। गाँधी ने ट्रस्टीशिप एवं हृदय परिवर्तन द्वारा लक्ष्य प्राप्ति का समर्थन किया है। इसमें ग्रामाधारित औद्योगिकरण, खादी का अर्थशास्त्र, मशीनों का विरोध, वस्तु विनिमय-व्यवस्था, सहयोग व सहकारिता सम्मिलित है। इस प्रकार यह आज तक की सभी अर्थ व्यवस्थाओं के विपरीत अनूठी, अहिंसक एवं भारतीय परिस्थितियों के अनुकूल अर्थ व्यवस्था है। इस अर्थ व्यवस्था में उत्पादन आवश्यकताओं की पूर्ति के लिए होगा, केवल लाभ के लिए नहीं। इस प्रकार समग्र गाँधी चिंतन में पर्यावरण, प्रकृति, स्वच्छता, खान-पान स्वदेशी के जो विचार हैं वे आज भी आत्मनिर्भर भारत की संकल्पना के आधार हैं। आज कोविड-19 महामारी के कारण जब हमारा देश आर्थिक मोर्चे पर संघर्षरत है ऐसे में स्वदेशी उत्पादों का उपयोग कर हम देश के आर्थिक विकास में योगदान कर सकते हैं। विकास का गाँधीवादी प्रतिमान के अन्तर्गत हम गाँधी के प्रकृति, पर्यावरण, ग्रामस्वराज, स्वदेशी आदि से सम्बन्धित विचारों समावेशित कर सकते हैं। जिनका विवेचन इस प्रकार है—

प्रकृति के साथ प्रेमपूर्वक सांमजस्य—गाँधी प्रकृति व समाज के बीच अहिंसक रिश्ते के पक्षधार थे। इसीलिए उन्होंने ऐसी जीवन-शैली का और उत्पादन प्रक्रिया का पक्ष लिया था, जो प्रकृति के साथ प्रेमपूर्वक सांमजस्य बैठाने की पक्षधार थी। यहाँ तक कि उन्होंने कुदरती उपचार को ही शारीरिक व्याधि से छुटकारा पाने का सर्वोत्तम उपाय माना। प्राकृतिक चिकित्सा के माध्यम से रोगी के उपचार उनके स्वंय के अनुभव पर निर्मित थे। उनका विश्वास था कि हज़ार में से 999 मामले सुनियमित आहार, पानी तथा मिट्टी के उपचार और इसी तरह के घरेलू उपाय से ठीक किये जा सकते हैं। बीमारी प्रकृति के नियमों को अज्ञानतावश या जान-बूझकर भंग करने से पैदा होती है। इसका अर्थ यह हुआ कि अगर हम समय रहते फिर उन नियमों का पालन करने लगे तो पुन: स्वास्थ्य लाभ कर सकते हैं। लोगों के सामने कुदरती उपचार के सिद्धान्तों के बारे में पहला प्रवचन दिया था, उसका सार इस प्रकार है–"मनुष्य का भौतिक शरीर पृथ्वी, पानी, आकाश, तेज़ और वायु नाम के पाँच तत्त्वों से बना है, इनमें से तेज़ तत्त्व शरीर को शक्ति पहुँचाता है। इनमें सबसे जरूरी चीज़ हवा है। आदमी बिना खाए कई हफ्ते तक जी सकता है। पानी के बिना भी वह कुछ घंटे बिता सकता है, लेकिन हवा के बिना तो कुछ ही मिनटों में उसकी देह का अन्त हो सकता है। इसलिए ईश्वर ने हवा को सबके लिए सुलभ बनाया है। अन्न और पानी की तंगी कभी-कभी पैदा हो सकती है, हवा की कभी नहीं। ऐसा होते हुए भी हम बेवकूफों की तरह अपने घरों के अन्दर खिड़की और दरवाजे बंद करके सोते हैं और ईश्वर की प्रत्यक्ष प्रसादी जैसी ताजी और साफ हवा से फायदा नहीं उठाते......"। प्रकृति सत्य है और सत्य से बड़ा

कुछ नहीं, ऐसा उनका दृढ़ विश्वास था। इसी सत्य का अनुपालन उन्होंने जीवन पर्यन्त किया तथा अपनी आत्मकथा को भी 'सत्य के प्रयोग' कहा।

दिल्ली में प्रदूषण को रोकने के नाम पर ऑड-ईवन योजना और ऑड-ईवन योजना के नाम पर कारों को बिकवाना चालू किया गया, यह अच्छी नीति नहीं है। बल्कि एक प्रकार से कारों का व्यापार और मुनाफा बढ़ाने का षडयंत्र है। इसलिए कारों का निर्माण बढ़ाने की जगह कारों की संख्या सीमित करनी चाहिए। कार खरीदने की पात्रता उन्हीं लोगों को होनी चाहिए जिनके पास अपनी पार्किंग की व्यवस्था हो। आज हालात यह हैं कि 90 प्रतिशत कारें सड़कों पर खड़ी होती हैं। आज न केवल बाजू की सड़कें अपितु मुख्य सड़कें भी कारों से घिरी रहती हैं। नगरीय, महानगरीकरण की नीति प्रदूषण की समस्या के लिए एक बड़ा कारण है। औद्योगिक विकास के लिए बड़े-बड़े शहरों का निर्माण शहरों में सभी प्रकार की सुविधाओं का केन्द्रीकरण रोज़गार और सुविधाओं की तलाश में ग्रामीण आबादी का शहरों की ओर पलायन आज के महानगरों की समस्या का एक बड़ा कारण है। आज महानगर न केवल प्रदूषण, बीमारी और भ्रष्टाचार के अड्डे बने हैं, बल्कि वह अपराधियों, माफियों, ज़मीन के डाकुओं, तस्करों और विलासिता के केन्द्र बन गए हैं। जो एक प्रकार से समाज व सभ्यता को नष्ट कर रहे हैं। देश के राष्ट्रपिता महात्मा गाँधी ने 1909 में हिंद स्वराज पुस्तक के माध्यम से इस महानगरीय सभ्यता के प्रति न केवल देश को, बल्कि समूची दुनिया को सावधान किया था।

ट्रस्टीशिप और प्रकृति—उत्पादन का दूसरा आधार है प्रकृति। प्राकृतिक संसाधनों का खतम होना और उनमें गिरावट अपेक्षाकृत हाल की परिघटना है। प्राकृतिक संसाधनों का उपयोग उत्पादन प्रक्रिया में किया जाता है। कारपोरेट सेक्टर के रूप में इस बात को ध्यान में रखा जाना चाहिए कि प्राकृतिक संसाधनों के निष्कर्ष और परिवहन की लागत को कम किया जाए। कारपोरेट ढाँचे में प्राकृतिक संसाधन की वास्तविक लागत की गणना नहीं की जा रही है। संसाधन का उपयोग न होने की लागत वह लागत है, जो सिर्फ़ हमारे लिए उपयोगी हैं औरों के लिए नहीं। आमतौर पर हम केवल उन चीज़ों पर विचार करते हैं, जो हमारे लिए उपयोगी होती हैं और प्रकृति के लिए उपयोगी नहीं होतीं, मगर हमारे अस्तित्व के लिए बहुत महत्त्वपूर्ण हैं भले ही इस समय हम इसे नहीं समझ पा रहे हों। फर्म के विश्लेषण से भी यह बात उभर कर सामने नहीं आ पाती, बल्कि बहिर्भाव को सरकार, समाज या प्रकृति पर छोड़ दिया जाता है। उत्पादन प्रक्रिया का यह महत्त्वपूर्ण पहलू है। यहाँ जंगल की मिसाल दी जा सकती है। लकड़ी की माँग अप्रत्यक्ष रूप से वन की ही माँग है, जबकि लकड़ी के लिए भुगतान में पेड़ को काटने और उसके परिवहन की लागत को भी शामिल किया जाता है। लेकिन यह लकड़ी

की वास्तविक लागत नहीं है। पेड़ को काटने से जंगल का समूचा हिस्सा हट जाता है। उस हिस्से में तमाम पारिस्थितिकीय सेवाएं होती हैं, जिनमें वहाँ या आस-पास रहने वाले परिवारों की आजीविका भी शामिल है। पारिस्थितिकीय सेवाओं की यह लागत चुकता नहीं हो तो पानी और उपभोक्ता भी इस बोझ को नहीं उठाएँगे यह बाह्यता भी राज्य और समाज पर डाल दी जाती है। ट्रस्टीशिप का गाँधीवादी सिद्धान्त प्रकृति के साथ बरताव और अपनी उत्पादन प्रणाली में प्रकृति का इस्तेमाल भिन्न तथा अधिक संरक्षण/परिरक्षण मूलक हो सकता है। अगर उद्योग समग्र रूप से अधिक उपयुक्त मूल्य निर्धारण का निर्णय करते हैं तो उस वस्तु की माँग होने पर ही उसका उत्पादन किया जाना चाहिए। यह नहीं होना चाहिए कि फर्म/उद्योग के स्तर पर काटने का फैसला कर लिया जाए या फिर तमाम लागत को समाज पर डाल दिया जाए इस संबंध में कार्बन ट्रेडिंग बहुत घटिया विकल्प है, हालाँकि कोई अन्य विकल्प न होने से कुछ विकल्प होना बेहतर है। तीसरा मुद्दा प्रदूषण का है। प्रदूषण स्वाभाविक रूप से उत्पादन का परिणाम होता है। उपयुक्त टेक्नोलॉजी के चुनाव से भी ट्रस्टी बना जा सकता है। उत्पादन के मामले में गाँधी जी सुसंगत लगते हैं। गाँधी जी का मशीनों का विरोध जग जाहिर है। वह मशीनों और टेक्नोलॉजी के अंधाधुंध और बेमतलब उपयोग के विरोधी थे। वह चाहते थे कि टेक्नोलॉजी का युक्तिसंगत उपयोग हो। समसामयिक बोलचाल में इसे ईको-फ्रेंडली (पर्यावरण की दृष्टि से अनुकूल) टेक्नोलॉजी कहा जा सकता है। इसी की व्याख्या ट्रस्टीशिप के रूप में की जा सकती है। इसलिए उत्पादन के क्षेत्र में ट्रस्टीशिप की पर्याप्त गुजांइश है।

उपभोग में ट्रस्टीशिप–संपत्ति और उत्पादों को पैदा करने के बाद उनके उपयोग का मुद्दा आता है। बिल गेट्स और वॉरिन बाफेट के उदाहरण सर्वविदित हैं। हालाँकि कारपोरेट सोशल रिस्पॉन्सबिलिटी एक नई अवधारणा के रूप में बड़ी तेज़ी से लोकप्रियता हासिल कर रही है, इसे परोपकार कहना सबसे अच्छा होगा। भारतीय सभ्यता में भी यह विद्यमान है। दान के रूप में परोपकार लोकेषणा से प्रेरित होता है, जिसका मतलब है समाज में लोकप्रिय होने की भावना। भारतीय संस्कृति में कहा जाता है धन अर्जित करने के बाद व्यक्ति को समाज में नाम कमाने के लिए दान करना चाहिए। बिल गेट्स और वॉरिन बाफेट का उल्लेख करने के बाद हमें भामाशाह को भी नहीं भूलना चाहिए जो एक महाजन या श्रेष्ठि थे, जिन्होंने अपनी कमाई सारी संपत्ति राणा प्रताप को दान कर दी ताकि वे बेहतर तरीके से शासन चला सकें। जाहिर है कि परोपकार और ट्रस्टीशिप के मामले में भारत पहले ही बड़ी ऊँचाइयाँ छू चुका है। यह एक ऐसा उदाहरण है, जिससे पता चलता है कि गाँधी जी जो कुछ कह रहे थे वह कोई कपोल कल्पना नहीं थी। उन्होंने भारत की संस्कृति को आत्मसात किया था।

लेकिन अवधारणा का दूसरा हिस्सा अधिक महत्त्वपूर्ण है, जो उपभोग में ट्रस्टीशिप के बारे में है। उपभोग के दो अलग-अलग स्तर होते हैं–व्यक्तिगत और समाज संबंधी। व्यक्तिगत स्तर पर ट्रस्टीशिप व्यक्ति की उपभोग संबंधी आवश्यकताओं और ज़रूरतों को कहते हैं। अपरिग्रह या असंग्रह के सिद्धान्त के अंतर्गत ऐसी चीज़ें हासिल करने और उनका उपयोग करने की मनाही है, जो किसी व्यक्ति के लिए किसी काम की नहीं हैं। यहीं पर गाँधी जी व्यक्तिगत आवश्यकताओं को सीमित करने की अवधारणा प्रस्तुत करते हैं। कोई विवेकवान ट्रस्टी अपने उपभोग को विनियमित और नियंत्रित करेगा। यहाँ यह गौर करना महत्त्वपूर्ण है कि गाँधी जी भीषण गरीबी के कभी समर्थक नहीं रहे। सम्मानजनक आजीविका की आवश्यकताओं को पूरा करने के बाद बाकी संपत्ति को सामाजिक भलाई के कार्यों में खर्च की जानी चाहिए। यहीं पर विकल्प का प्रश्न उत्पन्न होता है। गाँधी जी दान देकर परोपकार करने के ख़िलाफ़ थे। दान देने वाले परोपकारी और महाजन में अंतर होता है। महाजन परंपरा की शुरुआत खासतौर पर गुजरात और राजस्थान से हुई है। महाजन एक ऐसा न्यासी है, जो अपनी आवश्यकताओं से अधिक संपत्ति अर्जित करता और रखता है, उसे इसका अहसास होता है। वह बेहद साधारण जीवनशैली अपनाता है और अपनी संपत्ति का उपयोग सामाजिक रूप से उत्पादक कार्यों में करता है। यही कार्य अगर परलोक में अपनी स्थिति सुधारने को ध्यान में रखकर नहीं किए जा रहे हों तो इसे परोपकार कहा जाता है। प्रोटेस्टेंट लोगों की नैतिकता की धारणा के प्रचलन के बाद पश्चिमी जगत् ने परलोक की परवाह करने की धारणा को तिलांजलि दे दी थी। प्रोटेस्टेंट नैतिकता में सब कुछ इसी दुनिया के लिए होता है। गाँधी जी का सरोकार भी इसी 'लोक' को लेकर है, मगर कुछ दूसरे तरीके से। उनका ट्रस्टी अपनी संपत्ति का उपयोग सामाजिक दृष्टि से उत्पादक उद्देश्यों के लिए करता है। इस तरह के उद्देश्य के लिए उपयोग की परिभाषा के अनुसार उत्पादन करते हुए कुछ बाहरी जिम्मेदारियाँ भी पैदा होंगी और इन अवांछित व अपरिहार्य जिम्मेदारियों को सी.एस.आर. के तहत निपटाया जाएगा। सामाजिक दृष्टि से उपयुक्त ऐसी गतिविधियाँ, जिन्हें कोई व्यक्ति नहीं चला सकता या संसाधनों की कमी की वजह से राज्य सरकारें संचालित नहीं कर सकतीं उन्हें महाजन द्वारा निपटाया जाना चाहिए। गुजरात में महाजनों ने कई शैक्षिक संस्थाओं और स्वास्थ्य देखभाल इकाइयों को धन उपलब्ध कराया है। अभी हाल ही तक वे भारी शुल्क नहीं लेते थे, बल्कि धीरे-धीरे वे निजी और मोटा मुनाफा कमाने वाली संस्था बन गये हैं। एक तरह से वे भी न्यास हैं और सामाजिक दृष्टि से उत्पादक तरीके से सी.एस.आर. के दायरे में आते हैं। सी.एस.आर. की मौजूदा अवधारणा अपने मुनाफे का एक हिस्सा व्यापक समाज के लिए देने और बाकी से संतुष्ट रहने पर आधारित है। महाजन परंपरा इससे अलग थी और उससे बहुत कम नुकसान होता था। आज का कारपोरेट क्षेत्र एक्ज़िट नीति की माँग करता है। यह प्रकृति

और श्रम का दोहन करता है और इसका एकमात्र सरोकार मुनाफा कमाने से है। इस प्रक्रिया में कारपोरेट सेक्टर के अलावा हर किसी को नुकसान होता है। इस नुकसान को कम-से-कम करने के लिए, जो कि विभिन्न प्रक्रियाओं का अवांछित प्रतिफल होता है, श्रम और प्रकृति के बारे में अधिक सहानुभूतिपूर्ण तरीके से विचार करना आवश्यक है। गाँधीवादी ट्रस्टीशिप अवधारणा में यही कारपोरेट सोशल रिस्पॉन्सबिलिटी है। इसे हासिल करने के लिए ट्रस्टी को स्वयं अपनी आवश्यकताओं, जरूरतों, इच्छाओं और माँगों को विनियमित करना चाहिए क्योंकि इनकी अधिकता का बाकी आबादी पर प्रतिकूल प्रभाव पड़ सकता है। इस मामले में समाज के स्तर पर माँग और इच्छा का भी विनियमन हो जाता है, जो एक सार्थक बाह्य परिणाम है। इससे प्रकृति पर पड़ने वाला दबाव कम करने में मदद मिल सकती है। इस प्रक्रिया की शुरुआत अपरिग्रह यानी धन-दौलत के न्यासियों, निर्माताओं और स्वामी द्वारा किसी भी चीज़ का संग्रह न करने के बुनियादी सिद्धान्त से करते हुए वह कहते हैं कि इससे समूचे समाज को सकारात्मक लाभ मिलेगा। इस तरह का समाज एक सरल समाज होगा और इससे उपयोगी तथा बहुत अधिक उपयोगिता नहीं रखने वाली चीज़ों के स्वामित्व ललक भी स्वत: ही विनियमित हो जाएगी। सोच में बदलाव लाना होगा। गाँधी जी का ट्रस्टीशिप का सिद्धान्त उनकी अहिंसक समाज, स्वदेशी, विकेन्द्रित आर्थिक प्रणाली और स्वशासन वाले स्वराज की समग्र परिकल्पना के अंतर्गत प्रासंगिक और एक संभावना बन जाता है।

आत्मनिर्भर ग्राम व्यवस्था

ग्रामीण विकास के संदर्भ में गाँधी की दृष्टि व्यापक थी। उन्होंने गाँवों की समस्याओं को पहले ही समझकर निराकरण कर दिया, जिनका आज हम सामना कर रहे हैं। वे यह जानते थे कि गाँवों में यदि शहर के प्रति आकर्षण हो गया तो शहर वालों के लिए उन्हें पूर्ण रोज़गार दिलाना कभी भी संभव नहीं होगा। ऐसा करने से गंदी बस्तियों और निम्न श्रेणी के सर्वहारा वर्ग की समस्याएँ पैदा हो जाएँगी। जब गाँव वालों को शहरों में इच्छित रोज़गार नहीं मिल पाएगा तो सारी व्यवस्था और भी खतरनाक व दर्दनाक हो जाएगी, जिसको सुलझाना असंभव-सा हो जाएगा। गाँधी जी का मानना था कि अगर गाँव नष्ट होते हैं तो भारत नहीं रहेगा। उन्होंने स्पष्ट कहा था कि–'हमने गाँव वालों के साथ घोर अन्याय करने का पाप किया है। इससे प्रायश्चित करने का एक ही तरीका है कि उन्हें तैयार माल का प्रोत्साहन न देकर उनके नष्ट प्राय: उद्योग-धंधों को फिर से जिंदा करने के लिए प्रोत्साहन दिया जाए और अगर हम गाँवों के प्रति अपने फर्ज की उपेक्षा करेंगे तो, अपने ही सर्वनाश को न्यौता देंगे।' गाँधी ने ग्राम स्वराज की अवधारण के अन्तर्गत एक ऐसे विकेन्द्रित समाज की परिकल्पना की है, जिसमें कोई भी व्यक्ति अनपढ़ नहीं रहेगा। काम के अभाव में कोई बेकार

नहीं रहेगा, बल्कि किसी-न-किसी काम धंधे में लगा होगा। इस ग्राम स्वराज में प्रत्येक व्यक्ति को पौष्टिक चीज़ें खाने को, रहने को अच्छे हवादार मकान और तन ढँकने को काफ़ी खादी मिलेगी। हर व्यक्ति को आरोग्य के नियम मालूम होंगे। इस प्रकार प्रत्येक गाँव एक जनतंत्र होगा, जो अपनी मूलभूत आवश्यकताओं के लिए दूसरे पर निर्भर नहीं होगा। गाँधी ने अपने ग्राम स्वराज के आदर्श में प्राकृतिक संसाधनों तथा पर्यावरण के प्रति अपनी भावी योजनाओं को स्पष्ट किया है। उनकी दृष्टि में गाँवों को आर्थिक दृष्टि से स्वावलम्बी, राजनीतिक दृष्टि में स्वायत्त एवं सामाजिक दृष्टि में पारस्परिक सहयोग पर आधारित होना चाहिए। गाँधी की मान्यता थी कि गाँवों का शोषण अपने आप में एक संगठित हिंसा है। यदि हमें स्वराज की रचना अहिंसक तरीके से करनी है तो गाँवों को उनका उचित स्थान देना होगा। उनके अनुसार आज हमारे गाँव उजड़े हुए कूड़े-कचरे के ढेर बने हुए हैं, कल वही सुंदर बगीचे होंगे और ग्रामवासियों को ठगना या उनका शोषण करना नामुमकिन होगा। गाँधी की संकल्पना के आधार पर गाँवों में ग्राम सभाएँ लोकतांत्रिक विकेन्द्रीकरण के भवन की नींव का रूप ग्रहण करेगी। ग्राम सभा गाँव की आवश्यकताओं और मानवीय प्राकृतिक संसाधनों को ध्यान में रखकर योजना बनाएगी। जंगल, जल, ज़मीन, ओरण, तथा लघु खनिज आदि प्राकृतिक संसाधनों और सार्वजनिक सुविधाओं की व्यवस्था किसी सरकारी विभाग के जिम्मे नहीं होगी, ग्राम सभा के हाथ में होगी।

गाँधी जी अपने आर्थिक-सामाजिक प्रगति दर्शन पर एक दिन में नहीं पहुँचते थे और न ही कोई सैद्धांतिक प्रवचन मात्र देना चाहते थे। इस संबंध में भारत के विषय में उनका लंबा अनुभव था। कामगारों, खेतिहार मजदूरों और आम आदमियों के बीच काम करते हुए गाँधी ने जनसाधारण की भयानक दरिद्रता को नजदीक से देखा था। अमीरों और गरीबों के बीच की खाई इतनी चौड़ी हो गई थी कि इस पर अविलम्ब ध्यान देना अनिवार्य था। उन्होंने अनुभव किया कि मजदूरों का वाजिब हक मालिक नहीं देते हैं, बल्कि उन्हें जीने लायक मजदूरी भी नहीं देते हैं। साथ-ही-साथ उनका अमानवीय शोषण भी पूँजीपति अपने मुनाफे के लिए करते हैं। साथ-साथ वे किसानों की बढ़ती हुई गरीबी से भी पूर्णरूपेण परिचित थे। जमींदार अपने हित में उनसे बेगारी करवाते थे। किसान ज़मीन के स्वामी होते थे, फिर भी उसे उसके प्राकृतिक लाभ से वंचित रखा जाता था। साथ-ही-साथ गाँधी की दृष्टि वैसे लोगों पर भी थी जो न तो खेत में काम पा सकते थे और न कारखानों में। आबादी की एक वृहद संख्या या तो भुखमरी का शिकार थी अथवा सड़कों पर भीख माँग रही थी। समस्या केवल कुछ गरीबों के वर्ग तक ही सीमित नहीं थी, बल्कि उसने परिपूर्ण भारतीय जीवन को अपने जाल में जकड़ लिया था। यही कारण है कि गाँधी जी ने पूरे भारत के जनमानस को

प्रगति के पथ पर ले जाने का बीड़ा उठाया। उन्होंने देखा कि यदि भारतीय समाज को आगे बढ़ाना है तो आर्थिक समानता के साथ-ही-साथ सामाजिक समानता भी जरूरी है। तत्कालीन भारतीय समाज का कोई आदर्श नहीं था जिससे और प्रगति हो सके। उन्होंने भारतीय समाज के दो कोढ़ अच्छी तरह पहचान लिए थे-एक जातिवाद और दूसरा साम्प्रदायिकता। इसलिए उन्होंने तत्काल सामाजिक समानता स्थापित करने पर जोर दिया, क्योंकि वे आगे के खतरे को जान चुके थे। आर्थिक स्थिति को देखते हुए उन्होंने खूनी संघर्ष का भी अनुमान कर लिया था। यदि हालात यही रहे, तो खूनी संघर्ष को कोई नहीं टाल सकता।

उन्होंने बढ़ते हुए बड़े-बड़े उद्योगों और मशीनों का विरोध मात्र इसलिए नहीं किया, क्योंकि इससे शोषण की प्रवृत्ति को बढ़ावा मिलता है और मजदूरों की बेरोज़गारी बढ़ती है, बल्कि कारखाने की चिमनी से निकला धुँआ पर्यावरण को प्रदूषित रहा है। भारत में उच्चतम न्यायालय के न्यायमूर्ति कुलदीप सिंह द्वारा दिल्ली में 3000 कारखानों को बन्द करने का निर्देश देना इसका जीता जागता उदाहरण है। दिल्ली में या उन स्थानों में जहाँ कल-कारखानों की भरमार है आज वहाँ का जीवन रोगों बीमारियों से लड़ने में ही व्यतीत हो रहा है। हवा, पानी दोनों इतने प्रदूषित हो चुके हैं कि यहाँ रहना दूभर हो गया है। जब जीवन ही नहीं रहेगा तो रोज़गार और पैसे क्या करेंगे। श्री अटल बिहारी वाजपेयी ने द हिंदुस्तान टाइम्स को दिए गए साक्षात्कार में इस बात को स्वीकार किया है कि दिल्ली में जल और वायु प्रदूषण का कारण विकास की गलत प्रक्रिया के चलते उत्पन्न हुआ है। यदि पश्चिमी मॉडल ही अपनाना था जो योजनाबद्ध ढंग से अपनाते अथवा नहीं अपनाते तो आज प्रदूषण की समस्या इतनी विकराल नहीं होती। यदि गाँधी के प्रगति संबंधी विचारों को अपनाया गया होता तो शायद यह दिन देखना नहीं पड़ता। पुन: गाँधी जी प्राकृतिक जीवन को कृत्रिम जीवन से श्रेष्ठ मानते हैं। वे आधुनिकता के कट्टर विरोधी थे। आधुनिकता हमारी दृष्टि में निहित है और दृष्टि कालसापेक्ष है। इस पर विज्ञान और तकनीकी ज्ञान का प्रभाव पड़ता है। प्रसिद्ध गाँधीवादी पर्यावरणविद् सुंदर लाल बहुगुणा कहते हैं–'टिहरी बाँध टूटा तो दिल्ली डूब जाएगी' वे पुन: कहते हैं, 'तकनीकी और उद्योग, यद्यपि प्रगति का औजार है, परंतु यह चौथा शैतान है।' गाँधी जी भी रेल, रोड, बिजली, बाँध, नहर, कारखाना आदि का विरोध करते हैं। कृत्रिम चीज दु:ख अधिक देती है और सुख कम। गाँव को उठाने के लिए सड़क और रेल नहीं प्रथमत: उसके जीवन स्तर को सुधारना आवश्यक है। यदि रेल, रोड, बिजली और नहर के द्वारा गाँव का जीवन स्तर सुधरता हो तो यह उत्तम है, अन्यथा नहीं। अर्थात गाँधी जी यहाँ उपयोगितावादी हो जाते हैं। बहुगुणा ने बतलाया कि जिस नदी को बाँधने से पर्यावरण प्रभावित हो उसे मत बाँधो। बिहार के कृषि मंत्री श्री राम जीवन सिंह ने उसी

अखबार में इनके समर्थन में कहा कि–'बाँध बाँधना आसान है और इसका परिणाम देखना भी आसान है, परंतु इससे उत्पन्न आसन्न खतरे को भोगना कठिन है।' शायद उनका संकेत फरक्का बाँध के कारण उत्पन्न गंगा प्रदूषण की ओर है। जिस गंगा का पानी वर्षों शुद्ध रहता था, आज उस गंगा का पानी हरिद्वार से आगे पीने लायक नहीं है। यह सब आधुनिकीकरण की देन है। यदि भारी मशीन नहीं लगे तो उत्पादन भले ही कम हो, परंतु पर्यावरण प्रदूषण की समस्या नहीं उत्पन्न होगी। गांधी जी उपयोग से अधिक उत्पादन के विरोधी थे। उनका कहना था कि उत्पादन धन के लिए हो न कि पूँजी वृद्धि के लिए। धन आज और कल का उपयोग है, पूँजी भविष्य सुरक्षा की गारंटी है। सूद के रूप में जो भी मुनाफा है वह अनैतिक है। आज सरकार मुनाफा कम देने वाले कारखानों को बंद कर रही है, जब वह आज और कल की रोटी देने में सक्षम है। अत: यह भी गांधीवाद के विरोध में पैदा किया गया और आज पुन: इसे गांधीवाद का विरोध ही माना जाए। अत: ऊँचे बाँध, नहर, बिजली, रेल और रोड अनावश्यक हैं और विलासिता के साधन के रूप में इसका जमावड़ा जायज नहीं है।

स्वदेशी

गांधी के अनुसार स्वदेशी की स्थापना का लक्ष्य 'ग्राम' से ही प्रारम्भ किया जा सकता है इस प्रकार के ग्राम शनै: शनै: आवश्यक रूप से संपूर्ण स्वदेशी स्वराज की ओर अग्रसर होंगे। गांधी की स्पष्ट मान्यता थी कि ग्राम का प्रमुख उद्देश्य अहम् आवश्यकताओं की पूर्ति करना होना चाहिए। उनके शब्दों में प्रत्येक को संतुलित भोजन, रहने को अच्छा मकान, बच्चों की शिक्षा की सुविधाएँ और दवा–दारू की काफ़ी मदद मिलनी चाहिए। यह मेरा आर्थिक समानता का चित्र है। मैं प्रारम्भिक आवश्यकताओं के अलावा और सभी बातों का निषेध नहीं करता, मगर उनका नंबर तभी आता है, जब पहले गरीबों की मौलिक आवश्यकताएँ पूरी हो जाएँ। पहले करने लायक काम पहले होना चाहिए। अर्थात, ग्राम स्वराज में किन वस्तुओं का उत्पादन होगा, इसकी प्राथमिकता का निर्धारण ग्राम सभा करेगी। स्वदेशी के पीछे गांधी जी की मूल मान्यता यह थी कि प्रत्येक व्यक्ति अपने घर में आवश्यकतानुसार कपास बोए और चरखे व तकली के माध्यम से सूत कातकर वस्त्र बुन ले। इसके साथ अन्य प्रकार के ऐसे ग्रामोद्योग जो स्वयं स्थानीय हों जैसे मधुमक्खी पालन, चर्म उद्योग आदि जिससे ग्राम स्वयं आत्मनिर्भर हो। गांधी का मानना था कि उन्होंने अपनी स्वेच्छा से खादी धारण करना स्वीकार कर लिया। खादी का अपना एक अर्थशास्त्र है। स्वावलंबन एवं स्वदेशी की मजबूत भावना इसके साथ जुड़ी हुई है। बाद के दिनों में खादी और चरखा आजादी का प्रतीक बन गया। गांधी जी कहते हैं–"मैं जितनी बार चरखे पर सूत निकालता हूँ उतनी ही बार भारत के गरीबों का विचार करता हूँ। गांधी ने खादी और चरखे के साथ

अंतिम जन को जोड़ा। गाँधी इसके आर्थिक पहलू से भी वाकिफ थे। गाँधी जी कहते हैं, मेरा पक्का विश्वास है कि हाथ कि कताई और हाथ-बुनाई से भारत के आर्थिक और नैतिक पुनरुद्धार में सबसे बड़ी मदद मिलेगी।

सर्वोदय

गाँधी के ही शब्दों में सर्वोदय कोरी कल्पना नहीं अपितु साधन व साध्य दोनों ही के रूप में हमारा निर्देशक हैं। पूँजीवादी विकास प्रतिमान अमीर को और अमीर तथा गरीब को और गरीब करता है मगर सर्वोदय सबकी एक साथ उन्नति चाहता है और वर्गरहित, शोषण रहित समाज की प्रस्थापना करता है। गाँधी का मानना था कि भारत एवं विश्व की आर्थिक प्रणाली ऐसी होनी चाहिए, जिसके अन्तर्गत कोई भी व्यक्ति भोजन एवं कपड़े के अभाव से पीड़ित न हो। वह दो समय की आजीविका के लिए किसी पर आश्रित नहीं हो।

ग्रामाधारित लोकतंत्र

पश्चिमी उदारवादी लोकतंत्र जिसकी आलोचना गाँधी जी अपने 'हिंद स्वराज' में करते हैं, दोषों को ग्रामाधारित लोकतंत्र से ही दूर किया जा सकता है। गाँधी के अनुसार पश्चिम में संसद अवसरवादिता, दलबदल, भ्रष्टाचार शोषण को जन्म देने वाली सत्ता है, जो अन्तत: पूँजीवाद व केन्द्रीकरण का कारण बनती है। गाँधी के अनुसार ग्रामाधारित लोकतंत्र की नींव सत्याग्रह, ग्रामीण उद्योगों का विकास, रचनात्मक समाज, श्रमिकों के अहिंसा संगठन, एक सदनीय विधायिका, वयस्क मताधिकार, स्वानुशासन आदि तत्त्वों से मिलकर बनी है। गाँधी ने कहा था कि, 'यदि हमें सर्वोदय के स्वप्न को देखना है, तो सबसे विनम्र एवं निम्न स्तर के भारतीय को इस भूमि के सर्वोच्च व्यक्ति के बराबर का शासक समझना होगा। गाँधी के अनुसार सच्चा भारत उसके गाँवों में बसता है।

ग्रामोद्योग के पुनरुद्धार की उनकी इतनी तीव्र इच्छा थी कि वे गाँवों को केंद्रीकृत व्यवस्था के लूट-खसोट से बचाना चाहते थे। उनका यह स्पष्ट विचार था कि ऐसी कोई चीज़ नहीं है, जो आज से पहले गाँव वालों ने न बनाई हो जिसे वे आज न बना सकते हों। परंतु हमने इस ओर ध्यान ही नहीं दिया। अगर आज भी हम इस ओर ध्यान दें तो हम बात-की-बात में लाखों रुपये गाँव वालों की जेब में पहुँचा सकते हैं। परंतु आज हम उन्हें कुछ मुआवजा दिए बिना, उलटा उन गरीबों को लूट रहे हैं। वर्तमान में आदिवासी क्षेत्रों की प्राकृतिक संपदा बाहर के पूँजीपति, व्यापारी आदि लूटते हैं। ग्रामीण आदिवासी कंगाल बनते जा रहे हैं। यह सत्ता और संपत्ति के केंद्रीकरण के कारण ही है कि झारखंड, गोरखलैंड, मणिपुर, त्रिपुरा, उत्तराखंड आदि आंदोलन प्राकृतिक संपदा की लूट रोकने के लिए चलते आ रहे हैं। ऐसा नहीं है कि इनकी माँग का केंद्र के

पास कोई समाधान न हो, बल्कि अन्य पिछड़े क्षेत्रों में भी यह माँग बढ़ती जाएगी। अत: यह आंदोलन केंद्रीकृत उद्योगों की निशानी है। आजाद भारत में गाँवों के जंगल कट गए और जो बचे भी हैं तो वह केंद्रीय सरकार के अधीन हैं। वर्तमान में जिसे हम भौतिक उन्नति कहते हैं, उनके संबंध में गाँधी ने स्पष्ट कहा–'वह भौतिक उन्नति अथवा समृद्धि नहीं है। वास्तविक प्रगति तो नैतिक, सत्य अहिंसा की प्रगति में निहित है और वह गाँवों में ही संभव है। पाश्चात्य भौतिकवादी सभ्यता व प्रगति मानव-जीवन को नैतिक विनाश की ओर ले जाती है। यह मनुष्य के आंतरिक और मानवीय गुणों को नष्ट करती है। आज हम पाश्चात्य वैज्ञानिक यंत्रीकरण पर जोर देकर उत्पादन जंजाल में दिन-पर-दिन फँसते जा रहे हैं और हमारे वैज्ञानिक इस वृद्धि की बढ़ोतरी के लिए दिन-रात मेहनत कर रहे हैं, परंतु उत्पादन में कितनी ही वृद्धि क्यों न हो और नए क्षेत्रों में कितना ही काम धंधा क्यों न खेला जाए हमारी गरीबी और बेरोज़गारी की समस्याएँ उतनी ही बढ़ती जाएँगी। हमारी अर्थ-रचना का आधार लगान, ब्याज, मुनाफा, भाड़ा आदि जब तक चलता रहेगा तब तक यह समस्या बढ़ती जाएगी। आखिर में तो सारी मजदूरी चीज़ों की लागत-कीमत में शामिल हो जाती है और उसी तरह बिक्री-कीमत से मजदूरी कभी ज्यादा नहीं हो पाती है, जिससे वेतन में वृद्धि की माँग का कभी अंत नहीं हो सकता। आज उत्पादकों और उपभोक्ताओं के बीच ऐसे अनेक लोग आते हैं, जिनकी उत्पादन की दृष्टि से कोई आवश्यकता नहीं है, जैसे-दलाल, एजेंट, व्यापारी आदि। ये सभी लोग बीच में अपना-अपना लाभ लेते हैं, जिनके कारण उपभोक्ताओं को महँगी चीज़ लेनी पड़ती है। गाँधी के ग्रामोद्योग में इनकी कोई ज़रूरत नहीं पड़ेगी। वहाँ सभी लोग अपना जीविकोपार्जन शारीरिक श्रम से करेंगे। गाँधी के ग्रामोद्योग का अभिप्राय यह था कि यथासंभव प्रत्येक व्यक्ति को अपनी परंपरागत और वंशानुगत उद्यम करना चाहिए, बशर्ते कि वह उद्यम आधारभूत नैतिक सिद्धान्त के विरुद्ध न हो और यह बात तभी सिद्ध हो सकती है, जब उद्योग केवल आजीविका प्राप्त करने के लिए हो। इस सिद्धान्त के बड़े दूरगामी लाभ थे-यह सिद्धान्त आर्थिक जीवन में प्रतिस्पर्धा और व्यक्तिगत लाभ की भावना दूर करने वाला तथा समाज में स्थिरता लाने वाला है। इसमें समस्त उद्योगों की समानता निहित है।

गाँधी स्वदेशी अर्थ व्यवस्था के समर्थक थे किंतु सत्ता में आते ही उनके अनुयायियों ने आधुनिकीकरण औद्योगिकीकरण का रास्ता पकड़ लिया। गाँधी चाहते थे कि आजाद भारत का संविधान केन्द्रीकरण के आधार पर बनना चाहिए। उनकी धारणा थी कि प्रदेशों की स्वायत्तता ही स्वराज्य को विकसित करेगी, अन्यथा केन्द्र सर्वग्रासी बन जाएगा। गाँधी की बात कांग्रेस ने अनसुनी कर दी। औद्योगिक केन्द्रीकरण के कारण बड़े शहरों और महानगरों की बात छोड़िए सतना जैसे मझोले शहर में

अतिक्रमण के नाम पर झुग्गियों को बुलडोजरों से साफ करने का काम चलता रहता है। कोई यह देखना नहीं चाहता कि लोग कहाँ से आए हैं और क्यों आए हैं। मूल संविधान में पंचायतों का उल्लेख नहीं था, जबकि गाँधी दर्शन ग्राम पंचायतों को शक्ति संपन्न बनाने की बात करता है। बाद में पंचायतों के गठन का संविधान में समावेश तो किया गया किंतु पंचायतों को राज्य के अधीन रख दिया गया और राज्यों ने पंचायतों को अधिकारविहीन रख कर उनके सिर पर नौकरशाही को बैठा दिया। पंचायती राज्य के नाम पर पंच-सरपंचों को नौकरशाही ने भ्रष्ट होने का प्रशिक्षण जरूर दे दिया। गाँधी ने प्रकृति की ओर वापस लौटने के सिद्धान्त पर बहुत जोर दिया था। खेती के लिए प्राकृतिक खाद की सिफारिश करते हुए उन्होंने साफ किया था कि फसल को औद्योगिक उत्पादन की प्रक्रिया की तरह देखेंगे तो धरती बोझ बना देंगे। गाँधी को बिना कसौटी पर परखे खारिज कर देना गाँधी के साथ अन्याय होगा। हमारे लिए जरूरी केवल यह होना चाहिए कि हम जड़ हो चुकी अपनी इस धारणा को बदलें कि गाँधी का नाम मजबूरी है। गाँधी-दर्शन को एक बार कुहासे से बाहर लाना चाहिए और उसकी परख करनी चाहिए। परख के बाद यह तय किया जा सकता है कि गाँधी-दर्शन का औचित्य क्या और कितना है।

प्रकृति के अनुरूप सरल जीवन शैली का समर्थन

गाँधी ने प्रकृति के अनुरूप जीवन शैली, खान-पान का समर्थन किया। यूनानी दार्शनिकों की तरह गाँधी जी ने माना कि मनुष्य को मांसाहारी नहीं होना चाहिए। प्लेटो ने भी मांसाहार का विरोध किया, उनका विचार था कि मांस खाने से बुद्धि खराब हो जाती है। उनका मानना था कि यदि वनमानुष अपना संपूर्ण जीवन फल खाकर काट सकता है और मनुष्य के मुकाबले में अधिक चुस्त रहता है तो अपने पूर्वज वनमानुष की तरह मनुष्य फलाहारी क्यों नहीं हो सकता और जब गाँधी को यह विश्वास हो गया कि अन्य पशुओं की तुलना में प्रकृति ने मनुष्य को मांसाहारी या शाकाहारी न बनाकर केवल फलाहारी बनाया है। तभी से गाँधी ने स्वयं फलाहारी होने का निश्चय किया और लोगों को इसके विषय में विस्तृत रूप से बताया।

गाँधी जी बड़े-बड़े अस्पतालों के स्थान पर प्राकृतिक चिकित्सा के समर्थक थे। उनका विश्वास था कि हम प्राकृतिक ढंग से रहें और प्रकृति के सभी नियमों का पालन करें तो बीमारी होगी ही नहीं। श्रम करने से शरीर तन्दरुस्त रहता है। शरीर का धर्म, श्रम और व्यायाम है। परंतु इन दोनों को छोड़ कर लोग आलसी और व्यसनी हो जाते हैं। जो खाद्य नहीं है उसे खाते हैं, जो पेय नहीं है उसे पीते हैं और इसी का परिणाम बीमारी है। उनका विश्वास था जैसा कि उन्होंने सन् 1934 में कहा भी था कि जब हम पाप करते हैं तभी हमें प्रकृति दण्ड देती है। शराब, मांस और अनियंत्रित

मैथुन-यही बीमारी का कारण है। अनियंत्रित यौन समागम के चलते गर्भपात, एड्स, सिफलिस जैसी बीमारियाँ होती हैं, जो सहवास की देन हैं और यह सब पूँजीवादी व्यवस्था में अधिक पूँजी के जमा होने का परिणाम है। अत: जो व्यक्ति यह समझते हैं कि पूँजी का अधिक-से-अधिक विकास प्रगति है–वे भ्रम में हैं। आज पूँजी विकास के लिए भारत में पर्यटन को बढ़ावा दिया जा रहा है। परंतु पर्यटन विकास का परिणाम थाइलैंड, श्रीलंका, ताइवान और फिलिपीन में ही था। लेकिन अब यह राक्षसी प्रवृत्तियाँ भारत की ओर अग्रसर हो रही हैं, पर्यटकों को आकर्षित करने के लिए 15 वर्ष से कम आयु के लड़के और लड़कियों को वेश्यावृत्ति में लगाया जाता है। अंतरराष्ट्रीय संगठन की रिपोर्ट के अनुसार वर्तमान भारत में चार लाख बाल वेश्याएँ हैं, जिनमें लड़के और लड़कियाँ दोनों शामिल हैं। इसके प्रमुख केन्द्रों में गोवा, मद्रास और उड़ीसा है। समलैंगिक सेक्स की माँग करने वाले पटना की ओर कूच कर रहे हैं और प्रत्येक साल बालवेश्या में 50 हज़ार की वृद्धि हो रही है। आज बड़े जोर-शोर से पिछड़े वर्ग को उठाने की बात की जा रही है, और साथ-ही-साथ आर्थिक उदारीकरण की नीति का भी जोर-शोर से संसद और संसद के बाहर में समर्थन किया जा रहा है। परंतु विकास की इस प्रक्रिया में बेरोज़गारी और गरीबी तो बढ़ी ही है, साथ ही भोगी और शोषक वर्ग पैदा हो गया है, जो अतिपिछड़ों का हित हड़प रहा है। कल तक विरोधी दल में और आज सरकार में मंत्री श्री जनेश्वर मिश्र का विचार है कि–'आर्थिक उदारीकरण का लाभ गरीबों तक नहीं पहुँचेगा।'

पिछड़ा वर्ग आयोग के सदस्य मुंसी मुगेरी लाल ने पिछड़ों को दो वर्गों में विभाजित किया पिछड़ा और अत्यन्त पिछड़ा। उनके अनुसार पिछड़ा वर्ग, अत्यन्त पिछड़े वर्ग का हक हड़प रहा है। किशन पटनायक जैसे समाजवादी विचारक मानते हैं कि आज सरकार में बैठे लोग अतिपिछड़ों का हित नहीं, सत्ता बचाने का प्रयास कर रहे हैं। अतिपिछड़ा 35% जनसंख्या है और उसे मात्र 12% आरक्षण है, जबकि पिछड़ों की संख्या 20% और उसे 15% आरक्षण प्राप्त है। उसे 15% में भी कुछ जाति विशेष के लोग अधिक हड़प रहे हैं। क्योंकि उन्हें सरकारी स्तर पर सहायता उपलब्ध है। इन सबका कारण क्या है? कारण के ऊपर प्रकाश डालते हुए जनरल मानिक शॉ बतलाते हैं कि–'सारी समस्याओं की जड़ सही नेतृत्व का अभाव है।' देश में बढ़ती हुई–वेश्यावृत्ति, शराब की बिक्री, पर्यावरण की समस्या, साम्प्रदायिकता के खतरे, आतंकवाद, एड्स जैसे भयानक रोगग्रस्त रोगियों की बढ़ती हुई संख्या, मवेशी चारा घोटाला, यूरिया घोटाला, सांसदों की खरीद-फरोख्त यह सब आखिर उदारीकरण अथवा अतिशय पूँजीवृद्धि के प्रति बढ़ती हुई प्रतिस्पर्धा के चलते है। इतनी विकृतियों को देखकर सहज ही यह अनुमान करना पड़ता है कि गाँधी के प्रगति संबंधी विचार इस देश और पूरे मानव समाज के

लिए कितने उपयोगी हैं। संभवत: इन्हीं सब कारणों को देखकर धर्मयुग के संपादकीय में धर्मवीर भारती को लिखना पड़ा–'आज भारत को बचाने के लिए एक नहीं अनेक गाँधी चाहिए।' आज पूरे विश्व पर्यावरण को बचाने के लिए, ओजोन परत की सुरक्षा के लिए, प्रदूषण से मुक्ति के लिए इको फिलॉसाफी, इको एथिक्स, इकोलॉजी और इको सोसाइटी की स्थापना हो रही है। यदि गाँधी के प्रगति मार्ग को भारत और विश्व स्तर पर अपनाया जाता तो इन अभिशापों से सहज बचा जा सकता था।

यद्यपि महात्मा गाँधी के जीवनकाल के दौरान पर्यावरण और विकास को लेकर व्यापक बहस की गुंजाइश नहीं थी तथापि उनके विचार समय से बहुत आगे थे। जिस पर्यावरण की चिंता हम आज कर रहे हैं, उसके प्रति वह बहुत पहले से ही चिंतित थे। वह धनी परिवार से थे और बैरिस्टर की डिग्री उनके पास थी। वह चाहते तो एक आरामदायक जीवन बिता सकते थे, लेकिन उन्होंने खुद को देश के दरिद्र नारायण के साथ खड़ा किया। उनकी सबसे बड़ी विशेषता थी कि वह दूसरों से जैसा व्यवहार करने की अपेक्षा रखते थे, स्वयं वैसा ही आचरण करते थे। उनके आश्रम इस बात के प्रत्यक्ष गवाह बने हुए थे। आश्रम खुले ग्रामीण परिवेश में स्थित होते थे और वे स्व-सहायता, स्थानीय लोगों के आत्मविश्वास, सहयोगात्मक प्रबंध तथा लैंगिक समानता पर आधारित थे। एन. राधाकृष्णन के अनुसार,–'गाँधी ने दक्षिण अफ्रीका या भारत में जो आश्रम या समुदाय स्थापित किए, वे ऐसे सार्थक केंद्र थे, जहाँ समुदाय का प्रत्येक व्यक्ति प्रकृति के साथ पूर्ण सामंजस्य स्थापित करके रह सकता था। गाँधी द्वारा संस्थापित सामुदायिक जीवन श्रमिक जीवन, वृक्षारोपण, कृषि, साधारण जीवन और शिल्प का समायोग था।' गाँधी की इस अवधारणा के बारे में नोबल पुरस्कार विजेता भौतिकवेता फ्रिॉफ केपरा ने भी लिखा है कि 'गाँधी प्रकृति के साथ प्रेम के बारे में केवल बोलते ही नहीं थे, बल्कि अपने आश्रमों के माध्यम से इसे सजीवता से अनुभव भी करते थे। गाँधी का दर्शन था, आवश्यकता हो तब भी लालच मत करो, आराम हो तो थोड़ा हो, वह विलासिता न बन जाए।'

मानव और प्रकृति के बीच संबंधों को लेकर गाँधी के विचार–'वसुधैव कुटुम्बकम' की वैदिक अवधारणा से प्रेरित हैं, जिसमें पृथ्वी को जीवों का बहुत बड़ा परिवार माना गया है। औद्योगिक विकास के कारण पृथ्वी के जीवन पर सिर्फ़ दबाव ही नहीं पड़ रहा है, यह खतरे में भी पड़ गया है। सौर प्रणाली में तमाम भौतिक एवं रासायनिक परिवर्तन हो रहे हैं, जो गंभीर चिंता का विषय बने हुए हैं। जीवनोपयोगी प्रणालियों में परिवर्तन से अंतत: मानव जीवन की गुणवत्ता सहित विभिन्न जीवों की जीवन क्षमता प्रभावित होती है। प्रकृति प्रेम एवं महात्मा गाँधी इस बात पर बल देते थे कि धरती के संसाधनों को समूची मानवता के लिए भगवान का उपहार समझकर मौजूदा और आने वाली पीढ़ियों को ध्यान में रखकर ही इस्तेमाल किया जाना चाहिए। जब तक

जीवन-चक्र नहीं टूटता है, तब तक मिट्टी सोना उगलती रहती है और भूमि पर निर्भर लोगों को बेहतर स्वास्थ्य, जीविका और शांति मिलती रहती है। लेकिन जब लोभ, लालच व्याप्त हो जाता है तो प्रकृति का संतुलन बिगड़ जाता है और सभी प्रकार से जैविकों का ह्रास होता है। प्रकृति में संतुलन बहुत ही नाजुक चीज़ है और पारिस्थितिकी तंत्र में थोड़ी-सी भी गड़बड़ी प्राकृतिक संतुलन को तबाह करने के लिए पर्याप्त है। संभवत: उनके विचार वेदांत पर आधारित थे, जो धार्मिक मान्यताओं और वैज्ञानिक चिंतन का मिश्रण है। दुनिया भर के पर्यावरणविद आज गाँधी के इस विचार से सहमत हैं कि मौजूदा स्वरूप में औद्योगिक समाज लंबे समय तक क्रियाशील रहने वाला नहीं है। गाँधी औद्योगीकरण के ख़िलाफ़ नहीं थे, वह केवल उद्योग और अमानवीय मशीनी संस्कृति के ख़िलाफ़ थे। उन्होंने जोर देते हुए कहा था, मशीनरी केवल मुट्ठी भर लोगों को लाखों लोगों पर शिकंजा कसने में मदद प्रदान करती है। उन्होंने उत्पादन के लिए जनता द्वारा लघु उपक्रम लगाए जाने की आवश्यकता पर बल दिया था न कि किसी एक व्यक्ति द्वारा बड़े पैमाने पर उत्पादन करने पर। गाँधी की साधारण और किफायती जीवन-शैली के बेहतर पारिस्थितिकीय परिणाम थे। उन्होंने भौतिकतावादी होने की तुलना में नैतिक मूल्यों को ज्यादा तरजीह दी।

पीटर के. केली ने फिलिप बेरीगन की पुत्री फ्रेडा बेरीगन का एक लेख 'बिकमिंग एन एडल्ट' पढ़ा जिसमें उसने गाँधी द्वारा बताए गए सात सामाजिक पापों को अपने घर की दीवार पर अंकित कर रखने का जिक्र किया था। वे हैं–

(1) बिना सिद्धान्त की राजनीति,

(2) अच्छे-बुरे की समझ के बिना प्रसन्नता,

(3) बिना कर्म के धन,

(4) आचरण रहित ज्ञान,

(5) नैतिकता रहित व्यवसाय,

(6) मानवता रहित विज्ञान,

(7) त्याग रहित पूजा।

पीटर के. केली आगे कहते हैं कि हमें इन सात सामाजिक पापों को जानना चाहिए और उनसे दूर रहने का उपाय करना चाहिए।

गाँधीवादी समाज महात्मा गाँधी ने विभिन्न सामाजिक मुद्दों पर अपने विचार व्यक्त किए और उनके क्रियान्वयन के लिए व्यापक कार्यक्रम भी बनाए। उनका मानना था कि देश के वाकई आजाद होने का दावा तभी उचित होगा जब प्रत्येक गाँव मौलिक जन

सुविधाओं से लैस 'विलेज रिपब्लिक' में तब्दील हो जाएगा। प्रत्येक व्यक्ति के लिए रोज़गार की गारंटी होगी और उसे अपने आवश्यक ज़रूरतों की पूर्ति के लिए पर्याप्त वेतनमान मिलेगा। उस दिशा में वांछित परिणाम के लिए ग्रामीण एवं शहरी क्षेत्रों में लोगों को सत्य और अहिंसा के सिद्धान्तों का पालन करना चाहिए। यद्यपि हमें व्यापक पैमाने पर उद्योग धंधे लगाए जाने की पहल का स्वागत करना चाहिए तथापि हमें लघु उद्योगों पर समान रूप से जोर देना चाहिए। इससे हमारी ग्रामीण अर्थ व्यवस्था को फिर से उन्नत बनाने और आर्थिक परिवर्तन लाने में मदद मिल सकेगी। विज्ञान एवं प्रौद्योगिकी में अंधविश्वास के कारण मानवता के गिरने की सीमा का अंदाजा गाँधी आसानी से लगा सकते थे। उनका मानना था कि यदि आदमी को इस पृथ्वी पर रहना है और पृथ्वी को बचाकर रखना है तो विज्ञान एवं प्रौद्योगिकी का सुनियोजित एवं नियंत्रित विकास किया जाना चाहिए। विज्ञान एवं प्रौद्योगिकी ही अंतिम सीमा नहीं है, अंतिम सीमा है रामराज्य या सर्वोदय। दुनिया अब बहुत छोटी हो चुकी है। एक परमाणु बम का विस्फोट दुनिया को छिन्न-भिन्न कर देने के लिए पर्याप्त है। आज गाँधी के विचार बहुत ही प्रासंगिक हो गए हैं।

महात्मा गाँधी के जीवन एवं दर्शन ने भारत के पर्यावरण संबंधी आंदोलनों को दिशा दी व सकारात्मक रूप से प्रभावित किया। गाँधी जी के पर्यावरणीय मूल्यों से ही प्रेरित होकर चण्डी प्रसाद भट्ट एवं सुंदरलाल बहुगुणा (चिपको आंदोलन), बाबा आम्टे एवं मेधा पाटकर (नर्मदा बचाओ आंदोलन) जैसे प्रकृति संरक्षकों ने आंदोलन चलाये। कई बड़े गैर-सरकारी समूहों ने भी सामाजिक एवं पर्यावरणीय सरोकारों से जुड़े कार्यक्रम चलाये। जैसे सुलभ इंटरनेशनल गाँधी जी की प्रेरणा से सफ़ाई कर्मियों विशेषकर हाथ से मैला ढोने वालों के जीवन स्तर को ऊँचा उठाने के लिए शिक्षा व पर्यावरण जागरूकता के लिए कार्य करती है। गाँधी जी ने हमेशा पर्यावरण एवं मानव संबंधों को परस्पर पूरक माना और पृथ्वी पर जीवन बचाए रखने एवं भावी पीढ़ी को एक स्वस्थ वातावरण प्रदान करने के लिए पर्यावरण एवं मानव संबंध बेहतर बनाए रखने की बात कही। गाँधी जी ने पर्यावरण के महत्त्व को समझाते हुए मितव्ययता एवं साधारण जीवन जीने पर जोर दिया।

गाँधी के रचनात्मक कार्यक्रमों को आज भी भारत में अनेक सरकारी और गैर-सरकारी स्तर पर चलाया जा रहा है। भारत में अनेक सरकारी योजनाएँ जैसे मेक इन इंडिया (स्वदेशी), खादी, स्वच्छ भारत अभियान, गाँवों की सफ़ाई व आरोग्य नियमों की शिक्षा, स्किल डवलपमेंट प्रोग्राम, किसान, मजदूर गरीब परिवार के लिए अंत्योदय योजना, राष्ट्रीय बाल विकास योजना, स्वर्ण जयन्ती ग्राम स्वरोज़गार योजना, राष्ट्रीय कृषि विकास योजना इत्यादि। जो न केवल आर्थिक दृष्टि से श्रेष्ठ हैं, बल्कि पर्यावरण के हितैषी भी हैं।

गाँधी अमेरिका कभी नहीं गए, पर भारत के बाद उनकी सबसे ज्यादा मूर्तियाँ, स्मारक व संस्थाएँ अमेरिका में ही हैं। उपलब्ध जानकारी के मुताबिक, अमेरिका में गाँधी जी की दो दर्जन से ज्यादा प्रतिमाएँ और एक दर्जन से ज्यादा सोसाइटी व संगठन हैं। महात्मा गाँधी भारत के अकेले ऐसे नेता हैं, जिनकी भारत सहित 84 देशों में मूर्तियाँ लगी हैं। उनके जन्मदिवस पर पूरी दुनिया अहिंसा दिवस मनाती है। गाँधी की हत्या के 21 साल बाद ब्रिटेन ने उनके नाम से डाक टिकट जारी किया। इसी ब्रिटेन से भारत ने गाँधी की अगुवाई में आजादी हासिल की थी। अलग-अलग देशों में कुल 48 सड़कें उनके नाम पर हैं। देश में 53 मुख्य मार्ग गाँधी जी के नाम पर हैं। मार्टिन लूथर किंग से लेकर नेल्सन मंडेला तक गाँधी के मुरीद थे, बराक ओबामा जैसे तमाम वर्ल्ड लीडर आज भी उनके मुरीद हैं। अफ्रीका जैसे कई देशों ने गाँधी के रास्ते से आंदोलन चलाया और आजादी हासिल की। यहाँ तक कि दुनिया के कई बदनाम-बर्बाद देश भी गाँधी की इज्जत करते हैं। कई निकृष्ट नेता भी गाँधी का अपमान करने की हिम्मत नहीं जुटा पाते। गाँधी के सत्य, अहिंसा और असहयोग के आदर्श और राष्ट्र की सेवा में उनके जीवन भर की भक्ति किसी उत्पीड़क के सामने भारतीयों को एकजुट करती देखी गई है। उनकी वैश्विक छाप इतनी शक्तिशाली है कि अल्बर्ट आईंस्टीन ने कहा था कि आने वाली पीढ़ियाँ शायद ही इस बात पर विश्वास करेंगी कि हाड़-मांस का ऐसा कोई शरीर कभी इस पृथ्वी पर चला था। गाँधी के कई विचार और अनुभव जीवन को बदल देने वाले हैं। हालाँकि, अगर एक विचार चुनना हो, जिसके गाँधी जी बहुत शक्तिशाली प्रतीक हैं, तो वह है 'वह बदलाव बनें, जो आप दुनिया में देखना चाहते हैं।' यह वर्तमान संदर्भ में अत्यंत प्रासंगिक है। एक विनाशकारी महामारी का सामना करने वाली दुनिया में और जलवायु परिवर्तन जैसी प्रमुख वैश्विक समस्या का मुकाबला करते हुए कई हिस्सों में संघर्ष करते हुए हम सभी अपने अनूठे उपायों से गाँधीवादी हो सकते हैं। इस प्रकार, हम सभी ऐसे सकारात्मक बदलाव लाने के लिए काम कर सकते हैं, जिन्हें हम अपने आस-पास देखना चाहते हैं। हम सब बदलाव के एजेंट हो सकते हैं। अपनी व्यक्तिगत क्षमताओं में अपना-अपना काम लगन से करें तो अपने सपनों के राष्ट्र का निर्माण करने में सक्षम होंगे। गाँधी जी से प्रेरित हो हमें यह कहने में सक्षम होना चाहिए कि मेरा जीवन ही मेरा संदेश है।

प्रसिद्ध पारिस्थितिकी-विज्ञ वंदना शिवा ने आनुवांशिक रूप से परिवर्तित बीजों के विरुद्ध अपना 'बीज सत्याग्रह' आरम्भ करने का दिन गाँधी की 'नमक यात्रा' के आरम्भ की तारीख को चुना और यह घोषणा की, जैसा कि गाँधी ने ब्रिटीश राज्य के अन्यायपूर्ण नमक नियमों के विरुद्ध असहयोग के लिए डांडी में नमक बना कर घोषणा की थी, उसी प्रकार 'बीज सत्याग्रह' लोगों के द्वारा असहयोग की घोषणा है, जो उन

अन्यायपूर्ण पेटेंट कानूनों के विरुद्ध है, जिनके आधार पर किसानों द्वारा बीजों के संरक्षण को अपराध माना जाता है। अंतरराष्ट्रीय हरित आंदोलन स्पष्टत: गाँधी की प्रेरणा को स्वीकार करता है। जर्मन हरित-दल की संस्थापक पेट्रा केली ने सार्वजनिक रूप से कहा–"हमारे राजनैतिक कार्य के एक विशेष क्षेत्र में हम महात्मा गाँधी से बहुत अधिक प्रेरित हुए हैं। यह हमारा विश्वास है कि रहन-सहन और निर्माण का वह तरीका जो अंतहीन माँग या आपूर्ति पर आधारित है और कच्चे माल का प्रचुरता से प्रयोग करता है, उस कच्चे माल को दूसरे देशों से प्राप्त करने कि तीव्र विनियोजन की आकाँक्षाओं को जन्म देता है। इसके प्रतिकूल कच्चे माल का उत्तरदायित्वपूर्ण उपयोग, परिस्थिति की ओर उन्मुख जीवन-यापन शैली और मितव्ययता हमारी हिंसा-पूर्ण राजनीति के खतरे को कम करता है।" वैश्विक पर्यावरण के क्षेत्र में गाँधी का ठोस प्रभाव संयुक्त राष्ट्र संघ के पर्यावरण कार्यक्रमों द्वारा सत्य सिद्ध होता है, जिसका प्रत्यक्ष प्रमाण है उनका सुक्ति वाक्य–"पृथ्वी ने हर व्यक्ति की आवश्यकताओं को पूरा करने के लिए पर्याप्त दिया है किंतु उसके लोभ या लालच के लिए नहीं....।" जिसका सभी, प्रचार-अभियान के नारे के रूप में प्रयोग करते हैं।

सारत: गाँधी के अंत:निहित दर्शन का मुख्य बिन्दु है-आवश्यकता–न कि लालच, कुछ आराम–न की विलासिता गाँधी का पूरा जीवन व्यक्ति, समाज, मानवता व पर्यावरण के लिए एक विरासत है। इसलिए नहीं कि गाँधी ने पर्यावरण पर एक बड़ा ग्रन्थ लिखा है या एक बड़े बाँध या उद्योग या नदी स्वच्छ करने के लिए एक बड़ा आंदोलन खड़ा किया है। बल्कि उनका संपूर्ण जीवन एवं क्रिया कलाप पर्यावरण के लिए न केवल भारत, बल्कि विश्व के लिए एक मार्गदर्शक का काम कर रहा है।

उपसंहार

वेदों और प्राचीन भारतीय ग्रन्थों में पृथ्वी को माता का दर्जा दिया गया है। यहाँ प्रकृति के पंचतत्त्वों अर्थात जल, अग्नि, आकाश, पृथ्वी और वायु की पूजा पीढ़ियों से होती रही है। देश भर में पेड़-पौधों, पहाड़, नदियों और फसलों की पूजा की विभिन्न धार्मिक मान्यताएँ रही हैं। गोवर्धन पूजा, छठ पूजा, तुलसी, ऑक, वट वृक्ष पूजा, बैसाखी, गोदावरी पुष्करम्, बीहू, राजापर्बा, मकरसंक्रांति या पोंगल जैसे त्यौहारों की जड़ें प्रकृति से जुड़ी हैं और ये प्रकृति संरक्षण व सम्मान का शाश्वत संदेश देते हैं। भारत को ईश्वर ने 6 विविध ऋतुओं से संशोभित किया है यथा ग्रीष्म, शरद, वर्षा, हेमंत, शिशिर और बसंत । ये 6 ऋतुएँ हमें प्रकृति के अनुसार जीवन व्यतीत करने की भी शिक्षा प्रदान करती है। लगभग एक सदी पहले महान् भारतीय वैज्ञानिक जगदीश चन्द बसु ने ही यह सिद्ध किया था कि पेड़-पौधे और वनस्पति में भी जीवन होता है, ये भी हमारी तरह ही लगाव, दर्द महसूस करते हैं। यहाँ बिश्नोई समाज का जिक्र करना भी प्रासंगिक होता है, जिसने हमेशा से ही प्रकृति व पर्यावरण संरक्षण का संदेश दिया है इन सदियों पुरानी परंपराओं और रीति-रिवाजों के कारण प्रकृति के साथ हमारा एक भावनात्मक और सहज संबंध रहा है।

आज हम मानवाधिकार की बात तो करते हैं, मगर भूल जाते हैं कि प्रकृति को भी मौलिक अधिकार प्राप्त हैं और अगर हम उसके अधिकारों का हनन करते जाएँगे, तो स्वाभाविक है कि एक-न-एक दिन हमें इसका दुष्परिणाम भुगतना ही पड़ेगा। कहा जाता है कि आवश्यकता ही अविष्कार की जननी है। मगर आज ऐसे-ऐसे अविष्कार किए जा रहे हैं, जो कई तरह की आवश्यकताओं को जन्म देने लगे हैं। ऐसे में तो यही कहा जा सकता है कि अविष्कार ही आवश्यकताओं की जननी बन गई है। उपभोक्तावादी संस्कृति के विषय में मार्शल का कथन है, हालाँकि आरंभिक समय में मनुष्य की यह चाहत ही थी, जिसने विकास को जन्म दिया और कई तरह की गतिविधियों को ईजाद किया। लेकिन बाद के समय में हर गतिविधियाँ, जो विकास के नाम पर होने लगीं, उनसे नई-नई चाहतें जगने लगीं। विज्ञापन के माध्यम से तरह-तरह की कृत्रिम माँगें सामने आने लगीं और लालच के वशीभूत लोग लुभावनी चीज़ों के

प्रति आकर्षित होते चले गए। लेकिन इस होड़ में हम यह भूल गए कि आरामतलबी के लिए ईजाद की गई वस्तुओं के निर्माण में प्राकृतिक संतुलन बिगड़ता चला गया। जरा कल्पना कीजिए कि आप एक पशु या पक्षी होते ऐसे में आप उन्हीं चीज़ों के लिए श्रम करते, जिनसे आपकी बुनियादी ज़रूरतें पूरी हो जातीं। मसलन, अगर आपको पशु या पक्षी होते हुए भोजन की आवश्यकता होती, तो आप दैनिक जीवन में इसका प्रयास करते कि किस तरह से आपको आपका आहार मिल जाए और आपका जीवन चलता रहे। लेकिन आप इनसान हैं और आपने अपनी सुख-सुविधा की तमाम चीजें ईजाद कर लीं। लेकिन सच तो यह है कि विकास का पहिया और प्राकृतिक संरक्षण का चक्र एक साथ घूम सकता है। जहाँ आर्थिक प्रगति और सतत विकास के लिए जैव-विविधता का संरक्षण जरूरी है, वहीं इसमें व्यापार के विकास की भी संभावना है। जैसे, जैविक खाद, फल-सब्जियाँ, प्राकृतिक सौंदर्य प्रसाधन सामग्रियाँ व इको-टूरिज्म आदि क्षेत्र। पर्यावरण संरक्षण पर बड़ी-बड़ी बातें करने की जगह हमें कुछ छोटी-छोटी चीजों का ख़याल रखना पड़ेगा। जैसे अधिक-से-अधिक पौधारोपण करें, जिससे गर्मी व भू-क्षरण आदि से तो बचाव होगा ही, साथ ही पक्षियों को भी बसेरा मिल सकेगा। पर्यावरण में असंतुलन बढ़ाने वाले कारकों, जैसे जनसंख्या वृद्धि, अंधाधुंध औद्योगीकरण और रसायनों के अधिकाधिक प्रयोगों से हमें बचना होगा। संयोगवश, जल, जंगल और ज़मीन–इन्हीं तीनों की प्रचुरता से समृद्धि बढ़ती है और भारत को ये तीनों चीज़ें प्रचुरता में हासिल हैं। लेकिन इनका संरक्षण रखना बहुत जरूरी है। जैव-विविधता कायम रखने के लिए जहाँ एक ओर हमें जलविभाजन विकास के लिए सुनियोजित कार्यक्रम चलाने पड़ेंगे, वहीं पर्यावरणीय पुन: नवनीकरण का कार्य भी करना होगा। जहाँ एक ओर पारंपरिक तरीके से खेती को बढ़ावा देना होगा, वहीं जैव-विविधता के क्षेत्र में शोध कार्य भी करने होंगे। हम प्राकृतिक परिवेश में रहते हैं, मगर सारी गतिविधियाँ प्रकृति के ख़िलाफ़ चलाते रहते हैं, जबकि प्राकृतिक तंत्र संतुलन के सिद्धान्त पर आधारित है। इसीलिए अगर हमें प्राकृतिक जैव-विविधता को अक्षुण्ण रखना है, तो हमें प्रकृति मित्र बनना पड़ेगा। और यह तभी संभव है, जब हम खुद से यह सवाल करें कि अपनी लालच को पूरा करने के लिए तो हम खूब प्रतिस्पर्धा करते हैं, पर क्या कभी हमने प्राकृतिक संसाधनों को संरक्षित रखने की प्रतिस्पर्धा की? तेज़ी से बदल रही इस दुनिया में तकनीकी, प्रगति का आलम यह है कि एक नई तकनीक ने ठीक तरीके से व्यवहार में आई भी नहीं कि दूसरी तकनीक उसकी जगह लेने को आ जाती है। ऐसा हो सकता है कि कुछ सालों बाद हमारे सामने ऐसे फोन आ जाएँगे, जिन्हें मन में उठने वाले विचारों से आपरेट किया का जा सकेगा, ऐसी कारें आ जाएँगी, जिनके के लिए चालक की आवश्यकता नहीं रह जाएगी, शरीर के किसी भी अंग का प्रत्यारोपण संभव ना हो पाएगा। मगर सवाल उठता है कि क्या वह तकनीकी प्रगति और प्रकृति

के साथ सहजीवन दोनों साथ-साथ चल सकते हैं? बेशक प्रकृति की गोद में रह कर हम सह-अस्तित्व की रक्षा व सम्मान करते हुए आधुनिकता की मशाल जलाए रख सकते हैं। बशर्ते, हम संवेदनशीलता से सृजनशीलता का सिद्धान्त अपना सकें। इस मामले में राजा राधिका रमण प्रसाद सिंह व उनकी अनमोल पंक्तियाँ मानवता को कुछ खास ही संदेश दे रही हैं–

आखिर इस प्रगति के चलते हमने क्या-क्या नहीं खोया और क्या-क्या नहीं पाया? ज्ञान खोया, विज्ञान पाया, श्रद्धा खोई, अभिज्ञता पाई, विश्वास खोया, तर्क पाया स्वास्थ्य खोया, इलाज पाया और दिल खोया, तो दिमाग पाया।

डेलोइट इकोनोमिक्स इंस्टीट्यूट के अनुसार भारत अभी से जलवायु परिवर्तन के संकट से निपटने वाली नीति अपना ले और विकास के तरीके बदल ले तो अगले 50 सालों में वह अपनी अर्थ व्यवस्था में 850 लाख करोड़ रुपये जोड़ सकता है लेकिन अगर इसे गंभीरता से नहीं लिया गया तो अगले 50 सालों में भारत को सेवा, उत्पादन, रीटेल और पर्यटन के क्षेत्र में 35 लाख करोड़ डॉलर का नुकसान उठाना पड़ेगा। मतलब भारत में गरीबी और असमानता में और फैलाव होगा।

पर्यावरण संरक्षण और सभी जीवधारियों एवं प्रकृति के साथ साहचर्य विकसित करने के लिए मानव जाति को ज्यादा सहृदय, करुणा तथा प्रेम का परिचय देना होगा और प्रकृति संरक्षण के सामूहिक प्रयासों को अधिक गति देना होगा।

पर्यावरण संरक्षण हेतु व्यक्तिगत प्रयास

आज पर्यावरण विनाश एवं विश्वव्यापी समस्या बन चुका है। मनुष्य विकास एवं विज्ञान के नाम पर प्रकृति का लगातार विनाश करता जा रहा है। सुंदर एवं स्वस्थ जीवन जीने के लिए प्रकृति को नष्ट होने से बचाना होगा। जब तक लोगों में स्वाभाविक मन से सुंदरता, पर्यावरण के प्रति लगाव, हरियाली के प्रति प्रेम नहीं पैदा होगा, तब तक पर्यावरण संरक्षण एक सपना ही रहेगा। पर्यावरण के संरक्षण में प्रत्येक व्यक्ति की भागीदारी से ही हो सकता है हम अपने स्तर पर प्लास्टिक के बैग के स्थान पर कपड़े के बने बैग का इस्तेमाल करें इससे न केवल पर्यावरण संरक्षित रहेगा अपितु कपड़े के बने बैग का इस्तेमाल करने से महिलाओं को रोज़गार भी मिलेगा।

चेन्नई स्थित केअर अर्थ ट्रस्ट की एक स्टडी के अनुसार बड़ी संख्या में लगाए गए नींबू, जामुन जैसे पेड़ सल्फर डायऑक्साइड को 14 प्रतिशत, नाइट्रस ऑक्साइड को 8 प्रतिशत और कार्बन मोनो ऑक्साइड को 0.5 प्रतिशत तक दूर करने में सफल रहते हैं। अत: प्रत्येक व्यक्ति एक पेड़ अवश्य लगाए।

अगर हम किसी ऐसे परिवार को जानते हैं, जो खाना पकाने के लिए अब भी लकड़ी या कंडे जैसे बायोमास का इस्तेमाल कर रहा है तो देखें की हम व्यक्तिगत तौर पर या मित्रों के समूह के तौर पर उसके लिए एल.पी.जी. की व्यवस्था कर सकते हैं?

वर्षा के महत्त्व को इस तथ्य से समझा जा सकता है कि हमारे देश के 60 प्रतिशत किसान (कुल फसली क्षेत्र का 55 प्रतिशत) सिंचाई के लिए बारिश पर निर्भर हैं, इसके अलावा वर्षा आधारित क्षेत्र देश में 64 प्रतिशत मवेशियों, 74 प्रतिशत भेड़ों और 78 प्रतिशत बकरी आबादी का भरण पोषण करते हैं, इस तरह से मानसून की तैयारी पूरे गाँव के लिए एक पवित्र अनुष्ठान होता है–सामूहिक प्रयासों से तालाबों से गाद निकालकर साफ किया जाता है, खेतों की ठीक तरह से मेढ़बंदी की जाती है, लेकिन बच्चों के लिए हवेलियों पर बारिश के पानी की बौछारें और उसमें बारिश को पकड़ना महसूस करना एक अद्भूत आनंद दे जाता है। हम अपने समृद्ध इतिहास में गोता लगाएँ तो पानी के भंडारण और सिंचाई के लिए जलाशयों की अद्भुत संरचनाओं की जानकारी मिलती है, जिसमें मुख्य रूप से पानी की उपलब्धता में मौसमी उतार-चढ़ाव के लिए बनाया जाता था, उन्हें बावरी, बावड़ी, बाव (गुजराती) पुष्करणी (कन्नड़), बारव (मराठी) आदि जैसे अलग-अलग स्थनीय नामों से पुकारा जाता था, ऐसी संरचनाओं की सबसे पहले जानकारी 2500 ईसा पूर्व में मिलती है। सिंधु घाटी सभ्यता के तहत मोहनजोदड़ो स्थल पर बेलनाकार ईंटों से बने कूँओं और स्नाघर का पता चलता है, सबसे पहले घाट उत्तर भारत में 100 ईस्वी के आस-पास बनाये गये थे, इनमें से कई संरचनाओं में जटिल इंजिनियरिंग कौशल का पता चलता है और कुछ तो भूकंम्प में भी सुरक्षित रहे, इनमें से कुछ जलाशय हमारे पौराणिक काव्यों से अटूट रूप से जुड़े हुए हैं। हरियाणा (अंबाला) में कालका की बावड़ियों और मोरनी हिल्स का इस्तेमाल कथित तौर पर निर्वासनकाल के दौरान पांडवों द्वारा किया गया था, अब हम अलग युग में रह रहे हैं हमें अपनी व्यक्तिगत और विकासात्मक दोनों ज़रूरत के लिए पानी की आवश्यकता है, बढ़ती आबादी के साथ, हमारी पानी की ज़रूरत भी कई गुना बढ़ गई है, इस ज़रूरत का अधिकांश भाग भू-जल से पूरा किया जाता है, विश्व बैंक की एक रिपोर्ट के अनुसार भारत किसी भी अन्य देश की तुलना में भू-जल पर अधिक निर्भर है, यह भू-जल की वैश्विक माँग का लगभग एक चौथाई हिस्सा है। आमतौर पर भारत के 1.35 अरब लोगों में से लगभग 80 प्रतिशत लोग पीने के पानी और सिंचाई दोनों के लिए भू-जल पर निर्भर है, इसके चलते भू-जल स्तर में खतरनाक स्तर पर गिरावट आई है। हमारा देश 18 प्रतिशत वैश्विक आबादी का मानव घर है। लेकिन इसके पास केवल 2 प्रतिशत भूमि और 4 प्रतिशत वैश्विक मीठे पानी के संसाधन हैं, भारत में सालाना औसतन 1170 मिमि वर्षा होती है। इसका 80-90 प्रतिशत हिस्सा

मानसून के दौरान प्राप्त होता है। ऐसे में वर्षा के पानी का दोहन बिलकुल आवश्यक है। एक अध्ययन रिपोर्ट के अनुसार अगर बारिश के आधे पानी को भी बचा लिया जाए तो भारत का हर गाँव अपनी घरेलू पानी की ज़रूरतों को पूरा करने में सक्षम होगा (आर. आर. अग्रवाल और अन्य 2001) एक अन्य अध्ययन (यू.एन. हैंबिटेट एण्ड गर्वन्मेंट ऑफ एमपी) के अनुसार 250 वर्गमीटर के भूखंड में छत पर गिरने वाले वर्षा के पानी को संरक्षित किया जाए तो साल भर 5 लोगों के एक परिवार का काम (50 लीटर प्रतिव्यक्ति प्रतिदिन) चल सकता है। अत: बारिश के पानी की एक-एक बूँद को बचाना आवश्यक है, जहाँ भी गिरे, जब भी गिरे हमारा मकसद सभी बड़े सार्वजनिक और निजी उद्यमों को इस दिशा में अपने कार्यों को समन्वित कर लाभ उठाना है।

अपसाइक्लिंग को बढ़ावा (रचनात्मक पुन: उपयोग)

जलवायु परिवर्तन के प्रभावों के संदर्भ में एक अपसाइक्लिंग उद्यमी स्टैफानों फुनारी के अनुसार वित्तीय हित अभी भी पूरी तरह से एजेंडा तय कर रहे हैं। अपसाइक्लिंग जिसे रचनात्मक पुन: उपयोग के रूप में भी जाना जाता है, उप-उत्पादों, अपशिष्ट पदार्थों, बेकार या अवांछित वस्तु को नई सामग्री या उत्पादों में बदलने की प्रक्रिया है, जिन्हें कलात्मक मूल्य या पर्यावरणीय मूल्य जैसे अधिक गुणवत्ता वाला माना जाता है। फुनारी कहते हैं 'अपसाइक्लिंग की तुलना वाबी सबी की जापानी तकनीक से की जा सकती है–किसी चीज़ को मूल्यवान और वांछनीय में बदलना।' उनका कहना है कि इस तरह की प्रक्रिया के माध्यम से उनका लक्ष्य हमारे ग्रह पर प्रभाव कम करना है लेकिन उनके मामले में उनका दूसरा लक्ष्य भी है। वास्तव में उत्पाद बनाने के लिए मुंबई की मलिन बस्तियों की महिलाओं को रोज़गार देते हैं और जो खूबसूरत हैं वह यह कि ये महिलाएँ कई तरह से अपने जीवन को बदल देती हैं। वे अकुशल और बेरोज़गार के रूप में शुरुआत करते हैं और प्रतिभाशाली कारीगर बन जाते हैं। अपसाइक्लिंग के पर्यावरणीय लाभों के बारे में फुनारी बताते हैं कि कपड़ा क्षेत्र में अपसाइक्लिंग पहले से मौजूद टैक्सटाइल उत्पादों का उपयोग करके नए कपड़े के उत्पादन की आवश्यकता को बदल देता है इसलिए हम कपास जैसी बढ़ती सामग्री के इस्तेमाल होने वाले पानी और ज़मीन को बचाते हैं और हम पोलिएस्टर जैसे सिंथेटिक फाइबर बनाने के लिए इस्तेमाल होने वाले तेल और पानी को बचाते हैं। इसका मतलब है कि हमारे कार्बन उत्सर्जन में भारी कमी आई है। फुनारी कहते हैं कि जब महिलाएँ ऐसे सुंदर उत्पाद बनाती हैं, जो कचरे को कम करते हैं तो वे लाभार्थी से कारीगर बन जाती हैं। और जब महिलाएँ फलने-फूलने लगती हैं तो व्यवसाय और सुंदर हो जाता है।

दुनियाभर में व्यापक पैमाने पर प्लास्टिक बैग का इस्तेमाल होता है, इतना कि उससे फ्रांस के दुगने भौगोलिक आकार को ढँका जा सकता है कई अध्ययन बताते

हैं कि ज़मीन और समुद्र की गहराइयों में पहुँच रहे इस प्लास्टिक को विघटित होने में हज़ारों वर्ष लग जाते हैं। मिट्टी, पानी को दूषित करने वाला प्लास्टिक पर्यावरण और जीव-जंतुओं के लिए आपदा बन रहा है। न्यूनतम् प्लास्टिक उपयोग वाली अर्थ व्यवस्था की ओर बढ़ते हुए शुरुआत उन प्लास्टिकों पर प्रतिबंध से होनी चाहिए, जिनका पुर्नचक्रण नहीं किया जा सकता।

असम की रूपज्योति गोगोई का कहना है कि काजीरंगा राष्ट्रीय उद्यान में आने वाले पर्यटक अपने पीछे काफ़ी सारा प्लास्टिक कचरा छोड़ जाते हैं। इससे पर्यावरण के साथ वन्यजीवों को भी नुकसान पहुँचता है मैंने प्लास्टिक कचरे की समस्या का समाधान करने के लिए उससे उपयोगी उत्पाद बनाए। उन्होंने 'विलेल वीव्स' के नाम से एक उपक्रम शुरू किया। प्लास्टिक की थैलियों और रैपरों को टुकड़ों में काटकर उसे सूती धागे के साथ बुनना शुरू किया। उत्पाद को रंगीन बनाने के लिए बुनाई में सभी प्रकार के प्लास्टिक कवर और रैपर का उपयोग किया। इससे हमने हैंडबैग, टेबल मैट, पायदान और सजावट के विविध सामान बनाए। ये उत्पाद लोगों को काफ़ी पसंद आए।

मनुष्य एक सामाजिक प्राणी है। सामाजिक प्राणी होने के कारण प्रत्येक मनुष्य का यह फर्ज बनता है कि वह अपने प्रत्येक दायित्व को ईमानदारी और निष्ठा से पूरा करे, यह जिम्मेदार नागरिक का फर्ज है। प्रकृति ने हमें अनेक अमूल्य उपहार दिए हैं, पर्यावरण भी उनमें से एक है। धरती, आकाश, वायु, अग्नि, जल, पेड़-पौधे, मानव, पशु-पक्षी सभी यहाँ तक कि अमीबा जैसे सूक्ष्म जीव से लेकर पहाड़ तक पर्यावरण के अंग हैं। मानव आदिकाल से आज तक सदैव प्रकृति पर निर्भर रहा है आदियुग में वह भोजन, आवास और वस्त्रों के लिए वन, वृक्ष, जीव और उसकी खालों का प्रयोग करता था, वर्तमान में भी मानव भोजन, आवास, उद्योग तथा जीविका हेतु प्रकृति पर ही निर्भर है, ऐसे में मनुष्य को अपने जीवन को सुचारु रूप से चलाने के लिए प्रकृति के संसाधनों का न्यूनतम एवं विचारपूर्ण ढंग से प्रयोग करना अत्यन्त आवश्यक हो गया है, क्योंकि प्राकृतिक संसाधन जैसे-जल, वृक्ष, ईंधन आदि की मात्रा सीमित है, जबकि उनके प्रयोग और आवश्यकता असीमित हैं प्रत्येक व्यक्ति अपने भविष्य को सुरक्षित रखने के लिए अनेक तरीकों से धन की बचत करता है, इसी प्रकार अपनी पीढ़ियों के भविष्य को सुरक्षित रखने के लिए लोगों को पर्यावरण के विभिन्न अंगों जल, वृक्ष, ईंधन का संरक्षण करना बहुत आवश्यक है।

पर्यावरण संरक्षण संबंधी तथ्यों की अनदेखी करने के कारण ही सुनामी, बाढ़, भूकम्प, ग्लोबल वार्मिंग जैसी गंभीर समस्याएँ हमारे सामने हैं। समय से पहले अत्यधिक गर्मी की स्थिति ग्लोबल वार्मिंग के कारण ही उत्पन्न हुई है। पर्यावणविदों के अनुसार 90 प्रतिशत ग्लोबल वार्मिंग का कारण ग्रीन हाउस गैसें, वनों की अंधाधुंध कटाई और

जीवाश्म ईंधन का दहन है। ग्लोबल वार्मिंग की वजह से अत्यधिक गर्मी, सूखा, त्वचा संबंधी बीमारियाँ और अनाज के उत्पादन में कमी जैसी स्थितियाँ उत्पन्न हो सकती हैं। पर्यावरण में जीवन हेतु सबसे अधिक जरूरी है–प्राणवायु ऑक्सीजन और जल। परंतु वर्तमान में शुद्ध वायु और शुद्ध जल दोनों ही दुर्लभ हो गए हैं, एक वयस्क व्यक्ति के शरीर का 70 प्रतिशत भाग जल से बना होता है और एक स्वस्थ व्यक्ति 8 से 10 लीटर जल प्रतिदिन पी सकता है, पृथ्वी की सतह के 70 प्रतिशत हिस्से में जल है, किंतु इसमें मनुष्य को उपलब्ध पीने योग्य जल एक प्रतिशत से भी कम है, क्योंकि जल का अधिकांश भाग समुद्र में है, जो मनुष्य के पीने योग्य नहीं है। झील, नदी, तालाब और वर्षा से प्राप्त होने वाला जल ही पीने योग्य होता है उस पर भी मानव द्वारा जल का लापरवाहीपूर्ण प्रयोग करने के कारण जल की कमी हो गई है। अनेक ऐसे क्षेत्र हैं जहाँ पीने के पानी के लिए भी लोगों को मीलों चलकर जाना पड़ता है। इससे भी अधिक चिन्ता का विषय यह है कि लोगों को उपलब्ध पीने का पानी अनेक प्रदूषक पदार्थों आर्सेनिक, क्रोमियम आदि से युक्त होता है दूषित जल के कारण ही ग्रामीण एवं शहरी क्षेत्रों में रहने वाले आम लोग डायरिया, हैजा जैसी बीमारियों से ग्रस्त हो जाते हैं और कभी-कभी उनकी मृत्यु भी हो जाती है। ऐसी ही स्थिति प्राणवायु ऑक्सीजन की है। सड़क पर चलने वाली गाड़ी-मोटर, उद्योग के धुएँ के द्वारा अनेक हानिकारक गैसें, धातुओं के कण हवा में तैरते रहते हैं, जो साँस लेते समय हमारे शरीर में पहुँचकर हमें हानि पहुँचाते हैं साथ ही इन हानिकारक गैसों के कारण अम्ल वर्षा भी होती है। अत: जल और वायु दोनों की शुद्धता के लिए प्रयास अपेक्षित है।

पर्यावरण प्रदूषण संबंधी समस्याओं से निपटने के लिए सरकार, समाजसेवी एवं पर्यावरण से जुड़ी संस्थाएँ अकसर अभियान चलाती रहती हैं, जो रेडियो, टेलीविजन और अखबार की सुर्खियाँ बनकर खतम हो जाते हैं और नतीजा फिर भी वही रहता है, क्योंकि पर्यावरण संरक्षण में वास्तविक सहयोग के लिए समाज में रहने वाले प्रत्येक व्यक्ति को अपने दायित्व के लिए प्रतिबद्ध होना होगा। सुबह की शुरुआत में पानी खर्च में कमी से लेकर, ऑफिस-स्कूल में कागज की बचत और अपने घर वापस आने तक प्रयोग किए जाने वाले वाहन के ईंधन और धुएँ से वायु को प्रदूषित होने से बचाने तक प्रत्येक स्थान और प्रत्येक समय पर पर्यावरण संरक्षण के प्रति जागरूक होना होगा।

एक व्यक्ति प्रतिदिन पानी का गलत ढंग से प्रयोग करके लगभग 8 से 10 लीटर पानी बरबाद कर देता है वहीं दुनिया में 110 करोड़ लोग जल से वंचित हैं। यदि प्रत्येक व्यक्ति जल का प्रयोग उचित ढंग से करे तो पानी से वंचित रहने वाले बड़े तबके की पानी की ज़रूरत पूरी की जा सकती है। इसी प्रकार प्रतिदिन प्रयोग किए जाने वाले

कागज जिसे बनाने में वृक्षों की लकड़ियों का प्रयोग किया जाता है, का सही ढंग से इस्तेमाल करने से और उसको पुन: रिसाइकिल करके प्रयोग करने से लगभग 3 करोड़ एकड़ वन्य क्षेत्र को बचाया जा सकता से है। वन पर्यावरण को जीवन प्रदान करते हैं। हमारे जीवन का अधिकांश हिस्सा पेड़-पौधों द्वारा प्रदान की जाने वाली सामग्रियों पर आधारित होता है। वृक्ष संरक्षण करने मात्र से ही बाढ़, भूकम्प, सूखा जैसी अनेक विपदाओं से निजात पाई जा सकती है।

अपने स्वार्थ में अंधे होने के कारण आज हमें पर्यावरण के अंगों की बुरी स्थिति दिखाई नहीं दे रही है किंतु इससे पहले कि स्थिति हमारे हाथ से निकल जाए, समाज में रहने वाले प्रत्येक व्यक्ति को पर्यावरण के प्रति अपने उत्तरदायित्व को समझना होगा। आज उच्च शिक्षित वर्ग भी पर्यावरण को अपनी गैर जिम्मेदारी भरी हरकतों से नुकसान पहुँचा रहा है। वास्तविकता यह है कि शिक्षा मात्र परीक्षा को पास करना और नौकरी प्राप्त करना ही नहीं है। अपितु वास्तविक शिक्षित व्यक्ति का यह दायित्व है कि वह पुस्तकों में पढ़े हुए तथ्यों को अपने जीवन में व्यावहारिक रूप से प्रयोग करे। इसी कारण से सरकार ने स्कूल से लेकर शिक्षा तक पर्यावरण शिक्षा को अनिवार्य कर दिया है, जिससे बाल्यकाल से हम पर्यावरण के प्रति अपने कर्तव्य को समझें और उन्हें अपने प्रतिदिन के जीवन में समाहित करें, जिससे प्रतिदिन किए जाने वाले कार्यों और उनके करने के ढंग में थोड़ा-थोड़ा परिवर्तन करके हम पर्यावरण संरक्षण में अत्यंत महत्त्वपूर्ण भूमिका निभा सकते हैं। ऐसा करने से न केवल हमारा पर्यावरण स्वच्छ एवं चिरायु होगा, बल्कि हमारा जीवन भी स्वस्थ एवं समृद्ध होगा। इस संबंध में कुछ छोटे-छोटे सुझाव जैसे–

पानी का आवश्यकतानुसार ही प्रयोग करें और प्रयोग करने के बाद टैप बन्द कर दें, पानी पाइप की बजाय किसी बरतन में लेकर प्रयोग करें, इससे अन्यथा व्यर्थ होने वाले जल की बचत होगी, पृथ्वी का जल स्तर बढ़ेगा, जल संकट से जूझने वाले लोगों की सहायता हो सकेगी और जल संकट के कम होने से गंदे जल का प्रयोग नहीं करना पड़ेगा, जिससे बीमारी से भी बचाव होगा।

सामान और सब्जियाँ रखने के लिए पॉलिथीन के स्थान पर कागज या कपड़े के थैले का प्रयोग करें। पॉलिथीन ज़मीन में जाकर ज़मीन में आने वाली हवा और पानी को रोक देता है, जिससे ज़मीन की उर्वरता और जीवनशक्ति पर बुरा प्रभाव पड़ता है साथ ही गर्मी के कारण पॉलिथीन के पिघलने पर उसके रासायनिक तत्त्व खाद्य पदार्थों से चिपकर उसे हानिकारक बनाते हैं।

एअर कण्डीशन का कम-से-कम प्रयोग करें इससे निकलने वाली गैसें ग्लोबल वार्मिंग बढ़ाती हैं और पृथ्वी की सुरक्षा कवच ओजोन परत को भी हानि पहुँचाती हैं।

प्रयोग करने के बाद सभी विद्युत उपकरण बन्द कर दें, क्योंकि विद्युत उपकरण से अनेक तरंगें निकलती हैं, जो शरीर के साथ-साथ पर्यावरण को भी हानि पहुँचाती हैं।

आवश्यकता न होने पर विद्युत बल्ब और फ्रिज बन्द कर दें इससे ग्लोबल वार्मिंग में कमी की जा सकती है। कूड़े और गंदगी के निस्तारण में जहाँ तक सम्भव हो, वैज्ञानिक तरीकों का प्रयोग करें। घर की खाली जगह में अधिक-से-अधिक पर्यावरण-मित्र से पौधे–नीम, तुलसी आदि को लगाएँ क्योंकि नीम और तुलसी के पौधे चौबीस घण्टे ऑक्सीजन देते हैं साथ ही पौधों और वृक्षों से पर्यावरण और घर के आस-पास का वातावरण भी शुद्ध होगा, क्योंकि पेड़-पौधों अशुद्ध वायु को आगे बढ़ाकर शुद्ध वायु का प्रवाह करते हैं।

महिलाएँ कॉस्मेटिक का प्रयोग कम-से-कम करें, कॉस्मेटिक में डाले गए रसायन विशेषकर परफ्यूम और डियो में पड़े रासायनिक पदार्थ हवा में फैलकर प्रदूषण फैलाते हैं साथ ही ये त्वचा के लिए भी हानिकारक हैं स्वयं को जागरूक और जिम्मेदार बनाने के साथ-साथ अपने आस-पास के लोगों को पर्यावरण संरक्षण के प्रति जागरूक करें अगर संभव हो तो व्यक्तिगत और आस-पास के लोगों से सहयोग लेकर सप्ताह या माह में जन-जागरूकता कार्यक्रम चलाने का प्रयास करें, जिससे पर्यावरण मुद्दों से अनभिज्ञ लोग भी इस संबंध में जानकारी प्राप्त कर सकें। जन-जागरूकता कार्यक्रम में निरक्षर और अल्प-साक्षर लोगों को जानकारी देने के लिए स्वच्छता संबंधी चित्र, रेखाचित्र, फोटो आदि का प्रयोग किया जा सकता है अपने आस-पास के स्थानों पर साफ-सफ़ाई रखें और दूसरों को भी साफ-सफ़ाई रखने के लिए प्रेरित करें। वाहन चलाते समय ट्रैफिक वाले स्थानों पर वाहन बन्द कर दें, जिससे ईंधन तो बचेगा ही साथ ही वाहन के धुँए से होने वाले वायु प्रदूषण की भी रोकथाम होगी। जहाँ तक संभव हो गाड़ियों में धुँआ रोधी यंत्रों का प्रयोग करें, वायु, जल, मृदा के प्रदूषण से हमारा पर्यावरण दूषित हो रहा है। वह पर्यावरण जो हमारा आश्रय है, जीवन है–ऐसे में अगर हम भी जागरूक नहीं हुए तो संभव है कि पर्यावरण अपना समस्त आवरण हमारे ऊपर से हटा लेगा, पर्यावरण विहीन धरती पर मनुष्य भी अस्तित्वहीन हो जाएगा।

आज मनुष्य विकास के जिस उच्च शिखर तक पहुँचा है, उसका सबसे अधिक श्रेय पर्यावरण को ही जाता है मानव का पहला व्यवसाय कृषि पूरी तरह से प्रकृति पर निर्भर था और आज भी हमारी अर्थ व्यवस्था कृषि प्रधान ही है। मानव को आदिमानव से आज का सभ्य मानव बनाने का कार्य भी प्रकृति ने ही किया है। मनुष्य के शरीर को ढँकने वाले कपड़े प्राय: कपास और रेशम के बने होते हैं और वह अपने रहने के लिए जो घर बनाता है वह भी लकड़ी, ईंट, मिट्टी की सहायता से ही बनते हैं। अत: अब हमारा यह प्रथम दायित्व है कि हम अपने पर्यावरण को, उसके किए गए उपकार

का ऋण चुकाएँ क्योंकि जब मानव निम्न स्थिति में था तब इसी पर्यावरण ने मानव को विकसित करके उच्च जीवन प्रदान किया है। आज जब पर्यावरण बुरी स्थिति में है, नदियाँ गन्दी हो रही हैं, हवा का दम घट रहा है और वृक्ष लगातार काटे जा रहे हैं, तब मनुष्य का यह दायित्व बनता है कि वह नदियों को साफ करके, वायु को स्वच्छ करके, जल संरक्षण करके, मृदा प्रदूषण को कम करके और अधिक-से-अधिक वृक्ष लगाकर पर्यावरण को फिर से अच्छा जीवन प्रदान करे। पर्यावरण को फिर से हरा-भरा और स्वच्छ बनाएँ, तभी हम पर्यावरण द्वारा दिए गए ऋणों से उऋण हो सकते हैं।

सरकारी प्रयास

हमारे देश में राज्य सूची का विषय बनाया गया है। पर राज्यों की सरकारें जल में बढ़ते प्रदूषक तत्त्वों के प्रति ज्यादा शिथिलता बरत रही हैं केन्द्र सरकार का रवैया भी हमेशा से उदासीन रहा है। ऐसे में आवश्यकता इस बात की है कि पानी को समवर्ती सूची का विषय बनाया जाए। केन्द्र और राज्यों के बीच सम्मति से भू-जल सहित जल का बेहतर संरक्षण विकास और प्रबंधन संभव होगा। कृषि प्रधान देशों में नाइट्रेट प्रदूषण एक बड़ी समस्या बन चुकी है, जिसका उन्मूलन नितांत आवश्यक है। जल संसाधन मंत्रालय को केंद्रीय प्रदूषण नियंत्रण बोर्ड के सहयोग से डार्क ब्लाक्स में स्थिति गंभीर रूप से प्रदूषित क्षेत्रों को चिह्नित करने के लिए कारगर तंत्र को विकसित करना चाहिए। सभी राज्य प्रदूषण नियंत्रण बोर्डों को उपयुक्त और प्रभावी निगरानी तंत्र गठित करना चाहिए। आज जल का संरक्षण हमारा विशेष मुद्दा या सरोकार होना चाहिए, जिससे इस समस्या को विकराल रूप धारण करने से रोका जा सके।

प्रदूषण नियंत्रित करने की बात पिछले एक दशक से चल रही है, लेकिन उस पर कोई प्रभावी लगाम नहीं लग सका है। दिल्ली एन.सी.आर. सहित उत्तर भारत में सर्दियों में सेहत के लिहाज से प्रदूषण घातक बना ही रहता है। अब तो उत्तर भारत के सभी बड़े शहरों में वायु गुणवत्ता सूचकांक 300 के आस-पास ही रहता है। बड़े शहरों में प्रदूषण की मार इसलिए अधिक होती है क्योंकि उनमें वाहनों का धुआँ और सड़कों एवं निर्माण स्थलों से उड़ने वाली धूल कहीं अधिक होती है। सर्दियों में जब इस धुँए और धूल में पराली का धूआँ मिल जाता है, तब प्रदूषण खतरनाक रूप ले लेता है। पंजाब, हरियाणा समेत उत्तर भारत के अधिकांश किसान अभी भी पराली जलाने से तौबा कराने को तैयार नहीं। उनका कहना है कि उनके पास कोई विकल्प नहीं। सरकारों को चाहिए कि जल्द ऐसे उपाय करे, जिससे किसानों को पराली न जलानी पड़े। सरकारों को इसकी अनदेखी भी नहीं करनी चाहिए। हरियाणा और पंजाब में धान की खेती भू-जल स्तर को नीचे ले जाने का काम कर रही है। यह भी पर्यावरण के लिए घातक है। हमारे सारे बड़े शहर आबादी के बोझ तले दबते जा रहे हैं। आबादी का घनत्व बढ़ने के

साथ शहरों में दो-पहिया और चार-पहिया वाहन लगातार बढ़ रहे हैं। जैसे-जैसे विकास और गति पकड़ेगा, गाड़ियों की संख्या भी बढ़ेगी। दिल्ली एन.सी.आर. सहित अन्य बड़े शहरों में सड़कों का संजाल बहुत ही बेतरतीब हैं। अधिकांश सड़को पर अतिक्रमण का बोलबाला रहता है। नगर निकायों और राज्य सरकारों के तमाम जतन के बाद भी वह दूर होने का नाम नहीं लेता। अतिक्रमण के कारण यातायात बहुत धीरे चलता है और जब गाड़ियाँ धीरे चलती हैं तो वे छह से आठ गुना अधिक धुँआ फेंकती हैं। उच्चतम न्यायालय सर्दियों में दिल्ली एन.सी.आर. के प्रदूषण को नियंत्रित करने के लिए तमाम तरह की रोक लगा देता है और दिल्ली सरकार भी ऑड-इवेन व्यवस्था लागू करने पर विचार करने लगती है, लेकिन कोई इस पर गंभीरता से विचार नहीं करता कि सड़कों से अतिक्रमण क्यों नहीं हट पाता? हमारे यहाँ आधारभूत ढाँचे का निर्माण रुकने वाला नहीं है। विकास के साथ-साथ वह भी तेज़ी पकड़ेगा, पर हम निर्माण की जो पद्धति फिलहाल अपना रहे हैं, वह दशकों पुरानी है। इस पद्धति में धूल बहुत उड़ती है और समय अधिक लगता है। सरकार को चाहिए कि चाहे निर्माण लागत अधिक आए, पर उसमें आधुनिक तकनीक का प्रयोग कर धूल को नियंत्रित किया जाए। इसके लिए ज़रूरत पड़े तो मेट्रो के निर्माण में इस्तेमाल होने वाले प्रीकास्ट सीमेंट का उपयोग किया जाए। चाहे सरकारी आधारभूत ढाँचा हो या निजी घर, सब पर यह लगाम कसी जाए कि ऐसे आधुनिक तरीकों से ही निर्माण हो, जो पर्यावरण के अनुकूल हो। साफ है कि जो ठेकेदार आधारभूत ढाँचे का निर्माण कराते हैं, उनके ऊपर भी नकेल कसनी होगी, ताकि न तो निर्माण स्थलों से धूल उड़े और न ही उनके आस-पास यातायात बाधित हो। इसके लिए सालभर सर्तक रहना होगा, केवल सर्दियों में ही नहीं। प्रदूषण का स्तर और दायरा लगातार बढ़ रहा है। हर व्यक्ति प्रदूषण कम करने की बात तो करता है, पर वह अपने स्तर पर कुछ नहीं करना चाहता। अगर प्रदूषण को नियंत्रित करना है तो हमें पूरे साल उन उपायों को अपनाना होगा, जो प्रदूषण रोधी माने जाते हैं। महज सर्दियों में ही स्कूल बंद करने या फिर सरकारी आधारभूत ढाँचे के निर्माण रोकने से कुछ नहीं होने वाला। भारत के अधिकांश शहरों का विस्तार ग्रामीण क्षेत्रों के अधिकृत की समस्या का सही तरह समाधान हुआ है। ग्रामीण क्षेत्रों की अधिकृत ज़मीन पर तो फिर भी नियोजित विकास हो जाता है, लेकिन शहर के बीच बसे गाँवों में अनियोजित विकास होता रहता है। दिल्ली एन.सी.आर. में तमाम गाँव शहरों के बीच बसे हुए हैं इन गाँवों में गोदाम से लेकर कारखाने सब बने हुए हैं, लेकिन कहीं भी और यहाँ तक कि रिहायशी इलाकों में भी प्रदूषण कम करने के ठोस उपाय नहीं किए जाते। मुश्किल यह है कि राज्य सरकारें और उनकी एजेंसियों में इसके लिए कोई इच्छाशक्ति नहीं दिखती कि शहरों के बीच बसे गाँवों के विकास को नियोजित किया जाए। केन्द्र सरकार ने जो स्मार्टसिटी योजना शुरू की, उसमें इन ग्रामीण क्षेत्रों को नियोजित करन

के लिए ठोस विचार नहीं है। स्मार्टसिटी योजना शहरों के आधारभूत ढाँचे को सुदृढ़ करने में भी नाकाम है। वास्तव में प्रदूषण की समस्या का सही तरह समाधान तब होगा जब पर्यावरण के अनुकूल जीवनशैली का विकास किया जाए।

पर्यावरणीय मुद्दों को जन सरोकारों से जोड़ा जाए

किसी भी शहर में अगर वायु प्रदूषण है तो वह केवल उस शहर के कारण नहीं है। शहर के आस-पास कई गाँव और छोटे-छोटे कस्बे होते हैं, कल-कारखाने होते हैं उस शहर के प्रदूषण के लिए ये सभी जिम्मेदार होते हैं। पर्यावरण में एक टर्म होती है एयरशेड। इसका मतलब है कि किसी क्षेत्र विशेष की हवा का असर कितना और कहाँ तक होगा। उदाहरण के लिए दिल्ली में जो एयरशेड हैं वह करीब 300 किमी की परिधि तक माना जाता है। यानी हम अगर दिल्ली का प्रदूषण कम करना चाहते हैं तो हमें 300 किमी की परिधि में काम करने की ज़रूरत होगी। इसका मतलब है कि उसमें पंजाब, हरियाणा, राजस्थान और उत्तर प्रदेश के इलाके भी आ जाएँगे। यानी प्रदूषण को कम करने के लिए दिल्ली के साथ इन चारों राज्यों का समन्वय बहुत जरूरी है। ऐसा ही मैकेनिज्म देश में अन्य जगहों पर फैल रहे प्रदूषण को रोकने के लिए जरूरी होगा। क्योंकि अब हमें मान लेना चाहिए वायु प्रदूषण देश व्यापी संकट है और इस पर अभी से काम नहीं किया गया तो इसका घातक प्रभाव लगातार बढ़ता ही जाएगा। कुपोषण के बाद वायु प्रदूषण भारत की सबसे बड़ी सार्वजनिक स्वास्थ्य समस्या बनती जा रही है। स्टेट ऑफ ग्लोबल एयर-2020 की रिपोर्ट के अनुसार वायु प्रदूषण से भारत में साल 2019 में करीब 16 लाख 70 हज़ार लोगों की मृत्यु हुई। भारत में अब करीब 100 से भी अधिक शहर 'नॉन अटेनमेंट सिटी' है। उन शहरों को नॉन अटेनमेंट सिटी कहा जाता है, जो लगातार पाँच सालों तक नेशनल ऐंबियट एयर क्वॉलिटी (केन्द्रीय प्रदूषण नियंत्रण बोर्ड द्वारा निर्धारित मानक) स्टैण्डर्ड पर खरे नहीं उतरते हैं। जलवायु बदलाव को समय रहते 1.5 से 2 डिग्री सेल्सियस के बीच नियंत्रित करने की चुनौती अभी तक बहुत कठिन बनी हुई है। दरअसल, विज्ञान समाधान का एक महत्त्वपूर्ण पक्ष तो दे सकता है। पर इसके आगे ज़रूरत यह है कि सही समाधानों को जन-जन के बीच पहुँचाया जाए। इस मोर्चे पर अधिक कार्य नहीं हो पाया है। प्राय: मान लिया गया है कि इन पेंचीदा वैज्ञानिक तथ्यों को आप लोग नहीं समझ पाएँगे। पर जैसा कि इस विषय पर अनेक कार्यशालाओं को गाँवों में आयोजित करते हुए अनुभव किया गया इस मुद्दे को जनसरोकारों से जोड़ कर देखा जाए तो निश्चय ही लोग जलवायु बदलाव को खूब समझते हैं और इस महत्त्वपूर्ण मुद्दे पर अपना सुझाव भी देते हैं। आखिर प्रतिकूल होते मौसम का सबसे अधिक बोझ किसे सहना पड़ता है? किसानों को! तो वे इस मुद्दे से क्यों नहीं जुड़ेंगे। ज़रूरत इस बात कि है कि उनके

सरोकारों को जोड़कर उनकी भाषा में इस मुद्दे को रखा जाए। कल्पना कीजिए किसी गाँव में किसानों से जाकर कहा जाता है कि एक ऐसी योजना आयी है, जिससे उनके खर्च कम होंगे, उनकी मिट्टी अधिक उपजाऊ बनेगी, पानी की बचत होगी, फसल की गुणवत्ता बेहतर होगी, आत्मनिर्भरता बढ़ेगी और वे विश्वस्तर पर पर्यावरण रक्षा के एक बड़े अभियान में सहायक भी होंगे तो वे भला इस प्रयास से क्यों नहीं जुड़ना चाहेंगे? तिस पर यदि उनके सामने प्रस्ताव भी रखा जाए कि जो गाँव या किसान इस प्रयास से जुड़ना चाहते हैं, उनके लिए विशेष आर्थिक सहायता की व्यवस्था है, तब तो इस पुण्य कार्य से जुड़ने की इच्छा और भी अधिक बढ़ जाएगी।

इसी तरह यदि भूमिहीन मजदूरों को कहा जाए कि उन्हें बेकार पड़ी भूमि की घेरबाड़ कर वहाँ हरियाली और वृक्षों को नया जीवन देने के कार्य में केवल अच्छी और नियमित मजदूरी ही नहीं मिलेगी, अपितु कुछ वर्षों में यहाँ जो चारे, फल, अन्य खाद्य उपयोगी फूलपत्तों के वृक्ष पनपेंगे। उनकी इस उपज पर अधिकार भी मिलेंगे तो वे निश्चय ही वे हरियाली बढ़ाने और वृक्षों की देखरेख के इस कार्य से जुड़ना चाहेंगे। इसी तरह अनेक ऐसे सार्थक कार्यों के बारे में सोचा जा सकता है, जिनसे ग्रीन हाउस गैसों के बढ़ते प्रकोप को भी कम किया जा सकता है, और किसानों, मजदूरों तथा अन्य महत्त्वपूर्ण तबकों की आजीविका को अधिक मजबूत और टिकाऊ बनाया जा सकता है। एक बड़ा सवाल यह है कि इसके लिए धन कहाँ से उपलब्ध हो सकता है। भारत इस संदर्भ में अनेक देशों से कुछ बेहतर स्थिति में है क्योंकि यहाँ पहले से कुछ ऐसी परियोजनाएँ मौजूद हैं, जिनमें थोड़ा बहुत सुधार एवं संशोधन कर इन्हें ऐसे कार्यों से जोड़ा जा सकता है। उदाहरण के लिए मनरेगा को परंपरागत खेतों और प्राकृतिक खेती के विकास की जो योजनाएँ पहले से उपलब्ध हैं। उनमें थोड़ा बहुत सुधार कर उन्हें जलवायु बदलाव के खतरे को कम करने के प्रयासों से भलीभाँति जोड़ा जा सकता है। जलवायु बदलाव के दो पक्षों को कम करने की चर्चा है पहला तो यह है कि ग्रीन हाउस गैसों के उत्सर्जन और वायुमण्डल में उपस्थिति को कम करना। इसका एक उदाहरण यह है कि मिट्टी के ऑर्गेनिक तत्त्वों, वृक्षों में कार्बन डाइऑक्साइड जैसी गैस को सोख लिया जाए। दूसरा उदाहरण है रासायनिक खाद की खपत कम कर नाइट्रस ऑक्साइड जैसी अति सशक्त ग्रीन हाउस गैस के प्रदूषण को कम कर दिया जाए। तीसरा उदाहरण है जैविक कचरे की कंपोस्ट खाद बनाकर इससे मिट्टी का उपजाऊपन बढ़ाया जाए और साथ में कूड़े के पहाड़ या लैंडफिल से निकलने वाली मीथेन गैस के प्रदूषण को कम किया जाए (मीथेन भी अतिघातक ग्रीन हाउस गैस है) ऐसी नतियों से समस्या को समाधान में बदला जा सकता है।

जलवायु बदलाव का दूसरा पक्ष है इसके प्रतिकूल असर जैसे बाढ़ और तूफान का बढ़ता प्रकोप। इसे कम करने में वृक्षों और वनों की रक्षा और जलग्रहण क्षेत्रों

में उनके बढ़ते क्षेत्रफल से मदद मिल सकती है। जलवायु बदलाव के संकट को कम करने के लिए बिजली और ऊर्जा अपव्यय को कम करने, समता और सादगी के संदेश को फैलाने में भी मदद मिलेगी। जलवायु बदलाव नियंत्रण का सामाजिक पक्ष बहुत महत्त्वपूर्ण है। आज विश्व के अनेक बड़े मंचों से बार-बार कहा जा रहा है कि जलवायु बदलाव को समय रहते नियंत्रण करना बहुत जरूरी है। पर क्या मात्र कह देने से या आह्वान करने से समस्या हल हो जाएगी। वास्तव में लोग बड़ी संख्या में तभी इसके लिए आगे आएँगे, जब आम लोगों, युवाओं और छात्रों में किसानों और मजदूरों के बीच न्यायसंगत और असरदार समाधानों के लिए तीन-चार वर्षों तक धैर्य से निरंतरता और प्रतिबद्धता से कार्य किया जाए। तकनीकी पक्ष के साथ इस सामाजिक पक्ष को समुचित महत्त्व देना बहुत जरूरी है। एक अन्य सवाल यह है कि मौजूदा आर्थिक विकास और संवृद्धि के दायरे में जलवायु बदलाव जैसी गंभीर पर्यावरणीय समस्याओं का समाधान हो सकता है? मौजूदा विकास कि गंभीर विसंगतियाँ और विकृतियाँ ऐसी ही बनी रहीं तो क्या जलवायु बदलाव जैसी गंभीर पर्यावरणीय समस्याएँ नियंत्रित हो सकेंगी। प्रश्न का उत्तर है 'नहीं'। वजह यह है कि मौजूदा विकास की राह में बहुत विषमता और अन्याय व प्रकृति का निर्मम दोहन है। अब विषमता को दूर करना विलासिता और अपव्यय को दूर करना, समता और न्याय को ध्यान में रखना, भावी पीढ़ी के हितों को ध्यान में रखना पहले से भी कहीं अधिक जरूरी हो गया है।

सही और विस्तृत योजना बनाना इस कारण जरूरी हो गया है कि ग्रीन हाउस गैसों के उत्सर्जन को तेज़ी से कम करते ही सब लोगों की बुनियादी ज़रूरतों को न्यायसंगत ढंग से और टिकाऊ तौर पर पूरा करना है यह बहुत बड़ी चुनौती है, जिसके लिए हमें बहुत रचनात्मक समाधान ढूँढ़ने होंगे। इस तरह के प्रयास से ऐसे परिणाम मिल सकते हैं, जो विश्व के लिए कल्याणकारी संदेश दे सकते हैं। उदाहरण के लिए ऐसे किसी मॉडल के नियोजन से ऐसा संदेश मिलने की बहुत संभावना है कि युद्ध और हथियारों की होड़ को समाप्त किया जाए या न्यूनतम किया जाए। एक अन्य संदेश से यह मिलने की संभावना है कि जो बहुत वेस्टफुल उत्पादन और उपभोग है, उन्हें समाप्त किया जाए या बहुत नियंत्रित किया जाए।

बीजिंग मॉडल को अपनाने की ज़रूरत–सबसे ज्यादा वायु प्रदूषण कोयले से हो रहा है। कोयले के प्रदूषण को कम किए बगैर वायु प्रदूषण कम नहीं होगा। दुनिया का कोई भी ऐसा देश नहीं है, जो कोयला और बायोमास का इस्तेमाल कम किए बगैर वायु प्रदूषण को घटा सका है। चीन ने अपने उद्योगों में कोयले के इस्तेमाल को घटाकर और लाखों घरों में स्वच्छ कुकिंग ईंधन को पहुँचाकर बीजिंग में वायु प्रदूषण

के स्तर को तेज़ी से कम करने में सफलता प्राप्त की भारत में ऐसा किए बिना वायु प्रदूषण को कम नहीं किया जा सकता।

बढ़ते मरुस्थलीकरण को रोकने की ज़रूरत–मरुस्थलीकरण न केवल भारत की, बल्कि पूरी दुनिया की बड़ी समस्या बनता जा रहा है। यू.एन. के अनुसार हर साल 12 करोड़ हेक्टेयर ज़मीन उपजाऊ से मरुस्थल में बदलकर धूल को बढ़ा रही है। सतही तौर पर भले ही हमें मरुस्थल नज़र नहीं आए लेकिन आँकड़ों के अनुसार देश की 30 प्रतिशत भूमि का या तो क्षरण हो रहा है या फिर वह मरुस्थल में बदलती जा रही है। इससे पर्यावरण में धूल की मात्रा बढ़ रही है।

नेशनल क्लीन एक्शन प्लान : कागज पर अच्छा लेकिन व्यावहारिक तौर पर खामियाँ–2019 में केन्द्र सरकार ने नेशनल क्लीन एक्शन प्लान लांच किया, जो पूरे देश में वायु गुणवत्ता को लेकर राष्ट्रीय स्तर की प्रथम पहल थी। इसका मकसद 2024 तक वायु में सूक्ष्म कणों के रूप में प्रदूषण में 20 से 30 प्रतिशत तक कमी लाना है। यह योजना सिद्धान्त तो सही है लेकिन व्यावहारिक तौर पर इसमें कई कमियाँ हैं। अगर हम प्लान के अनुसार 20 से 30 प्रतिशत प्रदूषण कम करते हैं तब भी हमें स्वच्छ हवा नहीं मिलेगी। क्योंकि इस समय कई शहरों में वायु प्रदूषण मानक से 200 से 300 प्रतिशत ज्यादा है। इसलिए अगर यह पूरी तरह लागू हो भी गया तब भी प्रदूषण का स्तर मानक से, कम-से-कम 2 से 3 गुना ही अधिक होगा। इसलिए प्रदूषण को कम करके लक्ष्य को काफ़ी ज्यादा करना होगा। दूसरी कमी यह है कि इसमें भी फोकस केवल शहर के प्रदूषण को कम करने के लिए है।

20वीं सदी के अंत व 21वीं सदी के शुरुआत में सूचना प्रौद्योगिकी ने बड़ी अर्थ व्यवस्थाओं का कायांतरण कर दिया था, ठीक वैसे ही हरित ऊर्जा विश्वव्यापी आर्थिक विकास की नई राह बन सकती है। ये आर्थिक गतिविधियाँ इतनी अहम साबित होंगी कि वे विकास को बढ़ावा देंगी और पूरे विश्व में जीवन की गुणवत्ता को बेहतर बनाएँगी। हरित ऊर्जा में अवसर किस तरह से बढ़ेंगे, इसका एक उदाहरण अमेरिकी कंपनी टेस्ला है। इस कंपनी ने बहुत कम समय में अपने अमेरिकी और यूरोपीय प्रतिस्पर्धी कंपनियों को बहुत पीछे छोड़ दिया है। टेस्ला का मार्केट कैप (जो हाल ही में एक ट्रिलयन डॉलर को छू गया) टोयोटा, वोक्सवैगन, डेमलर, जनरल मोटर्स, बी.एम.डब्ल्यू. और फेरारी के संयुक्त मार्केट कैप से अधिक हैं। अब निवेशकों के लिए सोने की खान है। सुयंक्त राज्य अमेरिका में तो ब्राइडन सरकार हरित ऊर्जा में जबरदस्त क्षमता देख रही है, और हरित अर्थ व्यवस्था पर बड़ा दाँव लगाने जा रही है। राष्ट्रपति ब्राइडन ने दो ट्रिलियन डालर का जो फेमवर्क घोषित किया और जिसे अमेरिकी सदन ने हाल ही में पारित किया है, उसमें भी स्वच्छ ऊर्जा पर 555 बिलियन डॉलर खर्च

की योजना है। इस मामले में भारत अमेरिका से हाथ मिलाकर कम कार्बन उत्सर्जन की दिशा में आगे बढ़ सकता है।

13वें ब्रिक्स शिखर सम्मेलन की अध्यक्षता के दौरान शिक्षा स्ट्रीम के तहत केन्द्रीय परिवहन एवं राजमार्ग मंत्री ने कहा कि भारत में ई-वाहनों जैसे रिक्शा, साइकिल, ई-कार्ट और ई-फ़ूड् स्टाल में जैव-ईंधन का उपयोग बढ़ा है साथ ही देश ने कम लागत वाली बैटरी तकनीक के मामले में भी काफ़ी प्रगति की है यह परिवर्तन न केवल पर्यावरण की स्थिरता और स्वास्थ्य के लिए अच्छा है, बल्कि देश में नई आजीविका के द्वार भी खोल रहा है।

संभावित तौर पर सभी गैर-नवीनीकरण ऊर्जा स्रोत भविष्य में खतम हो जाएँगे। इसलिए नवीनीकरण ऊर्जा स्रोत और स्वच्छ ईंधन की खोज एक महत्त्वपूर्ण विषय बन गया है। इस हेतु सौर ऊर्जा, पवन ऊर्जा, को बेहतरीन निदान के रूप में देखा जा सकता है। एक सौर पैनल या एक पनचक्की लगाने से 30 गुना ज्यादा जानें बच सकती हैं। यह अक्षय ऊर्जा का स्रोत है। इससे प्रदूषण नहीं होता और बच्चे सेहतमंद रह सकते हैं।

समस्या के मूल में न जाकर केवल आपातकालीन उपायों के जरिये न तो वायु प्रदूषण दूर होगा और न यमुना का कायाकल्प हो सकेगा। प्रदूषण को कम करने के लिए व्यवहारिक स्तर पर दीर्घकालिक योजनाओं को आगे बढ़ाना होगा। किसानों को पराली जलाने के नुकसान से अवगत कराने के साथ ही उन्हें आसान विकल्प भी उपलब्ध कराना होगा।

वर्तमान में भारत में जलवायु शरणार्थी को किसी विशिष्ट कानून के तहत स्पष्ट रूप से स्वीकार और मान्यता नहीं दी जाती है, जिसके परिणामस्वरूप जलवायु आपदा से विस्थापित लोगों के पास न तो कोई पहचान है और न ही राहत और पुनर्वास का सहारा है। अंतरराष्ट्रीय स्तर पर जलवायु शरणार्थियों के विषय से निपटने वाले स्पष्ट कानूनों का अभाव है। इस परिदृश्य को देखते हुए भारत के लिए सामाजिक पहल और वैधानिक कानूनों को शुरू कर के इस क्षेत्र में एक साहसिक पहला कदम उठाना अच्छा होगा, जो न केवल शरणार्थियों की दुर्दशा को पहचानते हैं, बल्कि उन्हें अपने जीवन, गरिमा और आजीविका को पुन: प्राप्त करने का मौका भी प्रदान करते हैं। यह पथ प्रदर्शक पहल अंतरराष्ट्रीय स्तर पर भारत को पहचान दिलाएगी और एक महत्त्वपूर्ण विषय के बारे में भारत की चिंता और कार्यवाई को प्रदर्शित करने में मदद करेगी, जिस पर विश्व स्तर पर किसी भी देश ने कोई ठोस कदम नहीं उठाया है। जलवायु आपदा जलवायु शरणार्थी दोनों एक ही सिक्के के दो पहलू हैं। जब तक जलवायु परिवर्तन पर लगाम लगाने के लिए प्रभावी कदम नहीं उठाए जाते, इससे प्रभावित होने

वाले लोग विस्थापित होते रहेंगे। जब जलवायु परिवर्तन कम होगा, जलवायु आपदाएँ भी कम होंगी और इसी तरह जलवायु शरणार्थियों की संख्या भी घटेगी।

पृथ्वी में प्रदूषण फैलाने के लिए किसानों द्वारा उपयोग में आने वाले रासायनिक खादों तथा कीटनाशकों का उपयोग भी मनुष्य के लिए अत्यंत घातक होता है। मनुष्य स्वाभाविक रूप से प्रकृति पर निर्भर है। अत: शून्य लागत आधारित प्राकृतिक खेती वक्त एवं ज़रूरत के हिसाब से जीरो बजट फार्मिंग किसानों के लिए बेहतर विकल्प है। इसे यथार्थ के धारातल पर उतारने के लिए सरकार को अंतिम पायदान तक स्वयं मेहनत करनी होगी।

हरित क्रांति के कारण ही पंजाब से कैंसर ट्रेन चलने लगी और अगर किसान ऐसे ही आधुनिक खेती करते रहे, तो देश में जगह-जगह कैंसर अस्पतालों की ज़रूरत पड़ेगी। आज विज्ञान को मानवता के साथ जिम्मेदारी से काम करने की ज़रूरत है। इस काम में किसानों को भी सरकार की मदद करनी चाहिए। सबसे पहले कृषि वैज्ञानिकों को खेती का एक ऐसा मॉडल तैयार करना होगा, जो मानवीय आधार पर प्राकृतिक नियमों के अनुसार हो। जीरो बजट खेती के अनुसार, फसल मिट्टी से केवल 1.5 से 2.0 प्रतिशत पोषक तत्त्व लेती है, शेष 98 प्रतिशत तत्त्व हवा, पानी और सौर ऊर्जा से मिलते हैं। अत: किसानों के लिए यह जरूरी है कि वे अपने खेत का प्राकृतिक वातावरण संतुलित रखें यह एक बड़ा, लेकिन जरूरी काम है। इस दिशा में किसानों के लिए अलग बजट बने। रासायनिक उर्वरक, कीटनाशक, बीज आदि में दी जाने वाली रियायत उन किसानों को भी दी जाए, जो अपना बनाया (देशी) बीज, खाद व कीटनाशक प्रयोग में लाते हैं। कॉर्पोरेट की सामाजिक जिम्मेवारी के पैसे से एक किसान कल्याण निधि बनाई जाए। जो किसान परिवार सीधे कृषि से जुड़े हैं, उनको 60 की आयु के बाद इसी निधि से पेंशन दी जाए। सरकारी कार्यलियों में किसानों के लिए एकल खिड़की की व्यवस्था की जाए। कृषि वैज्ञानिकों की मदद से लाभदायक सामूहिक खेती को बढ़ावा दिया जाए।

दुनिया की आबादी लगभग आठ अरब है, जो 2050 तक नौ अरब तक पहुँच सकती है। इस बढ़ती आबादी की ज़रूरतों को पूरा करने के लिए संसाधनों की तेज़ी से खपत हो रही है। हमारे दैनिक जीवन के उपयोग के लिए जीवाश्म, ईंधन, कच्चे तेल, कोयला, प्राकृतिक गैस आदि ऊर्जा स्रोतों द्वारा पर्याप्त ऊर्जा पैदा की जा रही है। जीरो बजट नेचुरल फार्मिंग प्राकृतिक खेती की एक उन्नत विधि है। रासायनिक खेती करने के अनुसंधान परिणामों में इस खेती के मुकाबले अधिक उत्पादन प्राप्त होता देखा गया है, तो भी इस पद्धति से प्राप्त रसायन मुक्त प्राकृतिक उपज, जैव-विविधता संरक्षण एवं पारंपरिक खेती के उत्पाद के साथ-साथ कृषि लागत में कमी करने के लाभ को

नकारा नहीं जा सकता है। अत: इस पद्धति के मूल उद्देश्यों एवं लागू करने के लिए क्षेत्र विशेष को ध्यान में रखते हुए उन्नत तकनीकी विकसित करने की आवश्यकता है। देश की जनजातीय उपयोजना क्षेत्र में शामिल दक्षिणी राजस्थान, मध्यप्रदेश एवं गुजरात राज्य के जनजातीय जिलों के छोटी जोत के किसान अपनी आजीविका के लिए कृषि पर निर्भर हैं। जलवायु एवं विषम भौगोलिक परिस्थितियों में वर्षा आधारित खेती से ये अधिकतम उत्पादन प्राप्त नहीं कर पाते हैं। इन क्षेत्र विशेषों को लक्षित करते हुए इस पद्धति में परंपरागत मिश्रित फसल की उन्नत कृषि तकनीकी का समावेश कर अनुसंधान उपरांत इसे लागू किया जा सकता है। इसमें कृषि लागत में कमी कर गुणवत्तायुक्त प्राकृतिक उत्पाद के साथ-साथ जैविक एवं मृदा संरक्षण का कार्य भी सहज हो सकेगा।

आर्द्रभूमि के संरक्षण के लिए भारत में कोई मजबूत नियामक ढाँचा नहीं है। इस समस्या को अभी भी अलग-थलग करके देखा जा रहा है। जल संसाधन प्रबंधन और विकास योजनाओं में शायद ही इसका उल्लेख किया जाता है। ऐसे संवेदनशील पारिस्थितिकीय तंत्रों के प्रबंधन की प्राथमिक जिम्मेदारी पर्यावरण और वन मंत्रालय के हाथों में है। हालाँकि भारत रामसर सम्मेलन और जैविक विविधता के सम्मेलन दोनों का हस्ताक्षरकर्ता है, लेकिन हैरानी की बात यह कि आर्द्रभूमि के संरक्षण के लिए कोई स्पष्ट नियामक ढाँचा नहीं है। हालाँकि कुछ राज्यों में आर्द्रभूमि विकास प्राधिकरण बनाए तो गए हैं, लेकिन ये भी अन्य परंपरागत कानूनों के अधीन ही हैं। इस वक़्त आर्द्रभूमि को आर्द्रभूमि (संरक्षण और 1 प्रबंधन) नियम, 2017 के तहत संरक्षित किया जाता है। आर्द्रभूमि को बचाने की दिशा में पहला और सबसे महत्त्वपूर्ण कदम इसके भूमि दस्तावेज को सुरक्षित करना है। उपग्रह चित्रों और ड्रोन कैमरों का उपयोग करके इनका दस्तावेज बनाया जाना चाहिए। आर्द्रभूमि का जलप्रसार क्षेत्र मौसम के अनुसार बदलता रहता है। मानसून के समय जल-प्रसार का मापन कर उसे राजस्व रिकॉर्ड में दर्ज कर देना चाहिए। मानसून के बाद से ग्रीष्मकाल तक आर्द्रभूमि के जल प्रसार क्षेत्र में उल्लेखनीय कमी पाई जाती है, जिसका फायदा उठा कर लोग अतिक्रमण करते हैं। मानसून के बाद फैले जल का परिसीमन करके भू-राजस्व अभिलेखों को ठीक से बनाए रखा जाना चाहिए। तालाबों, झीलों और आर्द्रभूमि के पुनरुद्धार के लिए कार्य योजना का निर्माण वैज्ञानिक सिद्धान्तों पर आधारित होना चाहिए, न कि तदर्थ उपायों पर। सिंचाई की बेहतर तकनीकों को अपना कर भू-जल पर दबाव कम किया जा सकता है। इसके अलावा किसानों को मोटा अनाज उगाने के लिए प्रोत्साहित किया जा सकता है, जिसमें बहुत अधिक पानी की आवश्यकता नहीं होती है। पर्यावरण संरक्षण और प्रबंधन के लिए एक समय वैज्ञानिक, तकनीकी और सामाजिक-आर्थिक दृष्टिकोण की ज़रूरत होती है। इसमें जन-भागीदारी और सहयोग जरूरी है। कई मामलों में स्थानीय

समुदायों की उपेक्षा भी ऐसे संकट को बढ़ाती है। आर्द्रभूमि के तर पर रहने वाले समुदाय स्थानीय संसाधनों का उपयोग करते हैं क्योंकि अपनी रोजमर्रा की ज़रूरतों के लिए पारिस्थितिकी तंत्रों पर ही निर्भर है। ऐसे में पारिस्थितिकी तंत्र का प्रभावी प्रबंधन एक बड़ी चुनौती बन गया है।

जैव-विविधता शब्द का प्रयोग धरती पर जीवन की असाधारण विविधता की व्याख्या के लिए होता है। इसका संबंध किसी खास क्षेत्र या परिस्थितिकी तंत्र की सभी प्रजातियों से है, जिसमें पौधे, बैक्टीरिया, जानवर, मनुष्य तथा अन्य जीवित चीज़ें शामिल हैं। कृषि मानव स्वास्थ्य तथा जैव-संसाधनों के लिए कीट बहुत महत्त्वपूर्ण हैं क्योंकि वे पोषक तत्त्वों के चक्रण, बीजों के विकिरण, पौधों के परागण, मृदा संरचना के संरक्षण, उर्वरता में सुधार तथा अन्य जीवों की संख्या नियंत्रित करने में महत्त्वपूर्ण भूमिका अदा करते हैं। कीट हमारी खाद्य शृंखला का आधार हैं और इस प्रकार उनकी बहाली अन्य प्रजातियों की बहाली की पूर्वशर्त है। वे अनेक प्रकार की लाभदायक सेवाएँ भी देते हैं। कीटों में पोषक तत्त्वों की भारी मात्रा होती है, जिसकी आवश्यकता मनुष्यों और जानवरों को प्रोटीन, कार्बोहाइड्रेट, विटामिन, रेशों, खनिजों, आदि के रूप में होती है। दक्षिण अमेरिका में कैटरपिलर, बीटल्स, ग्रासहोपर तथा क्रिकेट्स भोजन के रूप में लोकप्रिय है। थाईलैंड से लगभग 550 मिलियन डालर के डिब्बाबंद सिल्कवर्म प्यूपा का निर्यात होता है। अनेक फूल वाले पौधों और फसलों की परागण प्रक्रिया जानवरों व मुख्यत: कीटों पर निर्भर होती है। परागण करने में सहायक जानवर हमारे खाद्य पदार्थ उत्पादन में महत्त्वपूर्ण योगदान करते हैं। शिकारी कीट फसलों को नुकसान पहुँचाने वाले जीवों को खाकर बिना रसायन वाले कीटनाशकों की भूमिका निभाते हैं। इससे कीट-नियंत्रण का खर्च घटता है फसल का उत्पादन बढ़ता है तथा बचे कीटनाशकों के अंश कम होते हैं। कीड़े ऑर्गेनिक तत्त्वों के विघटन में भी योगदान करते हैं, जिनमें गिरी हुई पत्तियाँ, मृत जीव तथा जानवरों का मल शामिल है। यह गतिविधि महत्त्वपूर्ण है क्योंकि इससे पोषक तत्त्व बढ़ते हैं तथा मृदा में हवा का आवागमन सुनिश्चित होता है। कुछ पौधे ऐसे फल और बीज पैदा की करते हैं, जिनको चींटियाँ खातीं और संग्रह करती हैं। वे इनके बीजों को खाने के लिए अपने आवास स्थलों में ले जाती हैं। इस भारी प्रक्रिया में कुछ बीज रास्ते में गिर कर मिट्टी में मिल जाते हैं। इन बीजों के उगने से नए स्थानों पर पौधे तैयार हो सकते हैं। इस प्रकार चींटियाँ फलों और उनके बीजों के पौधों से विकिरण में महत्त्वपूर्ण भूमिका अदा करती हैं। पौधों की 150 से अधिक प्रजातियाँ अपने विकिरण के लिए कीटों पर निर्भर हैं। इसी प्रकार मधुमक्खियाँ परागण में सहायता कर पौधों को उगने, प्रजनन करने तथा खाद्य पदार्थ उत्पादन में योगदान करती हैं। जीवनचक्र जारी रखने के लिए मधुमक्खियाँ फूल वाले पौधों में परागकणों

का स्थानान्तरण करती हैं। हम जो खाद्य पदार्थ प्रयोग करते हैं उसका अधिकांश हिस्सा परागण पर निर्भर है। मक्खियों की सहायता से खासकर बादाम, सेब व स्कैश, आदि का उत्पादन सुनिश्चित होता है। हम रेशम, रंग, शहद, मोम तथा चिकित्सकीय व जेनेरिक शोध के लिए भी अनेक कीटों पर निर्भर हैं। प्रख्यात जीव-विज्ञानी ई.ओ. विल्सन ने कहा था–'यदि सारी मानव जाति गायब हो जाए तो दुनिया में संतुलन की वही शानदार स्थिति वापस आ जाएगी, जो दस हज़ार साल पहले मौजूद थी। लेकिन यदि कीड़े गायब हो गए तो पर्यावरण भयानक अव्यवस्था का शिकार हो जाएगा। पारिस्थितिकी तंत्र का अस्तित्व बाहरी परिवेश की प्रजातियों व समुदायों पर भी निर्भर होता है। पर्यावरण विज्ञानी पाल इहरलिच ने कहा था कि यदि रिवेट प्रजाति धीरे-धीरे गायब हो गई तो पारिस्थितिकी तंत्र को दीर्घकालीन नुकसान होगा। अनेक देशों में परागण करने वाले जीव गायब हो गए हैं और लोगों को अपने हाथों से सेबों, नाशपातियों व पैशन परूट आदि का परागण करना पड़ता है। इसलिए खाद्य श्रृंखला से कीटों के गायब होने का मानव खाद्य सप्लाई पर नकारात्मक प्रभाव पड़ेगा।

विशेषज्ञों द्वारा किए एक हालिया अध्ययन से पता चला है कि कोरियाई प्रायद्वीप समेत पूर्वी एशिया में पाई जाने वाली डार्कलिंग बीटल के लार्वा प्लास्टिक तत्त्वों को परमाणुविक स्तर तक विघटित कर सकते हैं। कोलियोप्टेरा के लार्वा पोलीस्टरीन के विघटन में सक्षम है। वर्तमान समय में प्लास्टीवोरस की 50 प्रजातियों का पता चला है, जो वैज्ञानिकों में प्लास्टिक प्रदूषण घटाने की उम्मीद जगाती हैं। इस प्रकार कीड़े हमारे पारिस्थितिकी तंत्र का महत्त्वपूर्ण हिस्सा हैं। उनकी प्रजातियों की कमी से पारिस्थितिकी तथा परागण को नुकसान होगा व जलवायु परिवर्तन की स्थिति गंभीर होगी। इसलिए प्रत्येक घर, स्कूल व स्थानीय पार्क को अपना एक हिस्सा प्राकृतिक पर्यावास के लिए सुरक्षित रखना चाहिए, जहाँ कीटों को लाभदायक परिवेश मिल सके। नियोनिकोनाइड जैसे कीटनाशकों पर प्रतिबंध लगना चाहिए क्योंकि इनसे कीटों की संख्या कम होती है। इनके स्थान पर प्रकृति को समृद्ध करने वाले व्यवहार अपनाने चाहिए। रात में कृत्रिम प्रकाश से भी कीटों को नुकसान पहुँचता है तथा अनेक उभयचर, चिड़िया, कीट और पेड़ मर जाते हैं। अधिकांश रात्रिचर कीट कृत्रिम लाइटों की ओर आकर्षित होते हैं और थकान या शिकार होने के कारण सवेरा होने से पहले मर जाते हैं। इसलिए कीटों की संख्या बढ़ाने के लिए रातों में अँधेरे आसमान को बढ़ावा मिलना चाहिए। देशी पौधों के उगने से देशी कीटों को पलने बढ़ने में सहायता मिलती है। अनेक कीट प्रजातियाँ भोजन व आवास के लिए इन पर निर्भर होती हैं। ये कीट चिड़ियों व अन्य जीवों के लिए आहार का काम करते हैं। देशी पौधे असंख्य कशेरुकी प्राणियों को भी आकर्षित करते हैं। इस प्रकार कीट संरक्षण से कीट-हितैषी पर्यावरण नीतियों तथा राजनीतिक

पैरोकारी को आगे बढ़ाने में सहायता मिलेगी। हमें कीट संरक्षण के अनेक तरीके खोजने होंगे ताकि हम कीटों की संख्या कम होने से रोकने में सफल हो सकें। दुनिया में भविष्य के लिए कीट संरक्षण जरूरी है।

दूसरी चुनौती महँगाई की है। वर्तमान में ग्लोबल वार्मिंग के कारण तमाम प्राकृतिक परिवर्तन हो रहे हैं। कहीं सूखा तो कहीं अति वर्षा की मार पड़ रही है। इससे कई कृषि उत्पाद खराब हो रहे हैं। फलस्वरूप उत्पादन प्रभावित होने से महँगाई बढ़ी है। यहाँ भी आर्थिक विकास का मॉडल दोषी है। वर्तमान मॉडल में हमारा प्रयास रहता है कि हम सस्ता उत्पादन करें। जैसे थर्मल बिजली संयंत्रों को वायु प्रदूषित करने के मानकों में सरकार ने ढील दी है। उनके द्वारा आज सस्ती बिजली बनाई जा रही है। संपूर्ण उद्योगों में उत्पादन लागत कम आ रही है। बिजली संयंत्रों को वायु प्रदूषित करने की छूट न देते तो बिजली महँगी होती और उद्योगों में उत्पादन लागत ज्यादा आती। लिहाजा महँगाई बढ़ती, लेकिन उसी वायु प्रदूषण के कारण जलवायु में परिवर्तन आया है। सूखे तथा बाढ़ जैसी समस्याएँ पैदा हुई हैं और टमाटर आदि के दाम बढ़ रहे हैं। इसलिए आर्थिक विकास के साथ महँगाई बढ़ रही है और आम आदमी मुश्किल में है। कारण यह है कि वर्तमान मॉडल में हम केवल सीधे लाभ को देखते हैं। हाल में महाराष्ट्र के एक मंत्री ने कहा कि–'पर्यावरणीय आपदाओं के कारण जनता की क्षतिपूर्ति करने में सरकार को भारी व्यय करने पड़ रहे हैं।' कहने का आशय यह है कि जब हम थर्मल संयंत्रों को प्रदूषण करने की छूट देकर सस्ती बिजली बनाकर आर्थिक विकास हासिल करते हैं तो उसी छूट के कारण प्राकृतिक आपदाएँ आती हैं और हमें उसका मूल्य अदा करना पड़ता है, लेकिन अर्थशास्त्रियों द्वारा केवल सस्ती बिजली के लाभ को देखा जाता है और पर्यावरण के कारण जो अप्रत्यक्ष हानि होती है, उसे नज़रंदाज किया जाता है। परिणामस्वरूप सस्ती बिजली के बावजूद आर्थिक विकास की दर पिछले सात वर्षों में लगातार घट रही है। कृषि उत्पादन में अनिश्चितता और महँगाई बढ़ रही है। दाम बढ़ रहे हैं। इसलिए आर्थिक विकास के साथ महँगाई बढ़ रही है और आम आदमी मुश्किल में है। कारण यह है कि वर्तमान मॉडल में हम केवल सीधे लाभ को देखते हैं। हाल में महाराष्ट्र के एक मंत्री ने कहा कि–पर्यावरणीय आपदाओं के कारण जनता की क्षतिपूर्ति करने में सरकार को भारी व्यय करने पड़ रहे हैं। कहने का आशय यह है कि जब हम थर्मल संयंत्रों को प्रदूषण करने की छूट देकर सस्ती बिजली बनाकर आर्थिक विकास हासिल करते हैं तो उसी छूट के कारण प्राकृतिक आपदाएँ आती हैं और हमें उसका मूल्य अदा करना पड़ता है, लेकिन अर्थशास्त्रियों द्वारा केवल सस्ती बिजली के लाभ को देखा जाता है और पर्यावरण के कारण जो अप्रत्यक्ष हानि होती है, उसे नज़रंदाज किया जाता है। परिणामस्वरूप सस्ती बिजली के बावजूद आर्थिक विकास

की दर पिछले सात वर्षों में लगातार घट रही है। कृषि उत्पादन में अनिश्चितता और महँगाई बढ़ रही है। 2022 की चुनौती है कि पर्यावरण रक्षा के उन उपायों को लागू किया जाए, जिनसे आर्थिक विकास की हानि कम और कृषि उत्पादन की हानि शून्य हो जाए। तब हम आर्थिक विकास के साथ-साथ महँगाई पर नियंत्रण कर सकेंगे और किसानों की आय में भी सुधार हासिल कर सकते हैं। तीसरी चुनौती वैश्विक पूँजी के पलायन की है। वर्तमान में अपने देश के साथ-साथ अमेरिका में भी महँगाई दर बढ़ रही है। बीते समय में अपने रिजर्व बैंक की तर्ज पर अमेरिका के फेडरल रिजर्व बोर्ड ने भी मुद्रा की तरलता बनाए रखी है, जिसके कारण दोनों देशों में महँगाई बढ़ रही है। पर्यावरण के बाद महँगाई बढ़ने का यह दूसरा कारण है। अमेरिका में महँगाई पर नियंत्रण पाने के लिए फेडरल रिजर्व द्वारा तरल मुद्रा नीति को वापस लेने के संकेत मिल रहे हैं। यदि फेडरल रिजर्व ने मुद्रा का प्रचलन कम किया तो अमेरिका में ब्याज दरों में वृद्धि होगी। इन ऊँचे ब्याज के लालच में भारत समेत अन्य विकासशील देशों से पूँजी का पलायन अमेरिका को हो सकता है। हम अमेरिका में ब्याज दरों की वृद्धि को नहीं रोक सकते, लेकिन अपने देश में निवेश को और आकर्षक बना सकते हैं, जिससे अमेरिका के ऊँचे ब्याज के लालच में हमारी पूँजी पलायन न करे। 2022 की चुनौती यह भी है कि देश अपने को विदेशी पूँजी के लिए आकर्षक बनाए रखे, जिससे पूँजी का पलायन न हो। यदि समय रहते हम इन चुनौतियों का सामना करने की रणनीति नहीं बनाएँगे तो जी.एस.टी. की वसूली, शेयर बाज़ार में उछाल और सबसे तीव्र आर्थिक विकास के बावजूद हम पीछे रह जाएँगे।

जलवायु परिवर्तन से जुड़े मिथक कि जलवायु विज्ञान व जलवायु वैज्ञानिकों का भरोसा नहीं करना चाहिए वे झूठ फैला रहे हैं। सही नहीं है समग्र अध्ययन के उपरान्त हमने पाया कि यह एक गंभीर समस्या है आने वाले समय में इसे रोकने के लिए अपेक्षित प्रयास आवश्यक है। इसी प्रकार मिथक जैसे-जैसे प्राकृतिक आपदाएँ बढ़ रही हैं, वैसे-वैसे मानव सहायता कार्यक्रमों में भी वृद्धि हो रही है, जिससे व्यय भार भी बढ़ा है।

वायु प्रदूषण को रोकने के लिए यह भारत के ही हित में है कि वह कोयले और पेट्रोल-डीजल का प्रयोग बंद करने और जल्द स्वच्छ ऊर्जा से सारी बिजली बनाने और उसी बिजली से चलने वाले वाहनों की तरफ बढ़े। साथ ही प्रत्येक नागरिक को भी जलवायु में स्वयं को हितधारक समझकर अपनी जिम्मेदारी निभानी होगी। यह बहुत बड़ा बुनियादी परिवर्तन है, जो राजनीतिक आम सहमति और जन सहमति के बिना संभव नहीं है। विश्वविख्यात अर्थशास्त्री जैफरी सैक्स ने जलवायु परिवर्तन के प्रभावों का सामना करने की एक युक्ति सुझायी है उनके अनुसार विकासोन्मुख देश की ऊर्जा

ज़रूरतों और प्रदूषण फैलाने की अपनी सामाजिक जिम्मेदारी के सिद्धान्त को देखते हुए अमीर देशों पर प्रदूषण शुल्क लगाया जाए। इसमें ऊँची आय वाले देश पाँच डॉलर प्रति टन और मध्यम आय वाले देश 2.5 डालर प्रति टन का प्रदूषण शुल्क भरें। यह शुल्क हर पाँच साल बाद बढ़ाकर दोगुना कर दिया जाए। फिलहाल धनी देशों का सालाना प्रदूषण 1200 करोड़ टन है और मध्यम आय वाले देशों का 1600 करोड़ टन। ऐसे में इस शुल्क से सालाना करीब 10,000 करोड़ डॉलर जमा होने लगेंगे। इसमें से 5,000 करोड़ डालर सीधे अनुदान के तौर पर बाँट दिए जाएँ। शेष 55,000 करोड़ डालर विश्व बैंक, अफ्रीकी विकास बैंक और एशियाई विकास बैंक जैसी वित्तीय संस्थाओं को दिए जा सकते हैं। इससे विकासोन्मुख देशों की स्वच्छ ऊर्जा अपनाने और जलवायु परिवर्तन के प्रभावों का सामना करने में मदद हो जाएगी। वहीं प्रदूषण शुल्क घटाने के लिए विकसित देशों पर प्रदूषण कम करने का दबाव बढ़ेगा।

पाँच जून 1992 को ब्राजील के पारियो डी जेनेरियो में आयोजित पृथ्वी शिखर सम्मेलन के दौरान संयुक्त राष्ट्र जैव-विविधता सम्मेलन में शामिल पक्षकार देशों में भारत भी था। इसी क्रम में भारतीय संसद द्वारा जैव-विविधता अधिनियम, 2002 लाया गया, जिसके मूल अधिनियम के कुछ प्रमुख प्रावधानों में स्थानीय स्तर पर जैव-विविधता प्रबंधन समितियों से लेकर राज्य स्तरीय बोर्ड और केंद्रीय स्तर तक जैव-विविधता बोर्ड की स्थापना, जैव-विविधता वाले क्षेत्रों में शोध एवं वाणिज्यिक गतिविधियों को लेकर प्रावधान एवं इन माध्यमों के जरिये भारतीय औषधीय पौधों और पद्धतियों का संरक्षण व संवर्धन किया जाना था। किंतु कालांतर में इसके जितने उत्साहवर्धक परिणाम मिलने चाहिए थे वे नहीं मिल सके। वर्ष 2002 में इस अधिनियम के आने से लेकर 2016 तक देश में मात्र 9.7 हज़ार जैव-विविधता प्रबंधन समितियाँ ही बनाई जा सकी थीं। जब राष्ट्रीय हरित प्राधिकरण ने 2016 में इन आँकड़ों को लेकर चिंता जताई तो स्थानीय संगठनों आदि को जैव-विविधता रजिस्टर बनाने के लिए शामिल किया गया और 2016 से 2021 के दौरान समितियों के आँकड़े बढ़कर 2.4 लाख हो गए। इसी तरह 2021 तक भारत में कुल 22 जैव-विविधता विरासत स्थलों में 18 विरासत स्थलों को केवल 2014 से 2021 के बीच घोषित किया गया है। स्पष्ट है कि इस क्षेत्र में व्यापक समृद्धि के अवसर हैं। जैव-विविधता के मामले में भारत विश्व के अग्रणी देशों में एक है। विश्व के मात्र 2.4 प्रतिशत क्षेत्रफल वाला यह देश विश्व की लगभग आठ प्रतिशत पादप एवं जंतु प्रजातियों की प्रवास भूमि है। यहाँ प्राचीन काल से ही विभिन्न संस्कृतियाँ निवास करती रहीं और इसलिए यह देश एक समृद्ध पारंपरिक ज्ञान का स्रोत भी है, जिसमें जंगल, पर्वत, नदियों के आस-पास रहने वाले समुदाय और ग्राम्य क्षेत्रों के निवासी आज भी सैकड़ों वर्षों से चले आ रहे

पारंपरिक औषधीय ज्ञान से लाभ प्राप्त करते हैं। माना जाता रहा है कि इन पारंपरिक पद्धतियों का वैज्ञानिक विधि से संकलन और शोध एक अत्यंत समृद्ध कोष की स्थापना कर सकता है, जिससे आधुनिक औषधि विज्ञान के क्षेत्र में मानव कल्याण सुनिश्चित किया जा सकता है। हाल के दशकों में दुनियाभर में हुई वैज्ञानिक प्रगति, डिजिटल सेवाओं का विस्तार, भारत में परंपरागत औषधीय ज्ञान जैसे आयुर्वेद, होमियोपैथ, यूनानी, योग आदि को मानक ज्ञान के रूप में विस्तार, जैव-तकनीकी में प्रगति और वैश्विक समुदाय का इनकी ओर झुकाव भारत की जैव-विविधता को एक व्यापक वैज्ञानिक व आर्थिक स्रोत के रूप में परिलक्षित करता है। एक देश के रूप में भारत के पास इस अवसर का उचित लाभ लेकर राष्ट्रीय हितों या मूल अधिनियम के उद्देश्यों से भटके बिना एक सुगम वातावरण तैयार करना ही सही निर्णय है और इसके लिए 20 वर्ष पुराने जैव-विविधता अधिनियम में संशोधन आवश्यक है। इस विधेयक के माध्यम से मूल उद्देश्यों की प्राप्ति की दिशा में कुछ सुधार किए गए हैं। इनमें प्रक्रिया को सरल एवं विकेंद्रीकृत बनाए जाने, इन क्षेत्रों में शोध एवं वाणिज्यिक गतिविधियों के लिए उपयुक्त परिवेश तैयार करने तथा स्थानीय समुदायों के मध्य अधिक लाभ पहुँच सके, इन विषयों के संदर्भ में एक सशक्त राष्ट्रीय नीति का प्रारूप तैयार किया गया है। इस विधेयक में जैव-विविधता वाले क्षेत्रों में शोध आदि के लिए न केवल मूल अधिनियम में वर्णित वैद्य या हकीम, बल्कि आयुष पद्धतियों की शिक्षा प्राप्त पंजीकृत चिकित्सकों को भी जैव-विविधता बोर्ड से बिना शुल्क और बिना पूर्व अनुमति के शोध करने की अनुमति प्रस्तावित है। ऐसा किया जाना भारतीय पद्धतियों को बढ़ावा देने और पारंपरिक पद्धतियों को वैज्ञानिक महत्त्व प्रदान करने का कार्य करेगा और शोधार्थियों को यह क्षेत्र आकर्षित कर सकेगा। इसके साथ ही नए क्षेत्रीय पेटेंट केंद्रों की स्थापना किए जाने के लक्ष्य हैं, जो बौद्धिक संपदा के अधिकार को बढ़ावा देंगे और विभिन्न शोध पत्रों, जैव-तकनीकियों को पंजीकृत कर सकेंगे। दुनियाभर के देश जैव-विविधता के संरक्षण और इसके आर्थिक उपयोग के बीच संतुलन स्थापित कर रहे हैं। ऐसे में अभी तक इसके आर्थिक उपयोग से वंचित रहना भारत के लिए उचित नहीं है। एक अनुमान के मुताबिक भारत अकेले समुद्री प्रवालों से सालाना 1400 करोड़ रुपये तक अर्जित कर सकता है। इसी तरह भारतीय वनों से सकल आय दुनिया के तमाम देशों से बहुत कम है, जबकि इसकी आय क्षमता संरक्षण के साथ सालाना अरबों रुपये की है। ऐसे में जैव-विविधता में निवेश और तकनीकी सहयोग को बढ़ावा देना आवश्यक है। मूल अधिनियम में प्रतिबंधित विदेशी निकायों की शर्तों को संशोधन विधेयक में अधिक स्पष्टता के साथ भारतीय कंपनी अधिनियम 2013 के खंड दो की धारा 42 के अंतर्गत आने वाले विदेश नियंत्रित निकाय द्वारा परिभाषित किया गया है और इस तरह विदेशी निवेश को 'मेक इन इंडिया' की शर्त पर ही प्रभावी बनाया जाना आर्थिक

और तकनीकी तौर पर उद्देश्यों की पूर्ति में सहायक हो सकेगा। इस संशोधन विधेयक के प्रावधानों में जंगली औषधीय पौधों में से उपयोगी हो सकने वाले पौधों को कृषि द्वारा तैयार किए जाने की बात भी की गई है, ताकि वाणिज्यिक उपयोग के साथ ही संरक्षण और स्थानीय समुदायों को लाभ के अवसर प्राप्त हो सकें। साथ ही निर्णय प्रक्रिया को सुगम और तीव्र बनाने हेतु जैव-विविधता बोर्ड में मूल अधिनियमानुसार केंद्रीय सरकार द्वारा नियुक्त सर्वाधिक सशक्त अधिकारी, बोर्ड अध्यक्ष के साथ ही संशोधित प्रावधानों में सदस्य सचिव पद की स्थापना और उसके अधिकारों से बोर्ड की शक्तियों का विकेंद्रीकरण संभव हो सकेगा। इसके अलावा कुछ और विभागों के प्रतिनिधित्त्व को शामिल किया जाना जैव-विविधता पर होने वाले निर्णयों को अधिक तर्कसंगत और टिकाऊ बनाएगा।

जब से शहरी बंदरगाहों पर जहाजों की आवाजाही बढ़ी है, तब से गोदी के कई-कई किमी तक तेल रिसने, शहरी सीवर डालने व अन्य प्रदूषणों के कारण समुद्री जीवों का जीवन खतरे में पड़ गया है। अब मछुआरों को मछली पकड़ने के लिए बस्तियों और बंदरगाहों से काफ़ी दूर निकलना पड़ता है। भारत-श्रीलंका जैसे पड़ोसी देश के बीच अच्छे द्विपक्षीय संबंधों की सलामती के लिए मछुआरों का विवाद एक बड़ी चुनौती के समान है। अतः इस दिशा में उचित कानून बने, जिससे जलीय जंतुओं को बचाया जा सके।

जलवायु परिवर्तन एवं टिकाऊ विकास पर पेरिस में 2015 में हुए सम्मेलन में फिनलैण्ड से आए जलवायु परिवर्तन विशेषज्ञ मार्को उलविला ने कहा कि जलवायु परिवर्तन दुनिया के अमीर देशों द्वारा कार्बन उत्सर्जन का नतीजा है। मगर पश्चिमी देश खुद सुधारे बिना गरीब देशों से समझौता करा रहे हैं। पेरिस में जलवायु पर समझौता नहीं, बल्कि गरीब देशों के साथ अपराध हुआ है। विकसित देश संकट की सही पहचान नहीं करना चाहते। यदि समाधान चाहिए तो पेरिस से छत्तीसगढ़ के जंगलों की तरफ आए। जनजातियों और प्रकृति के रिश्ते को करीब से देखें। आदिवासियों को ज़मीन देने से पर्यावरण के बहुत सारे संकट हल हो जाएँगे। मार्को कहते हैं कि दुनिया में जहाँ-जहाँ आदिवासियों को उनकी ज़मीन से हटाया गया है। वहाँ-वहाँ जंगल नहीं बचे। इसलिए हर भारतीय को अपनी जैव-विविधता और जलवायु परिवर्तन संकट से निपटने के लिए जनजातियों को उनकी जगहों से हटने न दे। हम उन्हें वनाधिकार के तहत जितने ज्यादा पट्टे देंगे, समझो हम प्राकृतिक खतरों से उतने ज्यादा सुरक्षित हैं। उन्होंने कहा कि छत्तीसगढ़ के जंगलों में मौजूद समुदायों के बीच जो शांति खुशी दिखती है, वह उन्होंने पश्चिम में नहीं देखी है। फिनलैण्ड जैसे देशों में जंगल पूरी तरह खतम कर दिए गए हैं, अब वृक्षारोपण से जो जंगल उगाए हैं वे इकोलोजी के

लिए ठीक नहीं है। जलवायु परिवर्तन एवं पर्यावरण संकट से बचना है तो विकास का आदिवासी मॉडल अपनाना चाहिए।

पर्यावरण संरक्षण में सरकारी, गैर-सरकारी संगठन, व्यक्तिगत प्रयास सभी की सामूहिक भागीदारी अपेक्षित है। हमारे नियंत्रण में कई ऐसे कार्य हैं, जिनसे हम पर्यावरण संरक्षण में सहयोग कर सकते हैं। जैसे शहरों के कचरे का सही निस्तारण करना, निजी कारों के उपयोग को कम करना ताकि ईंधन का उपयोग कम हो। नदियों को अविरल बहने देना, जिससे मछलियाँ पानी को साफ रख सकें। थर्मल पावर प्लांट से जहरीली हवाओं के निकलने पर नियंत्रण करना आदि-इत्यादि। जब सरकार और सामुदायिक स्तर पर पर्यावरण का सुरक्षा के लिए कदम उठाए जाएँगे तब फसलों पर पड़ने वाली मौसमी मार को कम किया जा सकता है। इससे उनकी बेहतर आपूर्ति संभव होगी, जिससे खाद्य पदार्थों की कीमतें काबू में रखी जा सकती हैं। हमें आयातित माल और पेट्रोल-डीजल पर शोर मचाने के स्थान पर सरकारी खर्च और पर्यावरण पर ध्यान देना होगा तभी महँगाई पर नियंत्रण हो सकेगा।

जलवायु परिवर्तन पर चिंतन करने वाले समूह के देशों के प्रमुख इस बात पर एकमत हैं कि यह परिवर्तन हमारी विकास की अवधारणा से उत्पन्न हुआ है और इस अवधारणा को बदलकर इसे ठीक किया जा सकता है इस समूह का एक महत्त्वपूर्ण घटक भारत देश है। भारत इस बात को पहले ही कहता रहा है कि दुनिया के प्रभावशाली राष्ट्र अपनी विकास की अवधारणा में परिवर्तन करें, इसके कारण प्रकृति को क्षति पहुँच रही है और आने वाले समय में इसकी बड़ी कीमत चुकानी पड़ेगी। बदलते प्राकृतिक स्वरूप में 'जीवन और जीविका' को बचाना एक बहुत बड़ी चुनौती है, जिसे हमें स्वीकार करते हुए नवाचार पर विशेष जोर देना चाहिए। यह नवाचार न सिर्फ़ अनुसंधान मूलभूत भौतिक एवं संगठनात्मक संरचना के निर्माण पर आधारित हो बल्कि किसान नवाचार, सहभागी ज्ञान निर्माण के साथ-साथ जीवन कौशल और आजीविका को केन्द्र में रखकर भी हो। जलवायु परिवर्तन की परिस्थिति से उबरने के लिए हमें ग्रामीण क्षेत्र एवं किसानों को प्राथमिकता देनी होगी। पश्चिमी सोच पर आधारित विश्व पर्यावरण दिवस भारतीय प्रकृति के अनुकूल नहीं है। इसलिए भारत में पर्यावरण संरक्षण अभियान को भगवान जगन्नाथ की रथयात्रा के साथ जोड़ा जाए तो, इसके परिणाम बेहतर साबित होंगे। उड़ीसा, छत्तीसगढ़ और झारखण्ड के अधिकतर क्षेत्र भगवान जगन्नाथ के प्रभाव वाला माना जाता है। वर्षा ऋतु में इन क्षेत्रों में भगवान जगन्नाथ की रथयात्रा का प्रचलन है। इन क्षेत्रों में इसी समय वृक्षारोपण की परिपाटी भी है। इसे धर्म के साथ जोड़ दिया गया है। धार्मिक मान्यता है कि रथयात्रा के दिन यदि पौधे लगाये जाते हैं, तो वे दीर्घजीवी होते हैं। 2011 में क्लाइमेट इंटीग्रेटेड एग्रीकल्चर

की योजना बनी थी इसके क्रियान्वयन पर राष्ट्रीय स्तर पर 125 कृषि विज्ञान केन्द्रों के माध्यम से नवाचार प्रारम्भ किया गया। इसके तहत किसानों को नवाचार का अभ्यास कराना, आधुनिक कृषि पद्धति का समायोजन करना, उपलब्ध प्राकृतिक संसाधनों का प्रभावशाली तरीके से प्रबंधन करना, फसल विविधिकरण को बढ़ावा देना, पशुधन का सरल प्रबंधन, कृषि उत्पादों का मूल्यवर्द्धन, कृषि एवं कृषक दोनों को बाज़ारोन्मुख बनाना आदि काम किए जा रहे हैं। इन प्रयासों को महामारी से उत्पन्न स्थिति में और गति देने की ज़रूरत है।

आगे का रास्ता सबसे पहले भारत की ग्रामीण आबादी को खाना पकाने, गर्म करने और प्रकाश ऊर्जा की बुनियादि माँगों को पूरा करने के लिए जीवाश्म ईंधन मुक्त स्वच्छ ऊर्जा तक पहुँच प्रदान करना है। दूसरे कृषि अपशिष्ट को जलाना बंद करें और इसके बजाय फसल ऊर्जा का उपयोग ऊर्जा के लिए नवीनीकरण बायोमास ईंधन और स्वस्थ मिट्टी के लिए खाद फीड स्टाक का उत्पादन करने के लिए करें। तीसरा 2030 तक डीजल ईंधन को चरणबद्ध तरीके समाप्त करना कार्बन-डाइऑक्साइड उत्सर्जन को कम करने में कारगार सिद्ध होगा। चौथा बेहतर भूमि प्रबंधन के माध्यम से हवा से वायुमण्डलीय कार्बन-डाइऑक्साइड को अवशेषित करने के लिए मिट्टी की प्राकृतिक क्षमता में तेज़ी लाने की ज़रूरत है। यह न केवल हवा से कार्बन-डाइऑक्साइड को हटा देगा बल्कि मिट्टी की गुणवत्ता में भी वृद्धि करेगा और चावल और गेहूँ जैसी फसलों की पैदावार में वृद्धि करेगा। पाँच हाई स्कूल और कॉलेज के छात्रों को शिक्षित करने और जलवायु परिवर्तन पर स्वदेशी ज्ञान को बढ़ावा देने के लिए एक विशाल जलवायु शिक्षा कार्यक्रम। षष्ठ महिला, किसानों, छात्रों सामुदायिक कार्यकर्ताओं और पर्यावरणीय मुद्दों पर काम करने वाले युवाओं के लिए एक मंच प्रदान करते हुए सूक्ष्म और मैक्रो-प्लानिंग और कार्यक्रम क्रियान्वयन दोनों के लिए एक जेंडर ऑडिट की आवश्यकता है। जलवायु परिवर्तन में आदिवासी और दलित महिलाओं और नारीवादी विशेषज्ञों की भागीदारी को प्रोत्साहित करके जलवायु और लैंगिक समानता एजेंडा को मजबूत करने की समान आवश्यकता है।

समय की माँग है कि मौजूदा पर्यावरण संकट से उबरने के लिए विकसित देशों के पास ग्रीन हाउस गैसों के उत्सर्जन और ग्लोबल वार्मिंग को कम करने के लिए अपने संसाधन और तकनीक विकासशील देशों को उपलब्ध करनी होगी दूसरी ओर विकासशील और अविकसित देशों को अक्षय ऊर्जा, पवन ऊर्जा आदि का उपयोग बढ़ाना होगा, जिसके लिए उन्हें अधिक निवेश और प्रौद्योगिकी की आवश्यकता होगी।

पर्यावरण दिवस मनाना एक रस्म अदायगी नहीं है यह संकल्प लेने और उसे पूरा करने की दिशा में आगे बढ़ने का दिन है संकल्प धारा को बचाने, सँवारने का प्रकृति

और जीव-जंतुओं की रक्षा करने का और मानव को प्रकृति से जोड़ने का जलवायु परिवर्तन, ओजोन परत के क्षरण ने मनुष्य के अस्तित्व पर एक बड़ा खतरा पैदा कर दिया है। बाग-बगीचे, जंगल हरियाली, केवल मनुष्य के लिए ही जीवनदायिनी नहीं हैं अपितु जीव-जंतु, पशु-पक्षी के जीवन का आधार हैं। खुशी के अवसर पर, जन्मदिन के अवसर पर, अपने खोये हुए प्रियजन की स्मृति में पौधे लगाकर समाज को प्रकृति बचाने का चिरस्थायी संदेश दे सकते हैं। विनाश से बचने के लिए समाज को प्रकृति आराधना की परंपरा को पुनर्जीवित करते हुए वृक्षों के साथ जीना सीखना होगा।

○

पर्यावरण विषयक चयनित शब्दावली

पर्यावरण (Enviroment)—हमारे इर्द-गिर्द व्याप्त जीवों की अनुक्रियाओं को प्रभावित करने वाली समस्त भौतिक व जैवीय परिस्थितियों का योग पर्यावरण है।

आवास (Habitat)—भूमि, जल अथवा ऐसे स्थल जहाँ प्राणी व वनस्पति किसी न किसी रूप में बसे हैं, उनके आवास (Habitat) कहलाते हैं। पृथ्वी का प्रत्येक भाग विविध प्रकार के जीवों का आवास-गृह है।

अलवणीय जल प्रानी (Non-living water animal)— इनमें अनेक प्रोटोजोवा, कुछ स्पंज, सीलन्टरेट, ब्रायोजोवा, रोटिफर, हाइड्रा, प्लैनेरियम, कीट कृमि, क्रस्टेशियाई लारवा, एनलिड्स, मछली व कछुए आदि का समावेश है।

स्थिर जल के समुदाय (Community of Still Water)—प्लवक (Plankton), तरंग जीव, नितलक (बड़े तैरने वाले प्राणी), दलदली प्राणी, फुसफुस मछली।

समुद्री समुदाय (Marine Community)—समुद्र की सतह पर रहने वाले जीव जैसे—प्लवक (प्रोटोजोवा), और तरणक (मछलियाँ, डॉलफिन, समुद्री सर्प, कछुए, समुद्री पक्षी, सील, व्हेल आदि)।

स्वपोषी (Autotroph)—समस्त हरे पौधे, जो प्रकाश संश्लेषण विधि से अपना भोजन स्वयं निर्मित करने की क्षमता रखते हैं। इन्हें प्राथमिक उत्पादक भी कहते हैं।

भक्षपोषी (Phagotroph)—वे सभी जीव जो अपना भोजन स्वयं नहीं बना सकते, अन्य जीवों का भक्षण करते हैं। इन्हें दीर्घ अथवा गुरु उपभोक्ता (Macro Consumers) भी कहते हैं।

मृतपोषी (Saprotroph)—ये जीव-जन्तु सड़े-गले कार्बनिक पदार्थों से पोषण प्राप्त करते हैं। जैसे बैक्टीरिया, कवक, प्रोटोजोवा व छोटे जन्तु।

विवोम (Biomes)—ऐसी सामुदायिक इकाई है, जो क्षेत्रीय जलवायु, समस्त जीव जाल (Biota) तथा अधास्तर (Substrate) की परस्पर क्रिया-प्रतिक्रिया के फलस्वरूप उत्पन्न होती है। घास स्थल, शंकुधारी वन, पर्णपाती वन, मरुस्थल, टुण्ड्रा आदि जीवोम हैं।

पारिस्थितिकी (Ecology)—जीवों तथा उनके पर्यावरण के परस्पर संबंधों का विज्ञान है।

जैविक स्पैक्ट्रम (Biological Spectrum)—इसके अन्तर्गत पारिस्थितिकी के संगठन स्तरों को क्रम से जीन तंत्र (Zenetic System), कोशतंत्र (Cell System), अंगतंत्र (Organ System), समष्टि तंत्र (Community System) तथा पारिस्थितिक तंत्र (Ecology System) आदि में पंक्तिबद्ध किया जाता है।

प्रकाश संश्लेषण (Photosynthesis)—प्रकृति में यह क्रिया तापमान के एक व्यापक परिसर में होती है। जैसे-जैसे तापमान बढ़कर बायोम के इष्टतम सीमा पर पहुँचता है, प्रकाश संश्लेषण की गति की वृद्धि में स्थिरता आती-जाती है। यह वृद्धि इतनी हो कि वह पौधों के अन्य प्रक्रमों को हानि पहुँचाने लगे तो संश्लेषण की दर एकाएक कम हो जाती है।

जलचक्र—सूर्य की गर्मी द्वारा पृथ्वी पर उपस्थित जल (समस्त स्रोतों) वाष्प रूप में ऊपर उठता है। वह बादल रूप में ठण्डा होकर वर्षा अथवा बर्फ के रूप में पुन: पृथ्वी पर पहुँच जाता है। इसका कुछ अंश भूमि सोख लेती है। अधिकांश जल अपवाह द्वारा नदी, तालाबों आदि में एकत्रित हो जाता है। नदियों का जल अन्त में सागर में जा मिलता है। सागर से पुन: यही चक्र क्रिया में आता और सतत् घटित होता है।

ऑक्सीजन चक्र (Oxygen Cycle)—प्राणी श्वसन हेतु वायुमण्डलीय अथवा जल में घुली ऑक्सीजन का उपभोग करते हैं। इसे CO_2 अथवा H_2O रूप में पुन: पर्यावरण को लौटा देते हैं। पौधे भी यही क्रिया करते हैं और प्रकाश संश्लेषण की प्रक्रिया से उत्पन्न ऑक्सीजन को पुन: पर्यावरण में छोड़ते रहते हैं।

इको मार्क (Eco mark)—देश की जनता को पर्यावरण के अनुकूल उत्पाद उपलब्ध कराने के दृष्टिकोण से यह योजना क्रियान्वित की गई है। वे उत्पाद अथवा वस्तुएँ, जिनसे पर्यावरणीय दृष्टि से न तो पर्यावरण को हानि हो न उपभोक्ता को, यह चिह्न प्रदान किया जाता है।

उत्तम खाद (Best Fertilizer)—गोबर या उसी प्रकार अन्य कार्बनिक पदार्थों से प्राप्त खाद के लिए प्रयुक्त शब्द।

ऊर्जा (Energy)—कार्य करने की क्षमता।

उत्सर्जन गुणक (Emission factor)—समान उत्पादन करने वाली फर्मों में किसी तत्त्व या यौगिक का औसत उत्सर्जन।

कम्पोस्ट (Compost)—कार्बनिक पदार्थों के विघटन से तैयार की गई खाद, जिसमें अन्य खनिज तत्त्व भी होते हैं।

कृषि वानिकी (Agro forestry)—कृषि भूमि पर वृक्षों की खेती करने या वृक्षारोपण (Farm forestry) को कृषि वानिकी कहा जाता है।

क्लोरो-फ्लोरो कार्बन (CFC)—रेफ्रिजरेटर से उत्सर्जित होने वाले रसायन जो ओजोन परत को क्षति पहुँचाते हैं।

कार्बन अवशोषक (Carbon sink)—वह क्षेत्र जैसे वन अथवा समुद्र जो वातावरण में घुली कार्बन को अवशोषित करते हैं।

कोलिफोर्म बैक्टीरिया (Coliform bacteria)—ये जीवाणु मानव व पशुओं की आँतों में रहते हैं। जल व वायु की गुणवत्ता मापन के आधार हैं।

ग्रीन बैंच (Green bench)—पर्यावरणीय मामलों की सुनवाई करने वाली न्यायपीठ।

गैर वन (Non forest)—बिना किसी वनावरण की भूमि को गैर-वन कहते हैं।

गैर वन क्षेत्र (Culturable non forest area & CNFA)—यह वह भौगोलिक क्षेत्र है, जो अभिलेखित वन क्षेत्र से बाहर है और जिस पर वृक्ष वनस्पति विद्यमान हैं। इस क्षेत्र में नम भूमि (wetlands), नदियों के किनारे (riverbeds) और बारहमासी बर्फ से ढँकी पहाड़ियाँ (Perennial snow covered mountains) सम्मिलित नहीं की जाती हैं।

तैलीय प्रदूषण (Oily Pollution)—विभिन्न औद्योगिक स्रोतों से तेल तथा तैलीय पदार्थ नदी, समुद्र आदि में समाते रहने से तैलीय प्रदूषण होता है। अमेरिका की क्वाहोगा नदी (Cuyahoga River) इतनी अधिक तेल प्रदूषित है कि उसमें आग तक लग गयी थी। इस नदी को 'ज्वलनशील नदी' कहते हैं।

अनुक्रमण (Succession)—ऐसे क्षेत्र जहाँ वनस्पति नहीं है, वहाँ धीरे-धीरे पादप समुदाय के विकास को 'अनुक्रमण' (Succession) कहते हैं। अनुक्रमण सभी स्थानों पर एक समान नहीं होता है। यह वहाँ की प्राकृतिक परिस्थितियों और नैसर्गिक वातावरण पर निर्भर होता है। अत: वनस्पति समुदायों का स्थानों पर अनुक्रमण विभिन्नताओं को व्यक्त करता है।

खाद्य शृंखला (Food Chain)—खाद्य शृंखला विभिन्न प्रकार के जीवों का ऐसा क्रम है, जो पारिस्थितिक तंत्र में खाद्य ऊर्जा प्रवाह में दिखाई देता है। उदाहरण के लिए पौधे ऊर्जा उत्पादक हैं, जो प्राथमिक उपभोक्ता (चूहे आदि) द्वारा ग्रहण की जाती है। आगे इस ऊर्जा का अंश द्वितीयक उपभोक्ता (साँप भक्षक हैं चूहे को खा लेते हैं) द्वारा ग्रहण होता है। इसी क्रम में तृतीयक उपभोक्ता (जैसे बाज साँप

को खा लेता है) ऊर्जा का अंश प्राप्त करता है। यह शृंखला जितनी अधिक आगे बढ़ती जाती है, पारिस्थितिक तंत्र में उतनी ही अधिक ऊर्जा रूपान्तरण एक पोषण स्तर से दूसरे व तीसरे में पहुँचता है।

खाद्य जाल (Food web)—यह खाद्य (ऊर्जा) का क्रम विषम होता है। एक पारिस्थितिक तंत्र में अनेक जीव समुदाय होते हैं, जहाँ सभी जीवित प्राणियों का एक-दूसरे से भोजन संबंध बनता है। यह एक ही सरल दिशा में आगे नहीं बढ़ता और खाद्य ऊर्जा स्थानान्तरण विभिन्न प्राणियों के कारण बहुदिशीय (विषम) बनता है। इसे खाद्य जाल (Food web) कहते हैं।

जनसंख्या पारिस्थितिक (Population Ecology)—पारिस्थितिक तंत्र के सभी जीवधारियों की संख्या, (Ecologic Population) आकार, वृद्धि एवं वितरण के विज्ञान को कहते हैं।

जैव-विविधता (Biodiversity)—जैव मण्डल (Biosphere) में नाना प्रकार के जीव समुदायों का आवास है। यहाँ अति सूक्ष्म से लेकर विशालतम प्राणी हैं। इन विविध जीव-स्वरूपों का जीव मण्डल में अस्तित्व बना हुआ है। इसे जैव-विविधता (Biodiversity) कहते हैं।

राष्ट्रीय वनशाला (National Parks)—राष्ट्रीय स्तर पर वन सम्पत्ति एवं वन्य जीवों में धनी और इन जीवों के संरक्षण व प्रबंधन के स्थल 'राष्ट्रीय वनशाला' कहलाते हैं। भारत में ऐसे 106 वनशाला (सन् 2020 तक) हैं। राष्ट्रीय वनशाला, जीव अभयारण्य और जैव आरक्षित क्षेत्र तीन अलग-अलग विभाजित वर्ग हैं।

जीव अभयारण्य (Wild life Sanctuaries)—वन मृग जीव अभयारण्यों के स्थलों पर केवल वन जीव प्रजातियों का संरक्षण एवं प्रबंधन होता है। भारत में ऐसे 553 (सन् 2020 तक) अभयारण्य हैं।

जैव-मण्डल आरक्षित क्षेत्र (Biosphere Reserve)—जैव-मण्डल आरक्षित क्षेत्र जैव-विविधता के संरक्षण (Biosphere Reserves) का सर्वोत्तम एवं लोकप्रिय माध्यम हैं। जैव-विविधता संरक्षण के अतिरिक्त इस विस्तृत सुरक्षित क्षेत्र में जल, स्थल एवं वायु आवास से जुड़े जीवधारियों के बारे में पारिस्थितिक विज्ञान शोध कार्य किए जाते हैं और वैज्ञानिकों को प्रशिक्षण प्रदान किया जाता है। सन् 1971 में UNESCO ने विश्व स्तर पर जैव-मण्डल आरक्षित नेटवर्क प्रोग्राम आरम्भ किया। सन् 2011 तक विश्व के 114 देशों में ऐसे 581 जैव-मण्डल आरक्षित क्षेत्र स्थापित हो चुके थे। भारत में भी 12 स्थलों को जैव-मण्डल आरक्षित क्षेत्रों के लिए चुना गया और 2020 तक यहाँ 18 क्षेत्र स्थापित थे।

स्थायी एवं सतत विकास प्रक्रिया (Sustainable Development)—संसाधनों के दोहन की ऐसी सतत् प्रक्रिया, जो वर्तमान विकास प्रक्रिया जीवों एवं मानव समुदायों के विकास की गति को भावी पीढ़ी के लिए भी सुरक्षित बनाए। इसमें पूँजीनिवेश, तकनीक व ज्ञान-विज्ञान का योग और सम्बन्धित संस्थागत परिवर्तनों में ऐसा सहयोग बनाए रखा जाता है, जो वर्तमान व भावी पीढ़ियों की आवश्यकताओं व आकांक्षाओं के विकास की ओर उन्मुख है।

वन्य प्राणी प्रबंधन (Wild life Management)—वन्य प्राणियों की वांछित समष्टि उत्पन्न करने की कला वन्य प्राणी प्रबंधन कहलाती है।

भारत की प्रशान्त घाटी (Silent Valley of India)—भारत में केरल के पालघाट जिले में प्रशान्त घाटी (Silent Valley) है। यह नामकरण इसलिए है कि यहाँ शोर मचाने वाले साइकेड कीटों के अभाव से शोर रहित वातावरण है। यह घाटी पादपजात की दृष्टि से भारत का सबसे घना क्षेत्र माना जाता है। इन वनों में तेंदुए, सांभर, मूषक, हिरण, वर्किंग हिरण, जंगली कुत्ते, सेही, हाथी आदि प्राणियों सहित रंगबिरंगे सुंदर पक्षियों के आश्रय स्थल हैं। यहाँ अनेक दुर्लभ जन्तु भी पाए जाते हैं।

शोर प्रदूषण (Noise Pollution)—शोर से उत्पन्न प्रदूषण एक धीमी गति वाला मृत्यु दूत है। अवांछित ध्वनि जो हमारे मन को नहीं भाती है, 'शोर' (Noise) कहलाती है। शोर वर्तमान संस्कृति की उपज है। वर्तमान संस्कृति भौतिकवादी है, और भौतिकवाद तीव्र औद्योगीकरण का नाम है। औद्योगीकरण से शोर का घातक दायरा विस्तार प्राप्त कर चुका है। हाईफाई ध्वनि विस्तारक यंत्रों का शोर, वाहनों एवं मशीनों का शोर, जनसंकुल आंदोलनों से उत्पन्न नारे एवं विरोध को व्यक्त करने का शोर आदि अनेक स्थितियों ने वर्तमान समय में जन्म लिया है, जो मानसिक क्रियाओं में विघ्न बनी हैं। इसे शोर प्रदूषण कहते हैं।

जल संग्रहण (Water harvesting)—जल संरक्षण के लिए जल संग्रहण क्रिया (Water Harvesting) महत्त्वपूर्ण है। इसमें वर्षा का जल स्टोर किया जाता है। प्राकृतिक रूप से नदियों का जल उनके जलग्रहण क्षेत्र (Catchment Area) में संग्रहीत रहता है। परंतु मरुभूमि क्षेत्र में जहाँ नदियाँ केवल मौसमी होती हैं और वर्षा भी अविश्वसनीय है। कई वर्षों तक सूखा पड़ता है। ऐसे अकाल (Famine) के समय संग्रह किया जल ही वहाँ का वातावरण सुरक्षित रखता है। वहाँ जल संग्रहण 'टांका' (Tanka) में करते हैं। पश्चिमी राजस्थान में स्थान-स्थान पर टांकों की व्यवस्था है, जिनमें संग्रहीत जल वर्ष भर काम में लेते हैं।

जल ग्रहण क्षेत्र (Atachment Area)—जल ग्रहण क्षेत्र में वर्षा का पानी एकत्रित होकर ही धारा से (नदिया, सरिता) बाहर निकलता है। 'वाटर शेड' एक ऐसा भू-आकृतिक क्षेत्र है, जहाँ जल परिसीमित बना है और एक धारा द्वारा उसका निकास है।

भूमिगत जल तल (Water table)—भूमिगत जल स्तर संयुक्त भूमिगत जल और असंपृक्त भूमिगत जल कटिबन्धों के मध्य स्थित सीमा है। यह सीमा सदैव समान नहीं रहती है और गिरती चलती रहती है।

तृतीय विश्व (Third World)—मूलतः तृतीय विश्व से अभिप्राय अफ्रीका, एशिया और लेतिन अमेरिका के देशों से था, जो न तो पश्चिमी दुनिया के ब्लाक (प्रथम विश्व) में शामिल थे और न ही वे साम्यवादी ब्लाक (द्वितीय विश्व) से जुड़े थे। तत्पश्चात् तृतीय विश्व को आर्थिक आधार पर विकासशील देशों के रूप में जाना जाता है।

संकटापन्न प्रजातियाँ (Enlangerecl Species)—जीव-जन्तु प्रजातियों की संख्या सभी देशों में कम हो रही है। भारत में सिंहों, चीतों आदि की संख्या निरंतर घटती जा रही है। जीवों व प्रजातियों का पृथ्वी से विलुप्त होना एक संकट है। अंतरराष्ट्रीय संगठन (प्राकृतिक संसाधन) ने 1966 में सर्वे किया और बताया कि विश्व में 25,000 जातियाँ संकटापन्न हैं।

समष्टि पारिस्थितिकी (Population Ecology)—ऊष्मीय प्रवास किसी स्थान विशेष में पाए जाने वाले एक प्रकार के प्राणियों के समूह को समष्टि (Population) कहते हैं। प्राणी समूहों के पारस्परिक संबंधों का अध्ययन 'समष्टि पारिस्थितिकी' है। इसके विपरीत 'स्वपारिस्थितिकी' (Autoecology) में किसी एक स्पेशीज का पर्यावरण के साथ संबंधों का अध्ययन किया जाता है।

ऊष्मीय प्रवास (Thermal Migration)—अत्यधिक तापक्रम विषमताओं से बचने के लिए प्राणी अपने स्थायी आवास को छोड़कर अस्थायी तौर पर ऐसे स्थानों में प्रवास कर जाते हैं, जहाँ वे तापमान के प्रति सहज अनुकूलन कर सकें। इसे ऊष्मीय प्रवास (Thermal migration) कहते हैं।

जैव भार (BPomass)—जीव समष्टि, पादपों, जन्तुओं द्वारा उत्पादित पदार्थ के वजन को जैवभार शाकाहारी (Biomass) कहते हैं। पारिस्थितिक तंत्र में प्राथमिक उत्पादकों (पौधों, वनस्पति) का जैवभार शाकाहारी जीवों से अधिक होता है। शाकाहारी जीवों का भार मांसाहारी प्राणियों से अधिक होता है। जैवभार समस्त ऊर्जा स्रोतों में एक अत्यन्त महत्त्वपूर्ण नवीकरणीय ऊर्जा स्रोत है।

घासपात अथवा पलवार (Mulch)—मृदा के सतह पर घासपात अथवा पलतवार (Mulch) उसे ढके रखकर सुरक्षा प्रदान करते हैं। इस घासपात के स्तर से मिट्टी से जल का वाष्पीकरण नहीं होता है और वह आर्द्रता को सुरक्षित रखती है। मृदा का तापक्रम भी संतुलित/नियंत्रित बना रहता है।

गैर-नवीनीकरण वाले संसाधन (Non & renewal resources)—अजीवित पदार्थों में खनिज तथा अजीवाष्म ईंधनों वाले संसाधन को पुनर्स्थापित कर संसाधन का रूप नहीं दिया जा सकता। एक बार यदि गैर-नवीनीकरण साधन का पूर्ण उपयोग हो जाता है तो वह समाप्त ही है। पैट्रोल, कोयला, विभिन्न खनिज आदि गैर-नवीनीकरण संसाधन हैं।

नवीकरणीय संसाधन (Renewal resources)—ऐसे संसाधन जिनका निर्माण निरंतर होता रहता है और वृद्धि होती रहती है 'नवीकरणीय' कहलाते हैं। ऑवेन (O.S. Owen) ने इन्हें असमाप्य (Inexhaustible) भी कहा है। सौर ऊर्जा, जलवृष्टि, वायुशक्ति, ज्वार-भाटे की शक्ति आदि ऐसे ही संसाधन हैं।

संरक्षण (Conservation)—संरक्षण से तात्पर्य सुरक्षा प्रदान करना है। प्राकृतिक संसाधनों को दक्षतम एवं हितकारी उपयोग में लाने हेतु सुरक्षित रखना आवश्यक है। यथार्थ में संरक्षण की संकल्पना पारिस्थितिक तंत्र अथवा जैव समुदायों और भौतिक पर्यावरण से जुड़ी है। यह भूमि और भूमि के ऊर्जा चक्र (मृदा-पौधे-जीवन) का प्रतीक है। अत: संरक्षण कार्यक्रम में मृदा, जल, वन्य जीवन, वनस्पति तथा प्राकृतिक स्थलाकृति आदि नैसर्गिक धरोहरों को सम्मिलित किया जाता है।

आनुवांशिक विभिन्नता (Genetic diversity)—एक ही समष्टि के जीवों का व्यवहार भिन्न-भिन्न क्यों है? यह उनकी आनुवंशिक विभिन्नता का परिणाम है। अत: एक ही प्रजाति में मिलने वाले जीनों (Genes) की विभिन्नता 'आनुवांशिक विभिन्नता' है।

ओजोन (Ozone & 03)—यह एक जहरीली गैस है। इसकी अधिक मात्रा हमारे शरीर में फेफड़ों पर विपरीत प्रभाव डालती है, और दमा जैसे रोगों को जन्म देती है। क्षोभमण्डल (Troposphere) में इसका निर्माण सूर्य के प्रकाश में प्राथमिक प्रदूषकों की क्रिया से होता है। यह सूर्य की Ultraviolate किरणों को पृथ्वी तक आने से रोकते हैं।

नाभिकीय ऊर्जा (Nuclear Energy)—आजकल आधुनिक विकास की दौड़ में जीवाष्म ईंधन (कोयला आदि) के उपयोग व उसकी मात्रा में गिरावट आयी है। अत: नाभिकीय ऊर्जा को विश्वभर के देशों में उपयोग में लाने और उसे स्थान देने में होड़

बनी है। यह ऊर्जा मानव जीवन के विनाश में भी उपयोग की जा सकती है। केवल विद्युत सुविधाओं और लाभ के लिए ही इसका उत्पादन होना चाहिए। विस्फोटकों एवं बम आदि के निर्माण में इसके प्रयोग पर रोक लगाना आवश्यक है। नाभिकीय अथवा आण्विक ऊर्जा का उत्पादन रेडियोधर्मी पदार्थों से होता है। इस ऊर्जा का उत्पादन यूरेनियम अथवा प्लूटोनियम नाभियों के विघटन क्रिया से होता है। अमेरिका, रूस, फ्रांस, जर्मनी, चीन, जापान आदि नाभिकीय ऊर्जा संयंत्र लगाने में अग्रसर हैं। नाभिकीय ईंधन की दृष्टि से भारत विश्व का सातवाँ देश है।

पीड़ा रोग उत्पादक-जीव कीटाणु (Pest)—ये रोग उत्पादक कीट हैं, जो प्राय: कृषि फसल तथा जीवों व पशुओं को रोगग्रस्त बनाकर दूषित करते हैं। इनकी रोकथाम के लिए रासायनिक खाद (fertilizer) और विषैली गैसों (DDT आदि) का छिड़काव करते हैं। परंतु यह फसल (अन्न) को प्रदूषित बना हानिकारक बना देते हैं।

सहक्रिया (Synergy)—सम्मिलित रूप में दो अथवा दो से अधिक पदार्थों, घटकों, उपांगों अथवा जीवों द्वारा उत्पन्न प्रभाव से तात्पर्य है जो किसी एक के द्वारा सम्भव नहीं है।

संयुक्त राष्ट्र भू-शीर्ष सम्मेलन (UNCED)—भूमितल पर पर्यावरण एवं विकास संबंधी विचार के लिए अंतरराष्ट्रीय गोष्ठी का आयोजन ब्राजील में जून, 1992 में हुआ। यह रियोडिजनरों इन में किया गया था।

जीवावशेष ईंधन (Fossil Fuel)—यह ईंधन (जैसे कोयला, खनिज तेल, प्राकृतिक गैस आदि) लाखों वर्ष पुरातन वनस्पति अवशेष एवं जीवाश्मों के अश्मीभूत हुए ईंधन हैं। इनको गैर-नवीकरण ईंधन कहते हैं और कालान्तर में अधिकाधिक उपयोग द्वारा अन्तत: ये समाप्त हो जाएँगे।

सुपोषीकरण (Eutrophication)—यह पुष्टीकारक संपन्नता की नैसर्गिक प्रक्रिया है, जो किसी झील अथवा तालाब में अथवा जलाशय में अनियंत्रित रूप से दूषित जल के समाने से वृद्धि प्राप्त करती है। इससे शैवाल (Algae), बैक्टीरिया, पादपों आदि की वृद्धि एवं विकास से पुष्टिकारक पदार्थों का विकास जल में होता है।

भौगोलिक सूचना तंत्र (GIS)—भौगोलिक सूचना तंत्र दूरस्थ संवेदन तकनीक और कम्प्यूटर के द्वारा ऐसी सूचनाएँ संग्रहीत की जाती हैं, जो हमारे इर्द-गिर्द के पर्यावरण से हमें अवगत कराती हैं।

संदर्भ सूची

- अगहरि, रवि पी., पर्यावरणीय पारिस्थितिकी, जैव-विविधता, जलवायु परिवर्तन एवं आपदा प्रबंधन, मैकग्रिव हिल, दूसरा संस्करण–2020

- आराधना, महात्मा गाँधी के विचार और वर्तमान विश्व (सं.), राहुल पब्लिशिंग हाउस, मेरठ–2015

- आहूजा, राम, सामाजिक समस्याएँ, रावत पब्लिकेशन, जयपुर–1994

- आर्य साधना, मेनन निवेदिता, लोकनीता जिनी, नारीवादी राजनीति : संघर्ष व मुद्दे, हिंदी माध्यम कार्यान्वयन निदेशालय, दिल्ली विश्वविद्यालय–2001

- बहुगुणा, सुंदरलाल पर्यावरण और विकास, सर्व सेवा संघ प्रकाशन, वाराणासी–2014

- भरुच, इराक, पर्यावरण अध्ययन, ओरियंट ब्लैकस्वान, नई दिल्ली–2016

- बेजवा, जी.एस., भारत में मानव अधिकार (क्रियाकलाप और उल्लंघन) अनमोल पब्लिकेशन, नई दिल्ली–1995

- बाकरे प्रकाश, बाकरे विद्युल्लता एवं वाधवा, विभा, पर्यावरणीय अध्ययन, रस्तोगी प्रकाशन, मेरठ–2005

- बेरुआ, एन.के., एवं पणिग्रही, नीलकंठ, ट्राइबल्स एण्ड इण्डियन कॉन्स्टीट्यूशन, रावत पब्लिकेशन्स, जयपुर–2006

- बरनवाल संजय कुमार एवं सिंह नैनीश चन्द, ह्यूमन राइट्स इन इंडिया : कन्टेम्परी इश्यूज एण्ड चैलेंज ए.बी.एस. बुक्स, नई दिल्ली–2017

- बिसवाल, तपन (सं.) मानवाधिकार, जेन्डर एवं पर्यावरण, वॉइवा बुक्स, नई दिल्ली–2008

- भाणावत, महेन्द्र, उदयपुर के आदिवासी, भारतीय लोक कला मण्डल, उदयपुर–1993

- भौमिक, प्रदीप कुमार, ट्राइबल एण्ड सस्टेनेबल डवलपमैन्ट, कल्पाज पब्लिकेशन, दिल्ली–2005

- चौधरी, बी. एवं जार्ज, एस. बी मानव अधिकार, लिंग एवं पर्यावरण, श्री महावीर बुक डिपो (पब्लिर्शस)–2008

- चतुर्वेदी, अरुण एवं लोढा संजय (सं.) भारत में मानवाधिकार, पंचशील प्रकाशन, जयपुर–2005

- चंदेल, धर्मवीर गाँधी चिंतन के विभिन्न पक्ष, राजस्थान हिंदी ग्रन्थ अकादेमी जयपुर–2015

- दवे, दीपिका, 21वीं सदी और महिला सशक्तिकरण, रावत पब्लिकेशन, नई दिल्ली–2014

- धुंधववाल, हेमाराम, जैन, समता एवं गणेशराम (सं.), समकालीन भारतीय परिदृश्य : मुद्दे एवं चुनौतियाँ, श्रियांशी प्रकाशन, आगरा–2021

- दोषी, शम्भुलाल एवं जैन, प्रकाशचंद भारतीय सामाजिक व्यवस्था, नेशनल पब्लिशिंग हाउस जयपुर–2007

- दोषी, शम्भुलाल सामाजिक मानवशास्त्र, रावत पब्लिकेशन, जयपुर–2009

- डेसजार्डिन्स, जोसफे आर. इन्वायरमेंटल एथिक्स: एन इन्ट्रोडक्शन टू फिलॉसफी, (पाँचवा संस्करण) वेडसवर्थ, यूएसए–2013

- दत्त महेश्वर, गाँधी का पंचायतीराज, हिंदी माध्यम कार्यान्वयन निदेशालय, दिल्ली–2003

- गोयल, योगेश कुमार प्रदूषण मुक्त साँसें, किंडल प्रकाशन–2020

- फिशर, लुई गाँधी की कहानी, सस्ता साहित्य मण्डल, नई दिल्ली–2009

- गुप्त, विश्व प्रकाश एवं गुप्त, मोहिनी, महात्मा गाँधी, व्यक्ति और विचार, राधा पब्लिकेशन नई दिल्ली–1996

- गुप्ता, रमणिका (सं.) आदिवासी: विकास से विस्थापन, राधाकृष्ण पब्लिकेशन, नई दिल्ली–2008

- गोस्वामी, सुबुद्धि, पर्यावरण संरक्षण, श्याम प्रकाशन, जयपुर–1999

- हसनैन, नदीम जनजातीय भारत, जवाहर पब्लिशर्स एवं डिस्ट्रीब्यूटर्स, नई दिल्ली–2001

- जैन, विद्या (सं.), गाँधी दर्शन समसामयिक संदर्भ, रावत पब्लिकेशन, जयपुर—2012

- जोशी, गोपा भारत में स्त्री असमानता, हिंदी माध्यम कार्यान्वयन निदेशालय, नई दिल्ली—2009

- खान, वसीम अहमद पर्यावरण विज्ञान विश्वकोष (पर्यावरण विज्ञान भाग-1), रजत प्रकाशन, नई दिल्ली—2011

- कमल, के.एल. गाँधी चिंतन, जयपुर पब्लिशिंग हाउस, जयपुर—2009

- कश्यप, आलोक कुमार, ग्रामीण सशक्तिकरण, आर्या पब्लिकेशन्स दिल्ली—2012

- कश्यप, सुभाष सी. मानव अधिकार एवं संसद, मेट्रोपोलियन पब्लिकेशन, नई दिल्ली—1978

- कुमारी, सुनीता गाँधी दर्शन, एसोसिएट पब्लिशिंग हाउस आगरा—2019

- कुमार, हरीश, गाँधी सामाजिक, राजनैतिक परिवर्तन, अर्जुन पब्लिशिंग हाउस नई दिल्ली—2010

- माथुर, बी.एस. भारतीय संस्कृति, धर्म एवं पर्यावरण संरक्षण, मधु पब्लिकेशन, बीकानेर—2006

- मार्टिन अब्दुल, जोशी पी.सी एवं लश्कर बी.एल, कोविड क्राइसिस सोशल साइंस पर्सपैक्टिव, ए.बी.एस. बुक्स, नई दिल्ली—2020

- मिश्रा, एम. के. एवं दधीच, कमल महात्मा विश्वकोष, अर्जुन पब्लिशिंग हाउस, नई दिल्ली—2010

- मीना, मीनाक्षी (संपादक) वैश्विक संदर्भ में कोविड-19: चुनौतियाँ एवं संभावनाएँ, नोशन प्रेस चेन्नई—2020

- मीना, हरिनारायण, कोविड-19 संकट और बदलता विश्व का परिदृश्य, हरिनारायण मीना प्रकाशन—2020

- मिश्र, अनिल दत्त गाँधी एक अध्ययन, पियरसन, नई दिल्ली—2012

- मिश्र, शिवगोपाल, आपदा प्रबंधन, हिंदी बुक सेन्टर, नई दिल्ली—2011

- नेहरा, अमित, कोविड-19 डोन्ट कम अगेन, ए.बी.एस. ट्रस्ट पब्लिकेशन, नई दिल्ली—2020

- नेहरा, अमित अजब कोविड-19 के गजब किस्से, ए.बी.एस. ट्रस्ट पब्लिकेशन, नई दिल्ली–2020

- नाजरेथ, पॉस्कल एलन, गाँधी का अनन्य नेतृत्व, राष्ट्रीय गाँधी संग्रहालय नई दिल्ली–2011

- पांडे, बी.एन, गाँधी महात्मा समग्र चिंतन, गाँधी स्मृति व दर्शन समिति नई दिल्ली–1996

- प्रभु आर.के. एवं राव, यू.आर. महात्मा गाँधी के विचार, नेशनल बुक ट्रस्ट–1994

- पुरोहित, प्रदीप, जनजाति पारिस्थितिकी भूगोल, अरविन्द प्रकाशन, उदयपुर–2006

- प्रियम, मनीषा, मेंनन, कृष्णा, बनर्जी, मधुलिका, ह्यूमन राइट, जैन्डर एण्ड एन्वायरमेन्ट, पियरर्सन, दिल्ली–2001

- प्रसाद, गिरिजा भारतीय जनजाति, वाइटल पब्लिकेशन, जयपुर–2010

- प्रसाद, गायत्री एवं नौटियाल, राजेश पर्यावरण भूगोल, शारदा पुस्तक भवन इलाहाबाद नई दिल्ली–2008

- रस्तोगी, वन्दना पर्यावरण-विज्ञान तथा भारतीय पर्यावरण-चिन्तन, पब्लिकेशन स्कीम, जयपुर

- रॉय, शीला एवं महावर (सं.), खेमचंद गाँधी-वीथिका समसामयिक संदर्भ, कीर्ति पब्लिकेशन जयपुर–2017

- राय, ए.एन., ह्यूमन राइट्स टॉस्कस, ड्यूटीज एण्ड फग्शन्स, अविष्कार पब्लिकेशन, जयपुर–2007

- रत्नेश कुमार, कोरोना बम (कोविड-19), किंडल बुक्स, 2020

- रावत, ज्ञानेन्द्र, गाँधी व्यक्तित्व, विचार और गाँधीवाद, नटराज पब्लिकेशन, नई दिल्ली–2006

- सक्सेना, हरिमोहन पर्यावरण, प्रदूषण एवं संधृत विकास, राजस्थान हिंदी ग्रन्थ अकादमी, जयपुर–2009

- सक्सेना, हरिमोहन पर्यावरण, प्रदूषण एवं संधृत विकास, राजस्थान हिंदी ग्रन्थ अकादमी, जयपुर–2014

- सिंह, वीरेन्द्र, आपदा प्रबंधन, गीतांजलि प्रकाशन।

- सिद्धार्थ, के. आपदा प्रबंधन, किसलय प्रकाशन, नई दिल्ली–2015

- सिंह, सविन्द, आपदा प्रबंधन, प्रवालिका पब्लिकेशन, प्रयागराज।

- सिंह, मनोज कुमार एवं चौधरी, शैलेश भारतीय राजनीतिक चिन्तक महात्मा गाँधी, डिस्कवरी पब्लिकेशन, नई दिल्ली–2007

- सिंह, तेश कुमार पर्यावरण एवं पारिस्थितिकी, सामान्य अध्ययन विशेषांक, नवजीवन, आगरा–2021

- सिंह, के.एस. एथर्निसिटी, आइडेंटी और डेवलेपमेंट, मनोहर पब्लिकेशन, नई दिल्ली।

- सिकलीगर, पूनम चन्द वन एवं आदिवासी सामाजिक जीवन, शिवा, उदयपुर–1994

- सिंह, रामजी गाँधी और मानवता का भविष्य, कॉमनवेल्थ पब्लिकेशन, नई दिल्ली–2009

- सिंह, रामजी, गाँधी और भावी विश्व व्यवस्था, कॉमनवेल्थ पब्लिकेशन, नई दिल्ली–2009

- सुरोलिया, शंकर, मानव अधिकार संदर्भ एवं परिप्रेक्ष्य, सोसायटी फॉर डवलपमेन्ट एण्ड पब्लिक इश्यूज, जयपुर–2005

- सुधीरपाल, रणेन्द (सं.) झारखण्ड एन्साइक्लोपीडिया 2 बिर-बिरू के आस-पास, वाणी प्रकाशन, नई दिल्ली–2008

- सिंह, मनोज कुमार एवं चौधरी, शैलेश भारतीय राजनीतिक चिन्तक महात्मा गाँधी, डिस्कवरी पब्लिकेशन, नई दिल्ली–2007

- सैनी, कमल किशोर, कोविड-19 इनविजिबल, इल्युसिव एण्ड द एडवांसिंग एनेमी (द 21 सेनचुरी पेनडमिक) आर.बी.एस.ए.,जयपुर–2020

- श्रीवास्तव, वी.के. एवं बी.पी. राव, पर्यावरण और पारिस्थितिकी, वसुधरा प्रकाशन, गोरखपुर–1990

- शर्मा, जी.एल. सामाजिक मुद्दे, रावत पब्लिकेशन, जयपुर–2015

- शर्मा, दामोदर, आधुनिक जीवन और पर्यावरण, प्रभात प्रकाशन, नई दिल्ली–2012

- शर्मा, राकेश कुमार, पर्यावरण पारिस्थितिकी, राजस्थान हिंदी ग्रन्थ अकादमी, जयपुर–2012

- शर्मा, राजकुमार पर्यावरण संरक्षण एवं कानून, कल्पना प्रकाशन, दिल्ली–2010

- शर्मा, योगेश कुमार, पर्यावरण, मानव संसाधन और विकास, पोइन्टर पब्लिशर्स, जयपुर–2004

- शर्मा, शैलबाला, गाँधी चिंतन, शील सन्स, जयपुर–2007

- शर्मा, राजकुमार पर्यावरण संरक्षण एवं कानून, कल्पना प्रकाशन, दिल्ली–2010

- सिन्हा, मेघा, पर्यावरणीय समस्या और समाधान, नई दिल्ली, वंदना पब्लिकेशन–2007

- सिन्हा, मनोज (सं.), गाँधी अध्ययन, ओरियंट ब्लैकस्वान, नई दिल्ली–2008

- त्रिपाठी, माधवी, गाँधी की विरासत निरंतरता एवं परिवर्तन, वाइकिंग बुक्स जयपुर–2012

- तिवारी, विजय कुमार भारत की जनजातियाँ, हिमालय पब्लिशिंग हाऊस–1998

- उप्रेती, हरिशचन्द्र, भारतीय जनजातियाँ संरचना एवं विकास, राजस्थान हिंदी ग्रन्थ अकादमी, जयपुर–2000,

- उपाध्याय, विजयशंकर एवं पाण्डेय, गया जनजातीय विकास, मध्यप्रदेश हिंदी ग्रन्थ अकादमी–2002

- विवेक, रामलाल महात्मा गाँधी जीवन और दर्शन, पंचशील पब्लिकेशन, जयपुर–1996

- विजपुर, अब्दुल रहीम पी, (सं.) एसेज ऑन इन्टरनेशनल ह्यूमन राइट्स, साउथ एशियन पब्लिशिंग हाउस, नई दिल्ली–1991

- यादव, वीरेन्द्र सिंह (सं.), नई सहस्राब्दी का पर्यावरण-चिंतन, चुनौतियाँ और समाधान, ओमेगा प्रकाशन, नई दिल्ली–2010

❍❍❍

नोट्स